BLUE BOOK

智库成果出版与传播平台

河南商务蓝皮书

BLUE BOOK OF HENAN COMMERCE

河南商务发展报告

（2024）

ANNUAL REPORT ON COMMERCIAL DEVELOPMENT

OF HENAN (2024)

主　编／王振利

副主编／宋玉哲

社会科学文献出版社

SOCIAL SCIENCES ACADEMIC PRESS（CHINA）

图书在版编目（CIP）数据

河南商务发展报告.2024／王振利主编.-- 北京：
社会科学文献出版社，2024.7.--（河南商务蓝皮书）.
ISBN 978-7-5228-4006-2

Ⅰ.F727.61

中国国家版本馆 CIP 数据核字第 2024053QZ5 号

河南商务蓝皮书

河南商务发展报告（2024）

主　　编／王振利
副 主 编／宋玉哲

出 版 人／冀祥德
组稿编辑／任文武
责任编辑／徐崇阳
文稿编辑／李惠惠
责任印制／王京美

出　　版／社会科学文献出版社·生态文明分社（010）59367143
　　　　　　地址：北京市北三环中路甲 29 号院华龙大厦　邮编：100029
　　　　　　网址：www.ssap.com.cn
发　　行／社会科学文献出版社（010）59367028
印　　装／三河市东方印刷有限公司

规　　格／开 本：787mm×1092mm　1/16
　　　　　　印 张：27.5　字 数：412 千字
版　　次／2024 年 7 月第 1 版　2024 年 7 月第 1 次印刷
书　　号／ISBN 978-7-5228-4006-2
定　　价／128.00 元

读者服务电话：4008918866

《河南商务发展报告（2024）》
编辑委员会

摘　要

　　《河南商务发展报告（2024）》由河南省商务厅主持编撰，全面总结了2023年河南商务领域的发展成效，研究和分析了商务领域的理论和实践问题，科学研判了2024年河南省商务发展的走势，系统性、综合性、时效性突出。全书内容由总报告、主题报告、分报告、专题报告、案例篇和区域篇六个部分组成。

　　总报告《2023～2024年河南省商务发展形势分析与展望》，全面总结了2023年河南省商务运行综合情况，并分析预判2024年商务发展态势。2023年，面对复杂严峻的发展环境和超预期的风险挑战，河南省商务系统深入学习贯彻党的二十大精神和习近平总书记视察河南重要讲话重要指示，坚持稳中求进工作总基调，聚焦高质量发展首要任务，开拓创新谋发展，全力以赴攻难关，商务运行总体平稳、总体向好，为全省经济整体向好做出积极贡献。2024年，河南省要以习近平新时代中国特色社会主义思想为指导，全面贯彻落实党的二十大和二十届二中全会及中央经济工作会议精神，深入贯彻习近平总书记视察河南重要讲话重要指示，认真落实省委经济工作会议和全国商务工作会议部署，坚持稳中求进工作总基调，完整准确全面贯彻新发展理念，把握商务工作"三个重要"定位，锚定"两个确保"、实施"十大战略"，稳步扩大制度型开放，推动消费从疫后恢复转向持续扩大，巩固外贸外资基本盘，防范化解商务领域风险，以商务改革发展的新成效更好服务中国式现代化建设河南实践。

　　主题报告《实施自贸试验区提升战略　助推河南制度型开放》提出，

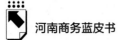
河南自贸试验区认真贯彻习近平总书记关于深入推进自贸试验区建设的重要指示精神，落实省委、省政府决策部署，以自贸试验区建设为引领加快推进制度型开放，开拓进取、攻坚克难，全力推进相关领域改革开放创新，为全面深化改革和扩大开放探索新途径、积累新经验。

分报告重点分析了2023年河南省商务各行业发展情况，特别是重点行业发展的新亮点和新变化，分析各行业面临的机遇与挑战，预测2024年商务各行业发展态势，提出了发展思路和对策建议。

专题报告着力研究了坚持全面深化改革、奋力开创河南商务高质量发展新局面，河南省国际化营商环境、招商引资、储能产业、直播电商，河南自贸区开封片区文化产业，河南经开区绿色高质量发展，县域商业提质增效、激活县乡消费潜力，消费心理消费模式变化、数字时代居民消费趋势等河南商务发展的重点、难点、热点问题，并提出了针对性发展建议。

案例篇重点总结了河南省产业招商，郑州数据交易中心推进数据交易全链条集成创新，洛阳市健全外贸生态圈、培育钢制家具外贸产业带，济源市保稳提质添动能、跑出外贸"加速度"，郑州跨境电商综试区实践探索等案例，探讨了以上案例对商务发展的重要启示。

区域篇全面反映了2023年河南省各地市商务工作取得的成效，分析总结商务工作中存在的问题并提出针对性措施，展示了河南省各地市商务发展的亮点和特色。

关键词： 商务发展　招商引资　消费　高质量发展　河南省

Abstract

Annual Report on Commercial Development of Henan (*2024*) is presided over and compiled by Henan Provincial Commerce Department. It comprehensively summarizes the commercial development outcomes of Henan in 2023, studies and analyzes the theoretical and practical problems in the commerce field, and scientifically evaluates the development trend of Henan's commerce in 2024, with prominent systematicness, comprehensiveness, and timeliness. The Report consists of six parts: the general report, the thematic report, the topical reports, the special reports, the case studies, and the regional reports.

The general report comprehensively summarizes the comprehensive situation of Henan's business operation in 2023 and analyzes and predicts its business development trend in 2024. According to the report, in the face of a complex and severe development landscape and unforeseen risks in 2023, the commerce departments and organizations in Henan Province deeply studied and implemented the principles outlined at the 20th National Congress of the Communist Party of China (CPC) and General Secretary Xi Jinping's important speeches and instructions during his inspection tour of Henan. Adhering to the general working principle of seeking progress while maintaining stability, they focused on the primary task of high-quality development, pursued innovation-driven development, and strived to overcome difficulties. As a result, the overall operation of the commerce sector remained stable and generally positive, making an active contribution to the overall improvement of Henan's economy. Guided by Xi Jinping Thought on Socialism with Chinese Characteristics for a New Era, we must fully implement the guidelines of the 20th CPC National Congress, the Second Plenary Session of the 20th CPC Central Committee, and the Central

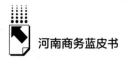
Economic Work Conference. We must thoroughly implement General Secretary Xi Jinping's important speeches and important instructions during his inspection tour of Henan. We must implement the decisions and arrangements made by the Economic Work Conference of the CPC Henan Provincial Committee and the National Commerce Work Conference. Adhering to the general working principle of seeking progress while maintaining stability, we must fully and accurately implement the new development philosophy, stick to the "three important roles" of commercial work, secure the "two guarantees," and implement the "10 strategies". We must steadily expand institutional openness, promote the transition of consumption from post-pandemic recovery to sustained expansion, consolidate the foundation of foreign trade and foreign investment, and prevent and defuse risks in the commerce sector, better serving the practice of Chinese-style modernization in Henan with new achievements in commerce reform and development.

The thematic report put forward that the Henan Free Trade Zone has conscientiously implemented the important instructions of General Secretary Xi Jinping on deepening the construction of free trade zones and implemented the decisions and arrangements made by the CPC Henan Provincial Committee and the People's Government of Henan Province. Guided by the construction of the free trade zone, it has accelerated institutional openness, advanced with determination and overcame difficulties, and spared no effort to promote reform, opening up, and innovation in relevant fields. The Henan Free Trade Zone has explored new pathways and gained new experiences for comprehensively deepening reform and expanding openness.

The topical reports focus on the analysis of Henan's commercial development in various industries in 2023, especially on the new highlights and changes in the development of key industries. Based on these, they study and discuss the opportunities and challenges faced by each industry, predict the prospect of commerce related to various industries in 2024, and put forward the development ideas and suggested countermeasures.

The special reports focus on studying the key, difficult, and hot issues regarding Henan's business development, such as deepening reform and opening-up across the board and striving to create a new chapter of high-quality development for Henan's commerce, the internationalized business environment in Henan Province, investment promotion, energy storage industry, live streaming e-commerce, cultural industry in the Kaifeng area of China (Henan) Pilot Free Trade Zone, green and high-quality development in the economic and technological development zones in Henan, improving the quality and efficiency of county-level commerce, stimulating the consumption potential of counties and townships, changes in consumer psychology and consumption patterns, and consumption trends of residents in the digital age. They also put forward targeted suggestions for development.

The case studies section focuses on summarizing good examples such as industrial investment promotion in Henan Province, integrated innovation of the data transaction across the chain promoted by the Zhengzhou Data Exchange Center, Luoyang City perfecting the foreign trade ecosystem and cultivating the foreign trade industrial belt of steel furniture, Jiyuan City ensuring stability, improving quality, adding momentum, and accelerating the pace of foreign trade, and the practical exploration of the Zhengzhou Cross-border E-commerce Comprehensive Pilot Zone. It discusses the important implications these initiatives have for business development.

The regional reports comprehensively reflect achievements made in commercial work throughout Henan Province in 2023, analyze the existing problems and targeted measures in commercial work, and show the new highlights and characteristics of commercial development in various regions of Henan Province.

Keywords: Commercial Development; Investment Promotion; Consumption; High-quality Development; Henan Province

目 录

Ⅰ 总报告

Ⅱ 主题报告

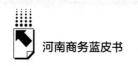

Ⅲ 分报告

Ⅳ 专题报告

Ⅴ 案例篇

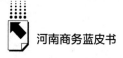
Ⅵ　区域篇

皮书数据库阅读**使用指南**

CONTENTS ⤶

I General Report

II Thematic Report

III Topical Reports

IV   Special Reports

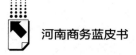

V　Case Studies

VI　Regional Reports

总报告

B.1

2023~2024年河南省商务发展形势
分析与展望

河南省商务厅课题组*

摘　要：　2023年，面对复杂严峻的发展环境和超预期的风险挑战，河南省商务系统深入学习贯彻党的二十大精神和习近平总书记视察河南重要讲话重要指示，坚持稳中求进工作总基调，聚焦高质量发展首要任务，开拓创新谋发展，全力以赴攻难关，商务运行总体平稳、总体向好，为全省经济整体向好做出积极贡献。2024年是新中国成立75周年，是实现"十四五"规划目标任务的关键一年，做好商务工作意义重大。河南省要以习近平新时代中国特色社会主义思想为指导，全面贯彻落实党的二十大和二十届二中全会及中央经济工作会议精神，深入贯彻习近平总书记视察河南重要讲话重要指示，认真落实省委经济工作会议和全国商务工作会议部署，坚持稳中求进工作总基调，完整准确全面贯彻新发展理念，把握商务工作"三个重要"定位，锚定"两个确保"、实施"十大战略"，稳步扩

---

* 课题组组长：王振利。副组长：王军。成员：井鹏、张伟、史守峰、杨舒翔、王海啸。

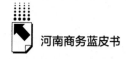
大制度型开放，推动消费从疫后恢复转向持续扩大，巩固外贸外资基本盘，防范化解商务领域风险，以商务改革发展的新成效更好服务中国式现代化建设河南实践。

关键词： 制度型开放　商务高质量发展　河南省

一　2023年河南省商务工作取得新进展

2023年，面对复杂严峻的发展环境和超预期的风险挑战，全省商务系统深入学习贯彻党的二十大精神和习近平总书记视察河南重要讲话重要指示，坚持稳中求进工作总基调，聚焦高质量发展首要任务，开拓创新谋发展，全力以赴攻难关，商务运行总体平稳、总体向好，为全省经济整体向好做出积极贡献。

（一）制度型开放提速增效

省委、省政府多次召开会议，研究稳外贸稳外资、开放平台载体通道建设、自贸试验区建设等工作。省商务厅加强统筹协调，积极谋划推动对外开放。

一是平台能级不断提升。省政府印发《中国（河南）自由贸易试验区2.0版建设实施方案》和政务、监管、金融、法律、多式联运5个专案，省商务厅会同省委改革办建立台账推进落实。"航空货运电子信息化"入选国务院推广自贸试验区第七批改革试点经验，累计18项创新成果在全国推广。出台《河南省复制推广自贸试验区制度创新成果试行办法》，公布河南自贸试验区第五批最佳实践案例，累计77项案例在全省推广。认定首批10个河南自由贸易试验区联动创新区。举办第三届中国自由贸易试验区发展论坛。自贸试验区新设企业2.01万家、增长15.1%，税收399亿元、增长57.7%。经开区综合发展水平持续提升，郑州、漯河、鹤壁、红旗渠4个国家级经开区连续 2 年入围全国百强，郑州经开区居第 26 位，漯河经开区首进 50 强，新乡、许昌、开封经开区进位明显。培育河南中德（许昌）国际合作产业园、河南中日（开封）国际合作产业园、河南鹤壁电子信息国际合作产业园、河南漯河食品国际合作产业园 4 个国际合作园区。

二是通道优势巩固扩大。省商务厅与相关部门合力推动"四条丝路"建设，郑州—卢森堡"双枢纽"合作持续深化，郑州机场北货运区建成投用，年客货运保障能力分别达到 4000 万人次和 110 万吨。中欧（亚）班列开行 3269 列，累计突破 1 万列。跨境电商进出口增长 7.3%，成功举办第七届全球跨境电商大会。研究出台《河南省对接融入海洋经济工作方案》，推动铁海联运班列和内河航运集装箱航线扩容加密，铁海联运集装箱发运增长 78.1%。

三是营商环境持续优化。省委、省政府出台了《关于深化营商环境综合配套改革的意见》和《河南省营商环境综合配套改革市场化专项方案》《河南省营商环境综合配套改革法治化专项方案》《河南省营商环境综合配套改革国际化专项方案》3 个专项方案，省商务厅牵头的国际化专案 28 项改革任务中有 19 项取得明显进展。建立实施外资企业圆桌会议等常态化政企沟通机制，解决企业经营发展困难，省商务厅获全省"万人助万企"优秀集体称号。

（二）消费市场稳步回升

落实把恢复和扩大消费摆在优先位置重大要求，瞄准消费政策、活动、载体、环境等打好"组合拳"，激发消费活力。

一是政策驱动精准有力。3 次研提的 37 条促消费政策措施纳入省政府文件，牵头出台扩大汽车消费、促进家居消费等专项措施，3 次延续大宗消费政策。2023 年，全省社会消费品零售总额达到 2.6 万亿元，同比增长 6.5%（见图 1）。其中，第二大类商品石油及制品零售额达 833.3 亿元，增长 22.2%，增速高出全国 15.6 个百分点；第一大类商品汽车零售额达 2283.9 亿元，增长 13.4%，增速高出全国 7.5 个百分点。生活类商品平稳增长，消费持续升级，体育娱乐用品类、家用电器和音像器材类及书报杂志类分别增长 11.6%、10.5% 和 10.4%。新型消费快速增长，2023 年全省实物商品网上零售额达到 3813 亿元，增长 21%，增速高出全国 12.6 个百分点，占全省社会消费品零售总额的 14.7%。

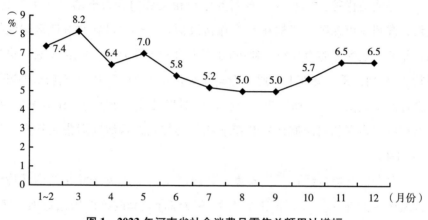

图 1　2023 年河南省社会消费品零售总额累计增幅

资料来源：河南省统计局。

二是"消费提振年"活动精彩有效。举办新春消费季、夏日消费季、老字号嘉年华、"豫鉴美食"、"626 中国服装品牌直播日"等促消费活动 1700 余场，消费券和"爱心消费券"分别累计发放 12.1 亿元、10.5 亿元，拉动消费增长 360 亿元左右。

三是消费载体加快升级。积极支持郑州培育国际消费中心城市，二七商圈、郑州万象城入围全国示范智慧商圈和全国示范智慧商店，德化街全国步行街试点加快推进。新认定 5 条省级示范步行街、10 家省级品牌消费集聚区。许昌率先推出"特色消费地图"，胖东来成为消费体验新名片，入选全国"诚信兴商"典型案例。

四是消费场景更加多元。各地纷纷打造沉浸式、互动式、体验式消费场景，形成了"醉美·夜郑州"、洛阳"古都夜 8 点"、开封"汴地有礼"、鹤壁"封神淇妙夜"等一批夜游、夜食、夜购热点 IP。洛阳商文旅融合消费案例入选商务部消费实践典型案例。

五是流通体系建设加强。争取中央县域商业体系建设支持资金规模居全国第二，淇县等 12 个县区入选全国首批县域商业"领跑县"。郑州、洛阳、新乡获批国家生活必需品流通保供体系建设试点。洛阳获批全国第三批一刻钟便民生活圈试点，发布首批 12 个省级试点县区。

（三）招商引资成效明显

强化"项目为王"，围绕先进制造业、现代服务业、现代农业关键环节和重点领域，着力建链延链补链强链，滚动开展"签约一批"，形成了新一轮抓招商、落项目的热潮。

一是平台搭建顶层谋划。专业化实体化运作四个外资专班，组建驻粤港澳大湾区招商工作组，瞄准重点客商群体，策划举办了全球豫商大会、河南与跨国公司合作交流会，争取中国侨商投资大会在河南举办，提升中国河南国际投资贸易洽谈会办会水平，全年密集举办十余场高规格经贸活动，签约项目 982 个、总投资 1.1 万亿元。2023 年，全省新设外资企业 465 家，同比增长 40.9%，实际使用外资 7.5 亿美元（见图 2）；全省新增省外资金项目 5962 个，实际到位省外资金 12110.6 亿元、同比增长 9.3%（见图 3）。

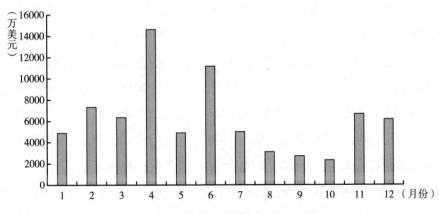

图 2　2023 年河南省月度实际使用外资额

资料来源：河南省商务厅。

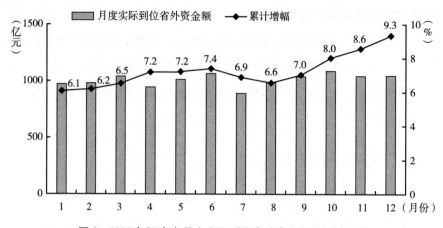

图3　2023年河南省月度实际到位省外资金额及累计增幅

资料来源：河南省商务厅。

二是招引项目主动出击。郑州实施全球招商行动计划，比亚迪储能柜、华润中原超级总部基地等重点项目签约落地。洛阳围绕百万吨乙烯、中州时代新能源等头部企业链式精准招商，引进配套项目41个。安阳赴中国香港、欧洲招商，香港金风科技风电开发及装备制造、意大利通体超大岩板项目签约落地。鹤壁开展招商引资"五比五拼"行动，形成"营商环境+产业生态+招商体系"招商模式，签约项目321个。焦作开展招商引资"百日攻坚"，超额完成全年外资任务。濮阳实施制造业招大引强行动，绿能多晶硅、齐成控股新型环保燃料等项目签约落地。信阳"基金+产业+项目"精准发力，落地基金投资项目2个，通过投决会项目5个，对接资本招商项目128个。各地在四期"三个一批"项目中共签约亿元以上项目2072个、总投资超2万亿元。2023年，郑州、焦作、平顶山、漯河、安阳、济源等6个市实际使用外资超5000万美元；规模居前的郑州、洛阳、商丘、安阳、新乡、焦作等6个市实际到位省外资金合计5923.7亿元，占全省总额的48.9%。

三是跟踪服务求实有效。河南省加强指导协调和督促检查，完善"签约一批"项目评价办法，开展"招商引资推进月"活动。各地加强项目全周期服务，推动项目尽早落地。南阳建立招商引资高效闭环工作机制，项目签约 7 日内从招商投资促进局移交重大项目推进中心入库监测，确保签约后 90 个工作日内、土地摘牌后 50 个工作日内开工建设。济源服务富士康等存量外企再增资，提前 8 个月完成全年外资任务。航空港区坚持新签项目 60 天开工制，惠科、创维、吉利、国药、顺丰等知名企业落子布局。

（四）对外经贸稳中提质

政策靠前发力，开拓市场加力，深挖增长潜力，夯实"稳"的基础，汇集"新"的动力。

一是政策支持强化。省政府出台推动外贸稳规模优结构 23 条措施，在企业开拓国际市场、应对贸易风险、金融信贷、贸易便利化等方面加强支持。推广"提前申报""预约通关"等改革举措，依托国际贸易"单一窗口"创新推出"通关模式智选菜单"，通关效率提升 20%。建立外经贸财政资金直达机制。举办《区域全面经济伙伴关系协定》（RCEP）政策解读培训 10 余次，惠及企业 5000 多家，全省签发 RCEP 原产地证书 6397 份。2023 年，全省货物进出口总额 8107.9 亿元、下降 3.8%（见图 4），规模继续保持全国第 9 位的历史最好位次。其中，出口 5280.0 亿元、增长 2.4%，规模居全国第 9 位；进口 2827.9 亿元、下降 13.5%，规模居全国第 12 位。

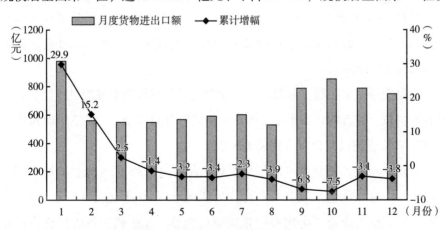

图 4　2023 年河南省月度货物进出口额及累计增幅

资料来源：郑州海关。

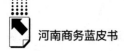

二是主体培育加力。针对富士康、上汽、宇通等头部企业，建立常态化联系帮扶机制；针对中小微企业，建立"企业+外综服+跨境电商+展会"联动促进机制；推动未开展外贸业务的企业实现零的突破。全省有进出口实绩的企业达 1.18 万家、增长 10.9%。

三是市场开拓多元。筛选发布 255 个重点国际性展会名录，支持 1200 多家企业赴韩国、德国、澳大利亚等参加境外重点展会，达成进出口订单 500 余亿元。组织企业参加中国进出口商品交易会（广交会）、中国国际进口博览会（进博会）、中国国际供应链促进博览会（链博会）等国内重点展会，成交 170 多亿元。对 RCEP 成员国和共建"一带一路"国家贸易额稳中有升。

四是汽车出口扩大。2023 年全省汽车出口达 259 亿元、增长 107%，"新三样"（新能源汽车、锂电池、太阳能电池）合计出口达 76.9 亿元、增长 22.9%。宇通出口量、出口额实现双翻番。出台《河南省二手车出口工作实施方案》《河南省二手车出口试点企业管理办法》，二手车出口 20 亿元，成为新增长点。

五是试点示范加快。提质建设 20 个国家级、56 个省级外贸转型升级基地，分别新认定省级跨境电商示范园区 8 家、省级跨境电商人才培训暨企业孵化平台 13 家。开封市获批国家级加工贸易梯度转移重点承接地。实施加快推动海外仓建设行动，支持企业在境外运营或租赁 216 个海外仓，覆盖 47 个国家和地区。

六是服务贸易拓展。复制推广全面深化服务贸易创新发展试点经验，支持致欧科技、吉客印、中信重工等企业拓展服务贸易业务。"空中丝路链接全球"形象展获服贸会"最佳展览展示"奖。

七是外经发展回升。2023 年全省对外直接投资 18 亿美元、增长 30.2%（见图 5）；对外承包工程及劳务合作完成营业额 44.1 亿美元、增长 6.3%（见图 6）。重点企业"走出去"带动出口明显，如中铁装备盾构机出口意大利 2.7 亿欧元，平高电力储能设备出口南非 1.6 亿美元。

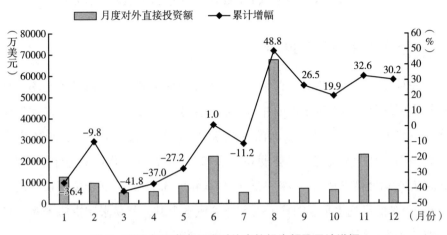

图5 2023年河南省月度对外直接投资额及累计增幅

资料来源：河南省商务厅。

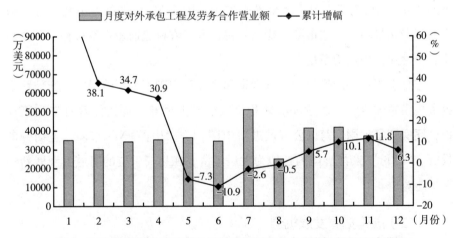

图6 2023年河南省月度对外承包工程及劳务合作营业额及累计增幅

资料来源：河南省商务厅。

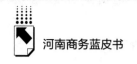

二 2024年河南省商务发展面临的形势及展望

（一）清醒认识不利因素

一是外需不振的挑战。百年未有之大变局加速演进，地缘政治动荡，全球经济更易受到不确定事件的冲击，经济复苏进展缓慢。联合国贸易和发展会议在 2023 年 12 月 11 日发布的《全球贸易更新》报告中认为，2024 年全球贸易仍"高度不确定且总体悲观"。2024 年 1 月国际货币基金组织预测，2024 年全球经济增速为 2.9%，低于 2023 年的 3.1%，也低于新冠疫情前二十年 3.8% 的平均水平。随着国内人力等成本上升，贸易限制措施增多，稳外贸任务更加艰巨。

二是内需不足的挑战。国内有效需求不足，社会预期偏弱，居民就业增收压力较大，消费更趋理性。从河南看，居民人均可支配收入为全国平均水平的 3/4，人均消费支出不足全国平均水平的 4/5，消费能力不强；有吸引力的消费场景不多，城市商业能级有待提升，农村流通短板亟待补齐，高品质、个性化消费供给不足。

三是引资竞争的挑战。经济因素和非经济因素不利影响增加，全球跨国投资规模整体萎缩。发达经济体积极吸引产业回流，周边国家打造政策洼地，逐底竞争加剧。跨国公司推进"中国+1""中国+N"布局，主动分散投资、"备份"产能。国内各地为发展经济，在招商引资的赛道上开展新一轮抢跑竞争。

（二）准确把握发展机遇

一是经济长期向好的基本面没有变。全球新一轮科技革命和产业变革迅速发展，催生了诸多新技术、新产业、新业态、新模式。我国经济回升向好、长期向好的基本趋势没有改变，超大规模市场的需求优势、产业体系配套完整的供给优势、科技人才加快集聚的创新优势更加明显。河南的交通区位优势、枢纽经济优势以及"十大战略"深入实施、新旧动能加速转换、新质生产力加快形成，为商务工作创造了更有利的发展环境。

二是消费市场保持稳步回升的态势。全国统一大市场建设提速，消费环境持续改善，传统消费和新型消费齐发力，产品和服务日新月异，"国潮风""科技感""文艺范"等消费热点迭出，服务消费需求不断增长，消费市场将延续结构性复苏态势，在促进消费政策措施加持下，消费扩容升级具备有力支撑。

三是经贸合作的新活力正在释放。在外需持续低迷的大环境下，我国贸易活跃度保持较高水平。我国创新、技术和市场吸引力增强，仍然是全球跨国公司最重要的投资地之一。河南稳步扩大制度型开放，持续提升投资贸易便利化水平，打造市场化、法治化、国际化的营商环境，加快提升企业创新能力，培育壮大7个先进制造业集群28个重点产业链，为集聚外贸新动能、形成引资新优势带来新机遇。

综上分析，2024年河南省商务发展面临的挑战与机遇并存，机遇大于挑战。

三　2024年河南省商务发展重点任务

以习近平新时代中国特色社会主义思想为指导，全面贯彻落实党的二十大和二十届二中全会及中央经济工作会议精神，深入贯彻习近平总书记视察河南重要讲话重要指示，认真落实省委经济工作会议和全国商务工作会议部署，坚持稳中求进工作总基调，完整准确全面贯彻新发展理念，把握商务工作"三个重要"定位，锚定"两个确保"、实施"十大战略"，稳步扩大制度型开放，推动消费从疫后恢复转向持续扩大，巩固外贸外资基本盘，防范化解商务领域风险，以商务改革发展的新成效更好服务中国式现代化建设河南实践。

（一）全面深入实施制度型开放战略

以融入共建"一带一路"为重点扩大对外开放，统筹好"引进来"和

"走出去"，着力优化提升开放通道、平台载体、贸易投资、营商环境，以对外开放的确定性对冲外部环境的不确定性。会同发改、海关、交通等部门统筹推进开放通道建设，发挥空陆网海"四条丝路"优势，扩大与欧洲、RCEP 成员国经贸合作，办好河南—卢森堡经贸交流合作等活动。突出投资贸易便利化，全面落实营商环境综合配套改革国际化专项方案。

重点实施自贸试验区提升行动。自贸试验区是深化改革开放的综合试验平台，要以自贸试验区建设引领制度型开放。对标高标准经贸规则，出台实施自贸试验区提升行动方案，召开自贸试验区建设工作推进会，高水平建设自贸试验区 2.0 版，实现自贸试验区对外贸易和利用外资增长 15% 以上。围绕现代物流、数字经济、智能制造、新能源及网联汽车、生物医药等重点领域，推动全产业链创新发展。探索开展盾构机等大型装备保税维修业务。推动多式联运、期货交易、涉外法律服务、知识产权等改革创新，再推出一批最佳实践案例在全省推广。持续推进自贸试验区空港新片区申建。抓好首批 10 个自贸试验区联动创新区建设，适时认定第二批联动创新区，各地要强化自贸意识，抓好复制推广，跟进创新举措，放大自贸红利。支持中国电子（郑州）数据创新中心、郑州数据交易中心探索开展数据交易、跨境数据流动监管创新。支持郑州商品交易所扩大期货特定品种开放。推动与智利伊基克自贸区等的合作。

（二）促进招商引资增量提质

一是加强四个外资专班，提高招商精准性和实效性，动态完善产业链图谱和招商路线图，常态化开展粤港澳大湾区驻地招商，加大长三角、京津冀地区跨国公司总部对接力度，聚力招引产业链供应链关键企业和"专精特新""隐形冠军"企业。加强中东资本投资动向研究，主动"走出去"对接，吸引中东资本在河南投资布局。注重"三外联动"，多组织企业参加境外展会和经贸活动，扩大"朋友圈"，用好的出口产品、好的外经项目吸引外商投资。二是扩大经开区对外合作，组织经开区到省外境外招商，大力引进产业项目，建好中德、中日等国际合作产业园区，瞄准荷兰、比利时等发达国家争取设立新的国际合作产业园区。探索绿色园区建设。加强省级经开区考核，新认定一批省级经开区，积极推动省级经开区晋升为国家级。三是办好豫港和豫澳企业家春茗活动、全球豫商大会、第二届河南与跨国公司合作交流会等重大活动，支持各地举办特色招商活动，打造"投资河南·共赢发展"品牌。联合商务部驻郑特派办，积极对接驻外使领馆经商机构，开展多种形式的经贸交流活动。四是做好招商引资"后半篇文章"，健全项目全生命周期管理服务机制，专班专责紧盯，推动签约项目早开工、早投产、早达效。完善政企常态化沟通机制，定期召开外商投资企业圆桌会议。五是谋划储备 8000 个项目，推进在谈 7000 个项目，争取签约 6000 个项目，以招商"先手棋"培育新质生产力。各地要善于以产业链思维谋划项目，既要立足资源禀赋，又要多出去走走，摸清行业走向、跟进投资动向、瞄准前沿方向，选优建好项目库，以链式谋划推动集群发展，为现代化产业体系建设做贡献。

（三）加快培育外贸新动能

一是围绕新市场、新产品、新业态精准发力。大力实施"千企百展"拓市场行动，发布年度国际性展会推荐名录，重点支持企业参加 100 个境外商品展，优选依托 10 个境外展，组织"展中展"和专题活动，推介河南商品和对接合作项目。实施外贸主体培育行动，积极推动外贸转型升级基地提质增效，加大力度招引外向型企业，瞄准有外贸潜力的企业推动进出口实绩实现零的突破，力争到 2024 年底有外贸实绩的企业突破 1.2 万家。继续扩大新能源汽车、锂电池、光伏产品"新三样"出口，积极培育生物柴油、人造金刚石等新的出口增长点，持续扩大二手车出口，支持符合条件的汽车生产企业申请临时出口许可。积极争取国家外经贸提质增效示范项目。实施跨境电商优势再造行动，提高 5 个跨境电商综合试验区建设水平，积极推广"跨境电商+产业带"发展模式，引领带动更多传统企业组团出海，加大对海外仓建设支持力度。扩大跨境电商进口医药产品规模。办好第八届全球跨境电商大会。扩大许昌发制品市场采购规模，在全省推广"双抬头报关"模式，探索"中欧班列+市场采购贸易"模式。

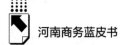

二是大力拓展中间品贸易。畅通"一带一路"贸易通道，稳步扩大中间品贸易"朋友圈"；在留住核心技术和关键环节基础上，引导产业链合理有序跨境布局，带动中间品贸易发展；鼓励有条件的企业开展投资并购，扩大金属矿砂等大宗商品和集成电路等关键中间品进口。各地要结合自身产业特点和贸易情况，梳理本地重要中间品目录，从生产制造、境外参展、出口信保、金融信贷、用工用能等方面予以支持。

三是高度重视发展服务贸易。高标准建设国家服务外包示范城市，加快建设国家文化出口、中医药服务出口基地。鼓励各地研究出台扶持政策，促进传统服务贸易转型升级，推动发展软件通信、云计算等信息服务业，以及检测认证、设计咨询等高附加值服务业，扩大知识密集型服务贸易规模。要创新发展数字贸易，依托重点数据产业园区、软件园等，探索认定一批省级数字服务出口基地，打造数字贸易载体和数字服务出口集聚区。

（四）推动消费持续扩大

以"消费促进年"为主线，"政策+活动"双驱动，稳定和扩大传统消费，培育壮大新型消费。

一是瞄准汽车、家电、家居、餐饮"四大金刚"扩消费。全链条促进汽车消费，落实好《关于推动汽车后市场高质量发展的指导意见》，活跃二手车市场。鼓励有条件的市县开展新能源汽车、绿色智能家电、绿色建材下乡，支持重点企业开展绿色智能家电、家具等以旧换新。出台促进餐饮业高质量发展政策举措，持续开展"豫鉴美食"系列活动。

二是围绕"乐享生活·豫见美好"主题，省市县三级联动，举办国潮、特色街区、网购、夜消费等十大专题消费活动，承办全国"游购乡村·欢乐大集"系列活动启动仪式，支持各地打造有地域特色的消费品牌活动。持续支持郑州培育国际消费中心城市，建设一批特色化区域消费中心城市，积极引进大型商业综合体和知名品牌店、旗舰店、体验店、首店，打造更多消费新场景和商业新地标。优化消费环境，开展"放心消费在中原"、绿色商场、诚信商场、平安商场创建活动。扎实推进商务领域塑料污染治理工作。落实好商贸类平台企业和建设商贸仓储设施奖励政策，支持建设直播电商基地，认定省级电商示范基地和示范企业。鼓励各地因势利导，出台政策推动线上线下更好融合。

三是搞好流通体系建设，推动郑州德化步行街尽快通过国家验收，再培育认定一批省级示范步行街、智慧商圈、智慧商店，择优推荐创建国家级，支持郑州、洛阳、开封、南阳等市建设特色商业街，培育认定一批品牌消费集聚区，推进国家级城市一刻钟便民生活圈试点创建。出台《河南省促进内外贸一体化发展若干措施》，加快完善内外联通流通网络，促进内外贸高效运行、融合发展。落实好国家供应链创新与应用试点，开展省级试点。强化生活必需品流通供应、商务领域"平急两用"公共基础设施建设，抓好郑州、洛阳、新乡等重点城市生活必需品保供体系建设。完善县域商业体系，争创一批全国县域商业"领跑县"，打造一批特色乡镇大集和乡镇集贸市场，发展农村物流共同配送，推动电商与寄递物流融合发展、农村客货邮融合发展，提升"快递进村"服务水平。谋划开展以旧换新。

四是重视老字号发展。随着国潮消费升温，一批老字号变身"新国潮"成为"网红"。河南省商务厅将推进老字号示范创建，组织老字号博览会、嘉年华、中华行等活动。各地要在"挖掘、传承、创新"上下功夫，探索认定市级老字号，多组织老字号企业走出去，宣传推介、增加销量、扩大影响。鼓励各市发布"必逛必买必带爆款"产品，让大家通过一款产品了解一座城。

主 题 报 告

B.2
实施自贸试验区提升战略
助推河南制度型开放

张 峰 杨多多 李雯鸽 杨凌波 贾 茹*

摘 要: 河南自贸试验区认真贯彻习近平总书记关于深入推进自贸试验区建设的重要指示精神，落实省委、省政府决策部署，以自贸试验区建设为引领加快推进制度型开放，开拓进取、攻坚克难，全力推进相关领域改革开放创新，为全面深化改革和扩大开放探索新途径、积累新经验。

关键词: 自贸试验区 制度型开放 河南省

一 建设进展情况

(一)高位推动系统谋划

2023年，河南省委经济工作会议强调，持续实施制度型开放战略，开

---

* 张峰、杨多多、李雯鸽、杨凌波、贾茹，河南省商务厅。

展自贸试验区提质行动，完善开放平台功能。省政府常务会议强调，发挥好自贸试验区等各类开放平台功能作用，增强发展新动能。省政府召开两次自贸试验区建设领导小组会议，强调在制度创新、产业发展、平台联动、完善机制方面谋划好自贸试验区提升工作。河南省政府印发《中国（河南）自由贸易试验区 2.0 版建设实施方案》，明确 2023~2025 年 6 个方面 52 项任务。省政府审议、领导小组印发政务、监管、金融、法律、多式联运 5 个2.0 版建设专项方案。省委深改委将自贸试验区改革提升纳入年度重点任务。省自贸办、省委改革办建立台账，跟踪推动 2.0 版建设重点任务落实，任务实施率超过六成。

（二）强化"两体系、一枢纽"战略定位

2023 年，河南紧扣国家赋予的"建设现代立体交通体系和现代物流体系，建设服务于'一带一路'的现代综合交通枢纽"战略定位，以"空中丝绸之路"为引领，持续推进空陆网海"四条丝路"协同并进。郑州新郑国际机场新增郑州至日本和南亚国家的第五航权航线配额，扩大经郑州至美国的第五航权覆盖范围。全货机航线拓展至 49 条（国际地区 32 条），通航城市 61 个（国际地区 43 个）。货邮吞吐量 60.8 万吨，居全国第六，其中国际地区 38 万吨，第五航权航线国际货运量占比近四成。"航空货运电子信息化"入选国务院印发的自贸试验区第七批改革试点经验，中国民航局下发《关于印发河南机场集团航空货运电子信息化试点经验的通知》，在全国推广。15 家航司在郑州开展电子运单业务，电子货运信息平台应用企业超过 260 家，实现在郑运营航空物流企业全覆盖。郑州机场国际快件中心正式运营，郑州国际邮件枢纽口岸完成进出口邮快件 848.1 万件，增长 16.9%。

中欧（亚）班列开行 3269 列，增长 168%，总量突破 1 万列、居全国第三，下半年综合质量评价月度排序保持在全国前三、返程开行量居全国首位。新开通郑州—圣彼得堡线路，新增同江出入境口岸，新开行至东盟农产品出口和水果冷链回程专列，形成了"21 站点、8 口岸"的国际班列物流网络体系。中欧班列（郑州）跨境商品处理分拨中心验收通过。开通至莫

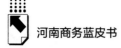
斯科、乌兹别克斯坦、老挝 3 条 TIR 国际公路货运线路，累计运输 149 车次。郑渝高铁确认列车快件批量运输试点工作启动。构建"两体系、一枢纽"助力郑州新郑综合保税区进出口规模达 4072.8 亿元，居全国第一。

（三）"专题式"推进重点领域改革创新

河南自贸试验区开展差别化探索、集成式创新，累计形成 559 项制度创新成果。

政务服务方面。印发《关于深入推进自贸试验区建设开展制度创新试点工作的通知》，推进经营主体"一业一证"改革、拓宽经营主体退出渠道等 11 项试点。出台《关于在中国（河南）自由贸易试验区强化公平竞争政策实施的意见》，扎实推进公平竞争政策实施。郑州市移民事务服务中心启用，外国人居留许可等高频事项实现"一窗办理"，为 861 名外籍人员办理签证等业务。

监管服务方面。郑州海关和匈牙利机场海关开展点对点合作，纳入《中匈海关保障供应链互联互通合作备忘录》。依托国际贸易"单一窗口"，全国首创"通关模式智选菜单"，根据货物类别、出入境口岸、运输方式等，从 18 种通关物流组合模式中智选最优方案，通关时效提升 20%。创新"区港联动一体化模式"，海关、机场同步优化流程，货物在综合保税区内打板、安检、一次查验、无感放行，直接装机，通关时效提升 60%，成本降低 50%。新培育区内 9 家企业成为 AEO 高级认证企业，签发预裁定 27 份。开封片区构建对外文化贸易服务新体系打造文化贸易新高地等 2 项案例入选《国家文化出口基地第三批创新实践案例》。

金融服务方面。积极推进期货市场国际化，郑州商品交易所菜籽油、菜籽粕、花生期货及期权引入境外交易者，首次实现油品油料产业链所有品种对外开放，成交量和品种数量居全国第一。上线国内期货市场首个标准仓单登记查询系统，为期货市场参与者及社会公众提供便捷、权威的标准仓单登记信息查询服务，保障标准仓单权属安全，便利仓单融资，促进大宗商品流通。截至 2023 年底，已为各类客户提供 3750 余次查询服务，查询标准仓单量 26.1 万余张，涉及棉花、红枣、白糖、硅铁、锰硅等 15 个品种。首只合格境外有限合伙人（QFLP）基金试点获批，首笔资本金成功汇入。拓展铁路运输单证金融服务试点，为 255 家外贸企业提供外汇结算金额 80.05 亿元。建立离岸贸易监测预警制度，设置专人专岗进行监测，推动离岸贸易合规有序发展。制定完善融资租赁公司外债便利化试点业务操作细则。

法律服务方面。郑州片区人民法院和开封、洛阳片区人民法庭办结各类案件 5.6 万件。郑州片区人民法院组建涉外商事审判庭，办理涉外案件 186件，涉及美国、法国、英国等 20 多个国家和地区；成立国际商事争端预防调解中心，调解涉外诉讼案件 48 件。依托郑州大学、河南财经政法大学建立涉外法治人才培养基地。郑州国家知识产权创意产业试点园区、河南自由贸易试验区郑州片区人民法院、金水区自贸办等 14 家单位联合发起《知识产权领域对接国际高标准经贸规则郑州倡议》，呼吁更多知识产权相关方加强在知识产权领域的创造、运用和保护，助力自贸试验区打造更优的法治化营商环境。

多式联运服务方面。在全国率先发布《货物多式联运服务合同（示范文本）》，探索多式联运"一单到底"全程服务模式。多式联运铁路运输"一单制"信息平台投入运营。航空集装箱货物整板车已纳入工业和信息化部《道路机动车辆生产企业及产品》目录和交通运输部道路运输车辆载货汽车达标车型目录，在北京、上海、武汉等地机场推广应用。《空陆联运厢式运输半挂车技术要求》通过国家标准立项评审。航空电子货运操作规范提交至全国行业协会，推动其作为国家团体标准立项。发布《多式联运货物运输量计算方法》等 3 项省地方标准和《多式联运经营人服务规范》等 3项团体标准。

（四）抓好重点产业项目建设

推动片区编制主导产业图谱，出台专项激励政策。持续实施招商引资与项目建设通报制度，奔腾智能装备产业园、中航光电高端互连科技产业社区等重点项目进展顺利。华润中原超级总部基地、智行盒子新能源汽车、南水北调集团功能性总部、河南省元宇宙科创产业园等重点项目成功落地。郑州片区形成以上汽、中铁盾构、郑煤机、京东物流等龙头企业为代表的汽车及零部件、装备制造、现代物流3个千亿级主导产业集群，物流业营业收入突破2000亿元，金融业增加值达439.7亿元。开封片区持续开展"文化出海"，依托国家文化出口基地累计实现文化艺术品进出境货值约12亿元，国内及回流的文化艺术品拍卖累计成交额超5000万元。洛阳片区围绕智能装备制造等确立"3+1"主导产业体系，片区规模以上工业主导产业总产值750亿元。

2023年，河南自贸试验区新设企业2.01万家，增长15.1%；注册资本1428.7亿元，增长19.6%。累计新设企业13.2万家、注册资本1.8万亿元，分别为挂牌前的4.9倍、6.6倍。实际使用外资1.81亿美元、增长132.1%，占全省的24.1%。货物进出口额505.7亿元，占全省的6.2%。税收399.1亿元、增长57.7%，占全省的7.3%。

（五）加强复制推广和平台联动

向全省印发《国务院关于做好自贸试验区第七批改革试点经验复制推广工作的通知》，分解任务、台账式推进，应用电子劳动合同信息便捷办理人力资源和社会保障业务、专利导航助力产业创新协同联动新模式等加快推进实施。省自贸办、省委改革办联合印发第五批15项最佳实践案例，累计77项在全省推广。18项创新成果入选《中国自由贸易试验区发展报告2023》。深入三门峡等地市调研，形成《全省复制推广自贸试验区制度创新成果情况的报告》，获省领导批示。出台《河南省复制推广自贸试验区制度创新成果试行办法》，形成改革创新—复制推广工作闭环。开封综合保税区封关运行，中日（开封）国际合作产业园获批。加快建设RCEP示范区，设立河南省RCEP企业服务中心，共受理办结RCEP原产地证书签发等各类业务10283件。设立郑州、开封、洛阳、新乡、焦作、许昌、三门峡、南阳、济源产城融合示范区及郑州航空港经济综合实验区10个自贸试验区联动创新区，开展制度创新、复制推广、产业发展、平台建设联动，更好发挥自贸引领带动作用。

（六）强化基础支撑和对外交流

会同商务部国际贸易经济合作研究院在郑州举办第三届中国自由贸易试验区发展论坛，全国各自贸试验区及片区负责同志，世界自由区组织、智利伊基克自贸区负责人以及相关行业协会企业代表、智库专家等400多人参会，交流自贸经验，深化互学互鉴，21家中央和省主流媒体参会报道。委托第三方机构北京零点有数公司对自贸试验区建设开展总体评估，总结经验、查找不足、对标提升。自贸试验区第二批专项课题研究全部结项，涵盖对标国际高标准经贸规则、制度型开放、多式联运等方面，多项课题成果获省领导批示。在复旦大学举办自贸试验区高质量发展专题培训班，成员单位50多名处级干部参训。开封片区与乌拉圭佛罗里达自贸区签署合作备忘录，文化出海代表团赴吉尔吉斯斯坦举办"一带一路"展览。积极参加进博会自贸试验区建设十周年宣传推介，航空电子货运试点、跨境电商零售进口退货中心仓等图片及盾构机模型入选成就展。

二　制度创新情况

2023年，河南自贸试验区不断改革探索，15项制度创新成果在全省推广，涵盖科技创新、数字经济、监管创新、法律服务、政务服务等领域，有效发挥自贸试验区示范引领和辐射带动作用。

科技创新领域。郑州技术交易市场创新应用"技术能力交易"模式，建立"技术能力清单库"，围绕新材料、生物医药、先进制造等重点产业，梳理团队人才、科研项目、知识产权等技术能力清单600多项。建立"技术需求清单库"，梳理规上工业企业真实技术需求1100多项。通过检索核心指标及关键词，双向智能匹配"能力清单"和"需求清单"。2023年，实现72个项目精准匹配，19个项目达成技术能力交易，促进产研深度融合。洛阳片区推动清洛基地等中试平台参股科技成果孵化器，推出中试基地服务清单、熟化科技成果清单和市场主体技术需求清单，促进技术需求、成果、中试服务精准对接。国有资本设立洛阳制造业高质量发展基金、智能装备产业投资基金等，引流社会资本50亿元，加速中试熟化成果项目化、产业化。出台中试基地绩效考核评价办法，细化量化考核指标，将考核评价结果作为政府支持资金分配和晋级摘牌的依据。目前累计服务企业1300余家，开展中试项目1418项，转化成果587项，技术合同成交额16.56亿元。

数字经济领域。郑州数据交易中心建设数据要素综合服务平台，实现"产品登记、在线交易、在线交付、交易监管"全流程服务。完善数据要素流通和交易制度，率先出台职业数据经纪人管理办法，明确经纪人的准入、提升、执业和退出管理。出台场外交易备案管理办法，建立数据资产市场化定价模式，推进数据交易全链条集成创新。截至2023年，挂牌数据资源和上架数据服务1092件，解决流通场景需求100余种，完成数据交易365笔、交易额6.3亿元，涵盖通信、电力、交通、气象、金融等多个领域。

监管创新领域。郑州新郑综合保税区与新郑国际机场设立"区港一体化"卡口，实施空运出境货物直放直装、进境货物一站直达模式，实现"一次申报、一次理货、一次查验、一次放行"，通关时效提升60%以上，企业运输成本降低50%以上，促进区港一体化融合发展。郑州海关首创"通关模式智选菜单"，对企业通关物流组合申报进行智能匹配，实现从传统报关模式向"企业填报需求、系统自动推荐"模式转型，助力企业最大化享受政策红利。郑州铁路口岸20%的报关单为中小企业依托该系统自主申报，共448家企业应用6492次，90%以上为中小企业。经开区块开发中欧班列（郑州）集结中心智慧场站管理平台，车队在车辆抵达场站前线上预约，自动生成运抵报告，货主线上预约海关查验，集装箱分类管理，形成"提前报关+无纸化调拨+信息共享+查验协同"模式。集装箱布控信息在海关、场站和企业间传递，避免多次重复吊装翻箱，作业效率大幅提升，物流成本降低30%以上。

法律服务领域。河南自贸试验区郑州片区人民法院探索"金枫讼爽"金融案件全流程办理新机制，"金"指各类金融纠纷，"枫"指发扬新时代"枫桥经验"，"讼"指立调裁审执访"流水线"式一体化办案模式，"爽"

指办案实现政治效果、社会效果、法律效果有机统一，有效解决金融案件存量大、调解率低、审理周期长等问题，推动金融纠纷多元化解和金融审判创新发展，推进审判体系和审判能力现代化。2023 年，金融案件结案率98.35%、服判息诉率98.54%、线上调解率60.28%、电子送达率99.75%，均优于全省同类案件水平。案均审理天数19.76 天，比全省同类案件平均审理天数缩短3.11 天。

政务服务领域。洛阳片区试行政务服务"一件事一次办""综合窗口"改革，设立企业开办综合窗口，打通市场监管、税务、公安、银行、社保、医保、公积金等数据通道，实现企业开办"一网办理、一窗办结、一次办妥"。设立"不动产+公积金"综合服务专区，实现契税申报、维修基金缴存、不动产权证审核签发、公积金缴存提取等"一窗办结"。设立工程建设项目综合审批专区，提供工程建设领域57 项审批事项"一站式"办理。改革后，大厅服务窗口由80 个压缩至55 个，企业办事由"一事跑多窗"变"一窗办多事"，材料由"反复提交"变"共享获取"，审批材料减少40%，平均办理时长缩短50%。开封片区探索个体工商户集中地登记改革，制定管理办法，加强集中地管理，引导个体工商户合规经营，降低个体人员创业成本，有效解决缺少经营场所等问题，促进个体工商户集聚发展。

三　面临的新形势

从国际形势看，当前自贸试验区面临的国际环境呈现新特点。国际经济格局深刻变化，全球经济呈现高通胀、高利率、高债务、低增长特征，呈现"增长较弱、风险加大、博弈加剧"特点，多重挑战叠加共振，外部环境更加严峻复杂。全球产业链加速演变，呈现数字化、绿色化、安全化等新趋势。在此大背景下，国家实施自贸试验区提升战略，一方面，需要通过制度再创新进一步集聚创新要素、激发经济社会活力，培育创新驱动引领发展的优势；另一方面，需要通过进一步对标国际高标准投资贸易规则，扩大服务贸易和金融服务业对外开放，发展更高层次和更大范围的开放型经济，为提

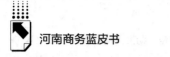
高我国在全球经济治理中的话语权提供支撑。

从国内形势看，在新发展阶段，我国对外开放面临新形势，正由要素型开放向制度型开放转变，从偏重"引进来"向"引进来"和"走出去"并重转变。随着世界经济增长引擎逐步由货物贸易转向服务贸易和对外投资，对标高标准经贸规则开展创新尤为重要。《全面与进步跨太平洋伙伴关系协定》（CPTPP）有很多新经贸规则，例如竞争中性、数据跨境流动、数字服务贸易跨境交付、政府采购，以及知识产权、环境保护、投资争端、产业政策等，都需要在自贸试验区先行先试。当前，浙江、四川等自贸试验区在全产业链开放、融入共建"一带一路"等方面已走在全国前列。安徽、湖南等自贸试验区通过融入长三角、珠三角，在发展数字经济、现代服务业等方面有新的起色。

从省内情况看，当前自贸试验区发展普遍进入攻坚期，一些领域改革攻坚难度加大、制度创新激励不足，部门和片区不同程度存在"改不动""不会干"等情况。河南自贸试验区经济外向度不高、国际化水平偏低，与先进地区自贸试验区有较大差距；支持产业发展的政策体系和人才政策不完善，新产业新业态发展不充分，对接国际高标准经贸规则开展压力测试不够，战略功能发挥还不充分。当前改革进入深水区，自贸试验区在构建现代产业体系、融入全球贸易体系、培育科技创新体系、完善开放政策体系等方面亟须对标先进、加压奋进。

四　下一步工作思路

河南将认真贯彻落实习近平总书记重要指示批示精神，全面实施自贸试验区提升战略，制定河南自贸试验区对接国际高标准经贸规则提升行动方案，加快推进制度型开放，高水平建设河南自贸试验区2.0版。

（一）突出特色定位抓提升

支持郑州片区打造"丝路"自贸。举办"第二届郑州—卢森堡'空中丝绸之路'国际合作论坛"，加快郑卢模式复制推广，巩固拓展布达佩斯试点项目，打造郑州—东盟新"空中丝绸之路"，谋划组建本地客运基地航空公司。完善中欧班列国际线路网络，布局俄罗斯、越南等境外集散中心，强化"运贸一体、以运代贸"。深化跨境电商零售进口药品试点，扩大试点范围和业务规模。推进多式联运国际物流中心建设，加快郑州新郑国际机场三期、郑州航空国际邮件枢纽口岸、国际陆港第二节点建设，加快国际陆港与国际空港联动发展，探索数字化港口建设。

支持开封片区打造"文化"自贸。依托国家文化出口基地，做强开封国家文化和科技融合示范基地，实施文旅文创融合战略，布局打造文化产业专有生成式人工智能（AIGC）平台，培育引进人工智能（AI）文化产业企业集群。大力发展文化艺术品一、二级市场，积极培育数字艺术品设计开发、在线交易、云观展、直播拍卖等新业态，探索以数字版权证书推进艺术品二级市场交易合规流通。

支持洛阳片区打造"科创"自贸。发挥自贸试验区、自主创新示范区"双自联动"优势，强化创新主体和平台培育。依托普莱柯生物安全三级实验室，开展生物疫苗产业创新联合体试点，探索建立区域共享高级别生物安全实验平台，吸引国内外研发机构集聚。以周山"智慧岛"为引领，打造高能级创新平台，用好工程系列机械、化工专业高级职称评审等下放权限，持续激发科研创新积极性。

（二）突出制度型开放抓提升

对接CPTPP、《数字经济伙伴关系协定》（DEPA）等国际高标准经贸规则，研究借鉴上海打造制度型开放示范区80条措施、北京深化服务业扩大开放170余项试点任务，出台河南自贸试验区提升行动方案，围绕贸易投资便利化自由化、数字经济、期货交易、法律服务、"边境后"管理制度改革等重点领域开展压力测试、先行先试。探索开展自贸试验区内综合保税区外盾构机等大型设备保税维修业务。支持郑州商品交易所扩大期货特定品种开放，创新期货保税交割商品出口模式。

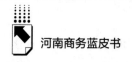

支持郑州数据交易中心打造国家级数据交易所，中国电子（郑州）数据创新中心打造全国"数仓、数纽、数港"，探索开展数据交易、跨境数据流动监管创新。探索完善跨境数据分类备案机制，建立数据出境安全评估全流程监管体系。支持发展涉外法律服务业，加强自贸区法院涉外商事审判庭建设，支持新设涉外仲裁机构。探索开展药食同源商品进口通关便利化改革试点，优化非药用药食同源商品通关流程。实施规则标准创设工程，围绕跨境电商、多式联运等先发领域，争取创设更多国家国际标准。

（三）突出产业发展抓提升

围绕《自贸试验区重点工作清单（2023—2025年）》确定的8个重点产业领域，项目化推进、台账式管理，围绕交通物流、跨境电商、AI文化、新能源汽车、生物医药、"保税+"等领域开展全产业链创新。加强调度、传导压力，持续开展自贸试验区招商引资和项目建设情况通报。加强引导，支持片区用足用好各级鼓励政策，扩大高技术产业利用外资、增加高新技术产品进出口。全面布局上汽、宇通等新能源整车企业及深澜动力、智驱科技等关键零部件企业集群发展。推进安图生物体外诊断产业园和中源协和华中区域细胞制备中心项目建设，支持普莱柯开展生物疫苗产业创新联合体试点。探索多种担保形式出区保税展示，推动文化艺术品保税仓储。

积极开展合格境外有限合伙人试点，拓展外资并购、境外上市等利用外资途径。加快郑州片区全球汇平台、国际金贸港建设，建设元宇宙产业园等数字经济园区。推动奇瑞汽车KD出口基地、奔腾智能装备产业园等重点项目扩产增量，助力开封综合保税区提质升级。支持洛阳片区推动中航光电等龙头企业在境外设立研发中心等创新机构，建设海外园区，提升创新能级。力争2024年自贸试验区对外贸易和利用外资增长15%以上。

（四）突出平台联动抓提升

强化自贸试验区与航空港区、跨境电商综合试验区等开放平台联动，推进制度创新共试、改革赋权共享、政策措施共用，更好发挥整体效能。谋划建设郑州航空口岸集中查验中心项目，争取药品口岸增加生物制品进口功能，加快建设郑州航空邮件处理中心。建设好首批 10 个自贸试验区联动创新区，适时认定第二批联动创新区。高标准推进 RCEP 示范区建设，推动 RCEP 企业服务中心和移民事务服务中心完善功能。

扩大复制推广工作覆盖面，抓好全国全省自贸试验区经验推广工作，筛选推广其他自贸试验区好经验好做法，加强改革创新成果总结提炼，定期组织评估，放大自贸红利。联合省委改革办发布第六批最佳实践案例在全省推广。做好黄河流域自贸试验区联盟轮值工作。推动与智利伊基克自贸区等的合作，加强与国外自贸区交流，扩大自贸"朋友圈"。

（五）突出要素保障抓提升

推动河南自贸试验区制度创新实施办法纳入省政府立法审议项目。在财税、人才以及国际物流、数字经济、知识产权、智能制造、保税维修、生物医药、文化贸易、离岸贸易等领域，推动出台专项支持政策，根据发展需求，成熟一个、推出一个。全面检视工作中存在的差距和不足，把准努力方向，采取有效措施补短板、强弱项，做好自贸试验区首次考核评估。开展《中国（河南）自由贸易试验区条例》实施三周年落实情况调研评估。组织开展自贸试验区提升战略专题培训。

分 报 告

B.3
2023~2024年河南省对外开放形势分析与展望

张海波　贾春奇　热依汉 *

摘　要： 2023年，面对复杂严峻的发展环境和超预期的风险挑战，河南省深入学习贯彻习近平总书记关于对外开放工作的重要论述，纲举目张抓工作，开拓创新谋发展，制度型开放战略不断深化，开放招商理念深入人心，制度创新成果不断涌现，开放平台能级持续提升，开放通道建设有效拓展，营商环境综合配套改革扎实推进，商品和要素流动更加顺畅，开放强省建设迈出坚实步伐。本报告回顾了2023年河南省对外开放工作取得的成绩，分析了存在的相关问题和2024年面临的一些新形势，并提出了相关对策与措施。

关键词： 对外开放　制度型开放　河南省

---

* 张海波、贾春奇、热依汉，河南商务厅。

2023 年，面对深刻变化的外部环境和艰巨繁重的发展任务，河南省深入学习贯彻习近平总书记关于对外开放的重要论述，纲举目张抓工作，开拓创新谋发展，制度型开放战略不断深化，开放招商理念深入人心，制度创新成果不断涌现，开放平台能级持续提升，开放通道建设有效拓展，营商环境综合配套改革扎实推进，商品和要素流动更加顺畅，开放强省建设迈出坚实步伐。

一 2023年河南省对外开放基本情况

（一）招商引资成效明显

2023 年，全省新增外资企业 465 家、增长 40.9%，实际使用外资 7.5 亿美元；实际到位省外资金 1.2 万亿元、增长 9.3%。实际使用共建"一带一路"国家投资 8239 万美元，占全省总额 11%。实际使用港资 5.1 亿美元，占全省总额 68.4%。服务业领域实际使用外资 5.1 亿美元，占全省总额 67.7%。引进粤京苏浙沪鲁六省市资金 8531.6 亿元，占全省总额 70.4%。先进制造业到位省外资金 7780.9 亿元，占全省总额 64.2%。在豫世界 500 强达到 198 家，中国 500 强企业达到 179 家。富士康、比亚迪、宁德时代、协鑫集团等知名企业纷纷在豫增资扩股。

（二）对外经贸稳中提质

2023 年，全省货物进出口 8107.9 亿元，规模继续保持全国第 9 位。出口 5280 亿元、增长 2.4%，规模居全国第 9 位。全省服务进出口达到 76.9 亿美元、增长 13.1%。一般贸易进出口占全省总额 39.3%，占比较上年提高 4.7 个百分点；加工贸易进出口占全省总额 45.3%，占比最高。汽车、人发制品、农产品成为出口主要亮点，三项合计拉动全省出口增长 3.4 个百分点，全省汽车出口 259 亿元、增长 107%，宇通客车出口突破万辆、居全国第一。签发 RCEP 原产地证书 6397 份，对 RCEP 成员国和共建"一带一路"

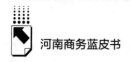
国家贸易额分别占全省30.3%、44.0%。各地纷纷发力，全省有9地进出口超百亿元。全省对外直接投资18亿美元、增长30.2%；对外承包工程及劳务合作完成营业额44.1亿美元、增长6.3%。重点企业"走出去"带动出口明显，如中铁装备盾构机出口意大利2.7亿欧元，平高电力储能设备出口南非1.6亿美元。

（三）开放平台能级不断提升

郑州航空港区地区生产总值增长率达两位数，增速继续领跑全省，比亚迪、超聚变等重点项目加快建设，"港产城"融合发展扎实推进。加快推进自贸试验区2.0版建设，实施政务、监管、金融、法律、多式联运五大专案，"航空货运电子信息化"入选国家第七批改革试点经验，累计形成在全国推广的创新成果18项、在全省推广的案例77项；认定首批10个河南自贸试验区联动创新区。自贸试验区新设企业2.01万家、增长15.1%，税收399亿元、增长57.7%。5个跨境电商综试区进出口1798.5亿元，占全省比重达到75.8%。开发区"三化三制"改革全面落地。新郑综保区进出口规模居全国第一，开封综保区封关运行。

（四）开放通道优势巩固扩大

郑州—卢森堡"双枢纽"合作持续深化，郑州新郑国际机场北货运区建成投用，年客货运保障能力分别达到4000万人次和110万吨，郑州新郑国际机场全货机航线拓展至49条。中欧班列（中豫号）累计开行超1万列，连通40多个国家140个城市。跨境电商进出口（含快递包裹）2371.2亿元、增长7.3%，成功举办第七届全球跨境电商大会，支持216个跨境电商海外仓发展，覆盖欧美和共建"一带一路"47个国家和地区。在内陆省份率先出台实施对接融入海洋经济工作方案，扎实推进"11246"工程，周口港、信阳港等内河航运港口加快建设，全省内河港口吞吐量4688.8万吨、增长9.8%；扩容加密铁海联运班列和内河航运集装箱航线，铁海联运集装箱发运33.6万标准箱、增长78.1%。

（五）开放领域不断拓宽

科教文卫和农业、金融、对外交流等领域对外开放加快推进。新增 2 家国家区域医疗中心、总数达到 12 家，位居全国第一，河南国家区域医疗中心 98 项技术填补国内国际空白；105 个县域医疗中心全部达到二甲水平。新增本科及以上中外合作办学非独立机构 3 个、硕士项目 1 个，实现研究生层级中外合作办学零的突破。高校来豫留学生恢复到 5500 人，全年公派外出留学 500 人。在美国、印度尼西亚新建 2 所孔子学院（课堂）。培育形成 13 家全国重点实验室和 172 家国家级创新平台。常态化推进线上银企对接，累计放款近 260 亿元。少林功夫、太极拳等持续走出国门，文博热、非遗热、诗词热持续升温，"行走河南·读懂中国"更加深入人心。承办"友谊之约"中俄民间体育艺术节，为推动中俄民间体育交流做出河南贡献。

（六）开放影响力持续增强

用好四个外资专班，常态化开展粤港澳大湾区驻地招商，围绕重点区域、重点对象，策划举办全球豫商大会、河南与跨国公司合作交流会，争取中国侨商投资大会在河南举办，提升河南投洽会办会水平，全年密集举办一系列投资贸易促进活动，签约项目近 1000 个、总投资超 1 万亿元。筛选发布重点展会目录，支持上千家企业赴欧美、日韩等境外参会参展，达成了超 500 亿元的外贸订单。河南省共与 51 个国家缔结 126 对友好城市，位居中西部地区省份前列。

（七）营商环境持续优化

对标国际通行惯例，全面打造市场化、法治化、国际化一流营商环境，企业对营商环境满意率超过 90%。持续开展"万人助万企"活动，常态化开展"千家外企大走访"，落实外资企业国民待遇，完善"外企服务官"制度，举办外资企业圆桌会议，努力为外来投资企业提供优质服务。推广"提前申报""预约通关"等改革举措，通关便利化水平进一步提升。建立

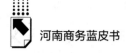

外经贸财政资金直达机制。针对中小微企业，建立"企业+外综服+跨境电商+展会"联动促进机制。市场主体达到1094万户，居全国第四。

同时，全省对外开放工作还存在一些问题和不足，如开放型经济质量有待提升、平台载体能级不足、开放通道建设压力增大、营商环境仍需优化等，河南要直面问题、坚定信心、鼓足干劲，全力以赴干好各项工作。

二 2024年对外开放形势分析

2024年国务院《政府工作报告》指出，"今年我国发展面临的环境仍是战略机遇和风险挑战并存，有利条件强于不利因素"，制度优势、需求优势、产业优势、人才优势以及科技创新不断起势、经济长期向好的基础是我国战胜困难挑战、推动经济持续向好的信心和底气所在。在当今百年未有之大变局背景下，中国高水平对外开放被赋予了新使命和新担当。下一步，河南要贯彻中央经济工作会议精神，扩大高水平对外开放，科学分析面临形势，准确把握外部环境的"变"与"不变"，实施更加积极主动的开放战略，进一步扩大和提升开放范围和层次，构建全方位宽领域高水平开放格局，以开放促改革，推动经济高质量发展。

三 对策与措施

2024年，全省上下将全面落实党中央、国务院和省委、省政府关于对外开放的举措部署，积极融入高质量共建"一带一路"，锚定"两个确保"，稳步扩大规则、规制、管理、标准等制度型开放，谋划新思路、搭建新载体，坚持目标导向、问题导向，坚持守正创新、精准施策，实施制度型开放扩容提质工程，充分激发开放型经济发展活力，以高水平开放促进高质量发展，在新起点加快构建更具优势的内陆开放高地。

（一）营造浓厚氛围，提升开放凝聚力

深度融入共建"一带一路"，加强与《区域全面经济伙伴关系协定》

（RCEP）成员国合作。充分发挥河南省对外开放工作领导小组具体组织推动作用和综合协调督导服务职能，研究重大举措，推进重大事项，解决重点问题。推动省直有关部门发挥协调联动作用、各市县发挥主体责任，完善省市县三级联动机制。持续开展制度型开放战略线上线下系列宣讲解读，提升和扩大企业知晓度和社会影响面，推动制度型开放进机关、进党校、进企业、上网络、下基层。加大市县人员培训力度，加快培育高水平专业化对外开放工作队伍。探索制定全省对外开放综合评价体系，从开放的驱动力、竞争力、通达力、创新力、循环力、影响力等维度，逐步细化各级评价指标，全方位测绘和评估全省及各地对外开放水平。

（二）创新平台发展，提升开放驱动力

支持郑州建设国家创新高地、先进制造业高地、开放高地、人才高地，加快建设国际消费中心城市和国际会展名城，打造具有国际影响力的都市圈。加快建设现代化、国际化、世界级物流枢纽和航空特色突出的高品质现代都市，打造中原经济区和郑州都市圈核心增长极。优化智慧综保区建设，探索依托航空港区口岸体系申请设立口岸经济高质量发展示范区。推动多式联运、期货交易、涉外法律服务、知识产权、数据交易、跨境数据流动等改革创新。深入实施自贸试验区提升行动，建设好首批自贸试验区联动创新区，发挥政策推广复制叠加效应。加快落实 RCEP 经贸规则及国家有关服务贸易、数字贸易、知识产权等"边境后"管理制度。积极对接《全面与进步跨太平洋伙伴关系协定》（CPTPP）、《数字经济伙伴关系协定》（DEPA）等国际高标准经贸规则，支持企业、行业协会开展国际标准互认，探索便利化数据跨境流动，强化数据要素市场建设。支持各地主动对接融入京津冀协同发展、长江经济带发展、长三角一体化发展、粤港澳大湾区建设等国家战略。建好中德、中日等国际合作产业园区，瞄准荷兰、比利时等发达国家新培育一批国际合作产业园区。

（三）夯实通道优势，提升开放通达力

发挥空陆网海"四条丝绸之路"优势，西向扩大与欧洲、南向拓展与

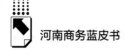

RCEP 成员国经贸合作，办好第二届郑州—卢森堡"空中丝绸之路"国际合作论坛等活动。深化郑州—卢森堡"双枢纽"合作，拓展郑州—布达佩斯试点项目，推进郑州—柬埔寨、郑州—吉隆坡"空中丝绸之路"项目。推动邮航第二基地落地郑州，培育壮大中原龙浩等本土货运航司。推进国际陆港建设，建成核心功能区。拓展中欧班列（中豫号）国际线路布局，力争国际直达线路达到 25 条，打造国家级中欧班列"运产贸"创新发展示范区。实施跨境电商优势再造行动，提升 5 个跨境电商综试区建设水平。逐步扩大跨境电商进口医药产品规模，推广"跨境电商+产业带"模式，带动更多传统企业组团出海，加大对海外仓建设支持力度。办好第八届全球跨境电商大会。加快实施内河航运"11246"工程，加强沙颍河、淮河航道和周口港、信阳港建设，全面对接长三角港口群。

（四）完善产业体系，提升开放创新力

强化四个外资专班力量，在粤港澳大湾区等重点区域开展精准专业招商。坚持"项目为王"，持续开展"三个一批"活动，围绕 7 个先进制造业集群 28 个重要产业链，开展产业链全球招商，引进一批标志性外资项目，推动河南优势产业在全球产业链供应链重构中争取主动。加强中东资本投资动向研究，吸引其在豫投资。务实办好第二届河南与跨国公司合作交流会等重大活动，支持各地举办特色招商活动。积极开展 2024 年河南经贸机遇分享活动，赴泰国、卢森堡、智利等国家举办专项推介活动。发挥进博会、服贸会、厦洽会等重大展会活动的投资促进功能，开展精准专题对接。强化驻外办事机构招引职能，谋划布局境外招商网络。

（五）加强人文交流，提升开放影响力

加快建设"三足鼎立"创新大格局，强化中原科技城、中原医学科学城、中原农谷国际交流合作，全球范围"双招双引"配置资源。布局建设一批省国际联合实验室，在人才引进培养、联合研究攻关、成果转移转化等方面开展合作。探索建立省内高校与境外高校跨境教育联盟，启动示范性中

外合作办学项目遴选培育。深化职业教育国际合作，支持实施"中文+"职业技能项目。扎实开展"欢乐春节""茶和天下"等形式多样的国际文旅推广活动，提升"行走河南·读懂中国"品牌国际知名度，擦亮少林功夫、太极文化"金字招牌"。实施"仲景工程"等品牌发展战略，推动中医药文化海外传播。支持引进各类国际体育赛事活动。支持企业在境外合作园区建设、对外承包工程中使用人民币跨境结算。持续深化国际友城建设，推动与意大利皮埃蒙特大区、希腊阿提卡省等建立省级国际友城关系，激活与意大利普利亚大区、乌兹别克斯坦撒马尔罕州等一批友城关系。

（六）打造最优环境，提升开放竞争力

全面落实全省营商环境综合配套改革"1+3"方案，推动"一件事一次办""有诉即办"、惠企政策免申即享、审批事项免证可办等重点任务落实，打通政策落地的"最后一公里"。深化"放管服效"改革，进一步简化审批流程，提升投资贸易便利化水平。持续开展"万人助万企"活动，提高精准、精细化服务水平，帮助企业解决实际困难和问题，进一步提升企业获得感。加快信用河南建设，全面提升营商环境违法案件办理质效。加强企业主体投资保护，保障依法参与政府采购活动，平等参与标准制定、享受支持政策，打造稳定公平透明可预期的营商环境。优化通关举措，深化"智慧海关"建设，提升通关作业信息化智能化水平。落实准入前国民待遇加负面清单管理制度，大力发展国际金融、会计、法律、咨询以及国际商事调解、商事仲裁等服务业，高质高效服务投资贸易便利化。完善外资企业圆桌会议等政企常态化沟通机制，加强权益保护。

B.4

2023~2024年河南省区域经济协作形势分析与展望

吕同航　杜进　刘金源*

摘　要： 2023年，面对错综复杂的国际环境和艰巨繁重的改革发展任务，河南省以习近平新时代中国特色社会主义思想为指导，认真落实省委、省政府"全力以赴拼经济"的部署要求，聚焦"招商引资拼经济"，坚持项目为王，务实举办招商推介、项目对接活动，深入开展"三个一批"项目建设活动，扎实开展项目跟踪服务，全年实际到位省外资金1.2万亿元，为推进中国式现代化建设河南实践提供了有力支撑。2024年是贯彻落实党的二十大精神的关键之年，是推动"十四五"规划目标任务全面落地的攻坚之年，战略机遇与风险挑战并存。本文回顾了2023年河南省区域经济协作取得的成果，展望了2024年面临的发展形势，提出了深化区域经济协作针对性发展对策。

关键词： 区域发展　经济协作　招商引资　河南省

一　2023年河南省区域经济协作基本情况

2023年，面对错综复杂的外部环境和艰巨繁重的改革发展任务，河南省坚持以习近平新时代中国特色社会主义思想为指导，全面贯彻党的二十大和二十届二中全会精神，坚决落实省委、省政府工作部署，扎实推进"两

---

* 吕同航、杜进、刘金源，河南省商务厅。

个确保"，深入实施"十大战略"，全力以赴攻难关、奋勇争先稳经济，强化"项目为王"导向，高质量开展"三个一批"签约活动，务实举办 2023 全球豫商大会、豫粤合作交流会等活动，部门协同联动精准招商，区域经济协作持续深化，全年实际到位省外资金 1.2 万亿元。

（一）利用省外资金总量迈上新台阶

1. 资金总量合理增长

2023 年，全省新增合同省外资金项目 5962 个、合同省外资金 3.2 万亿元，实际到位省外资金 1.2 万亿元、同比增长 9.3%，实现了引资总量的合理增长。

2. 区域合作持续深化

主动对接融入长三角经济一体化发展、京津冀协同发展、粤港澳大湾区建设等国家战略，省党政代表团赴广东、湖北学习考察共商豫粤、豫鄂新合作；利用中国国际进口博览会、中国国际服务贸易交易会等国家级展会平台，释放合作诚意，对接项目落地；常态化开展粤港澳大湾区驻地招商，持续推进区域合作。据统计，2023 年河南引进长三角地区、京津冀地区、粤港澳大湾区等地投资占全省实际到位省外资金总额近 70%，较 2022 年提高 6.7 个百分点；位居前六的省（市）依次是广东、北京、江苏、浙江、上海、山东（见图 1）。

3. 产业结构不断优化

全省围绕服务新质生产力发展下好招商先手棋，以制造业高质量发展为主攻方向，推进新型工业化，打造 7 个万亿级先进制造业集群和 28 个千亿级重点产业链，着力构建现代化产业体系。从引进省外资金产业分布看，第二产业引资占比最高，总体协调并进：第一产业到位资金 351.3 亿元，占全省总额的 2.9%；第二产业到位资金 7829.6 亿元，占全省总额的 64.7%，同比增长 19.5%；第三产业到位资金 3929.7 亿元，占全省总额的 32.4%。先进制造业实际到位 7780.9 亿元，占全省总额的 64.2%，有力促进了全省实体经济的发展。

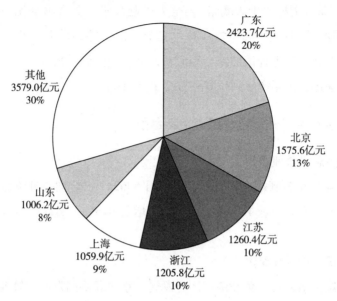

图 1　2023 年河南省实际到位省外资金来源地分布

4. 项目质量有效提升

全省围绕优势产业建链延链补链强链，进一步加强与比亚迪、宁德时代、协鑫集团、齐成控股集团等知名企业合作，在新能源汽车、生物医药、新材料、现代化工等领域增资扩股，在豫投资的国内 500 强企业达 179 家。比亚迪在航空港区投资的新能源汽车核心零部件生产项目、宁德时代在洛阳投资的新能源电池产业基地项目、山东齐成控股集团在濮阳投资的新型环保燃料及负极前驱体新材料一体化项目等一批重大项目落户河南，有力提升了全省工业项目的质量和水平。

（二）重大招商活动出新出彩

1. 创新举办 2023 全球豫商大会

2023 全球豫商大会首次以"全球豫商大会"命名，升格为省委、省政府主办。首次评选表彰 10 位"情系河南杰出豫商"代表，签约 55 个项目，合同引资 635.8 亿元。其间举办平顶山专场推介会、粤港澳大湾区投资交流恳谈会等，部分豫商代表参加癸卯年黄帝故里拜祖大典、赴省内多地考察对接、洽谈合作。全球豫商共话桑梓、共商发展、共谋未来的氛围浓厚，有力激发豫商豫才豫资回归的热情和信心。

2. 务实举办豫粤合作交流会

省党政代表团赴广东学习考察期间，在广州举行豫粤合作交流会，围绕推进科技自立自强、加快构建现代化产业体系、金融更好服务实体经济、协同拓展文旅文创市场等方面，推介河南开展豫粤合作的优势和重点合作领域，与在粤企业、科技、教育、商协会等各界知名人士共商合作、共谋发展。现场签约 63 个项目，总投资 920.8 亿元。

3. 擦亮河南对外开放和招商引资"金字招牌"

中国河南国际投资贸易洽谈会是全省规模最大、规格最高、最具影响力的国际性经贸盛会。第十四届中国河南国际投资贸易洽谈会坚持双向开放、投资贸易并重，突出国际化、高端化、精准化，举办高端论坛、专题推介、产业对接、项目洽谈、展览展示、实地考察等活动，吸引了来自 41 个国家和地区的 1.6 万多名客商参展参会，现场签约 100 个项目，总金额 2182 亿元。该届投洽会首次采取"政府主导、企业主体、社会参与"的办展模式，通过展商、采购商信息发布、展前对接等，多渠道促进展示与采购精准对接。

（三）"三个一批"签约项目体量稳步提高

2023 年全省开展 4 期"三个一批"项目建设活动，累计签约 2072 个项目，总投资超 2 万亿元，投资总额同比增长 5%，其中先进制造业和战略性新兴产业项目引资额占签约项目引资总额的 90.8%，涉及领域多、科技含量高、带动能力强，为全省经济高质量发展注入了新动力。

（四）部门协同联动招商精准高效

2023 全国工商联主席高端峰会暨全国优强民营企业助推河南高质量发展大会在郑州举行，为进一步拓展河南与全国优强民营企业交流合作，省商务厅与省工商联协同联动开展项目对接，会前梳理发布招商项目 463 个，有

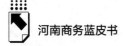

针对性地组织 12 个省辖市和航空港区分赴沪苏浙、粤港澳大湾区对接项目。全省共达成合同类项目 175 个、总投资 1759 亿元，贸易类项目 1 个、贸易额 30 亿元，意向类项目 25 个，为全省经济高质量发展提供新动力。2023 中国产业转移发展对接活动（河南）筹办期间，省商务厅充分挖掘客商资源，与省工信厅协同联动，组织邀请 30 余名重要客商参会。

（五）区域经济协作持续深化

省领导带队参加第三届中国（青海）国际生态博览会、第六届世界绿色发展投资贸易博览会、第六届中国—阿拉伯国家博览会、第二十九届中国兰州投资贸易洽谈会等，组织有意向的企业参会参展，借助展会平台，持续深化河南与共建"一带一路"国家、兄弟省份经贸交流合作，有力推进河南企业与境内外参会参展企业洽谈对接，不断扩大河南产品和河南品牌知名度，推进区域经贸交流合作走深走实。

二　2024年河南省区域经济协作面临的形势

2024 年是贯彻党的二十大精神的关键之年，是推动"十四五"规划目标任务全面落地的攻坚之年，也是河南省"十大战略"蝶变成势的突破之年，全省区域经济协作面临的外部环境复杂性、严峻性、不确定性增加，但仍是战略机遇和风险挑战并存，有利条件强于不利因素。

从国际看，全球经济复苏之路曲折且漫长，地缘政治关系持续紧张，保护主义、单边主义抬头，国际贸易不振，但中国仍是全球经济增长最大引擎，国际货币基金组织认为中国经济加速复苏将成为世界经济发展的重要助推力。同时，中国扎实推进高水平对外开放，持续打造市场化、法治化、国际化一流营商环境，以更大力度吸引和利用外资，提高投资自由化水平，扩大制度型开放，深化多双边和区域经济合作，更好对接国际高标准经贸规则。中国经济持续性恢复叠加政策发力，将为 2024 年区域经济协作发展提供新机遇。

从国内看，经济发展回升向好，但国内大循环存在堵点，国际循环存在干扰，当前有效需求依然不足，一些工业领域恢复仍存挑战、房地产市场延续调整态势，经济稳定向好基础还不牢固。中国具有显著的制度优势、超大规模市场的需求优势、产业体系完备的供给优势、高素质劳动者众多的人才优势，科技创新能力持续提升，新产业、新模式、新动能加快壮大，发展内生动力不断积聚，经济回升向好、长期向好的基本趋势没有改变也不会改变。

从全省看，河南经济承压运行，持续回升向好的基础尚不牢固，居民消费和企业投资的意愿还不够强烈，一些中小企业经营困难，新兴领域存在短板，关键核心技术"卡脖子"问题依然突出，地方债务、房地产、中小金融机构风险交织，稳增长、保民生的压力较大。河南持续发挥人口、区位、自然资源、工业基础等方面比较优势，坚持开放带动战略，坚持"项目为王"，通过项目引领、活动赋能、专班推进、平台创新，促进产业集聚，走出了一条内陆地区扩大对外开放的新路子，开放型经济实现了跨越式发展。2024年，全省区域经济协作工作要紧抓全国经济发展动能转换的窗口期、突破期，围绕制造业强省建设，聚焦培育"7+28+N"产业群链，加快构建现代化产业体系，以区域经济协作水平的提升助推经济整体素质明显提升，在构建新发展格局中赢得战略主动。

三 发展对策

（一）总体要求

以习近平新时代中国特色社会主义思想为指导，全面贯彻落实党的二十大精神和二十届二中全会及中央经济工作会议精神，深入贯彻习近平总书记视察河南重要讲话重要指示，认真落实省委经济工作会议和全国商务工作会议部署，坚持稳中求进工作总基调，完整、准确、全面贯彻新发展理念，把握商务工作"三个重要"定位，锚定"两个确保"、实施"十大战略"，稳步扩大制度型开放。紧扣中部地区"三基地一枢纽"定位，抢抓发展机遇、发挥自身优势、强化区域协作，以加快构建现代化产业体系为引领，聚焦发展新质生产力、培育核心竞争力，围绕培育壮大 7 个先进制造业集群和 28 个重点产业链，持续加强与京津冀、长三角、粤港澳大湾区等地经济协作，努力在新时代推动中部地区崛起中奋勇争先，为构建新发展格局、推动高质量发展做出更大贡献。

（二）主要目标

一是引资规模保持合理增长。二是投资结构持续优化。聚焦引进省外资金项目，充分发挥有效投资关键作用，以项目结构之变引领产业结构之变、产业能级之变，持续推进一二三产业融合发展。2024 年优化一产、做强二产、壮大三产，一二三产业实际到位省外资金同比提升，产业配比更加合理。三是项目建设提速增效。坚持项目为王，因地制宜发展新质生产力，瞄准前沿方向，精选各地谋划的招商项目列入省级项目库，利用各种活动、多种形式对外发布，通过省级调度、市级推进、县（市、区）服务跟进投资动向，以链式谋划推动集群发展，大力提升"三个一批"项目建设活动及省级重点招商活动签约项目履约率、开工率、资金到位率。2024 年全省谋划储备 8000 个招商项目，滚动推进 7000 个在谈项目，争取签约 6000 个项目，为现代化产业体系建设注入新活力。

（三）重点任务

1.助力区域经济协作发展，更好融入和支撑新发展格局

学习贯彻落实习近平总书记在新时代推动中部地区崛起座谈会上的重要讲话精神，围绕中部地区"三基地一枢纽"定位，推动对外开放提质扩面，深化区域交流合作，在更高起点上扎实推动中部地区崛起。紧抓构建新发展格局战略机遇，加强全省与京津冀、长三角、粤港澳大湾区深度对接，推动黄河流域生态保护和高质量发展与长江经济带发展融合联动，促进中原城市群和长江中游城市群、郑州都市圈和合肥都市圈等协调联动，形成强大的创

新发展合力,更好辐射带动周边地区发展。利用省际毗邻地区的区位优势、产业基础和禀赋优势,加强产业转移、资本输出、原材料供应、创新成果转化等方面深层次合作,通过产业共建、对口合作等形式,加快打造中原—长三角经济走廊,深化豫鲁毗邻地区合作,深化信阳市苏州市对口合作,提升区域协同发展水平。发挥郑州国家中心城市、洛阳中原城市群副中心城市和南阳省域副中心城市"一主两副"的引领作用,加快安阳现代化区域中心强市建设,加快河南大别山、太行等革命老区振兴发展,在推动区域高质量发展中强化创新驱动、转型发展,带动全省在区域发展中彰显新担当、在构建新发展格局中展现新作为。

2. 聚焦重点领域发力,提高招商精准性和实效性

坚持把发展经济的着力点放在实体经济上,锚定制造业高质量发展"选商引资",以招商先手棋培育和发展新质生产力,建设现代化产业体系。围绕制造强省建设,立足本地发展实际,深入剖析先进超硬材料、新能源汽车、新型显示和智能终端等产业链发展态势,科学研判企业投资方向和投资领域,抓住关键环节,动态完善产业链图谱和招商路线图,按照锻长板补短板完善招商项目库、目标企业库、客商资源库,强化集群招商、龙头企业链式招商、股权投资招商等,通过产业链招商打通产业堵点难点,引进产业链中高端企业、创新科技和高端人才,加强品牌建设,提高科技创新水平,一体推进短板产业补链、优势产业延链、传统产业升链、新兴产业建链,进一步提升国际竞争力。

3. 务实搭建对接平台,扩大企业"朋友圈"

一是常态化开展粤港澳大湾区驻地招商,重点加大与京津冀、长三角、中部地区对接联动力度,主动对接产业链供应链关键企业和"专精特新""隐形冠军"企业,利用2024年中国国际服务贸易交易会、第七届中国国际进口博览会、第十三届中国中部投资贸易博览会等平台,组织企业有针对性地参会参展,以高端化、智能化、绿色化产业项目以及名优特新产品吸引境内外企业投资合作。二是突出招大引强、招新引精,瞄准重点客商群体,谋划举办2024全球豫商大会等重大活动,支持各地按照"减形式、重内

容"的原则，统筹好"引进来、走出去"，务实开展特色招商引资活动，达成一批合作成果，叫响"投资河南·共赢发展"品牌。其中，2024 全球豫商大会邀请海内外知名豫商、行业有较大影响力的豫商，以及在豫投资的世界 500 强企业、跨国公司、国内 500 强企业、央企、行业龙头企业高管代表参会，主要活动包括郑州都市圈产业对接会、豫商家乡行等，通过谋划发布招商项目、开展对接洽谈，力争达成一批合作项目。三是持续跟踪推动 2023 年举办的豫粤合作交流会、全国优强民营企业助推河南高质量发展大会、中国侨商投资（河南）大会等重大活动达成的合作成果，提高项目履约率、开工率、资金到位率。

4. 强化平台载体作用，大力引进高质量省外资金项目

全省已经完成"一县一省级开发区"布局，作为经济建设的主阵地、主战场、主引擎，开发区大力引进产业项目，2023 年郑州经开区、郑州高新区、开封经开区等 16 个国家级开发区实际到位省外资金 808.9 亿元，占所在省辖市实际到位省外资金总额的近 1/10。下一步，要继续扩大开发区对外合作，强化稳链补链固链强链，依托主导产业和优势产业，推动传统制造业转型升级和先进制造业、战略性新兴产业集群化发展。发挥中原科技城、中原医学科学城、中原农谷为支柱平台的"三足鼎立"科技创新优势，招商引资和招才引智并举，大力引进上市公司、头部企业、国内外一流高校院所、创新创业专家团队。聚焦强化中部地区综合交通运输枢纽功能和服务河南枢纽经济发展，围绕通航产业发展、中原出海新通道建设做优做强现代物流，引导郑州、开封、洛阳、新乡、许昌、信阳、周口等地空陆网海"四路协同"骨干企业开展产业链精准招商推介、对接洽谈，全面提升河南枢纽经济能级和开放通道优势。

5. 营造更优招商环境，着力筑巢引凤

当前，各地在招商引资中创新方式、务实出招，既要在拼抢中出奇制胜、赢得主动，又要防止"内卷式"招商，避免恶性竞争。要深入推进"放管服效"改革，主动对接国际高标准经贸规则，稳步扩大规则、规制、管理、标准等制度型开放，打造市场化法治化国际化营商环境，坚决摒弃"新官不理旧账""一任领导一套思路一批项目"的做法。主动做好招商引资"后半篇文章"，健全招商项目全生命周期管理服务机制，专班专责紧盯，推动签约项目早开工、早投产、早达效，以一流的营商环境引凤落巢。

B.5
2023~2024年河南省利用外资形势分析与展望

李玉瑞　孟悦　王丹平　周磊*

摘　要：　2023年是全面贯彻落实党的二十大精神开局之年，中央经济工作会议把更大力度吸引和利用外资作为全年经济工作的重点任务之一，河南省坚决贯彻落实中共中央、国务院决策部署，全省上下抢抓机遇谋发展、攻坚克难稳外资，坚持"项目为王"，积极走出去、引进来，大力开展招商引资，外资工作为全省产业结构调整、扩大外贸、促进消费做出积极贡献。2024年，在河南锚定"两个确保"，持续实施"十大战略"的关键时期，全省外资工作将保持稳中提质、稳中求进，持续推动全省经济高质量发展，为新时代中原更加出彩做出积极贡献。

关键词：　利用外资　招商引资　对外开放

2023年，河南全面贯彻中共中央、国务院和省委、省政府稳外资决策部署，努力克服复杂严峻外部环境的不利影响，认真落实利用外资政策，不断提升服务外资水平，持续加大吸引和利用外资力度，全省外资企业数量大幅提高，外资结构更趋优化，为经济总体回升向好做出了积极贡献。

---

* 李玉瑞、孟悦、王丹平、周磊，河南省商务厅。

一 2023年河南省利用外资回顾

（一）利用外资稳中提质

1.市场主体增多，重大项目支撑作用明显

2023年，全省实际使用外资7.5亿美元，新设外商投资企业465家、增长40.9%，新增合同外资96.1亿美元、增长92.3%。全省新设投资额1000万美元以上的外资企业96家，投资总额83.6亿美元，占全省新设企业投资总额的93.6%。一批境外投资者持续扩大在豫投资。新设企业增多。香港华润在郑州、新乡、濮阳、焦作、驻马店共新设6家企业，投资总额1.4亿美元；香港巴奴在郑州共新设3家企业，投资总额1.1亿美元；香港中国电力国际发展有限公司在平顶山、许昌、商丘新设3家企业，投资总额7195.9万美元。存量企业增资。思念食品省内2家企业增加合同外资9750.7万美元，河南华硕物流园增加合同外资5020万美元，台湾康师傅在郑企业增加合同外资3950万美元。

2.产业结构更趋优化，来源地相对集中

分行业看，2023年，全省新设高技术企业146家，占企业总数的31.4%，较上年提升2.3个百分点，其中科技成果转化类企业81家、信息服务类企业40家、研发与设计服务类企业9家。全省制造业引资24263万美元，占外资总额的45.2%，较上年提升26.7个百分点，高技术企业占比和制造业引资占比较上年均有提升，结构不断优化。从来源地看，有44个国家和地区在河南新设外资企业，其中排名前5位的是中国香港228家、中国台湾75家、美国16家、韩国14家、加拿大11家，合计344家，占全省的74%。有27个国家和地区在河南有资金到位，其中排名前5位的是中国香港51420万美元、新加坡6862万美元、英属维尔京群岛6628万美元、英国5148万美元、开曼群岛2002万美元，合计72060万美元，占全省的96%。新设企业和到位资金均主要集中在中国香港、中国台湾、新加坡、美国等国家和地区。

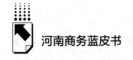
（二）招商活动务实有效

1. 走出去，谈合作、洽谈交流

坚定不移走出去，寻找合作机遇，洽谈合作发展，全年出访 10 余次。2 月，赴香港、澳门举办春茗活动，开展了 24 场商务拜访、2 场招商对接会、洽谈和推进合作项目 20 余个；5 月，赴香港开展招商引资活动，其间举办豫港经贸合作交流会，签约项目 18 个。省领导还分别带领小分队赴法国、卢森堡、德国、日本、韩国等国家开展招商。各地市也积极自行组织各种形式招商团组，赴目标国家和地区开展招商推介活动近 20 次，取得较好的效果。

2. 请进来，办活动、精准对接

4 月下旬，在郑州举办全球豫商大会，美国河南总商会、马来西亚豫商联合会等 40 名境外代表参会；9 月初，在郑州举办河南与跨国公司合作交流会，118 家跨国公司应邀参会，签约 39 个合作项目；9 月下旬，在郑州举办第十四届河南投洽会，共吸引 2.9 万名境内外客商参会，签约 286 个合作项目；11 月下旬，在郑州举办中国侨商投资（河南）大会，中国侨商联合会、泰国正大集团、玖龙纸业等企业、机构的 1000 多名侨商参会。充分发挥国家级展会平台作用。积极借助参加中国国际投资贸易洽谈会、中国国际进口博览会等国家级国际性展会平台，开展招商引资、洽谈对接等，招商活动成效明显。

（三）专班实体化开局良好

1. 优化外资专班工作

积极发挥港资、台资、日韩、世界 500 强四个外资专班作用，年初制定了 2023 年利用外资工作方案，四个外资专班围绕目标任务，谋划举办境内外招商活动，精准对接境内外商协会、目标企业，积极参与全省各类重大招商活动，专班专业化实体化运作取得新的成绩。

2. 强化驻地招商工作

2023 年，围绕 7 个万亿级先进制造业产业集群、28 个重点产业链，抽调链长单位副处级干部组建粤港澳大湾区驻地招商工作组，制定了工作方案，明确了任务目标。8 月中旬正式入驻粤港澳大湾区，全年累计拜访对接商协会 30 余家、企业 200 余家，与广东科翔电子、永道生态集团、深圳艾兰特科技等 30 多家企业达成投资意向。

（四）投资环境持续优化

1. 落实政策举措

认真贯彻落实《国务院关于进一步优化外商投资环境　加大吸引外商投资力度的意见》，深入研究河南具体实施措施。编制发布《河南外商投资指引》（中英文版），为外商来豫投资提供详细政策指引。制定河南省外资企业圆桌会议制度，建立政企常态化沟通交流机制。用好国家和省级专项资金，以及外资企业的各类减免税政策，支持 27 家外资企业资金 6000 多万元，切实提升外资企业获得感。

2. 打造平台载体

2023 年 1 月，认定河南中德（许昌）国际合作产业园、河南中日（开封）国际合作产业园、河南鹤壁电子信息国际合作产业园、河南漯河食品国际合作产业园等 4 家产业园为河南首批国际合作园区，加大对园区产业发展、出访便利化服务等的支持力度。4 月，认定正大生物研究院、中集华骏高端专用车工业设计中心、西继迅达电梯有限公司研发中心、河南省智能热释电红外传感器外资研发中心等 4 家研发中心为河南首批外资研发中心，实现该领域零的突破。9 月，认定中裕（河南）能源控股有限公司、驻马店华中正大有限公司、西继迅达电梯有限公司等 3 家企业为河南第二批地区总部。

3. 提升服务水平

持续实施重大外资项目推进计划，先后赴新乡、商丘、漯河、南阳等市推动重点外资企业项目要素保障问题，香港华润、台湾康师傅、华硕物流等

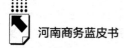
企业在河南落地项目、增资扩股。开展在豫境外世界 500 强企业走访活动，实施重点外经贸企业服务专员制度，用好外资企业问题诉求收集办理系统，围绕外资企业反映的重点痛点问题，建立台账，逐项解决，动态清零。全年共梳理协调解决问题 107 个，进一步增强外资企业在豫投资的信心。

二　2024年河南省利用外资优势分析

面对错综复杂的境内外局势，河南省将积极培育发展新质生产力，争取引进一批支撑带动作用强、延链补链强链效果明显的优质外资项目，推动全省利用外资工作稳中提质、稳中求进。河南省市场规模巨大、工业门类齐全、交通区位便捷、人力资源丰富等优势显著，为境外投资者在豫投资发展提供优良的环境、广阔的市场、完整的产业链条。

（一）市场规模巨大

2023 年河南省工业投资增长 8.9%，社会消费品零售总额增长 6.5%，居民人均可支配收入增长 6.1%，货物贸易超过 8100 亿元、居全国第 9 位，实有经营主体达到 1094 万户、居全国第 4 位。同时，河南省有常住人口近 1 亿人、中等收入群体 2200 多万人，拥有劳动适龄人口 5700 万人和技能人才超过 1300 万人，应届普通高校毕业生、中职和高职教育在校生数量均位居全国第一，为外商投资企业在豫投资发展提供了坚实的人才人力支撑和广阔的市场。

（二）创新能力显著提升

2023 年河南省全社会研发投入强度突破 2%，技术合同成交额增长 33.4%，发明专利授权量增长 20.3%，全国重点实验室达到 13 家，国家级创新平台增至 172 家，规模以上工业企业研发活动覆盖率达 70.9%。逐步形成中原科技城、中原医学科学城、中原农谷"三足鼎立"科技创新大格局，为外资企业科技创新提供了良好的基础。

（三）产业升级步伐加快

河南省拥有 40 个工业大类 197 个行业中类 583 个行业小类，是全国重要的材料、装备、食品、轻纺工业大省，形成装备制造、现代食品 2 个万亿级产业集群和节能环保、智能电力等 19 个千亿级产业集群。2023 年全省电子信息、装备制造等五大主导产业增加值增长 10.9%，战略性新兴产业增加值增长 10.3%，高技术制造业增加值增长 11.7%。以 7 个先进制造业集群和 28 个重点产业链为支撑的现代化产业体系加快构建，雄厚的工业基础和完备的产业门类为外资企业在豫发展提供了完善的产业链、供应链支持。

（四）开放通道链接全球

全国"十纵十横"综合运输大通道有五个通道途经河南，河南在全国第一个建成"米"字形高铁网，形成了高效连接周边省会城市的两小时经济圈。郑州新郑国际机场全货机航线拓展至 49 条；中欧班列（中豫号）线路覆盖 40 多个国家 140 多个城市，累计突破 1 万列，形成横跨欧美亚、覆盖全球主要经济体的货运航线网络。自贸试验区、综合保税区、跨境电商综试区、功能性口岸等各类开放平台高水平发展，构建空中、陆上、网上、海上"四条丝绸之路"协同并进、通达全球的立体开放格局。河南区位交通便利，连贯南北、辐射东西，为外资企业提供了高效便捷的物流通道。

三　2024年河南省利用外资展望

2024 年是新中国成立 75 周年，是实现"十四五"规划目标任务的关键一年，全省上下将坚决贯彻落实中央经济工作会议强调的巩固外贸外资基本盘、稳定和扩大利用外资规模任务，统筹好"稳"和"进"，在"稳量"中实现"提质"，以"提质"做好"稳量"，进一步稳定和扩大引资规模，引进更多高质量外资，努力做到稳中求进、以进促稳。

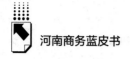

（一）完善政策支持体系

1. 落实政策措施

落实《关于进一步优化外商投资环境　加大吸引外商投资力度的意见》《扎实推进高水平对外开放更大力度吸引和利用外资行动方案》，研究出台加大吸引外商投资力度的配套意见。实施准入前国民待遇加负面清单管理制度，全面取消制造业领域外资准入限制措施，持续推进电信、医疗等领域扩大开放。

2. 加强财税支持

用好国家和省级专项资金，加大对标志性外资项目、地区总部、外资研发中心的支持力度，落实好外商投资企业适用国家鼓励发展的外商投资项目进口设备减免税政策，发挥招商引资奖励资金带动作用，鼓励外资企业留存收益转增资，稳定外资企业在豫发展信心和决心。

（二）强化外商投资促进

1. 拓宽外资渠道

创新招商思路、广开招商门路，拓宽河南利用外资渠道。召开省属企业工作座谈会，发挥省投资集团、河南航投等企业资金、渠道等优势，引进境外战略合作者，推动股权并购和返程投资。梳理河南在境外上市和拟上市企业清单，开展走访活动，鼓励企业加大境外融资力度，积极投向河南优势产业。实施"三外联动"，调研河南重点外贸、外经企业，指导企业利润返程投资，推动外贸企业境外合作伙伴来豫投资。

2. 实施专班推进

积极发挥四个外资专班、粤港澳大湾区外资专班驻地招商工作组作用，围绕"7+28+N"重点产业链及服务业等领域，印发实施专班年度工作方案，持续推进外资专班实体化运作，推动产业链招商、资本招商、中介招商等方式，务实开展形式多样的外资招引工作。

3. 打造平台载体

发挥自贸区、开发区开放型经济主平台、主引擎作用，实施自贸区提升行动、经济技术开发区提质行动，推动外资企业加快集聚。加快河南国际合作园区建设，开展已认定国际合作园区调研，了解掌握国际合作园区建设中存在的问题及难点，有针对性地出台政策措施。加强与中国国际投资促进中心（德国）、普华永道、欧洲宁波商会等境外投资促进机构合作，鼓励各园区走出去开展针对性投资促进活动，逐步将国际合作园区打造成河南重要的外资承接地及集聚地。

4. 务实举办活动

加大全省招商力度和走出去频次，密集举办系列招商活动。办好重大招商引资活动，举办中国（河南）—卢森堡经贸合作交流活动、河南与跨国公司合作交流会等活动。用好国家级展会平台，组团参加进博会、中博会、中国—东盟博览会、服贸会、厦门投洽会等国家级国际性展会平台。鼓励和支持各地市举办特色招商引资活动，如洛阳牡丹花会、开封菊花文化节、漯河食品博览会等。积极争取商务部、中国贸促会在河南举办"投资中国""外资企业河南行"等活动。

5. 谋划项目储备

依托河南省招商引资项目管理平台，指导各市加强项目谋划储备。配合大型经贸活动，筛选发布重点招商引资项目 1000 个，提升活动引资效果。加强项目谋划对接，增强每场活动针对性、实效性，紧盯 100 个外资项目，完善全生命周期服务措施，强化要素保障，力争签约项目早落地，落地项目早到资、早开工、早投产。

（三）优化外商投资服务

1. 常态化政企沟通

以外资企业圆桌会议制度为抓手，了解外商投资企业生产经营情况，认真倾听并协调解决企业在实际经营过程中的困难和诉求，及时掌握行业动态和共性诉求。按照分级分类、各有侧重的原则，鼓励市、县分级召开圆桌会

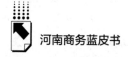
议，有针对性地做好企业服务保障，营造更有吸引力的投资环境。

2. 系统化收集诉求

用好商务部外资企业收集问题诉求办理系统，加强推广宣传，引导外资企业及时反映诉求，及时整理形成问题台账，逐项跟踪、对账销号，确保外资企业诉求"事事有反馈、件件有回应"，实现企业反映问题闭环处理，提升服务质效。

3. 清单化跟踪服务

充分发挥服务官机制、政企对接机制、项目促进专员机制等，为重大项目和重点企业提供全流程服务，跟踪项目在谈、签约、注册和运营的全过程，及时协调解决项目推进过程中的问题和困难。滚动实施重点外资项目年度推进计划，加强要素保障，推动重大项目早落地、早到资。

4. 精准化政策宣传

修订外商投资指引，为外国投资者和外商投资企业提供政策信息服务和便利。充分利用商务厅网站、办事服务大厅和投资促进推介会、政企沟通圆桌会议、重点展会、论坛等商务领域大型活动，以及专题培训会等线上线下渠道，让企业充分知晓政策、全面弄懂政策、充分用好政策，从而确保政策在商务系统落实有力，构筑营商环境新优势，推动商务高质量发展。

B.6

2023~2024年河南省对外贸易形势
分析与展望

程永安　尚利军　蔡晓宁*

摘　要：　党的二十大报告提出"推动货物贸易优化升级，加快建设贸易强国"，为推动对外贸易高质量发展提供了科学指引。2023年以来，河南省商务系统面对复杂严峻的外贸形势和诸多困难挑战，认真落实国家外贸"稳规模、优结构"决策部署，强化监测调度，丰富政策工具箱，不断推动外贸高质量发展，全力服务河南经济发展大局。面对2024年严峻形势和困难挑战，河南省将从抓好政策落地见效，强化外贸主体引育，推动外贸创新发展等方面着力推动外贸稳步增长。

关键词：　对外贸易　高质量发展　河南省

一　2023年河南省对外贸易运行情况

据海关统计，2023年，河南外贸进出口8107.9亿元，同比（下同）下降3.8%，低于同期全国增速（0.2%）4.0个百分点，规模继续保持全国第9位的历史最好位次。其中，出口5280.0亿元、增长2.4%，规模居全国第9位；进口2827.9亿元、下降13.5%，规模居全国第12位。

---

*　程永安、尚利军、蔡晓宁，河南省商务厅。

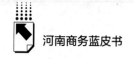

（一）运行特点

从各月情况看，1~2月、1~3月货物贸易进出口总额同比分别增长15.2%、2.5%；4月起累计增速由正转负，1~10月同比下降7.5%，之后降速趋缓，1~12月同比下降3.8%。郑州市进出口5522.3亿元、下降9.0%，占全省外贸总值的68.1%；济源、许昌、洛阳等9市进出口均超100亿元。上述10市合计占全省进出口总额的93%。从增速方面看，鹤壁（160.9%）、开封（51.0%）、漯河（33.9%）、安阳（25.1%）等12个地市进出口实现正增长；商丘（-0.3%）、平顶山（-0.4%）、郑州（-9.0%）、濮阳（-10.7%）、周口（-16.8%）、驻马店（-19.0%）等6个地市进出口下降。

从贸易方式看，加工贸易占比大幅下降，一般贸易占比稍有提升，保税物流方式提升明显。一般贸易进出口3190.3亿元、增长9.4%，占全省总额的39.3%，占比较上年提高4.7个百分点；加工贸易进出口3673.2亿元、下降28.2%，占全省总额的45.3%；其他贸易进出口1244.4亿元、增长213.7%，占全省总额的15.4%，其中，以保税物流方式进出口1187.9亿元、增长244.0%。

从经营主体和企业性质看，民营企业进出口占比最高、增速最快。从企业外贸规模看，进出口值5000万元以上的重点企业1039家、增加78家，进出口值占全省总额的91.6%。民营企业进出口4826.0亿元、增长20.9%，占全省总额的59.5%；外商投资企业进出口2484.7亿元、下降33.3%，占全省总额的30.6%；国有企业进出口713.9亿元、增长14.4%，占全省总额的8.8%。从重点企业看，富士康进出口4049.8亿元、下降12.9%，占全省外贸总值的49.9%，占比减少5.2个百分点，拉低全省外贸增速7.1个百分点。其中，出口2499.7亿元，下降3.8%；进口1550.1亿元，下降24.4%。同期，非富士康企业进出口4058.1亿元、增长7.4%，占50.1%，拉高全省外贸增速3.3个百分点。其中，出口2780.3亿元，增长8.7%；进口1277.8亿元，增长4.7%。

从主要市场看，美国、东盟、欧盟、韩国、中国台湾为河南前五大贸易伙伴，进出口分别为1494.9亿元、1073.4亿元、941.0亿元、723.3亿元和581.2亿元，合计占全省总额的59.4%，其中对欧盟增长0.4%，对美国、东盟、韩国、中国台湾分别下降16.3%、4.0%、13.6%、32.1%。对美国和欧盟主要出口手机，自韩国、东盟、中国台湾主要进口手机零部件。对《区域全面经济伙伴关系协定》（RCEP）成员国进出口2454.7亿元、下降2.6%，占全省总额的30.3%，占比较上年提高0.4个百分点；对共建"一带一路"国家进出口3567.6亿元、增长2.7%，占全省总额的44%，占比较上年提高2.8个百分点。

从主要出口商品看，汽车、人发制品、农产品、"新三样"出口快速增长，手机、铝材出口下降。新动能方面，电动汽车、锂电池、太阳能电池"新三样"合计出口76.9亿元、增长22.9%，增速明显高于全省出口平均增速。机电产品出口3427.4亿元、增长5.3%，占全省出口总额的64.9%。其中，手机出口2406.2亿元、下降5.5%，占全省出口总额的45.6%；汽车出口258.2亿元、增长106.5%。劳动密集型产品出口333.3亿元，增长4.8%。其中，家具出口93.6亿元、增长19.7%；纺织品出口83.1亿元、下降6.1%；服装出口66.8亿元、下降3.8%。人发制品出口199.7亿元，增长16.8%。农产品出口191.5亿元，增长8.3%。铝材出口180.7亿元，下降23.7%。汽车、人发制品、农产品是河南商品出口增长的主要亮点，拉升全省出口增速3.4个百分点。

从主要进口商品看，农产品、金属矿砂进口大幅增长，机电产品、原油下降。机电产品进口1746.6亿元、下降24.1%，占全省进口总额的61.8%。集成电路、平板显示模组进口下降为全省进口下降主要原因，二者合计拉低全省进口增速15.5个百分点。其中，集成电路进口695.0亿元、下降37.8%，音视频设备的零件进口578.6亿元、下降1.3%，平板显示模组进口126.3亿元、下降40.3%，三项合计1399.9亿元，占全省进口总额的49.5%。金属矿砂进口537.8亿元、增长21.9%，占全省进口总额的19.0%。农产品进口121.4亿元、增长16.2%，其中，肉类进口32.1亿元、增长44.1%，大豆进口22.1亿元、增长57.2%。原油进口

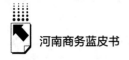
81.7亿元、下降21.3%。

从开放平台看，综合保税区贸易额占比超50%，自贸试验区进出口下降，保税物流中心进出口实现增长。河南综合保税区进出口合计4419.4亿元、下降14.1%，占全省外贸总值的50.2%。其中，新郑综保区进出口4072.8亿元、下降12.6%，进出口规模在全国综保区中居第1位，比成都高新综保区（全国第2位）多2.6亿元；郑州经开综保区进出口231.9亿元，下降46.1%；南阳卧龙综保区进出口76.6亿元，增长56.6%；洛阳综保区进出口28.1亿元，增长219.3%；开封综保区进出口9.9亿元，上年同期无业务。河南保税物流中心进出口67.1亿元、增长10.9%，占全省外贸总值的0.8%。其中，商丘、民权保税物流中心合计进出口40.9亿元，增长9.2%；许昌保税物流中心进出口18亿元，下降11.3%；德众保税物流中心进出口8.1亿元，增长200.1%。河南自贸试验区进出口740.7亿元、下降5.3%，占全省外贸总值的9.1%。其中，郑州片区进出口609.0亿元，下降12.0%；开封片区进出口62亿元，增长94.4%；洛阳片区进出口69.8亿元，增长21.1%。

（二）主要工作

强化政策支持。省政府出台推动外贸稳规模优结构23条措施，对企业开拓国际市场、应对贸易风险、金融信贷、贸易便利化等方面加强支持。推广"提前申报""预约通关"等改革举措，依托河南贸易"单一窗口"创新推出"通关模式智选菜单"，效率提升20个百分点。建立外经贸财政资金直达机制。举办RCEP政策解读培训10余次，惠及企业5000多家，全省签发RCEP原产地证书6397份。

促进主体培育。针对富士康、上汽、宇通等头部企业，建立常态化联系帮扶机制；针对中小微企业，建立"企业+外综服+跨境电商+展会"联动促进机制；推动未开展外贸业务的企业实现零的突破。河南有进出口实绩的外贸企业数量达11844家、增长10.9%，净增加1163家。

支持市场开拓。连续第3年发布我国重点国际性展会推荐名录，2023

年推荐 255 个，支持上千家企业赴欧洲、大洋洲、东南亚、美洲等参加境外重点展会，达成意向订单超 500 亿元。组织企业参加广交会、进博会、链博会等国内重点展会，成交 170 多亿元。对 RCEP 成员国和共建"一带一路"国家贸易额稳中有升。

扩大汽车出口。全省汽车出口 259 亿元、增长 107%。研究出台支持新能源汽车出口政策，新能源汽车、锂电池、太阳能电池"新三样"合计出口 76.9 亿元、增长 22.9%。宇通出口量、出口额实现双翻番。出台《河南省二手车出口工作实施方案》和《河南省二手车出口试点企业管理办法》，二手车出口 20 亿元，成为新增长点。

抓好试点示范。提质建设 20 个国家级、56 个省级外贸转型升级基地，新认定 8 家省级跨境电商示范园区、13 家省级跨境电商人才培训暨企业孵化平台。开封市获批国家级加工贸易梯度转移重点承接地。实施加快推动海外仓建设行动，支持企业在境外运营或租赁 216 个海外仓，覆盖 47 个国家和地区。

二　当前外贸发展面临的形势

（一）不利因素

当前，百年未有之大变局加速演进，地缘政治动荡，全球经济更易受到不确定事件的冲击，经济复苏进展缓慢。联合国贸发会议认为，2024 年全球贸易仍"高度不确定且总体悲观"。随着国内人力等成本上升、国外贸易限制措施增多，稳外贸任务更加艰巨。

1. 外需不确定性增强

2024 年 1 月国际货币基金组织（IMF）预测 2024 年全球经济增长 2.9%，低于新冠疫情前二十年年均增长率（3.8%）。美国受高利率加债务影响，预计增长 1.5%；欧元区陷入停滞；发展中国家受债务、汇率波动影响，外需负面因素增加，需求不振。贸易保护主义抬头，地缘冲突加剧，不确定性增多。

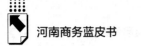

2. 主体整体实力较弱

近年来，河南外贸企业数量虽然超过万家，但绝大部分企业规模小、实力弱，且发展缓慢，在对外贸易中话语权较小，很大程度上影响着河南融入国际产业链的程度和水平。如果剔除富士康数据（富士康进出口值占河南总值的一半左右），河南外贸企业的平均进出口值会更低。

3. 外贸商品结构不优

河南外贸企业的机电产品和高新技术产品出口占比较高，但大部分是附加值较低的加工贸易出口，而附加值较高的一般贸易出口中，机电产品和高新技术产品占比较低。对高科技产业、生物制药等新兴产业出口培育不够，缺乏资本密集型和技术密集型商品。进口以各类金属矿砂、化妆品、原油等资源能源类产品和日用消费品为主，高端装备、关键零部件进口少，对消化吸收再创新和产业转型升级支撑能力不强。

4. 开拓市场难度加大

长期以来，欧美等发达经济体是河南外贸企业主要的贸易市场，但发达经济体的经济增长呈现逐年下滑的态势，进出口需求持续萎缩。此外，中美贸易摩擦使外贸企业开拓国际市场的难度加大，对河南外贸发展造成了较大冲击。

（二）有利条件

在看到严峻形势和困难挑战的同时，也要看到河南省外贸发展仍具备坚实基础和诸多有利条件。

1. 经济长期向好的基本面没有变

全球新一轮科技革命和产业变革快速发展，催生了许多新技术新产业新业态新模式。我国经济回升向好、长期向好的基本趋势没有改变，超大规模市场的需求优势、产业体系配套完整的供给优势、科技人才加快集聚的创新优势更加明显。河南的交通区位优势、枢纽经济优势，以及"十大战略"深入实施、新旧动能加速转换、新质生产力加快形成，都为商务工作创造了更有利的发展环境。

2.经贸合作的新活力正在释放

在外需持续低迷的大环境下，我国贸易活跃度保持较高水平。我国创新、技术和市场吸引力增强，仍然是全球跨国公司最重要的投资地之一。河南稳步扩大制度型开放，持续提升投资贸易便利化水平，打造市场化、法治化、国际化营商环境，加快提升企业创新能力，培育壮大7个先进制造业集群28个重点产业链，为集聚外贸新动能、形成引资新优势带来新机遇。

三　下一步举措

（一）抓好政策落地见效

持续落实好国家和河南推动外贸稳规模优结构系列政策措施，充分释放政策红利，落实好重点推进建立外贸政策直达企业机制、重点企业常态化联系机制。持续支持外贸市场主体培育、多元化市场开拓、外贸结构优化、外贸创新发展等，充分发挥政策引导作用。

（二）强化外贸主体引育

跟踪服务进出口百强企业，稳住外贸基本盘。对中小企业实行更大力度"普惠"政策，建立"企业+外综服+重点展会+金融机构"多项联动促进机制，支持企业做大做强。梳理有进出口潜力的制造企业清单，鼓励企业尽快开展自营进出口业务。探索承接产业转移和对外贸易联动发展的有效手段和途径，推动依托外向型龙头骨干企业开展以商招商，承接国内外产业转移，引进一批延链补链项目，提高产业链完整度，增强外贸发展后劲。

（三）推动外贸创新发展

推动外贸综合服务、跨境电商、市场采购贸易、海外仓等新业态新模式融合发展，利用好跨境电商零售进口药品试点、重要国际邮件枢纽口岸等载

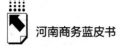

体平台，力争在政策创新、规模提升上迈出新步伐。新认定一批外贸综合服务企业，更好发挥外综服带动作用。

（四）促进国际订单接续

继续开展"千企百展"拓市场行动，用好重点市场"一国一策"，及时向企业推送全球重点展会信息，重点支持企业参加 100 个境外商品展，优选依托 10 个境外展，组织"展中展"和专题活动，推介河南商品，对接合作项目。组织企业参加广交会、进博会、服贸会等国内重点展会，利用国家级展会平台扩大河南企业知名度和国际影响力。

（五）优化外贸发展结构

实施拓展中间品贸易行动计划、促进一般贸易和加工贸易发展行动方案、服务贸易提质发展行动方案，进一步优化外贸结构，着力提升外贸竞争力。做大做强一般贸易，鼓励企业加强产品研发、品牌培育、渠道建设，增强关键技术、核心零部件生产和供给能力，提升产品附加值，增强谈判议价能力。提质发展加工贸易，发挥国家加工贸易重点承接地和加工贸易产业园作用，加强区域间产业对接合作，提升加工贸易技术含量和附加值，促进产业链由加工制造向委托设计和自主品牌提升。

（六）加强外贸要素保障

发挥好河南省推进外经贸高质量发展领导小组作用，推动宏观政策更好落地见效，为企业排忧解难，稳住市场主体。健全涵盖组织领导、形势研判、政策研究、落实督导和舆论宣传的全链条外贸工作机制，加强组织协调和督导指导。协同提升贸易便利化水平，为企业提供政策资讯、办事指南、市场开拓、展会信息等全方位服务，积极做好涉外贸易摩擦法律服务，优化通关作业流程，推进贸易收支便利化试点，持续优化退税服务。

B.7

2023~2024年河南省对外投资合作形势分析与展望

李 晋　魏克龙　潘菊芬[*]

摘　要：　2023年，在复杂多变的严峻形势下，河南对外投资合作主要业务指标较2022年仍然实现稳步增长。2024年，我国经济长期向好的基本面没有改变，坚持对外开放的决心不会改变，企业"走出去"面临有利条件，河南对外投资合作有望继续保持稳中有进的发展态势。

关键词：　对外投资　劳务合作　河南省

一　2023年各项指标情况

2023年，全省对外直接投资18.0亿美元，同比增长30.2%，高于全国19.0个百分点，绝对额居全国第13位，其中，对共建"一带一路"国家投资3453万美元，境外企业主要分布在俄罗斯、柬埔寨、泰国、塞尔维亚、老挝等。截至2023年，河南省367家境内投资主体在境外共设立对外投资企业576家，分布在全球90多个国家（地区），对外直接投资存量超过200亿美元，主要涉及制造业、租赁和商务服务业、能源资源、农产品等行业领域。

2023年，全省对外承包工程及劳务合作新签合同额67.5亿美元，同比增长35.6%；完成营业额44.1亿美元，同比增长6.3%，高于全国2.5个百

---

*　李晋、魏克龙、潘菊芬，河南省商务厅。

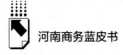

分点，居全国第 12 位。其中，对共建"一带一路"国家对外承包工程及劳务合作新签合同额为 23.5 亿美元、同比增长 100.9%，占全省总额的 34.9%；完成营业额 16.0 亿美元，占总额的近 36.3%，项目主要分布在刚果（金）、坦桑尼亚、乌干达、塞拉利昂、沙特阿拉伯等国，主要涉及石油化工、交通运输和一般建筑等领域。

2023 年，全省外派劳务 19846 人，同比增长 94.6%，居全国第 7 位。通过对外承包工程业务派出各类劳务人员 9918 人，带动出口 3.8 亿美元，雇用项目所在国人员 3.7 万人。

二 2023年重点举措

（一）加强风险防控

统筹发展与安全，河南省商务厅保持与境外投资合作重点企业的沟通联系，实地走访境内投资主体相关企业，督导企业做好境外项目人员风险防控。全年河南海外企业项目人员整体稳定，无人员伤亡事故，无重大财产损失。

（二）助力企业发展

省商务厅会同省财政厅印发促进对外投资合作支持政策文件，2023 年拨付外经企业补助资金 1600 多万元。协助中国土木工程集团和河南第二建设集团合作建设的尼日利亚经贸合作园区在河南开展招商活动；协调指导黄河勘测设计院、中电建河南工程公司等 8 家企业申请对外援助资质。由河南工业大学承办执行的对外援助 9 项培训项目获国家国际发展合作署批准。

（三）搭建合作平台

组织河南 100 多家企业参加第三届中国—非洲博览会、2023（中国）

亚欧商品贸易博览会、第七届中国—南亚博览会等国际性展会，开拓境外市场。在第十四届河南投洽会期间，举办国际产业合作论坛，90余家企业（单位）代表参会，河南企业与知名央企达成多项合作成果，并与香港特别行政区政府驻武汉经济贸易办事处共同举办"把握香港新机遇、开拓市场新商机"主题活动，促进对港投资。

（四）优化服务监管

做好数据统计分析，把握发展趋势，加强正确引导，连续多年被商务部评为对外投资统计年报、月报双优单位。协调开通对洛阳、南阳企业境外投资备案管理权限窗口，优化投资备案流程。约谈不规范备案的对外承包工程企业，加强对外承包工程项目备案管理。协助商务部驻郑办开展了"双随机、一公开"督导检查活动。

三　2024年发展形势研判

一方面，世界百年未有之大变局加速演进，各类风险交织，国际形势不稳定性不确定性明显增加，对外投资合作面临不利因素。河南一些企业面临国际化理念不强、国际化战略不系统、国际化人才缺乏的问题，限制了其境外业务的发展壮大。

另一方面，我国经济长期向好的基本面没有改变，坚持开放的决心没有改变，国际影响力也在不断提升，企业有意愿"走出去"，对外投资合作面临有利条件。一是我国始终坚持高水平对外开放。从贸易大国到投资大国、从商品输出到资本输出，不断推动经济全球化朝着更加开放、包容、普惠、平衡、共赢方向发展。二是我国"走出去"有产业优势。我国拥有完备的产业体系，在钢铁、化工、有色、轻纺等领域技术水平领先，近年来，我国企业加快科技创新和产业升级，在新能源汽车、5G、通信、航空等领域发展迅猛。河南省有41个工业行业大类中的40个，工业门类齐全、体系完备，正在围绕"7+28+N"重点产业链发展新质生产力，推动产业升级，打造制造业大省"硬核",为河南企业"走出去"加快海外布局和市场营销提供了产业优势。三是企业有意愿"走出去"。2023 年,面对复杂严峻的国际形势,河南省对外投资合作各项指标同比增幅较大,对外投资额、对外承包工程新签合同额均为近年来新高,这也反映出企业克服困难"走出去"的意愿和决心。

综合分析,2024 年,河南省对外投资合作业务面临的挑战与机遇并存,挑战中蕴藏着机遇,业务发展有望稳中有进。

四 2024年重点任务

2024 年,河南坚持以习近平新时代中国特色社会主义思想为指导,深入贯彻落实全国商务工作会议及全国对外投资合作和对外援助执行工作会议精神,进一步完善相关政策措施,积极拓展投资合作领域,规范企业海外经营行为,扩大河南企业的国际竞争力和影响力,增强国内国际两个市场两种资源联动效应,全面提升对外投资合作质量和水平。

(一)稳妥推进对外投资合作

指导和鼓励有实力、有能力的企业结合自身实际开展对外直接投资合作,开展与前沿国家和地区的技术交流、合作研发,通过海外并购、股权投资等方式吸收、引入先进管理技术和运营模式,擦亮"河南投资"品牌。积极推进新能源汽车的对外投资合作,重点加强与亚太、中东、欧洲、南美地区的汽车企业合作,鼓励企业建立整车、零部件工厂,深化新能源汽车产业链供应链合作,形成利益共同体。

(二)以对外投资带动中间品出口

鼓励企业通过对外投资开拓市场,建设营销网络,开展境外加工贸易,带动中间品出口和引资引智。支持确有需要且具备条件的制造业企业,通过带料加工、去件装配等方式开展境外加工,拓展中间品出口渠道。支持河南企业参加国际性展会，推动技术、产品、服务进行全球性、融合性交流。完善品牌销售、基础设施、金融保险、售后服务等网络，提升河南企业及产品知名度和影响力。

（三）加强对外投资管理

准确把握和正确引导企业投资国别产业导向，围绕国家对外产业整体布局，加强对外投资备案管理，强化真实性合规性审查，做好风险提示，严防核心技术外溢。持续推进对外投资数字化、便利化，积极推广和使用对外投资电子证照。落实对外投资报告制度，完善境外中资企业向驻外使领馆报到登记制度，指导企业防范和化解对外投资风险。

（四）推动境外经贸合作区提质升级

有序推进境外经贸合作区建设，促进河南境外经贸合作区高质量发展。举办境外经贸合作区与河南走出去企业对接活动，引导境外经贸合作区合理规划布局，明确产业定位，提升合作区层次，促进与国内园区协同发展。支持企业在具备一定合作条件的国家和地区开展合作区建设。创新服务，搭建平台，支持省内行业龙头企业参与合作区建设。联合国家开发银行、中国进出口银行等政策性银行和商业银行，组织策划境外经贸合作区银企对接活动，帮助园区解决融资问题。

（五）促进对外承包工程提质增效

引导河南有实力、有条件的工程设计咨询企业开展国际化经营，提高国际市场份额，推动对外承包工程发展向产业链高端延伸。鼓励行业排名靠前的企业积极参与行业标准制定，并通过对外承包工程项目带动中国标准走出去。支持建筑、水电、石化等传统领域企业以高标准可持续惠民生为目标，推进基础设施互联互通项目，深化绿色基建、新型基建等合作，更多参与"小而美"民生项目，在增量提质上下功夫。加强对外承包工程备案、统计、报告等政策宣传，扩大对外承包工程队伍，督促对外承包工程企业规范经营。

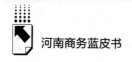

（六）提高外派劳务规模和层次

规范对外劳务市场经营秩序，加强境外安全风险防范；加强监督检查和联合惩戒，妥善处理劳务纠纷和投诉，维护外派劳务人员合法权益。举办对外承包工程央企与河南对外劳务企业对接活动，支持外派劳务企业、劳务服务平台、对外承包工程企业深入革命老区及脱贫地区开展对外劳务政策宣讲和推介招募活动，扩大外派劳务规模。加大培训力度，复制推广"外派劳务+职业教育+外经企业"模式，实现培养（培训）单位与用人单位有机衔接，提升河南外派劳务质量和层次。

（七）支持开展对外援助

鼓励有条件的企业申报对外援助资格，进一步充实河南援外力量。鼓励企业参与援外项目建设和物资援助。支持开展援外培训，推荐河南有实力和专业优势的高等院校取得援外培训资格，围绕河南优势和特色开展多种形式的援外培训和学历学位教育，配合做好援外培训项目监督评估和对外宣传工作，打造援外培训品牌。

（八）持续做好海外安全风险防控工作

进一步完善工作机制，上下协同、横向联动，加强风险研判、预警，坚持境外重点企业安全风险重大事项报告制度，增强企业风险意识，强化底线思维、极限思维。严控高风险国家（地区）投资合作，督促企业稳慎参与投资大、周期长、跨国境、风险高的项目。加强企业海外合规经营和风险防控培训，指导企业完善应急预案及安全生产管理制度，坚决遏制重特大安全生产事故发生。开展"双随机、一公开"检查。

（九）进一步提升服务水平

充分发挥外经贸发展专项资金、"走出去"风险统保平台的政策引导和鼓励作用，助力企业"走出去"发展。利用"走出去"联络服务机制、重点外经企业联系服务机制，协调解决企业面临的困难和问题。协调中国对外承包工程商会、河南省企业国际合作协会等商协会资源，为企业投资决策、拓展业务提供咨询等服务。依托进博会、亚欧博览会、中非博览会、南亚博览会、中俄博览会等各类区域性经贸合作平台，开展双向投资促进活动。

B.8
2023~2024年河南省消费品市场运行分析与展望

刘 洁 张玉国 李雨青*

摘 要: 2023年,河南把恢复和扩大消费摆在优先位置,聚焦群众需求,出台实施3批次37条促消费政策措施,全力丰富消费供给、创新打造消费载体、深入挖掘消费潜力、提升热度,组织开展新年新春消费季、夏日消费季等各类促消费活动,不断释放内需潜力。2024年,河南着力增强消费能力和信心、扩大大宗消费、壮大新型消费、培育品质消费等,推动消费品市场不断发展壮大。

关键词: 消费品市场 消费升级 商文旅 河南省

一 2023年河南省消费品市场运行特点

2023年是全面贯彻党的二十大精神的开局之年,河南省深入贯彻落实党的二十大精神,坚持稳中求进工作总基调,贯彻新发展理念,构建新发展格局,推动高质量发展,全力以赴拼经济、纲举目张抓工作、铆足干劲促发展,顶住压力、攻坚克难、经济总量合理增长、质量不断提升、现代化建设迈出坚实步伐。根据统一核算结果,2023年,河南省地区生产总值(GDP)59132.39亿元,同比增长4.1%。分产业看,第一产业、第二产业、第三产业增加值分别为5360.15亿元、22175.27亿元和31596.98亿元,同比分别增长1.8%、4.7%和4.0%。

---

* 刘洁、张玉国、李雨青,河南省商务厅。

（一）消费品市场开局良好，稳定恢复

2023年初，全省上下把恢复和扩大消费摆在优先位置，落实省政府大力提振市场信心促进经济稳定向好的90条政策措施，组织开展新年新春消费季等各类促消费活动，全省消费品市场迅速恢复。1~2月，全省社会消费品零售总额同比增长7.4%，高于全国平均增速3.9个百分点，排名中部六省第1位，位次比上年同期前移5位。第一季度，全省社会消费品零售总额同比增长8.2%，高于全国平均水平2.4个百分点。1~4月，随着春节消费热潮褪去，消费增速有所放缓，全省社会消费品零售总额同比增长6.4%。1~5月，随着促消费12条、促进文旅消费8条等一系列政策措施的持续发力显效，汽车、文旅等消费领域恢复明显提速，全省社会消费品零售总额较上年同期增长7.0%。6~9月，河南省消费品市场增速开始回落，1~9月，全省社会消费品零售总额同比增长5%。10月，在促消费政策持续发力显效及十一黄金周假日经济火爆拉动下，河南省社会消费品零售总额快速增长，扭转了自6月以来的下降趋势，当月同比增长11%，累计增长5.7%。第四季度，受促消费政策带动和上年基数较低的影响，消费市场加速恢复，11月当月，社会消费品零售总额同比增长14.8%，1~11月累计增长6.5%；社会消费品零售总额全年达到26004.45亿元，同比增长6.5%。

（二）省内地市均保持增长态势，乡村市场增速略快

2023年，18个省辖市和济源示范区社会消费品零售总额均实现正增长，其中安阳、郑州、焦作、南阳、洛阳、许昌、漯河等7个市增幅超过全省平均增速，分别高于全省1.5、1.2、1.1、0.6、0.5、0.5、0.5个百分点，安阳市增长8%，增幅最高。规模居前的郑州、洛阳、南阳、周口、商丘、许昌等6个市合计15402.2亿元，占全省总额的59.2%。其中，郑州市5623.1亿元，占全省总额21.6%。分城乡看，城乡市场协调发展，乡村市场增速比城镇市场高0.8个百分点。乡村市场、城镇市场零售额分别达到4370.9亿元、21633.6亿元，同比分别增长7.2%、6.4%。

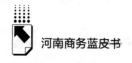

（三）餐饮收入增速较快，消费升级态势延续

2023年，河南省针对性出台促进消费12条、持续扩大消费10条等系列政策，开展汽车、餐饮等促消费活动，着力引导消费预期，不断释放内需潜力。分消费形态看，商品零售保持增长，餐饮收入快速增长。商品零售23117.5亿元、增长5.6%，占全省总额的88.9%。餐饮收入2887亿元、增长15%，占全省总额的11.1%。餐饮收入增速高于商品零售9.4个百分点。分商品类别看，23类限额以上商品中增长类别超过半数。第一大类商品汽车增长可观，零售额达到2283.9亿元、同比增长13.4%，高于全国7.5个百分点；第二大类商品石油及制品增势迅猛，零售额达到833.3亿元、同比增长22.2%，高于全国15.6个百分点。品质消费持续增长，消费提质趋势延续，体育娱乐用品类、书报杂志类、家用电器和音像器材类、通信器材类分别增长11.6%、10.4%、10.5%、1.2%。日常生活类商品稳中有增，粮油食品类、饮料类、烟酒类、服装鞋帽针纺织品类分别增长3.7%、0.6%、8.5%、10.3%。

（四）新型消费活力十足

省政府出台发展壮大本土平台经济市场主体的政策措施，修订完善管理办法、认定细则的配套举措。成功举办2023年网上年货节、第五届双品网购节，分别实现网上销售额160亿元、105亿元。大力发展直播电商，举办2023年黄河直播文化节、"626"中国服装品牌直播等活动。以网上零售为代表的新型消费蓬勃发展，成为消费增长新引擎。2023年，全省实物商品网上零售额3813亿元、增长21.0%，高于全省社会消费品零售总额增速14.5个百分点，占全省社会消费品零售总额的14.7%。

二 2023年河南省消费品市场特点

（一）"政策+活动"，有效激发消费活力

受疫情影响，居民存在预防性储蓄倾向，储蓄率阶段性升高，消费意愿

和信心需要时间修复。河南省把恢复和扩大消费摆在优先位置，政策引领需求，活动激发潜力，有效促进了消费品市场回升向好。省政府针对性出台了促进消费12条、持续扩大消费10条等3批次共计37条促消费政策措施，多次延续汽车、家电、智能电子等重点消费奖补政策。省商务厅、省财政厅等部门联合印发了《河南省商务厅等18部门关于进一步搞活汽车流通扩大汽车消费的通知》《河南省商务厅等14部门关于落实促进家居消费若干措施的通知》等专项政策。在政策的指导带动下，省市县三方配合，政银企多方联动，全年共发放消费券及消费补贴12.1亿元，居民参与积极性高涨，明显拉动了阶段性消费增长。

为营造消费氛围，河南省还举办了一系列促消费活动。以"2023消费提振年"为主线，组织开展了河南省"2023新年新春消费季"和"2023夏日消费季"两场节点性重大活动，18个省辖市围绕52个消费场景举办特色活动，累计举办活动超1500场。为迎接中秋国庆"超级黄金周"，充分激发"双节"消费活力，省商务厅、发改委、财政厅等七部门联合，在全省范围内组织开展"喜迎'双节'、乐享生活"促消费系列活动，商旅文体融合、线上线下结合，以节兴市、以节惠民。中秋国庆假期，郑州二七商圈、花园路商圈、中原商圈、CBD商圈等重点商圈客流量最高达186万人次，21条特色商业街单日最高客流量、营业额分别达102.6万人次、9983万元，分别增长49.3%、88.4%；开封清明上河园、洛阳龙门石窟、焦作云台山成为热门旅游打卡地，接待游客人次、旅游收入均大幅增长，有效激发消费持续回升动力。

（二）升级消费载体，成功激发消费潜能

打造城市消费载体。大力支持郑州市创建国际消费中心城市，推动德化步行街成为国家级试点步行街，推动二七商圈入围全国示范智慧商圈，郑州万象城入围全国示范智慧商店。新认定开封市书店街和马道街、驻马店市皇家驿站步行街等5条步行街为河南省示范步行街，认定郑州杉杉奥特莱斯、洛阳丹尼斯量贩南昌路店等10家企业成为第六批省级品牌消费

集聚区。截至 2023 年，河南拥有省级示范步行街 7 条、品牌消费集聚区 104 家，满足了广大消费者多元化、高品质消费需求。同时，推动鹤壁、商丘、洛阳入选全国城市一刻钟便民生活圈试点城市，公布郑州市经开区、许昌市鄢陵县等首批 12 个省级一刻钟便民生活圈试点区县，进一步便利社区消费。2023 年，河南 104 家品牌消费集聚区营业额合计 549.37 亿元，较 2022 年增长 27.33%；客流量合计 6.01 亿人次，较 2022 年增长 52.33%。

便利农村消费。推动建设县域商业体系，加快建设县、乡、村商贸中心、配送中心、便利店等，完善规划布局，丰富商品和服务下沉渠道、便利农产品上行，激发农村消费市场活力。先后争取中央支持资金约 4 亿元，确定 45 个县域商业体系建设示范县，2023 年新增重点建设项目 212 个。推动淇县、确山县等 12 个县区入选全国首批县域商业"领跑县"，约占全国的 1/10，较好发挥了示范带动效应，乡村消费便利度进一步提高。

（三）"商文旅体"加快融合，成为消费新趋势

2023 年河南经济快速恢复发展，公众出行热情格外高涨，带动消费市场持续升温。随着人们生活方式和消费观念呈现多元化、特色化的新趋势，河南各地通过场景营造、文化赋能等方式，打造多元消费新场景、新业态，加速商文旅体深度融合发展，持续激发消费新活力。"醉美·夜郑州"、南阳"惠享南都"、开封"汴地有礼"、许昌"夜享莲城"、洛阳"古都夜 8 点"等主题系列活动脱颖而出，形成了一批集夜游、夜食、夜娱、夜购于一体的 IP，擦亮了城市消费名片。郑州油化厂创意园区、二砂文化创意园区利用复古文艺属性，吸引一众游客前去打卡；许昌胖东来天使城借助"商超顶流"热度成为国内知名消费地标。特色乡村游，让游客走进大自然，感受乡野"慢生活"的乐趣。信阳商城县伏山乡里罗城村举办"月涌金刚台 情陷大别山——首届里罗城扎帐宿营节"活动，村里民宿、农家菜馆爆满；焦作博爱县磨头镇西张赶村充分利用竹林水乡优势，打造"竹语步道""故园""幽篁""竹林书屋"等独具特色的乡村场景，再现了太行

小江南的美丽气息。2023年，全省接待游客9.95亿人次，旅游收入9645.6亿元，接待旅游人次为2022年的228.2%、2019年的110.6%，旅游收入为2022年的305.2%、2019年的100.4%。

（四）节日消费火爆，住宿餐饮消费快速增长

2023年清明、五一、十一等假期期间，河南多地成为国内热门景点，酒店和机票预订量明显增长。开封跻身春节全国热门文旅目的地，洛阳成为热门打卡城市，郑州、许昌、安阳等市在节假日期间接待游客量也都创历史新高。庞大的人流为住宿、餐饮带来源源不断的客流。中秋、国庆"黄金周"期间，郑州酒店预订量大幅增长，是2019年的4.6倍；洛阳酒店预订量同比增长4倍，开封、南阳、安阳酒店预订较为火热。洛阳、开封、焦作、新密等旅游城市异常火爆，客流量和餐饮消费远超上年同期，洛阳水席园"武皇盛宴"、郑州萧记烩面、开封第一楼深受消费者喜爱。繁荣夜间餐饮也成为各地拉动消费增长的重要手段，郑州、开封、洛阳、焦作等市积极点亮"夜经济"，打造夜间消费集聚区，延长营业时间、加大优惠力度，激发游客消费热情；开封市联合老字号协会在马道街举办"开封老字号国风市集"夜市活动，精选王大昌茶艺、晋阳豫糕点制作技艺等老字号项目，开展产品展示展销，通过现场制作、美食品尝等方式向游客展示老字号魅力。2023年，河南省餐饮收入2887亿元、增长15%，高于商品零售9.4个百分点。

三　2024年河南省消费市场分析和展望

2023年，河南居民就业增收压力较大，消费更趋理性。河南省居民人均可支配收入为全国的3/4，人均消费支出不足全国的4/5，消费能力不强；有吸引力的消费场景不多，城市商业能级有待提升，农村流通短板亟待补齐。但经济长期向好的基本面没有变，消费市场也仍保持稳步回升的态势。全国统一大市场建设提速，消费环境持续改善，传统消费和新型

消费齐发力，产品和服务日新月异，"国潮风""科技感""文艺范"等消费热点迭出，服务消费越来越多，消费市场将延续结构性复苏态势，在促进消费政策措施加持下，消费扩容升级具备有力支撑。2023 年末，中央经济工作会议明确将在未来一个阶段开展汽车、家电等消费品以旧换新，这一举措将满足群众的品质化消费需求，有助于进一步释放消费活力，推动经济持续回升向好。2024 年以来，全省上下准确把握新发展机遇，深入贯彻中央经济工作会议精神，认真落实省委十一届六次全会暨省委经济工作会议和政府工作报告部署，以起步即冲刺、开局即决战的竞进姿态，扛稳经济大省勇挑大梁的责任，全力以赴推政策、抓项目、强服务，在"开门红"若干政策措施推动下，1~2 月全省主要经济指标加快增长，经济回升向好态势继续巩固增强，新质生产力加快培育形成，经济运行实现良好开局。全省社会消费品零售总额同比增长 5.8%，高于全国 0.3 个百分点；限额以上单位消费品零售额增长 9.3%，高于全国 2.6 个百分点。限额以上单位的 23 类商品中，17 类商品零售额实现同比增长，增长面达73.9%。

四　促进河南省消费增长的政策建议

（一）增强消费能力和信心

继续将就业优先置于宏观政策层面，强化与产业政策、金融政策等各方面政策协同，在经济社会高质量发展中推动就业质量提升。突出抓好高校毕业生就业创业工作，稳定"三支一扶"、特岗教师、大学生志愿服务乡村振兴等基层项目招募规模，促进高校毕业生就业创业提量增质。充分发挥扶贫产业、农民合作社作用，发展乡村旅游、直播带货等，提升农村就业容纳能力。深化国有企业收入分配制度改革，稳步提升劳动者工资性收入水平。提高教育、医疗、养老、育幼、住房等公共服务支出效率，减轻居民个人支出压力，解决居民消费的后顾之忧。

（二）扩大大宗消费

紧抓汽车、家电、家居、餐饮"四大金刚"消费。围绕购买、使用等全链条促进汽车消费，支持举办中原国际车展、大河国际车展等。鼓励汽车、家电等传统消费品以旧换新，推动耐用消费品以旧换新。鼓励有条件的市县开展新能源汽车、绿色智能家电、绿色建材下乡。支持家装、纺织服装消费。出台促进餐饮业高质量发展政策举措，持续开展"中华美食荟""豫鉴美食"系列活动。

（三）壮大新型消费

大力发展直播电商新业态，支持电商平台发展，培育"小而美"的电商特色品牌，建设一批直播电商基地。壮大电商企业市场主体，引进知名电商企业设立区域性、功能性总部。组织参与"2024全国网上年货节""第六届双品网购节"等全国性网购节活动，形式多样开展"618河南专场活动""626中国服装品牌直播日活动"等。

（四）培育品质消费

支持各地引进大型商业综合体和知名品牌店、旗舰店、体验店、首店，打造更多消费新场景和商业新地标，培育新消费热点。扩大国货"潮品"消费，高标准推进河南老字号示范创建工作，组织老字号博览会、嘉年华、中华行等活动。培育壮大酒饮品产业链，助力企业做大规模、做优产品、做强品牌。开展"豫你有礼"豫品培育，形成一批公众认可、彰显地方特色的"必购必带"商品。

（五）大力发展夜消费

支持办好"醉美·夜郑州""汴地有礼""古都夜八点""夜享莲城"等品牌夜消费活动。联合文旅、体育等部门推动商文旅体融合，组织综合体、特色商业街区、品牌餐饮企业、旅游景点、体育健身场馆等延长营业时

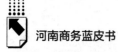

间，发布夜间消费打卡地名单、夜消费示范单位名单，打造一批兼具时尚活力和烟火气息的夜消费 IP。

（六）开展消费促进活动

围绕"2024 消费促进年"，政府搭台、企业唱戏，政策支持、活动引领、省市县三级联动、多部门横向协同，行业协会、市场主体积极参与，围绕汽车、家电、餐饮等重点领域，聚焦春节、五一、十一等重要节假日消费时点举办专题促销活动；加强消费品牌培育、老字号宣传，打造城市活动 IP；鼓励行业协会、重点企业积极开展让利促销，构建河南促消费活动矩阵。组团参加消博会、进博会等国家级展会活动，展示河南名品爆款，推动消费升级。

B.9
2023～2024年河南省电子商务发展形势分析与展望

刘海涛　张巍　曾瑛　袁文卓　姚飞*

摘　要：　电子商务是数字经济最前沿、最活跃、最具生机的重要组成部分，是数字经济在商务领域的生动实践。当前，面对国内有效需求不足、社会预期偏弱，国际环境复杂性、严峻性、不确定性上升的风险挑战，河南省委、省政府准确把握发展面临的新形势，牢牢牵住高质量发展这个牛鼻子，加强数字赋能和创新引领，全省电子商务已稳步成为扩内需促消费的新支柱、服务产业数字化的新动力、催生数字化生活的新方式、创新消费场景的新供给、助力乡村振兴的好帮手、促进产业链抱团出海的直通车。

关键词：　电子商务　网络零售　河南省

一　河南省电子商务发展情况

2023年，面对深刻变化的外部环境和艰巨繁重的发展任务，河南省电子商务继续保持稳中向好态势，网络零售市场规模持续快速增长，新兴电商模式迭代创新，即时零售、直播带货、社区团购等蓄势增能、多元发展，已成为拉动消费需求、促进传统产业转型升级、发展现代服务业的重要引擎。根据国家统计局电子商务交易平台统计数据，2023年河南省商品、服务类电子商务交易额为13575.8亿元，居全国第10位，较上年增长14.9%，高

---

* 刘海涛、张巍、曾瑛、袁文卓、姚飞，河南省商务厅。

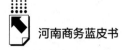

于全国平均增速5.5个百分点。其中,网络零售额达4605.3亿元,同比增长22.5%,实物商品网络零售额为3813.0亿元,同比增长21.0%。2023年河南省电子商务发展呈现以下特点。

（一）网络零售市场蓬勃发展，规模居中部六省第一

国家统计局和河南省统计局的数据显示，2023年全国社会消费品零售总额471495亿元，同比增长7.2%；其中，实物商品网络零售额130174亿元，按可比口径计算，同比增长8.4%，占社会消费品零售总额比重为27.6%。2023年，河南省社会消费品零售总额2.6万亿元，同比增长6.5%，较上年提高6.4个百分点；实物商品网络零售额占社会消费品零售总额比重为14.7%，较2022年提高2.0个百分点，占比呈逐年上升趋势。网络零售市场蓬勃发展，成为消费增长新引擎，助推商贸经济新动能加快集聚。2023年，全省限额以上商品零售类值中，通过公共网络实现的商品销售同比增长10.7%，高于全部限额以上商品零售额增速1.5个百分点。

2023年，河南省网络零售额和网络零售量（见图1和图2）、农村电商零售额（见图3）、电商活跃店铺数和从业人数（见图4）均居中部六省第一。

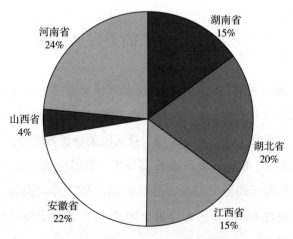

图1　2023年中部六省网络零售额占比

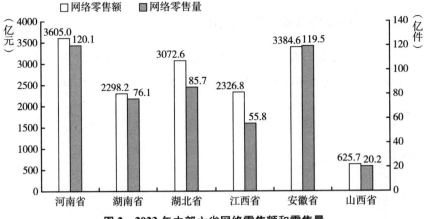

图2 2023年中部六省网络零售额和零售量

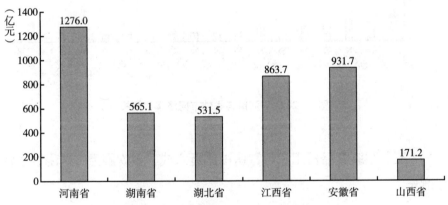

图3 2023年中部六省农村电商零售额

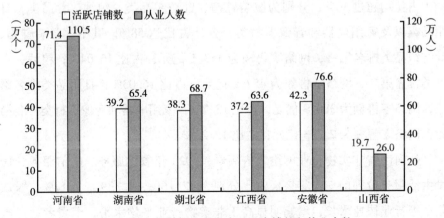

图4 2023年中部六省电商活跃店铺数和从业人数

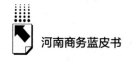

（二）网络零售区域发展不均衡

分区域来看，2023 年郑州市、洛阳市、南阳市网络零售额位居河南省前三（见图 5），网络零售额占比分别为 43.06%、7.87%、6.86%。

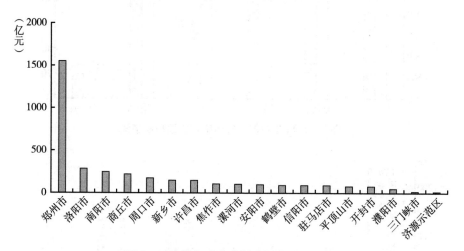

图 5　2023 年河南各省辖市网络零售规模

（三）服装食品日用家电零售占比近六成，餐饮服务、休闲娱乐快速增长

从河南省实物行业网络零售额看，2023 年四个行业在河南省网络零售额中占比均超过 10%，分别为服装鞋帽、针纺织品类，粮油、食品类，日用品类以及家用电器和音像器材类，合计占比达 58%。其中，服装鞋帽、针纺织品类排名第一，网络零售额为 453.1 亿元，占比 16.04%；粮油、食品类排名第二，网络零售额为 452.9 亿元，占比 16.03%；日用品类排名第三，网络零售额为 386.9 亿元，占比 13.7%；家用电器和音像器材类排名第四，网络零售额为 233.3 亿元，占比 12.23%。

从河南省非实物行业网络零售额看，2023 年餐饮服务、电信服务、居民生活服务位列前三，零售额占比分别为 47.16%、9.33%、7.17%。餐饮服务等行业快速增长，增幅明显高于非实物行业平均水平，消费者通过电商团购、社交电商等进行线上餐饮消费意愿持续提升。此外，部分区域的旅游零售额占比较高，如作为省内重要旅游目的地的洛阳市、郑州市和开封市，旅游服务零售额占比分别达 45.66%、22.55%、11.62%。受商务、会展、演艺等需求逐渐复苏的影响，郑州市、洛阳市住宿服务零售额占比分别达 63.19%、12.59%，文化体育服务零售额占比分别达 27.95%、9.98%。

（四）农村电商发展持续向好，农产品上行持续带动农民增收

2023 年，河南省农村网络零售额 1713.18 亿元（见图 6），同比增长 15.39%。从农村网络零售发展情况来看，食品酒水、家居家装、家用电器位列前三，其网络零售额分别为 349.54 亿元、299.87 亿元、245.45 亿元，占全省农村网络零售额的比重分别为 20.43%、17.52%、14.34%。

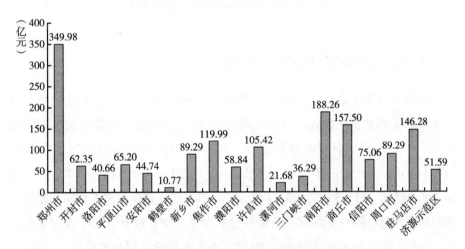

图 6　2023 年河南各省辖市农村网络零售额

2023 年全省农产品网络零售额 1152.32 亿元。其中，郑州市、焦作市、南阳市累计农产品网络零售额贡献较大（见图 7），占全省农产品网络零售额比重分别为 28.42%、10.33%、6.89%。焦作、信阳、周口、漯河、三门峡、濮阳、济源、商丘等 8 个省辖市农产品网络零售额占本市网络零售额比

重超过 30%，农产品网络零售日益成为促进区域特色农产品上行、带动区域农村人口增收的重要业态。

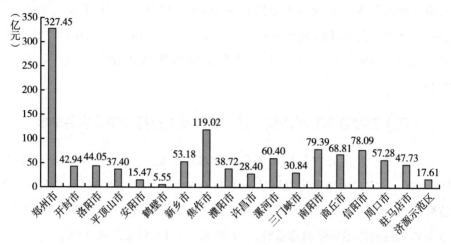

图 7　2023 年河南各省辖市农产品零售额

（五）直播电商呈现爆发式发展

河南省直播电商行业正经历快速变革和爆发式发展，迅速衍生出线上线下全域联动的消费新模式，直播电商渗透率①稳步提升，直播电商已成为商家推广产品和流量变现的重要途径。2023 年河南省直播电商网络零售额 643.2 亿元，同比增长 59.65%，零售量 19.4 亿件。其中点淘、抖音、快手分别 148.3 亿元、411.8 亿元、83.1 亿元。河南省适合直播的速冻食品、服饰女装、休闲零食、陶瓷玉器等产业集群优势明显，全省现有活跃电商直播基地约 140 个，销售额过亿元的超过 50 家。本土主播数量居全国第四，茹静宜、樊小慧、麦小登等本土知名主播粉丝量在千万级、年销售额均超过 3 亿元。

（六）跨境电商持续保持平稳增长

2023 年，河南省跨境电商继续保持稳定增长，"丝路电商"国际合作持

---

① 直播电商渗透率＝直播电商零售规模/网络零售规模

续加强，"网上丝路"为外贸发展注入新动能。全省跨境电商进出口交易额2371.2亿元（含快递包裹），同比增长7.3%。其中，出口1796亿元，同比增长5.6%；进口575.2亿元，同比增长13.1%。快递包裹出口388.6万件，货值8.7亿元，同比分别增长23.3%和27.9%。从区域看，郑州跨境电商进出口额1253.3亿元、同比增长6.3%，规模占全省总额的53%；周口、鹤壁、安阳跨境电商进出口增幅均超过20%。从产业看，作为全球最大的发制品产业基地，许昌的发制品远销120多个国家和地区，每年跨境电商交易额逾10亿美元。

二　河南省电子商务趋势分析

当前国际环境异常复杂，世界经济增长动能不足，国内经济正处于波浪式发展、曲折式前进时期，改革发展稳定任务艰巨繁重。电子商务作为促消费、稳外贸、惠民生的重要抓手，也存在着持续向好的基础不稳固、外需下滑和内需不足引发有效需求不足、社会预期偏弱导致国内市场竞争加剧等问题，加之受东部沿海发达地区虹吸效应影响，河南省电子商务面临诸多挑战和不利因素，但也拥有诸多机遇与有利条件。因此，要站在河南看河南，更要跳出河南看河南。

（一）电子商务为扩内需促消费激潜能强动能

国内需求是经济发展的主动力。2024年以来，河南省经济恢复面临有效需求不足、周期性和结构性问题并存等制约，电子商务发展依旧实现"加速跑"，成为畅通国内国际双循环的关键环节和重要引擎，对充分发挥全省超大规模市场优势，全面完成"十四五"规划目标任务做出了积极贡献。电子商务是促消费、扩内需的稳定器和动力源，在培育壮大新型消费、挖掘新兴消费潜力、推动消费市场扩容提质、促进实施数字消费等方面作用显著，已成为支撑经济合理稳定增长的重要引擎之一。随着2024年两会后一大批组合式宏观经济政策相继落地、协同发力，预计居民线上消费习惯将继续成为网络零售发展驱动力。2024 年，河南省网络零售市场将保持"加速跑"状态，全年网络零售额有望接近或超过 5000 亿元，市场规模有望进一步扩大，AIGC 消费、国潮品牌、精神消费、定制游等新型消费热点增势良好，发挥电子商务对新增效应的"放大器"作用，为扩大内需和促进消费注入持久动能。

（二）电子商务助推传统产业换道领跑

面对竞争日益激烈的市场环境和大众消费习惯的迅速升级，传统产业想在竞争中立于不败之地，亟须打通与消费者之间的"最后一百米"。伴随电子商务数字技术能力跨越式提升，电商平台有能力通过数据要素的深入挖掘和算法推荐技术的合理应用，直击产业痛点，调动政府积极性、行业创新性和商家主动性，实现优势互补、资源共享，帮助传统产业及时捕捉消费新需求，赋能传统产业创造新产品、新服务、新场景。同时，消费者在网络零售渠道中表现出的强劲消费力，也促使传统产业在主观上有意愿持续提升自身的数字化能力，以适应数字化转型需求，优化消费者移动购物体验。

（三）直播电商产业带动性强劲

直播电商是借助数字技术以直播为渠道实现营销目标的电商形式，是一种新的商业模式。2023 年，河南省以直播电商为重要抓手，激发居民消费潜力，推动消费市场持续回暖。省商务厅出台相关政策措施，支持各地招引直播电商企业，发展直播电商等新型消费，支持直播电商集聚发展，鼓励各地建设直播电商基地，围绕特色产品打造直播电商集聚区。目前各地结合自身产业特点，主动搭乘直播电商快车，拉动本地网络销售迅猛发展。如南阳市镇平县因玉而兴、因玉而名，正是借助于南阳玉的知名度，南阳市实物商品网络零售额排在首位的品类是金银珠宝类，占全市网络零售额的 48.78%；漯河市食品产业规模占河南的 1/5，以双汇肉制品、卫龙辣条和宠物饲料等休闲食品、宠物饲料为引擎，其食品类实物商品网络零售额占比达 37.72%；素有"世界假发之都"美誉的许昌市，依托当地瑞贝卡、恒源发品、瑞美真发等假发企业，把"头顶上的小生意"做成电商大事业，其化妆品类实物商品网络零售额占比达 34.57%。

（四）农村电商为乡村振兴提供有力支撑

2024 年中央一号文件指出，产业振兴是乡村振兴的重中之重，并首次提出"实施农村电商高质量发展工程"。当前，河南省正大力推进农业社会化服务扩面提质增效，电子商务与乡村振兴的融合从消费端的网络化逐渐向生产端的数字化、智能化升级，从农产品网络销售到订单农业、以销定产、高端农产品开发、打造县域特色品牌和新消费圈层跃升，将进一步推动农业全产业链上下游衔接，整合产、供、购、销等资源要素，促进农产品产销精准匹配。结合当前兴趣电商、即时零售、社交电商等创新型业态的下沉态势，以及私域流量的发展趋势，产业链和供应链对农村产品的标准化和附加值提升影响极大，能够有效带动农村地区创新创业，推动农产品本地消费，促进农产品标准化建设和市场产销对接，助力消费升级和内循环流通，从而在服务带动乡村振兴战略落地、夯实乡村产业发展基础、加速推进乡村三次产业融合等方面发挥更重要的作用。

（五）跨境电商为河南外贸带来新增量

河南省先后获批设立 5 个跨境电商综合试验区，已培育认定 36 个省级跨境电商示范园区，25 个跨境电商人才培训暨企业孵化平台；认定了 12 家省级海外仓示范企业；36 家省级外综服企业为跨境电商出海提供"从 0 到1"业务指导；全省开设跨境电子商务专业的院校增至 19 家，支撑跨境电商监管模式创新、产业生态发展走在全国前列，催生多个具有较强竞争力的特色产业，既有装备机械、铝制品、假发、食用菌等传统产业，也有化妆刷、仿真花、蜂制品等新兴产业，为河南外贸带来新增量。2023 年 6 月，致欧家居在深交所创业板敲钟上市，成为河南跨境电商"第一股"。"网上丝路"已成为河南省高水平对外开放亮丽名片，形成"买全球、卖全球"对外开放新优势。

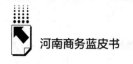

三　河南省电子商务发展对策建议

（一）做强做优做大电商产业

一是支持本土电商平台发展，在项目建设、上市、研发、获客引流、品牌宣传等方面给予支持和奖励，在企业融资、办公用房、贷款利息、新技术新模式应用等方面进行资助或入股，帮助其扩大市场份额、提升盈利能力。二是鼓励传统企业进行新零售转型升级，鼓励实体商业利用自身品牌优势和客群基础，积极发展全品类、全客群、全区域、全场景的线上线下融合经营模式，利用数字技术在线上开疆拓土、抢占先机，通过开辟与消费者的新互动渠道、优化供应链实现降本增效、增加区域前置仓保障商品配送时效等，打造有效提升消费者购物体验的新型购物场景。三是关注电商领域最新业态，补齐电商产业生态短板，加强对即时电商、社区团购的分析研究和政策支持，研究出台更多优惠政策，招引和培育更多综合类、细分类电商平台积极在豫布局，对实物商品网络零售额数据贡献较大的，给予相应奖励，促进网络零售数据回流。四是充分发挥各级商务主管部门推进电子商务发展的牵总作用，与相关职能部门各司其职、合力攻坚，在全省上下形成抓电商、促电商、强电商的浓厚氛围。

（二）高质量发展农村电商

一是培育农村电商服务平台。积极打造功能完善、特色明显、辐射带动面广的县域直播电商基地。创新适合农村生活的数字消费场景，满足农村居民的线上消费体验，健全农村信息公共服务体系，推广农村数字便民服务。二是提升农村物流体系建设水平。引导各类乡村快递服务站点系统共建、服务共享，拓宽站点盈利渠道。在有条件的地方支持开展统仓共配和即时零售，鼓励发展"电商+产地仓+寄递物流"模式，提升农产品上行效率。三是培育新型主体。培育壮大农村电商供应链服务企业，大力培育农村电商带头人。四是提高农村电商产业化发展水平。延长农村电商产业链条，深入实施"互联网+"农产品出村进城工程，发展"电商+休闲农业""电商+乡村旅游"等，挖掘乡村生产生活生态价值。培育农村电商区域特色品牌。五是开展多种形式的农村电商促销活动，创新农村电商应用场景，将电商与丰收节采摘、农特展销、乡村大集等活动融合，营造具有乡土特色的农村电商消费氛围。举办农村直播电商赛事，推动发展"线上引流+线下消费"的直播模式。

（三）创新发展跨境电商

一是持续壮大市场主体，充分发挥 E 贸易核心功能集聚区、新郑综保区等集聚作用，引导更多外贸企业应用跨境电商转型出海，借助省级跨境电子商务人才培训暨企业孵化平台，建立健全跨境电商人才培养体系。二是指导全省各跨境电商综试区切实发挥示范引领，鼓励多城多域联动协同发展，打造"跨境电商+产业带"模式，将各地特色产业优势升级为跨境电商出海新优势。三是优化完善生态圈，认定一批省级跨境电商示范园区并给予支持，加强对 TikTok、Shein（希音）、Temu 等新平台的有效宣传推广，加大力度引进一批在运营推广、创意设计、金融支付、供应链、结汇退税等方面有较大影响力的综合服务企业，加快海外仓布局建设，提高海外仓利用率。四是提升监管服务水平，推动跨境电商综试区与自贸试验区、海关特殊监管场所和口岸等联动发展，探索适用跨境电商 B2B 配套税汇政策，优化监管流程，提升通关和退税效率。

（四）积极拥抱 AI 电商

中央经济工作会议明确提出"加快推动人工智能发展"。河南应凭借超大规模市场应用场景丰富的独特优势，紧紧抓住新一轮科技革命和产业变革的战略机遇，以人工智能高质量发展和高水平应用培育经济发展新动能。具体到电子商务，则是"AI 电商"。目前 AI 正在悄然撬动中国乃至全球电商市场的格局，AI 电商既是机遇，也是挑战。一是 AI 逐渐成为电商助手，AI

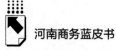

算法组合能有效提升电商店铺的运营效率，辅助消费者做出购物决策，国内各电商平台正尝试用 AI 生成商品图、用数字人直播带货、将店铺动态自动生成短视频等，其渗透速度和变革程度有望在 2024 年实现大跨步飞跃。二是 AI 电商发展趋势与多元化高性价比的消费诉求不谋而合，中国电商行业的关键词主要聚焦于"低价"二字，但是"绝对低价"并不是消费者唯一且全部的诉求，大多数消费者只是想在原有品质的基础上买得更"实惠"，围绕 AI 的各种应用能够辅助消费者准确做出符合自身消费习惯的决策。三是 AI 电商能够获取更多流量，AIGC 行业重磅产品接连上市，2024 年初 Sora 的横空出世，很多人对 AI 生成式视频抱有更加强烈的期待，即通过 Sora 能够快速生成媲美影视级的画面、适用于不同消费者的带货视频，给 AI 电商带来更大惊喜，促进行业井喷式发展。

专题报告

B.10

坚持全面深化改革 奋力开创
河南商务高质量发展新局面

张大幸 丁 敏 张湘楠*

摘 要： 改革开放是决定当代中国命运的关键一招，也是决定实现"两个一百年"奋斗目标、实现中华民族伟大复兴的关键一招。河南省第十一次党代会站在新的历史起点，提出"两个确保"奋斗目标，做出全面实施"十大战略"的系统部署，描绘了现代化河南建设的宏伟蓝图，鼓舞人心、催人奋进。全面深化改革战略既是"十大战略"的重要内容，也是其他战略的保障支撑。全省商务系统始终坚持把改革作为解决所有问题的关键一招，努力实现各类改革举措的有机衔接、有效贯通、有序联动，奋力开创河南商务高质量发展新局面。

关键词： 深化改革 河南商务 高质量发展

---

* 张大幸、丁敏、张湘楠，河南省商务厅。

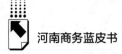

二十届中央全面深化改革委员会第一次会议上，习近平总书记指出，要把全面深化改革作为推进中国式现代化的根本动力，作为稳大局、应变局、开新局的重要抓手。① 这一重要讲话深刻阐明了全面深化改革在推进中国式现代化中的重要地位和意义，为我们在新征程上以全面深化改革推进中国式现代化进一步指明了方向。河南省第十一次党代会将全面深化改革列入"十大战略"，并作为统领性和兜底性的战略，体现了省委推动改革向更高层次挺进的信心和决心。全省商务系统认真贯彻落实中央和省委关于深化改革的各项决策部署，坚持把改革作为解决所有问题的关键一招，以商务改革发展的生动实践为现代化河南建设做出了积极贡献。

一 全面深化改革取得新突破

商务工作是国内大循环的重要组成部分，是联结国内国际双循环的重要枢纽，在构建新发展格局中发挥着重要作用。这"三个重要"既是做好商务工作的定位，也是全面深化改革的方向与目标。河南在增强国内大循环的内生动力和可靠性上，加快推动内贸流通领域改革，着力建设高效顺畅的流通体系，促进消费提质升级；在提升国际循环质量和水平上，加快推动开放型经济改革，深入实施制度型开放战略，不断优化营商环境，促进河南开放的大门越开越大、开放的道路越走越宽。

（一）以内贸流通改革繁荣市场扩大消费

推动鹤壁、商丘、洛阳全国一刻钟便民生活圈试点建设，确定 5 个省级品牌连锁便利店发展重点推进城市，认定 104 个省级品牌消费集聚区，城市生活消费更加通畅便捷。郑州、洛阳完成全国城乡高效配送试点任务，郑州通过国家级服务业标准化试点（商贸流通专项）城市验收，大张、万邦等 7

---

① 《习近平主持召开二十届中央全面深化改革委员会第一次会议并发表重要讲话》，中国政府网，2023 年 4 月 21 日，https：//www.gov.cn/yaowen/2023-04/21/content_ 5752598.htm。

家企业入选商务部商贸物流重点联系企业名单，促进城乡物流高效互通。积极开展流通供应链创新，郑州完成国家流通领域供应链体系建设试点任务，许昌、焦作、商丘、河南自贸试验区和11家企业获批全国供应链创新与应用试点。全省城乡流通效率大幅提升，初步核算，河南省社会物流总额从2012年的7.2万亿元增至2023年的18.7万亿元，河南省社会物流总费用占GDP比重由2012年的18%降至2023年的13.3%。全省社会消费品零售总额由2012年的10788亿元增至2023年的26004亿元。

（二）以贸易投资便利化自由化促进开放型经济发展

贸易便利化方面，推广"提前申报""预约通关"等改革举措，依托国际贸易"单一窗口"创新推出"技贸通""智享惠"等智慧化应用，打通"政策找企业"最后一公里，通关时间比2017年整体压缩70%以上。完善中小开、外贸贷、市场主体培育等政策体系，建立外经贸财政资金直达机制。贸易主体活力显著增强，有进出口实绩的企业由2012年的4984家增至2023年的11844家。贸易规模由2012年的3260亿元增至2023年的8107亿元，跻身全国前十。投资自由化方面，创新建立了省长负总责的高规格省利用外资联席会议制度和港资、台资、日韩、世界500强四个外资专班，组建驻粤港澳大湾区招商工作组，瞄准重点客商群体精准招商。落实准入前国民待遇加负面清单管理制度，外商投资由审批改备案，再到直接登记，设立企业用时由2013年的6个月以上缩短至1天。出台跨国公司地区总部、国际合作园区等促进政策，认定首批4家国家合作园区和4家外资研发中心，认定9家跨国公司地区总部。针对重点地区、重点领域、重点外商，精准策划举办全球豫商大会、河南与跨国公司合作交流会等系列经贸活动，招商引资成效显著。2012年以来，全省累计实际利用外资150亿美元，落地世界500强企业由2012年的75家增至2023年的198家。

（三）以模式创新推动开放平台能级提升

自贸试验区引领方面，自2017年河南自贸试验区挂牌运行以来，紧扣

"两体系、一枢纽"（立体交通体系和现代物流体系、综合交通枢纽）战略定位，坚持"为国家试制度、为地方谋发展"，出台复制推广自贸试验区制度创新成果试行办法，聚焦政务、监管、金融、法律、多式联运五个方面，积极开展差异化探索，累计形成571项制度创新成果，其中18项在全国推广、62项在全省推广。例如，入选国务院第七批改革试点经验的"航空货运电子信息化"试点，解决了航空公司重复填报、多头申报等痛点问题，助推了全国航空物流信息化改革。改革创新激发了活力动力，自贸试验区累计设立企业12.9万家，是挂牌前的4.8倍，以不到全省7‰的面积贡献了全省1/5的外资和1/20的进出口。跨境电商综试区建设方面，认真落实习近平总书记视察河南时"买全球、卖全球"重要指示，① 首创"1210"网购保税进口模式，创新开展国内首个跨境电商进口药品和医疗器械试点，顺利推进首批全国跨境电商企业对企业出口监管试点，首创跨境电商"网购保税+线下自提"模式。河南国际贸易"单一窗口"平台，跨境电商业务峰值处理能力达1000单/秒，日承载能力达3000万单以上，进出口商品从申报到放行时效提升至5分钟，业务处理能力和综合服务水平均居全国前列。跨境电商规模由2016年的768.0亿元发展到2023年的2371.2亿元，年均增长17.5%。经开区改革发展方面，45个省级以上经开区（其中国家级9个、省级36个）全部实行"管委会+公司"制和"三化三制"改革（专业化、市场化、国际化和领导班子任期制、员工全员聘任制、工资绩效薪酬制），建立了更加科学规范、运行高效的管理体系。加快经开区创新平台建设，完善经开区创新创业载体功能，全省45个经开区拥有孵化器及众创空间114个、省级及以上研究机构1421家、高新技术企业2392家。2023年国家级经开区综合发展水平考核评价中，河南经开区总体表现突出，郑州、漯河、鹤壁、红旗渠4个国家级经开区蝉联全国百强，郑州经开区居第26位，漯河经开区首进50强，新乡、许昌、开封经开区进位明显。

---

① 《郑州："丝路电商"打造高质量发展新引擎》，河南省人民政府网站，2023年11月2日，https://www.henan.gov.cn/2023/11-02/2841049.html。

（四）以营商环境优化增强市场主体获得感

深入贯彻落实习近平总书记"持续打造市场化、法治化、国际化营商环境"重要指示，① 不断深化"放管服效"改革。行政职权从 74 项减到 59 项，其中行政许可事项由 6 项减到 4 项。落实审批服务"三集中三到位"改革要求，10 项政务服务事项进驻省政务服务大厅，实现"一枚印章管审批"。出台并实施省营商环境综合配套改革国际化专项方案，扎实推进"万人助万企"，全面推行"有诉即办"，落实企业服务日、政府直通车、服务官等机制，建立并常态化运行外资企业圆桌会议制度，为企业和项目解难纾困。

二　深刻认识全面深化改革的实践经验

新时代的全面深化改革，河南积累了许多弥足珍贵的实践经验。

一是必须坚持党的全面领导。中国共产党领导是党和国家的根本所在、命脉所在，是全国各族人民的利益所系、命运所系。新时代河南商务改革发展取得的成绩，根本在于有习近平总书记作为党中央的核心、全党的核心掌舵领航，在于有习近平新时代中国特色社会主义思想科学指引，关键在于省委、省政府正确坚强领导。

二是必须坚持以人民为中心。商务事业关系千家万户，商务工作的最终目标是满足人民群众对美好生活的需要。要坚持商务为民，充分发挥商务工作联通内外、贯通城乡、对接产销的优势，推动稳增长、稳就业、惠民生，既要把"蛋糕"做大，也要把"蛋糕"分好，全力做到商务发展为了人民、商务发展依靠人民、商务发展成果由人民共享，促进共同富裕。

三是必须坚持"先立后破"。要把影响改革效果的各类因素汇总在一起，充分、全面、审慎地考虑改革的目标、举措，合理预期改革的效果。该立的要积极主动地立起来，该破的要在立的基础上坚决地破、稳扎稳打，把

---

① 《习近平在亚太经合组织第二十七次领导人非正式会议上的讲话》，人民出版社，2020，第 8 页。

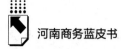

握好改革政策的时、度、效，避免出现"破"得太快、"立"得滞后，不断提升政策效果。

四是必须坚持统筹改革发展与安全。把树牢底线思维、极限思维贯穿商务改革各方面全过程，更好统筹高质量发展和高水平安全。要提升开放监管能力和水平，防范对外贸易风险、跨境投资合作风险，不断提升产业链供应链韧性和安全水平。要以时时放心不下的责任感、紧迫感，不断完善生活必需品、重要民生商品储备和应急投放管理机制，抓好平安建设和安全生产管理。

三　把握全面深化改革的重大问题

在新的起点上纵深推动商务领域深化改革，需要统筹把握好几个方面的重大问题。

（一）推动有效市场和有为政府更好结合

正确处理政府和市场的关系，是经济体制改革的核心问题。要坚持社会主义市场经济改革方向，坚持政府引导、市场驱动，把市场和市场主体该做的能做的都交给市场，充分发挥市场在资源配置中的决定性作用，同时加快转变政府职能，更好发挥政府作用。比如，在促进消费转型升级上，一方面，有效市场促进了生产要素的自由流动和资源的优化配置，从而提升消费供给结构和质量，有效满足高品质生活需求，带动消费升级；另一方面，有为政府通过税收、转移支付等再分配政策，缩小城乡、区域、群体间的收入不平等程度，促进共同富裕，增强居民消费意愿，促进消费升级。

（二）推动全面改革和深化改革更好结合

一方面要在全面改革上做文章，统筹推进各领域改革，实现改革举措的有机衔接、有效贯通、有序联动；另一方面要在深化改革上下功夫，敢啃"硬骨头"，充分发挥改革的突破和先导作用。当前，河南商务工作的改革基本实现了各领域全覆盖，但各项改革的协调配套、系统集成还不够强，有些改革仅靠修修补补难以赶超，还需要开展更深层次的改革。比如，河南虽获国务院批复同意开展全国首个跨境电商零售进口药品试点，但试点药企少、药品品种少，经济效益和社会效益有待进一步提升。这就需要围绕试点进一步深化改革，不断探索跨境药品选品评估机制，让改革的红利充分释放。

（三）推动着眼长远和干在当下更好结合

习近平总书记深刻指出："改革只有进行时、没有完成时。"[①] 全面深化改革是一项宏大而复杂的系统工程，也是一场深刻而全面的社会变革，既需着眼长远、加强顶层设计和整体谋划，又需干在当下、以钉钉子精神抓好改革任务落实落细。河南省委出台了全省营商环境综合配套改革方案，形成了108 条具有战略性、突破性的重大改革举措，谋划了今后两年甚至更长时间的营商环境改革方案。河南省既要下定决心、保持韧性，持续发力、久久为功，又要防止大而化之，对看准了的改革一抓到底、务求必胜，确保干一件成一件。

（四）推动深化改革和扩大开放更好结合

改革和开放相辅相成、相互促进，改革离不开开放，开放也是改革。近年来，河南通过不断扩大开放，由全球化的旁观者变成国际分工体系的参与者，传统农业大省转变为现代经济大省，传统交通要道转变为现代综合交通枢纽，传统内陆省份转变为内陆开放高地，实现国际形象、经济格局、社会脉络的深刻改变。新时代的河南既要以规则机制创新加快构建市场化、法治化、国际化一流营商环境，发展更高层次的开放型经济，又要以扩大开放倒逼改革提速，不断为经济社会发展注入新动能、拓展新空间。

四　持续抓好重点领域深化改革

坚持以习近平新时代中国特色社会主义思想为指导，深入贯彻党的二十大

---

① 《习近平谈治国理政》（第三卷），外文出版社，2020，第 235 页。

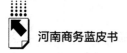

精神，全面落实中央全面深化改革委员会第四次会议精神，以钉钉子精神和绣花功夫扎实推进商务领域全面深化改革取得新进展新成效，以改革谋发展之策、成创新之势、聚奋进之力，不断强化锚定"两个确保"，实施"十大战略"，推动河南深度融入国内国际双循环，为中国式现代化建设贡献商务力量。

（一）深化自贸试验区改革创新

落实习近平总书记关于深入推进自贸试验区建设的重要指示，积极对接《全面与进步跨太平洋伙伴关系协定》（CPTPP）、《数字经济伙伴关系协定》（DEPA）等国际高标准经贸规则，出台实施河南自贸试验区提升行动方案，召开自贸试验区建设工作座谈会，高水平建设自贸试验区2.0版，重点围绕多式联运、数字经济、知识产权多元治理、涉外法律服务、期货交易等方面加强探索、先行先试。围绕现代物流、数字经济、智能制造、新能源及网联汽车、生物医药等重点领域，推动全产业链创新发展。探索开展盾构机等大型装备保税维修业务。积极申建自贸试验区空港新片区，抓好首批10个自贸试验区联动创新区建设，适时认定第二批联动创新区。

（二）创新招商方式

做好机关重塑性改革"后半篇"文章，发挥四个外资专班作用，构建境外招商网络，围绕7个先进制造业集群、28个千亿级制造业产业链和现代服务业领域精准招商。研究出台进一步优化外商投资环境加大吸引外商投资力度若干措施。扩大经开区对外合作，建好中德、中日等国际合作产业园区，瞄准比利时、荷兰等发达国家争取设立新的国际合作产业园区。注重"三外联动"，多组织企业参加境外展会和经贸活动，扩大"朋友圈"，用好的出口产品、好的外经项目吸引外商投资。用好"场景"招商，开展政企联动"双环耦合"招商，推进资本招商、股权招商、基金招商、中介招商、以商招商等，办好全球豫商大会、河南与跨国公司合作交流会等重大经贸活动，支持各地举办特色招商活动，打造"投资河南 共赢发展"品牌，达成更多合作成果。

（三）推进贸易便利化

深化"智慧海关""数字海关"建设，优化国际贸易"单一窗口"，积极拓展地方特色应用，深度整合口岸、物流、通关、收付汇、融资、退税等国际贸易链条业务。探索实施进口商原产地自主声明制度，优化原产地累计认定、计算、通关等便利化举措。继续实施外经贸资金直达企业机制，及时兑现资金奖励。优化贸易结构，制定实施稳定加工贸易、扩大一般贸易、拓展中间品贸易、创新服务贸易、发展数字贸易等具体举措。实施跨境电商优势再造行动，在载体建设、监管创新、主体培育、产贸融合、物流优化、生态涵养等方面取得突破。加快培育外贸新动能，推动市场采购、外贸综合服务、海外仓等融合发展。

（四）推进内贸流通领域建设

完善内外贸一体化制度体系，促进内外贸规则制度衔接融合、市场渠道对接，创新内外贸融合发展模式，打通流通堵点，助力企业在国内国际两个市场顺畅切换。支持郑州培育国际消费中心城市，建设一批特色化区域消费中心城市，引进大型综合体和知名品牌店、旗舰店、体验店、首店，打造更多消费新地标。大力支持直播电商、即时电商等新业态新模式发展，促进线上线下良性互动、相互融合。推动汽车、家电、家装厨卫等消费品以旧换新，最大限度释放消费潜力。积极开展供应链创新与应用省级试点。完善县域商业体系，争创一批全国县域商业"领跑县"，打造一批特色乡镇大集和乡镇集贸市场，发展农村物流共同配送，推动电商与寄递物流融合发展、农村客货邮融合发展。

（五）抓好营商环境优化提升

狠抓营商环境综合配套改革意见落实，加快土地、资金、人才、数据等要素市场一体化改革。深化"万人助万企"活动，完善外资企业圆桌会议等政企常态化沟通机制，持续提升服务质效，加强权益保护，坚定外来投资信心。持续深化"放管服效"改革，进一步简化审批流程。优化国际商事服务，建立商事纠纷联合调解机制。

B.11
河南省国际化营商环境发展研究

张海波 张力文 杨记*

摘 要： 国际化营商环境建设是打造高水平对外开放的重要内容。2023年8月，河南省委、省政府印发了营商环境综合配套改革"1+3"方案，其中，国际化营商环境专案聚焦高效政务服务、外商投资自由化、贸易通关便利化、平台通道建设、自贸试验区改革创新、宜居生活等6个方面，实施推进了28项改革任务。河南省全力推动营商环境综合配套改革相关工作任务，着力提升国际化营商环境水平，本文对2023年河南省国际化营商环境建设基本情况进行梳理，对存在的问题进行研究分析，并对如何改进优化提出进一步举措建议。

关键词： 改革开放 营商环境 国际化

对外开放是推动经济社会发展的重要动力。推进高水平对外开放要求着力打造一流国际化营商环境，通过充分发挥市场在资源配置中的决定性作用，不断破除阻滞经济循环的堵点、卡点，更好利用国内国际两个市场、两种资源，为我国经济发展扩空间、提质量、增动力。2023年，河南省全面贯彻落实习近平总书记关于制度型开放和国际化营商环境的重要论述，全力推进省委、省政府关于国际化营商环境改革专案任务，取得积极成效。全省有进出口实绩的外贸主体1.18万家、增长10.9%，比2022年增加1163家。货物进出口8107.9亿元，规模继续保持全国第9位的历史最好位次。全省

---

* 张海波、张力文、杨记，河南省商务厅。

新设外资企业465家、增长40.9%，实际使用外资7.5亿美元；实际到位省外资金1.2万亿元、增长9.3%。全省对外直接投资18亿美元、增长30.2%，对外承包工程及劳务合作完成营业额44.1亿美元、增长6.3%。

一 2023年河南省国际化营商环境基本情况

（一）加强透明高效政务保障

省政府行政服务中心入驻事项基本实现"大厅之外无审批""一枚印章管审批"。各部门出台涉企政策时，更加注重征求企业家意见，调动其积极性、主动性、创造性，增强政策的稳定性、可预见性、实效性。推动政策直达，对省级招商引资奖励资金，减少拨付环节、缩短运转时间，100万元以上直拨企业。

（二）推动外商投资自由化

落实准入前国民待遇加负面清单管理制度，优化登记程序，外资企业设立时间压缩至1天。构建招商网络，实体化运作四个外资专班，在粤港澳大湾区开展驻地招商。搭建引资桥梁，举办跨国公司合作交流会、中国侨商投资（河南）大会等重大经贸活动，宣介本省产业投资机遇。打造外资新载体，培育中德（许昌）等4家国际产业合作园区。2023年，全省新增外资企业465家，企业数创十年来新高。

（三）推进贸易通关便利化

优化检验检疫流程，对矿产品等大宗商品实施"先放后检"，创新"自主选择检验环节"模式，压缩低风险商品进口审批时限。"通关模式智能菜单"等3项举措入选海关总署创新举措备案（全国13项）。国际贸易"单一窗口"新增"技贸通""智享惠"等特色应用，通关效率提升20%。加强经认证的经营者（AEO企业）培育，2023年新增14家，累计100家。

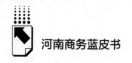
（四）聚集平台通道引领力

新增卢森堡货航至日本及南亚国家的第五航权，新开通至比利时列日、土耳其伊斯坦布尔货运航线，国际地区全货机航线达 31 条，郑州—卢森堡"双枢纽"合作持续深化。新增郑州至俄罗斯圣彼得堡国际班列线路、同江口岸，新开通泰国潘切府和老挝琅勃拉邦 2 个东盟站点，形成覆盖欧洲、中亚、东盟和亚太的"21 站点、8 口岸"国际物流网络。中欧班列（中豫号）累计开行超 1 万列，连通 40 多个国家 140 个城市。优化跨境电商生态，创新跨境电商网购保税进口商品"同仓存储、同包发货"，率先在全国试点跨境电商出口跨关区退货中心仓监管模式，推动全省首家跨境电商企业深圳主板上市，2023 年，跨境电商进出口 2371.2 亿元、增长 7.3%。扩容加密铁海联运班列和内河航运集装箱航线，新开通河海联运航线 11 条（国内航线 10 条，国际航线 1 条），内河航运通江达海，铁海联运集装箱发运增长 78.1%。

（五）深化自贸试验区改革创新

省政府印发自贸试验区 2.0 版建设实施方案，明确 6 方面 52 项任务，聚焦政务、监管、金融、法律、多式联运 5 个方面创新提升。认定航空港区等首批联动创新区。航空货运信息化电子试点入选国务院自贸试验区第七批改革试点经验，累计 16 项在全国复制推广。

（六）打造宜居生活国际化环境

航空港区与智利阿里卡和帕里纳科塔大区正式建立友城关系，全省缔结国际友城数量达 126 对，位居全国前列。郑州—卢森堡签证申请便捷办公室开始受理申根签证。推进与英国爱德思国家职业学历与学术考试机构，德国职业学校、行业协会，德国工商大中华区有限公司等境外国家职业学校、行业企业、教育机构合作，开展育人模式、教学模式实践探索。西亚斯外籍人员子女学校共有来自 24 个国家地区的 48 名外教、外籍学生 260 多人。成功举办中国（郑州）国际旅游城市市长论坛、世界大河文明论坛等活动，"行走河南·读懂中国"品牌国际影响力进一步提升。

二　存在的问题

（一）国际化政务环境仍需优化

个别地方还存在招商承诺事项不及时兑现、"新官不理旧账"等现象。一些审批流程还有优化提升空间。在政府采购、标准制定、政策享受方面，仍存在各类企业主体不公平待遇的"隐形门""玻璃门"。

（二）开放型经济质量有待提升

全省外资企业主体与利用外资规模占全国比重不到1%，融入全球产业链分工合作不够。外贸规模占全国的2.1%，全省超千万市场主体中从事外贸业务的仅有1.1万家，数量偏少。加工贸易支撑性龙头企业单一，高附加值的一般贸易占比相对较低，数字贸易刚刚起步，服务贸易水平不高。

（三）平台载体功能使用不充分

自贸试验区特色产业不强，"为地方谋发展"的作用还不充分。综保区发展不平衡，在全国138个综保区排名中，新郑综保区位于第3，郑州经开综保区位于第25，南阳卧龙综保区位于第95，差距较大；洛阳、开封综保区仍处于起步阶段，保税研发、检测等新模式暂未落地。各类开发区开放型经济引领性不强。

（四）人才集聚能力有待提升

受教育资源、科技发展、城市管理及国际化程度等客观条件限制，对外籍高层次人才吸引力不强，缺乏熟悉国际规则的法律、金融关键人才。高端

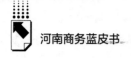

制造业和现代服务业高薪技术岗位较少,引才政策工具效用不足,配套服务体系仍不完善。

三　下一步举措建议

河南将稳步扩大规则、规制、管理、标准等制度型开放,深入落实营商环境综合配套改革"1+3"方案,借鉴上海、深圳经验,坚持系统谋划、分步实施,对标先进、动态跟进,长短结合、先易后难,坚持方案化、项目化、清单化推进重点工作,切实提升全省营商环境国际化水平,激发各类经营主体活力,推动全省深度融入国内国际双循环。

(一)优化国际化政务环境

一是加强企业主体投资保护。保障依法参与政府采购活动,平等参与标准制定、享受支持政策。支持企业、行业协会等加强与国际产业组织、标准组织合作,推动标准互认。探索支持境外利益相关方依法平等参与自贸试验区相关标准制修订。健全知识产权快速协同保护机制,完善专利侵权纠纷行政裁决制度,加大裁决执行力度。二是完善助企机制。深入开展助企服务工作,健全外企圆桌会议等政企常态化沟通机制,完善国际投资争端应对工作机制,用好省级外商投资企业投诉协调工作机制,推动解决涉及多部门事项或政策性、制度性问题。三是增强政策透明度和可预期性。新制定出台涉企政策,依法听取各类企业和行业协会意见,合理设置过渡期。及时评估涉外政策实施效果,掌握企业满意度和政策时效性,对存在的非必要性材料、环节尽快修订完善。四是提升政务服务效能。加快建立涉企业务包容期管理、容错管理监管机制,探索实施行政事项申请"必要+N"材料清单。加强部门间信息共享,降低企业制度型交易成本。

(二)推进投资贸易便利化

优化通关举措,深化"智慧海关"建设,探索促进"保税+ERP(企业资源计划）"监管改革，提升通关作业信息化智能化水平。加大经核准出口商培育力度，鼓励更多符合条件的企业自主开具原产地声明。强化国际贸易"单一窗口"建设，拓展地方特色应用，深度整合口岸、物流、通关、收付汇、融资、退税等国际贸易链条业务，集成涉企、涉民跨境业务智慧化应用功能，提供全链条、全流程、全场景服务。加大 AEO 企业培育力度，对标认证要求，重点培育"专精特新"中小企业、高新技术企业，加强政策指导，提升认证申请通过率。提升多式联运效能，推进省级多式联运示范工程建设，积极申报国家综合运输服务"一单制、一箱制"交通强国专项试点，探索应用标准化多式联运电子运单。优化外贸企业服务，着力提升外贸综合服务企业系统集成服务能力。开展"千企百展"拓市场行动，支持企业境外参展。通过 TIR 涉外保险业务，支持 TIR 企业加密中俄路线班次，拓展中哈、中土线路，助推 TIR 国际公路运输业务做大做强。加强吸引外资政策支持，研究制定进一步优化外商投资环境加大吸引外商投资力度配套措施。修订发布《河南外商投资指引》，集成外商投资相关政策以及外商投资办事流程，为外商在豫投资提供便利。加强投资促进，强化四个外资专班运作，积极构建由外资专班统筹、招商机构促进、要素部门支撑、中介机构援助、县域平台承接的面向全球、多级联动、多方协同的招商促进网络。

（三）壮大开放型经济规模

稳定加工贸易。推动加工贸易企业提升技术含量和附加值，探索综合保税区外加工贸易企业开展自产产品的保税维修试点，向"微笑曲线"两端延伸。提质发展济源国家加工贸易产业园。扩大电子信息、有色金属等加工贸易规模，支持生物医药等先进制造业和新兴产业加工贸易。扩大一般贸易。提升机电产品和高新技术产品出口占比，提高纺织服装等传统劳动密集型出口产品质量、档次和技术含量，提升农产品精深加工能力、扩大高附加值农产品出口。大力发展服务贸易。推动传统服务贸易转型升级，促进软件通信、云计算、网络安全等信息服务和检测认证、设计咨询、知识产权评估等高附加值服务出口，扩大知识密集型服务贸易规模。高标准建设国家服务外包示范城市，积极承接软件研发、工业设计、文化创意等国际服务外包业务。加快建设国家文化出口、中医药服务出口基地。创新发展数字贸易。加快贸易全链条数字化赋能，支持郑州 863 科技产业园等重点数据产业园区、软件园发展，培育一批省级数字服务出口基地。发展中间品贸易。扩大对美欧中间品"实质进出口"，扩大共建"一带一路"国家中间品贸易"朋友圈"，加大针对汽车零部件、能矿产品等重要中间品的投资并购力度。

此外，还要强化精准招商和助推企业"走出去"。强化精准招商方面，要坚持"项目为王"，持续开展"三个一批"活动。围绕 7 个先进制造业集群、28 个制造业产业链和现代服务业领域，瞄准发达经济体，开展产业链全球招商，引进一批标志性外资项目，推动河南优势产业在全球产业链供应链重构中争取主动。助推企业"走出去"方面，重视对外合作合规安全，在留住核心技术和关键环节基础上引导产业链合理有序跨境布局。推动交通运输建设、石油化工、水利建设、矿山基建等对外承包工程向产业链高端延伸，逐步实现由建设施工向投建营一体化转变。加强"走出去"服务护航，支持工程设计、咨询企业开展国际化经营。

（四）提升平台通道集聚全球资源能力

一是"三足鼎立"科创格局国际化赋能。强化中原科技城、中原医学科学城、中原农谷国际交流合作，在全球范围"双招双引"配置资源，支持中原科技城打造具有全球影响力的科技交易市场，支持中原医学科学城引进世界一流医学人才，推动生物医药大健康产业发展，支持中原农谷申建综合保税区，谋划举办全球生物育种、粮食国际高端论坛，创建农业国际贸易高质量发展基地。二是强化平台建设。促进航空港区、自贸试验区、开发区、综保区等战略叠加、融合发展。瞄准发达国家，再培育一批国际合作产业园区，探索与荷兰共建"两国双园"。三是提升空陆网海"四条丝绸之路"竞争力。做大做强中卢货运航线，打造郑州—柬埔寨—东盟新"空中丝绸之路"。推进郑州国际陆港建设，支持中欧班列郑州集结中心关铁融合大监管区等项目建设。积极争取将郑州国际陆港纳入国家陆路启运港退税试点，缩短退税时间，降低企业资金成本。实施跨境电商优势再造行动，支持企业在共建"一带一路"国家布局海外仓，在移动支付等前沿数字服务领域创新发展。加快实施内河航运"11246"工程，全面对接长三角港口群，构建中原出海新通道，提升对接海洋通道连接度，参与融入国家"丝路海运"港航贸一体化发展战略。

（五）深化自贸试验区改革创新

一是实施河南自贸试验区提升行动。对接《全面与进步跨太平洋伙伴关系协定》（CPTPP）、《数字经济伙伴关系协定》（DEPA）等国际高标准经贸规则，加强改革压力测试，大力推进首创性改革、引领性开放，重点围绕国际运输自由便利、数字经济、知识产权多元治理、涉外法律服务等方面加强探索、先行先试。二是加快省RCEP示范区建设。巩固RCEP企业服务中心功能，在竞争中性、自贸协定选择、知识产权保护等方面对标衔接，围绕RCEP开展系列培训活动，扩大企业利用规则覆盖面，进一步提升实施RCEP规则利用率。发挥国家海外知识产权纠纷应对指导中心河南分中心作用。三是加强自贸试验区协同创新。加快建设首批自贸试验区联动创新区，发挥政策推广复制叠加效应。积极申建自贸试验区航空港区新片区。

（六）强化国际化要素保障

一是完善开放型生产性服务业配套。推动工业设计、技术研发、环境保护等服务业向专业化和价值链高端延伸，加快咨询、会计、法律等服务业国际化发展。二是强化高水平人才支撑。建立与国际接轨的高层次人才招聘、薪酬、考核、管理制度和服务机制，加大高水平人才引进力度。在投资促进等涉外岗位实行外聘等有效灵活的用人机制和薪酬制度，引进通晓国际规则、精通国际事务的涉外法律、金融等高水平人才。三是探索数据要素市场培育。强化数据要素市场建设。支持河南数据集团等企业探索便利化数据跨境流动。

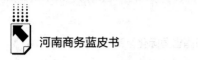

（七）打造宜居宜业国际化环境

推动郑州国际消费中心城市建设方面，要打造国际化商圈商街，探索设立离境退税街区，布局设立免税店，促进外源性消费集聚。强化涉外服务方面，要优化出入境措施，为境外客商来豫投资、贸易、文旅、交流提供出入境、停居留便利。加强国际化应用场景建设方面，要支持各地以医疗、教育、文旅等"小切口"，创新打造宜居宜业的国际化场景，鼓励在有条件的医院设立国际门诊，提供预约诊疗和外语服务；增强国际化教育供给能力，在郑州建设示范性外籍人员子女学校。推动国际交流合作方面，要用好友城资源，增强来往"热度"，进一步拓展友城间人文、科技等各领域交流合作。提升"行走河南·读懂中国"品牌国际知名度，开展好"欢乐春节""茶和天下"等形式多样的国际文旅推广活动，擦亮少林功夫、太极文化"金字招牌"。加强教育、医疗、体育等领域开放交流，加强与境内外一流高校、医疗机构和科研机构合作交流，引进举办重大赛事、展会，扩大国际人文交流"朋友圈"。

B.12
河南自贸试验区开封片区推进
文化产业发展研究

李祥卿　唐媛媛　陈阳[*]

摘　要： 中国（河南）自由贸易试验区开封片区建设以来，始终围绕构建国际文化贸易和人文旅游合作平台，旨在打造服务贸易创新发展区和文创产业对外开放先行区，大胆试、大胆闯、自主改，切实发挥"为国家试制度、为地方谋发展"的试验田作用。

关键词： 自贸试验区　开封片区　文化产业

一　主要成效

（一）文化产业规模不断提升

2018年以来，开封市文化制造业规上企业营业收入居全省首位，开封片区文化及相关产业发展增速、文化产业增加值占GDP比重均居全省前列，2021年中国（河南）自由贸易试验区开封片区（以下简称"开封片区"）文化产品贸易进出境货值达3517.37万美元，同比增长151.4%；2022年文化产品进出境货值达8070.25万美元，同比增长129.4%。近几年累计实现文化产品进出境货值约12亿元，为开封片区文化产业的开放发展奠定了坚实基础。

---

[*] 李祥卿、唐媛媛、陈阳，河南省商务厅。

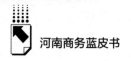
（二）文化展演活动更加丰富

开封市博物馆、规划馆、美术馆、图书馆、文化馆等"五馆"均在开封片区范围内，其中开封市博物馆、图书馆获评第二届全国文博百强文创产品单位，博物馆全年共接待游客 140 万人次，日均超 4000 人次，成为群众热门打卡地。在社教研学方面，共举办线上线下活动 120 场，受众超过 10万人，打造了清明节诗词大会、开学第一课、宋韵雅集等 3 个品牌活动。同时，充分挖掘开封宋文化资源，组织开展开封非遗市集活动，现场设置产品展示展销区、中医义诊咨询区、节目展演互动区、传统技艺体验区等多个区域，内容涵盖中医把脉问诊、宋代四艺展示、市集鉴宝、VR 赏文物、图书研学、传统花茶体验、古法拓印、非遗印章等展示亮点，2023 年已累计举办 26 期 32 场，共计 200 多个非遗项目参加，吸引游客 500 万人次，推动非遗文化经济发展，释放消费活力。

（三）文化平台建设进一步完善

2021 年，开封片区获批第二批国家文化出口基地，实现了河南省特色服务出口基地零的突破，引领中部地区文化产业出口建设。依托国家文化出口基地，打造了"一仓一园一谷一中心+海外两中心"的多层次平台载体。其中，"一仓"即中部地区首个艺术品保税仓——河南自贸试验区国际艺术品保税仓，具有艺术品空运到港预申报"先入区、后报关"等十大艺术品进出口便利化优势；"一园"即国家文化出口基地·双创园，主要围绕"文创+科创"，整合中部地区文化资源，打造具有中原特色的文化产业集群；"一谷"即国际文创艺谷，以发展创意设计、文化传媒、文化金融、文化贸易等业态为重点，打造文创产业的对外开放先行区；"一中心"即开封·自贸试验区国际艺术品展示交易中心，规划包括文化艺术品保税仓储区、保税检测修复区、保税展览交易区、口岸查验区、文化艺术品服务中心、管理办公中心和公共服务区等功能区，建成后将成为全国第五座、中原地区第一座国际艺术品交易中心；"海外两中心"即迪拜国际艺术品展示交易中心和吉尔吉斯斯坦国际艺术品展示中心，旨在构建国际艺术品交流渠道，持续深化文化贸易。更加完善的开放平台有助于开封片区文化领域承载更高水平的开放政策制度。

（四）文化领域合作持续加强

开封片区积极融入新时代推动中部地区高质量发展国家重大战略，联合安徽省合肥市蜀山区、湖南省长沙市、江西省景德镇市、湖北省武汉东湖高新技术开发区、湖南省醴陵市 6 个中部地区国家文化出口基地，就推动中部国家文化出口基地共建发表了开封宣言，并建立国家文化出口基地联合展销厅——文贸之窗，创新建设文化贸易平台。与中央美院中国艺术金融研究中心、上海自贸试验区国际艺术品交易中心、大湾区国际艺术品保税产业中心、重庆艺术品保税仓等联合发起中国自贸试验区国际艺术品交易联盟以及黄河动漫产业发展联盟等行业联盟，为社会各界搭建高规格、高品位的动漫文化、教育、产业国际化交流合作新平台。

（五）文化新业态新模式快速发展

开封片区围绕"文化+金融""文化+电商"等，拓展融合发展路径。成立了全国首家文化艺术支行——中原银行开封自贸区文化艺术支行，针对中小微文化企业，推出信贷产品"原艺贷"和"艺分期"，累计授信 625 笔，总贷款额度 2700 万元，搭建了艺术品与金融市场的桥梁；总规模 30 亿元的河南省文化旅游融合发展基金在开封片区注册，为文化类初创企业提供更多的金融支持，增强文化产业发展活力；探索跨境直播电商与文创产业结合，依托片区内国家电子商务示范基地政策及资源，引进电商直播企业"鲸喜先生"等联合开展文化直播出口，扩大文化产品海外直播带货，拓宽文化产品销售渠道；国家文化出口基地·双创园为入驻企业提供线下展厅、直播空间等配套服务设施，先后招引唐宫文创、宣合香局、京古斋等近 40 家非遗与文创商店、老字号、文化企业入驻。文化新业态新模式的迅速发展，既为开封片区文化产业制度创新提供了丰富的承载主体，也有助于进一步推动文化领域创新发展。

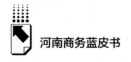

（六）文化开放通道建设不断扩大

联合开封海关，免除文化艺术品进出境 CCC 证明，提供空运到港预申报"先入区、后报关"服务，文化产品最快可实现当天通关；携手中国检验认证集团共建中检·河南自贸区艺术品鉴定中心，为文化进出口商品提供检验鉴定与检测服务，缩减检验时间成本；依托开封综保区设立文化产品运贸服务中心，通过中欧班列集货"出海"，为文化企业提供线上订舱、入区集货、堆场预约、政策申报等综合服务；联合重庆九州珍品、上海浦集等货运集团机构，为文化产品提供包装、订舱、托运、清关、提货、送货等专业物流服务。较高的文化开放水平为开封文化产业建设奠定了良好的基础，有助于进一步扩大文化领域对外开放。

（七）文化开放水平逐步提高

目前，在开封片区有进出口业务的外贸备案企业中近 50% 是文旅企业，文化品牌知名度较高。现已连续四年举办数字文化大会、中国（开封）动漫节等，积极搭建国际文化合作交流桥梁。同时，以中国香港、中国澳门、中国台湾为"前进基地"，打造面向世界的艺术品交易"出海"通道。2022 年，河南自贸试验区国际艺术品保税仓作为内地唯一受邀企业，参加了主题为"香港文化艺术产业的发展和拍卖行的机遇"的香港特别行政区行政长官 VIP 圆桌会议。2023 年，组织参加了 2023 迪拜"欢乐春节"大巡游活动、拉巴特国际书展、大阪"茶和天下·豫见宋潮"沉浸式艺术展、吉尔吉斯斯坦"一带一路"暨中原文化展览等活动，并联合河南航投文化旅游有限公司建立卢森堡文化交流中心项目，积极推动文化出海。

（八）文化领域制度创新成果突出

开封片区"以古闻名、以新出彩"，是全国 22 个自贸试验区（自贸港）、70 个片区中唯一的文旅型自贸片区。2023 年，开封片区推出的

"文化金融创新服务"和"文化出口特色服务"两项案例成功入选国家文化出口基地第三批创新实践案例，开创了同一批次双入选的先河。截至2021年，开封片区已探索推出181项创新案例，10项由国家层面复制推广，其中4项为文化领域创新经验。此外，开封片区建成开封自贸区社会文物登记服务中心、开封自贸区艺术品鉴证服务中心，探索"文物全息鉴证·微观痕迹鉴定规范—陶瓷类"标准，破解了文物艺术品确真、确权、确价、认证"三确一溯难"的堵点和痛点；打造了"国有博物馆文物藏品征集平台"，推进解决社会文物鉴证难、确权难、确价难、流通难等问题；2023年顺利落地开封片区版权工作站试点，已受理作品235件，取得版权证书作品125件，被河南省版权局认定为"版权示范单位"。

二 存在的问题

一是文化产业整体薄弱。开封市乃至河南省的文化产业整体薄弱，文化企业小而散，国际化程度较低。开封市缺少文化出口重点企业，缺乏对重点项目的孵化培育。自贸试验区开封片区无特殊的支持政策，文化产业发展的便利度不足，对全市文旅行业的辐射带动作用偏弱。

二是文化产业整体发展合力不足。在自贸试验区的统筹发展方面，省自贸办和市级层面均建立了联席会议制度，以协同推进片区建设发展。但在实际运营中，片区产业的建设主体责任和各项管理权限仍以区级基层一线为主，在省市部门联动方面需要进一步加强，以更好地推动开封片区文化产业发展。

三是文化产业改革创新力度不足。受基层在文化产业改革创新事权有限、改革动力不强、创新意识不足等因素影响，落实国务院相关改革试点任务实施工作相对缓慢，在文化产业的促进机制、开放路径、服务模式等方面还存在制约和短板。

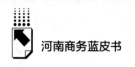

三　下一步举措

（一）全面深化文化产业改革开放

一是提升文化产业对外开放水平。支持开封片区对标国际高水平经贸规则，争取在片区内进一步放宽文化产业外资准入，打造公开、透明、可预期的投资环境。争取允许在开封片区内设立的外商独资旅行社试点经营中国公民出境旅游业务（赴台湾地区除外）。支持符合条件的动漫、软件研发等文化企业认定为技术先进型服务企业，减按 15% 的税率征收企业所得税。依托开封国际艺术博览会，落地艺术品"五件免税"政策。推进海外文物回流和艺术品展销，加快建设海外回流文物交易市场。争取开封综保区内取得 AEO 高级认证的企业可以免担保进行文物海外交流，推进保税仓储、保税展示、保税拍卖等业务模式。符合条件的文化领域企业所聘用的"高精尖缺"外国人才，可在办理人才签证、工作许可、社会保障等业务时享受便利措施，并且享受"绿色通道"服务。

二是深化文化产业试点发展支持。支持社会文物管理综合改革试点在开封片区落地，在社会文物管理政策、促进机制、开放路径、服务模式等方面进行先行先试。帮助开封片区获批文化产品领域跨境电商零售进口试点，打造工美、民俗等文化产品全球集散地。争取开封片区纳入服务贸易创新发展试点，探索文化领域服务贸易创新发展。支持开封纳入服务业扩大开放综合试点，重点推动文化旅游领域对外开放。争取允许民办博物馆在进口关税和进口环节增值税、消费税、财产行为税等方面，享受与国有博物馆同等的减免税政策。完善文化类社会团体、基金会、民办非企业单位等社会组织的准入、培育、监管等制度，激发文化类社会组织的内在活力和发展动力。

三是构建文化产业发展支撑体系。强化文化产业招商引资，创新产业链招商、会展招商等模式，加大文化企业总部引进力度，引进培育一批创新型领军企业。积极发挥河南省文化旅游融合发展基金作用，吸引社会资本投资文化产业。探索设立开封自贸片区文化金融服务中心，引导金融服务机构向服务中心集聚，为片区内文化企业提供政策咨询、项目对接、金融业务办理、投融资合作等一站式服务。支持保险机构拓展文化产业险种，与信贷、债券、信托、基金等多种金融工具相结合，为文化企业提供一揽子金融服务。支持开封片区探索完善艺术品交易和艺术品市场税收制度。

（二）推动区域文化产业协同发展

一是打造区域文化产业开放中心。积极引进具有文化产业特色的货代、通关、融资等服务企业，拓展服务外包发展能级，积极争取纳入国家服务外包示范城市，拓展文化服务出口渠道。基于开封片区现有文化产业基础，构建集产业链、创新链、资金链、服务链于一体的艺术品全要素生态和全周期服务。支持开封片区会同郑州、洛阳片区打造云端艺术品交易平台，提供线上申报、展示、交易、落地配套等综合服务，丰富数字化应用场景，加速线上云展会布局，实现零时差跨境参展，带动艺术品产业高质量发展。支持中检河南·自贸区艺术品鉴定中心加快发展，建设国家文化出口基地（开封片区）——文物艺术品检测技术联合创新实验室，不断扩大文化艺术品鉴证、评估、确权、溯源及科技检测业务等。支持有资质的艺术品机构搭建第三方艺术品鉴定评估平台，制定和推广科学的鉴定程序和规则，推动艺术品评估鉴定标准及体系建设。

二是推动文化产业区域协调发展。学习复制海南产业园区的管理体制机制，使片区重点产业、重点领域的建设管理均由省直部门领导挂帅，树牢"一盘棋"思维，明晰职责任务，通力协作、共同配合，高位推动文化产业高质量发展。梳理河南文化制造优势和产业布局，对照开封市文化产业发展各个环节，按照实际需求引进文化高端制造、文化服务、文化金融服务等产业链上下游企业，实现补链强链。深化开封与郑州、洛阳区域合作，利用郑开同城化，发挥长板优势，深化数字文化、文化金融等全面合作。推动与郑州、洛阳、许昌等城市制定区域文化产业发展规划，形成差异化发展、优势互补的良好局面。主动适应开封经济社会发展阶段，充分发挥人口、土地、文化资源等优势，积极承接东部地区文化产业，服务中部地区高质量发展。依托开封与香港、深圳等文化出口渠道合作优势，积极引进艺术品贸易、文化金融、动漫游戏等领域企业。

三是推动文化产业要素跨区域流动。建立人才跨区域资质互认、双向聘任等制度，在待遇、职称评定等方面根据个人意愿予以保留或调整。会同郑州开展人才制度和政策创新，实现步调一致、同向发力，健全综合竞争力强的区域人才政策体系，完善柔性引才机制，推行周末工程师等柔性引才用才模式。深化与高校、研究院在历史文化资源化、产业链设计、项目策划与规划等方面的合作，积极推动宋文化研究院发展，吸引高校人才融入自贸片区文化产业发展。依托跨区域通办平台，以文创、医疗旅游和先进制造业等产业发展为重点，探索建立全国自贸试验区双向开放平台，全力推动自贸试验区跨区域合作交流，形成全方位、深层次、多渠道的合作架构，提升跨区域合作和协同联动水平，共同推进制度创新和开放合作。

（三）加快推进文化产业融合发展

一是推进"文化+关联行业"深度融合。聚焦数字化制造和智能设计环节，着力发展数字经济、智能制造、智能网联和新一代工业制造项目，促进文化生产性服务业与生活性服务业紧密结合，培育文化制造高端化发展新动能。在当前数字经济格局下，努力推进文化和旅游融合，加强数字文化企业与互联网旅游企业对接合作，促进数字内容向旅游领域延伸，强化文化对旅游的内容支撑和创意提升作用。挖掘开封市丰富的中医药文化、养生文化，加强与海南博鳌乐城先行区在健康旅游领域合作，探索跨区域医疗合作新模式，推动中医药健康旅游与文化产业融合发展，培育旅游新业态。争取临床急需进口药品医疗器械审批权下放，允许在开封片区使用国外已经上市、国内未注册的临床急需药械产品。充分运用《内地与香港关于建立更紧密经贸关系的安排》与《内地与澳门关于建立更紧密经贸关系的安排》（CEPA）及其相关补充协议，支持港澳中医来开封片区执业，并探索支持河南大学医学院与港澳高校在中医领域合作。

二是提升"文化+数字"赋能水平。在开封片区内引进数字化平台公司，推进建设一批数字化车间或智能工厂试点示范项目，鼓励文化制造企业从生产制造数字化向设计研发、物流仓储、营销管理等全环节数字化转型。鼓励文化企业利用数字与虚拟技术开发线上文化产品，创新文化业态和消费模式。鼓励开封广告传媒等企业向自贸片区内集聚，积极引入新媒体数字广告企业，完善市场公共服务、知识产权认证保护、法律咨询、金融服务、人才培训服务，探索打造国家广告产业园。提升"非遗"文化资源转化能力，建设一批"非遗"数字化样板。

三是激发"文化+新业态"发展活力。支持开封片区联合海关、文物等部门，优化艺术品通关流程，重点支持在综保区内发展文化保税拍卖业务。挖掘保税政策优势，对开封综合保税区内的归类、审价、通关、查验等通关监管流程全方位优化，支持符合条件的文化艺术品经营企业自主选择"提前报关""两步申报"等模式办理文化艺术品进境申报手续，到岸文化艺术品优先办理检疫手续，实现飞机落地"秒放"。争取获批跨境电子商务综合试验区，打造中部地区文化产品进出口重要节点。充分发挥国家文化出口基地、开封综合保税区、国际艺术品保税仓等制度创新、投资贸易便利化及对外开放交流合作的平台优势，创新文化贸易监管服务模式，鼓励文化企业通过"9610""1210""9710""9810"等跨境电商新模式扩大文化产品出口规模。

B.13
2023年河南省招商引资重点活动
签约项目调研报告

河南省商务厅调研组*

摘　要： 2023年，河南省贯彻落实省委、省政府"全力以赴拼经济"指示精神，树牢"项目为王"理念，强化招商引资抢拼意识，"三个一批"项目建设活动及2023全球豫商大会、河南与跨国公司合作交流会、中国河南国际投资贸易洽谈会等全省重点招商活动达成一大批合作项目，为现代化河南建设注入新动能。为强化跟踪问效、传导压力、激发动力，2023年12月河南省商务厅开展"招商引资推进月"活动，组织8个调研组分赴各省辖市、济源示范区、航空港区开展调研，了解项目推进情况、查找问题、总结经验，为做好2024年招商引资工作提供参考借鉴。

关键词： 招商引资　产业链招商　基金招商　河南省

一　基本情况

河南省商务厅调研组深入一线，结合实际，采取自查、实地察看、访谈交流、查阅材料、问题研讨等形式，了解各地招商引资工作开展情况以及2024年重点工作谋划，重点抽查2023年全省"三个一批"项目建设活动及7个全省重点招商活动签约项目中总投资3000万美元以上外资项目和10亿元以上省外资金项目327个，听取有关意见和建议。从整体情况看，

---

* 执笔人：吕同航、杜进、李玉卿，河南省商务厅。

各地贯彻落实省委、省政府决策部署，以"三个一批"项目建设活动为牵引，全省上下形成了大抓项目、抓大项目、抓好项目、促进产业发展的浓厚氛围和强大合力，招商引资、项目建设、企业服务等工作推进有力、成效明显，整体呈现项目实、结构优、带动强、推进快的特点，为当地乃至全省经济社会发展提供了有力支撑。据统计，2023年全省"三个一批"项目建设活动及全球豫商大会、豫粤合作交流会、豫港经贸合作交流会、全国优强民营企业助推河南高质量发展大会、河南与跨国公司合作交流会、中国河南国际投资贸易洽谈会、中国侨商投资（河南）大会7个全省重点招商活动共签约投资类项目2721个，总投资28416.9亿元，合同省外（境外）资金25322.1亿元。截至2023年12月，到位资金10164.2亿元，项目履约率91.3%，开工率86.4%，投产率38.2%，资金到位率35.8%。

从各地看，平顶山、漯河、驻马店、南阳、开封项目履约率超99%，漯河、焦作、濮阳、安阳、鹤壁项目开工率超97%，鹤壁、漯河、焦作、开封、驻马店项目投产率超46%，漯河、鹤壁、安阳、平顶山、焦作项目资金到位率超56%。

二 主要成效

从调研情况看，各地高度重视招商引资，采取建立台账、领导分包、定期会商、跟踪服务、限时解决、督促通报等形式，有力促进招商引资工作开展。

（一）招大引强取得新突破

郑州市实施全球招商行动计划，2023年1~11月签约项目614个，总投资7210.8亿元；新开工项目396个，总投资5197.1亿元。大项目主要有：投资80亿元的华润中原超级总部基地项目；投资80亿元的中广核氢能全产业战略项目；投资50亿元的盒子智行科技新能源整车项目；投资30亿元的铝资源循环利用及新型铝合金材料项目等。洛阳市以"四新一装备"为重

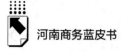

点，着力发展"风口"产业，2023年1~11月签约亿元以上"风口"产业项目111个，总投资725.8亿元。围绕新能源、新材料等核心产业链，依托百万吨乙烯、中州时代等龙头项目引进配套项目41个、总投资432亿元；依托产业链生态协同招商，引入投资58亿元的新能源材料及铝基新材料等项目，形成"引进一个、带动一批、辐射一片"的效果。鹤壁市编制中原光谷产业园、龙芯生态产业园、迪赛诺生物医药产业园等43个招商图谱开展精准对接，推动京东系、航天宏图系、尼龙系、联想系等企业集群发展，京东鹤壁在全国85个政企合作项目中综合排名第一。南阳市绘制21条产业链招商图谱，发挥牧原、中光学集团、卧龙防爆等头部企业优势，紧盯重大产业链强链补链项目，西湖大学、千红制药、卧龙电驱、联邦制药等合作项目落地。航空港区2023年洽谈落地惠科、富驰、创维、吉利、中信医疗、国药集团、法国SIMAERO等一批优质企业。2023年1~11月签订投资协议125个，总投资1502.3亿元。

（二）产业发展积蓄新动能

安阳市围绕四大千亿级主导产业开展靶向招商，培育全国高端显示新材料生产基地，初步形成整机制造、飞控、飞防服务、检验检测、数据服务等一体化产业集群。漯河市围绕"1+8+N"产业体系编制"1+20"招商图谱体系，梳理2540家目标企业开展精准对接，引进优德中大大健康产业园、领鲜食品中部生产基地、高端手机精密零部件、中科新投新材料、自动化设备及服务类机器人等项目。三门峡市以铜基新材料、铝基新材料、现代黄金、半导体新材料、化工新材料等12个重点产业链为基础，与宝武铝业、恒康铝业等龙头企业共同招商，宝武铝业科技有限公司年产2万吨再生铝示范线、恒康铝业再生铝生产及深加工等一批延链补链强链项目落地。

（三）开放合作开创新局面

开封市坚持制度开放先行先试，兰考经开区、开封产城融合示范区、杞县先进制造业开发区获批中国（河南）自贸试验区联动创新区，为构建立体全面开放新格局探索新路径、提供新模式。许昌市建立对德合作机制，持续加大境外对接交流频次，中德（许昌）国际合作产业园作为全省首批国际合作园区，吸引德国百菲萨、欧绿保、阿格亚、普赫姆和瑞士迅达、法国圣戈班等一批国外企业投资，实现了"许昌速度"与"德国质量"有效对接。周口市大力发展临港经济，周口港是全国内河 36 个主要港口之一，是中部地区通江达海和连接全球的水陆联运枢纽，临港开发区初步形成临港偏好型、临港贸易型、生物经济和高端食品加工"四大产业"，已落户益海嘉里、豫东能源储备中心、河南国际农产品进出口物流园等 13 个项目。南阳市聘请多名招商大使，实现欧洲联络处挂牌运营，推动南阳与荷兰马瑞奥肉食加工产业合作。

（四）引资服务呈现新气象

平顶山市持续优化招商引资项目全程代办服务机制，受理各类代办事项 2002 件，办结率 100%。濮阳市建立无偿代办、容缺办理等服务机制，主动了解企业需求，帮助企业完善、延伸现有产业链供应链，推动项目快落地、快开工、快投产。漯河市加快标准化厂房建设，原则上亿元左右项目以引导其入驻标准化厂房为主，减轻企业前期投入，节约土地资源。全市共建设标准化厂房约 150 万平方米，目前可招商面积约 100 万平方米，招商载体资源相对充足。南阳市建立招商引资高效闭环工作机制，同时成立市招商投资促进局和市重大项目推进中心，专门负责对重点招商引资项目的全生命周期服务。项目签约 7 天内从市招商投资促进局移交市重大项目推进中心入库监测，确保重大招商项目签约后 90 个工作日内、重大建设项目土地摘牌后 50 个工作日内开工建设。驻马店市强化审批服务，对医疗类及仓储、物流配送业等 10 个大类 30 个小类行业项目实施豁免环评登记管理；对 17 个大类 44 个小类行业项目实行告知承诺审批，审批时限缩短至 1 个工作日。

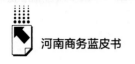

三　经验做法

（一）加强组织领导

各地实施开放招商"一把手"工程，常态化研究和部署推进招商工作，显示了大抓招商、大上项目、全力拼经济的决心和力度。郑州市按照"高位推动、上下联动"的招商模式，每日发布全市招商动态短信息，每周形成党政正职领导招商工作周报，并报送市委、市政府主要领导。洛阳市成立市长任组长、常务副市长任常务副组长、相关市领导任副组长的招商引资工作领导小组，深入开展大员招商，市级主要领导带头招商，强化招商工作统筹力度。漯河市将招商引资任务明确到"六职"（县区委书记、县区长、副书记、常务副县区长、主管招商引资工作副县区长，县区开发区主任）领导干部，"六职招商"考评作为干部提拔使用、评先评优的重要依据。目前，43名"六职"干部谋划的129个项目中，已签约121个，已开工93个。

（二）健全体制机制

各地普遍实行"二分之一"工作法、重大招商项目"五个一"推进机制。濮阳市建立市级领导领衔产业链项目引育机制，市委、市政府主要领导带头，各级主要领导干部领办10亿~100亿元重大制造业项目招引任务，从项目挖掘、洽谈到签约、开工一抓到底，全程跟进。商丘市加强招商引资顶层设计，优化招商引资工作体制机制，实行"1+9"招商机制，形成服务项目洽谈、签约、落地、投产、运营全过程闭环工作格局。信阳市强化政府引导、市场主导、商务牵头、部门联动开放招商机制，形成"天天有洽谈、周周有拜访、月月有活动"的工作氛围，该市及所属县区党政主要领导累计外出招商考察352人次、本地会见重要客商1783人次。

（三）多措并举招商

1. 大力开展产业链招商

郑州市落实"链长制"，围绕先进制造重点产业链，市政府主要领导部署，各产业链链长全力推进，每月召开重点招商项目推进会，不定期召开各产业链工作调度会，对全市重点跟踪的 100 多个产业链上下游配套项目逐一调度。开封市聚焦九大制造业产业集群，梳理 26 个产业链龙头及上下游企业，实施制造业产业链招商引资行动计划，建立"四库三单"，精准招引产业链上下游配套企业。济源示范区印发《济源示范区"链长制"招商工作方案》，对照产业链主攻方向及产业图谱，主要领导先后带队赴北京、浙江、深圳、香港等地开展招商，三赴深圳成功签约富士康 5G 智能终端精密制造项目。

2. 探索开展基金招商

洛阳市设立基金 55 只、总规模 431.8 亿元，实际到位资金 83.1 亿元，投资 181 个项目、投资总额 73.5 亿元。依托洛阳制造业高质量发展基金引进 12 亿元的宏联新材负极前驱体项目，洛阳新强联回转支承股份有限公司通过募集社会资本落地 10 亿元大功率风力发电轴承项目。安阳市设立安阳战新、元禾新能源、河南和丰新材料等基金，实现基金倍增效应，仅安阳战新基金就招引项目 10 个，投资额超 18 亿元，带动产业落地超 150 亿元。

3. 举办特色招商活动

平顶山市举办第一届中国尼龙产业发展大会和平高集团 2023 年供应链合作大会，签约产业合作项目 8 个，总投资 37.3 亿元。新乡市举办 2023 年中国百泉药交会、豫台经贸洽谈会暨两岸智能装备制造中原论坛等 4 场经贸活动，14 场重大项目签约巡展活动。焦作市举办"一赛一节"经贸招商活动，签约项目 62 个，总投资 538.1 亿元，其中高新区怀川高科产业园项目总投资超百亿元。商丘市举办第九届国际华商投资（商丘）大会，签约项目 85 个，总投资 426.8 亿元。周口市举办第三届周商大会，来自异地周口商会会长、在外周口籍专家学者等 500 余人参会，签约项目 30 个，总投资

133 亿元。此外，各地还灵活采用以商招商、驻地招商、科技招商、乡情招商等方式开展招商工作，取得了可喜的成绩。

（四）各地亮点纷呈

濮阳市举办超高分子量聚乙烯材料产业技术创新峰会、氢能产业发展大会、生物降解材料产业发展大会等特色活动，提高了招商活动质效，打造了精品招商品牌。商丘市将回归经济发展、承接产业转移示范市建设工作作为主要抓手，推动"北雁南飞"的打工经济向"群凤还巢"的回归经济转变。2023 年 1~11 月，全市回迁企业 91 家，回流资金 159.3 亿元。漯河市用好中原食品实验室这一宝贵资源，成立科技招商工作专班，目前科技招商企业库入库企业 128 家，有效对接企业 80 家，其中已签约企业 10 家。

（五）拓展境外资源

郑州市委、市政府主要领导多次带队赴欧洲、日韩、东南亚、中东等地及中国香港，与迪拜商会中国创新中心、株式会社 CUC、泰国国家石油公司、泰国纳塔林集团等签署合作协议。洛阳市先后赴德国、瑞典、泰国及中国香港等开展招商引资和经贸交流活动，举办"相会东方之珠、相约牡丹花城"洛阳港澳产业对接专题推介会，签订《高端赛车保税生产组装项目入驻洛阳综保区合作框架协议》，拜访香港宏安集团、东海国际金融控股有限公司、德国北威州投资促进署、山特维克、宜家、正大集团、泰国国家旅游局等机构和企业，捕捉招商信息，深化产业合作。许昌市举办"德企许昌行——2023 探索产业集群"活动，达成一系列合作意向，目前共对接境外项目 24 个，签约重点境外投资项目 10 个。

四 存在的问题

（一）招商引资面临严峻形势

受全球经济下行压力等因素影响，投资者信心不足，部分项目建设进度缓慢，资金落实滞后，一些企业特别是外向型企业订单减少，生产经营困难。同时，招商引资竞争日趋激烈，全国多地政府、企业纷纷组团赴境内外"扩市场、抢订单、促招引"，均给招商引资带来较大的压力。

（二）要素供给保障存在制约

企业用地难、融资难、用工难问题还不同程度地存在。用地方面，土地指标紧张，用地缺口明显。融资方面，支持中小企业融资扶持政策还不够健全，政府引导的产业基金还比较匮乏，部分企业表示融资难、资金紧张。用工方面，专业技术人员缺乏，招工难、用工贵、短工化等现象仍困扰着劳动密集型企业。还有企业反映用电需求得不到及时保障，企业排水与市政管网不通，影响生产经营等。

（三）带动支撑能力不够强劲

龙头带动项目偏少，科技创新项目不多，竞争优势和带动能力有待进一步提升。一些园区项目与主导产业关联度不高，对产业链集聚集群、耦合发展等的支撑作用不强。外资签约项目数量较少，投资规模较小，来源地单一。

（四）营商环境有待持续优化

根据调研了解的情况，有的企业反映其面临同行不正当竞争，生产经营受到影响但又难以迅速摆脱这一局面；有的大型连锁企业反映开设连锁店手续多，不如经济发达的省份便捷。

五　下一步建议

（一）引导各地聚焦主导产业招商

省、市两级要鼓励引导各地围绕 7 大先进制造业集群、28 条重点产业

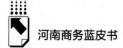

链，结合本地实际开展招商引资工作。县（市、区）在招商过程中也要有大局意识和"共享"理念，对于不符合本地产业特色、与主导产业不匹配的项目，要多沟通衔接，争取布局到产业匹配度高的地方。

（二）设立政府引导基金用于招商引资

学习借鉴发达地区做法，借鉴本省部分地区推进基金招商、股权招商实践中的成功经验，推广运用政府引导基金等资本招商方式，充分发挥产业基金的引导作用和放大效应，广泛吸纳社会资本参与，支持重大项目建设。

（三）优化招商引资激励服务措施

一是以营商环境提质行动、"万人助万企"、外资企业圆桌会议制度等为契机，着力帮助企业突破发展瓶颈、化解发展难题，为企业投资兴业提供更加便捷的服务和优质的环境，增强企业投资信心和发展后劲。二是从容错机制、用人导向等方面完善招商引资领域政策措施，最大限度激发招商引资工作人员干事创业的积极性、创造性。

（四）提升要素保障水平

针对企业反映获得用电、用水、用气、用热耗时较长，获得金融信贷的便利度不够，吸引人才特别是高端管理人才存在困难等问题，建议研究借鉴发达地区经验，梳理总结典型案例和先进经验在全省复制推广，带动各地对标先进，持续提升全省投资领域的要素供给保障水平。

（五）培养造就专业化精干招商队伍

拓宽选人用人渠道，优化招商队伍配置，综合运用公开选聘、体制内遴选抽调、挂职交流、多岗位锻炼等方式，建强招商队伍，提升专业能力，着力打造一支"熟悉产业经济、掌握投资政策、通晓商务规则、精通项目谈判"的精干招商队伍。

B.14
以外资专班为抓手
推动利用外资高质量发展

李玉瑞　李玉卿*

摘　要： 为贯彻落实习近平总书记关于高质量发展和利用外资重要讲话精神，落实中共中央、国务院决策部署，河南省成立并实体化运作外资专班，举办境内外招商活动，开展经贸洽谈对接，推动项目签约落地，以更大力度吸引和利用外资，为全省稳投资规模、稳信心预期、优结构、促升级做出积极贡献。下一步，河南要继续强化政策措施落实见效，以外资专班为重要抓手，推动利用外资高质量发展。

关键词： 外资专班　招商引资　高质量发展

近年来，河南省认真学习贯彻习近平新时代中国特色社会主义思想，贯彻落实中共中央、国务院关于巩固外贸外资基本盘、更大力度吸引和利用外资等决策部署，建立利用外资联席会议制度，成立利用外资专班，推动外资专班实体化运作，为全省利用外资高质量发展做出了积极贡献。

一　外资专班建立及运行情况

2022 年，为进一步贯彻落实中共中央、国务院"稳外资"决策部署，

---

* 李玉瑞、李玉卿，河南省商务厅。

提高全省利用外资的质量和水平，省委、省政府决定建立利用外资联席会议制度、成立利用外资专班。河南省利用外资联席会议由有关省领导作为召集人，河南省委统战部、中共河南省委外事工作委员会办公室、河南省人民政府台湾事务办公室、河南省发展和改革委员会、河南省人民政府驻外办事处等 26 个单位主要负责同志为成员；联席会议办公室设在省商务厅。根据全省引进外资重点区域，联席会议下设港资、台资、日韩、世界 500 强四个外资专班，明确了专班职责任务，建立周例会研判、月调度通报、季总结讲评、年考评奖惩等工作机制。根据工作需要，各地市也建立相应外资专班，优选一批招商引资工作骨干充实到专班工作机构。

2023 年，为更好落实中央经济工作会议、省委经济工作会议和省委财经委有关会议精神，推进外资专班实体化运作，河南省组建驻粤港澳大湾区招商专班工作组，从省委办公厅、省发展改革委、省科技厅、省工信厅、省人社厅、省文旅厅、省市场监管局等 12 个重点产业链链长单位抽调 15 名处级干部，于 2023 年 8 月赴深圳开展驻地招商工作，同时印发《外资专班驻粤港澳大湾区招商工作组人员管理暂行办法》，完善有关工作制度。工作组及时建立重点客商资源库，积极开展重点客商拜访、合作对接洽谈等工作，8~12 月累计拜访企业 200 余家、商（协）会 50 余家，挖掘洲明科技、科翔电子、紫创光科、艾兰特、格兰特等意向投资、深度在谈企业 30 余家。

利用外资专班成立后，每年印发年度工作方案，明确工作目标、工作举措和保障措施，尤其是把项目跟踪推进作为重中之重盯紧抓实。截至 2023 年底，四个专班动态跟踪项目 188 个，累计跟踪重点项目 573 个；全年签约项目 206 个，累计促成签约项目 373 个；累计落地项目达 176 个。推进美国空气产品公司与郑州经开区、安阳市氢能项目，华润集团在郑州投资的中原 AI 科技谷项目，中辉科技（香港）在漯河投资的激光快速成型和 3D 打印生产项目等加快签约进程；推动康师傅顶津扩产扩能、美国空气化工液氢、日本艾礼富电子传感器、益海嘉里周口港、德国林德航空港区工业气体项目落地。

二　外资专班工作情况及成效

外资专班紧盯重点地区、重要客商、重点企业和知名商协会等，务实精准开展招商工作。围绕更大力度吸引和利用外资，成员单位密切协同，省市专班上下联动，充分发挥积极性、主动性、创造性，奋力开展各项工作，取得明显成效，为全省利用外资高质量发展做出了积极贡献。

（一）常态化开展经贸洽谈交流

2023 年，外资专班开展高层拜访、知名企业和商协会对接、重点客商邀请活动 30 余次。拜访商务部投资促进事务局、中国外商投资企业协会，与中国美国商会、英中贸易协会、德国工商大会、香港特别行政区政府驻武汉经贸办事处、美国华侨华人社团联合会等协会、机构，就深化豫港、豫欧、豫美等经贸合作进行洽谈交流。与益海嘉里、西门子、法国电力、英国洛根能源等建立常态化沟通渠道，强化在数字赋能、智慧低碳园区、海外EPC 项目等领域合作；与拜耳、思爱普、微软、路易达孚等知名商协会、世界 500 强进行深入对接。邀请日本丸红、伊藤忠来豫交流洽谈，推动丸红与河南能源合成氨贸易项目、伊藤忠与豫资控股战略合作项目取得进展；与大韩贸易投资振兴公社郑州代表处、驼人控股集团对接，助力驼人控股集团拓展对韩销路，推动双方开展合作。邀请联合国工业发展组织、韩国 SK 集团等访问河南，就推进氢能产业合作深入交流。与中国美国商会加强对接，邀请 BD 医疗会员企业等来豫访问。

（二）高频次举办境外招商活动

2023 年 4 月，省领导带队赴法国、卢森堡、德国访问，开展高层会晤、经贸招商、考察推介、座谈交流等活动，签署合作协议 6 个，在航空、金融、经贸、先进制造、绿色低碳等领域深化共识，扩大河南在欧洲影响。5月，省领导率团赴中国香港开展招商活动，举办豫港经贸合作交流会，开展

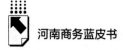

豫港教育合作、国际物流合作专题对接。豫港经贸合作交流会签约合作项目18个，国际物流合作对接会推介146个重大招商项目，豫港教育合作对接会促成香港中文大学与郑州大学、香港都会大学与中原工学院等11所高校签约合作。2024年2月，省商务厅组团赴中国香港、中国澳门举办春茗活动，密集开展商务拜访，举办招商对接活动，洽谈推进重点合作项目；3月，组建代表团赴德国、比利时、瑞士，开展中国（河南）—德国装备制造项目合作对接会等活动，吸引德国及世界各地装备制造领域53家优质企业参加，推动河南装备制造企业与欧洲建立合作关系，同步在出访国家开展与重点企业、知名商协会之间的拜访洽谈等活动。

（三）多部门推进招商精准对接

商务、统战、台办、外办、港澳办、侨联、工商联等部门广泛参与河南与欧洲、日韩及中国香港、澳门等地的经贸活动，推动全省招商工作走深走实。省台办、省商务厅、省侨联、省工商联等单位共同举办"两岸机器人及智慧自动化产业对接活动"，现场签约郑州海峡两岸机器人产业园、内黄两岸智能药光互补产业园等5个重点项目；省台办与南阳市政府共同举办2023年度全国台企联华中区会长联谊会暨宛台产业对接会，丹尼斯商业综合体等6个项目成功签约；省台办与鹤壁市政府共同举办两岸食品产业协作洽谈会暨浚县县情推介会。省侨联组织开展"创业中华·知名侨商中原行"活动，邀请正大、世茂（港资上市企业）、中骏（港资上市企业）等侨资企业及知名侨商约200余人次赴郑州、鹤壁、新乡、濮阳、商丘等地市参观考察、交流洽谈；选聘75名海外顾问和19名港澳顾问。省工商联选聘80名知名企业家担任"招商大使"，引导企业家发挥自身优势积极参与招商引资活动。省政府驻上海办事处与世界金融控股集团高管进行座谈，就上市专业辅导、投资融资、资本运作等进行深入交流，并在2023年4月与上海浦东外商投资企业协会签署合作协议，设立"上海·河南跨区域合作服务中心"。

（四）高层次推进招商走深走实

在省委、省政府正确领导下，经过近两年探索实践，外资专班工作初步形成高位推动引领招商、部门协同凝聚合力、省市联动务求实效等工作特色。高位推动方面，省委、省政府领导多次听取外资专班工作汇报，参加大型经贸活动、系列高层会见等活动，做出指示或部署，协调解决有关问题，指导引领全省招商引资工作广泛深入开展。部门协同方面，重点产业链链长单位积极推进产业链招商，选派优秀年轻干部参与粤港澳大湾区驻地招商；专班成员单位加强与跨国公司、投资促进机构、知名商协会的联系对接；增加驻豫金融机构、省属投资企业参加专班工作，壮大招商引资队伍。省市联动方面，省级专班统筹、协调、调度各地市专班工作，组织好全省经贸招商活动，支持地方开展工作；各地市 2023 年举办各类经贸活动百余场，并在派驻专班、驻地招商、委托招商等方面积极探索。

全省利用外资在持续发展的基础上提高了质量效益，可从以下几个方面看待和分析。首先，稳住了投资规模。据商务部统计，2022~2023 年全省新设外商投资企业分别为 329 家、465 家，均超过以往平均水平；实际使用外资分别为 17.8 亿美元、7.5 亿美元，2022 年度到资规模和增幅为河南历年最高水平。其次，稳定了信心预期。现存外资企业经营比较稳定，投资额居前的富士康集团、香港华润、新加坡益海嘉里、泰国正大集团旗下企业发展良好，未来投资意愿强烈。再次，优化了引资结构。据研究分析，河南外商投资领域正逐步由以传统制造业为主向以服务业为主转变，外商投资向服务业和高新技术行业转移趋势明显，"专精特新"及仓储物流等行业成为吸引外资的主要方向。最后，丰富了引资方式。除境外直接投资外，省内企业境外上市、股权并购、返程投资等，已成为河南利用外资的重要方式。各地市结合实际，采取多样化方式开展招商引资。例如，安阳市围绕四大千亿级主导产业开展靶向招商，鹤壁市编制 43 个招商图谱开展精准对接，许昌市着力吸引德资企业投资并成功申建中德（许昌）国际合作产业园，三门峡市与宝武铝业、恒康铝业等龙头企业共同招商，南阳市聘请多名招商大使并实现欧洲联络处挂牌运营，等等。

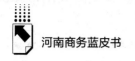
三 以外资专班为抓手，促进利用外资高质量发展

继续用好外资专班这支生力军，抓目标任务落实，抓工作机制完善，抓招商队伍建设，务实、精准、高效招商引资，为全省利用外资高质量发展做出新贡献。

（一）着力优化环境吸引外资

全面落实《国务院关于进一步优化外商投资环境 加大吸引外商投资力度的意见》《扎实推进更高水平对外开放更大力度吸引和利用外资行动方案》，出台实施河南省配套政策措施，完善外商投资政策"工具箱"。认真贯彻执行准入前国民待遇加负面清单制度，落实国家以制造业、服务业等为重点促进外商投资的政策措施，积极扩大服务业领域对外开放。深入实施制度型开放战略，对标 RCEP 等国际经贸规则，致力于构建外资企业期待的公平公正、稳定透明、可预期的规则制度体系和政策政务环境，着力打造"投资河南·共赢发展"品牌，以更高水准的投资规则制度等打造更具竞争力和吸引力的投资热土。编印《河南外商投资指引》，助力务实、精准、高效招商引资。加强对国际合作园区、跨国公司地区总部和功能性机构、外资研发中心的支持，发挥招商引资专项资金带动作用；落实好企业适用国家鼓励发展的外商投资项目进口设备减免税等政策，支持外商投资国家鼓励发展领域，鼓励外商投资企业境内再投资、"走出去"企业返程投资等。

（二）着力提升服务稳住外资

完善重点外资项目和企业信息库，强化企业和项目服务保障，精心做好招商引资"后半篇文章"。持续跟踪、深入开展招商引资等部门与外资重点项目、标志性项目单位之间的常态化沟通交流，及时收集其在用地、用能、用工和融资等方面存在的困难和问题，建立问题清单，实施台账式动态管理。健全项目全生命周期管理服务机制，专班专责紧盯，协调部门联动，加强要素保障，推动签约项目早开工、早投产、早达效。及时总结推进项目建设的成功经验、典型做法和服务成效，加强学习交流，持续提升项目服务保障能力水平。完善并用好政企常态化沟通机制，定期召开外商投资企业圆桌会议，用好商务部外资企业问题诉求收集办理系统，协调帮助企业用好用足政策、解决实际问题、实现良性发展。强化外商投资权益保护，善用规则制度全面保障外资企业国民待遇等合法权益，稳定企业在豫发展信心。

（三）着力创新举措提升质效

丰富引资方式方法。更大力度开展产业链招商、驻地招商，积极探索运用委托招商、以商招商、网络招商，灵活运用"线上+线下""小分队拜访+领导推进""驻地招商+专题对接"等多元化招商模式，持续加强和改进外资招引。开辟拓展引资渠道。加强中东等地区资本投资动向研究，主动"走出去"对接，吸引沙特、卡塔尔、阿联酋等国家投资基金在河南投资布局。加大与长三角、京津冀地区跨国公司总部对接力度，着力招引产业链供应链关键企业和"专精特新""隐形冠军"等企业。发挥中资金融机构境外网点、友好商协会、中介机构、产业链龙头企业的作用，在重点引资来源地建立和完善招引渠道。用好引资平台载体。继续重视并用好自由贸易试验区、经济技术开发区、国际合作产业园区等招商引资平台载体，实施自贸试验区提升行动、经济技术开发区提质行动等，建好中德、中日等国际合作产业园区，瞄准发达国家争取设立新的国际合作产业园区，更好集聚、吸引和利用外资。聚力招引优质资源。立足河南发展需求，放眼全球要素资源，更加注重对"全生产要素包"、高级要素资源等高质量外资的招引、匹配和使用，以进一步提高利用外资的质量和效益。

（四）着力夯实责任加强保障

压实责任开新局。提高对外资工作的重视程度，引导和推动各地将引进和利用外资放在更加突出的位置，压实市、县（区）主体责任，结合产业优势和需求进一步加强外资招引。提高郑州市在全省吸收外资中的规模首位

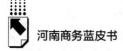

度、质量首位度,发挥稳外资"压舱石"作用;推动形成郑州国家中心城市及洛阳、南阳副中心城市带动,各地协同竞进、共同发展的利用外资新格局。完善机制求实效。加强会商研究。发挥产业招商机构集中办公等优势,加强对重点地区和国别招商、重点产业链招商、重大项目和重大活动等事项的会商研究,更好增进共识、协调行动,更好推进工作、解决问题。加强协同联动。围绕全省落实重大政策、举办重大活动、推进重大项目等,继续加强部门协同和上下联动,更好汇聚全省招商引资工作合力。强化制度实施。进一步完善利用外资研判调度、总结讲评、"三分之一"工作法及督导、问效、考核等工作制度,注重实施效果,进一步激励广大专班干部干事创业。抓好队伍强素质。积极调动整合资源,加强外资专班力量,优化工作人员结构,抓好干部队伍建设。常态化组织招商队伍开展党建引领、学习研讨、实战演练和业务培训等活动,鼓励各地开展交流学习,组织一线招商骨干赴市场经济发达地区、利用外资先进省市学习成功经验和工作技能等,不断提高新时代利用外资的能力和水平。强化宣传优氛围。积极宣传推介河南招商引资政策,总结推广引进外资的成功经验、助企纾困典型案例,讲好外商在豫投资的好故事、新发展,营造良好的外商投资舆论氛围。

B.15
河南省储能产业发展的思考与建议

李梅香　侯　锐　魏玲圆*

摘　要： 河南省储能产业取得了一定进展，但仍面临产业发展路径待拓宽、新型储能投资成本高、政策机制不够健全、产业链不完备和安全问题等挑战。本文对河南省储能产业的发展现状、存在的问题与挑战以及未来的发展方向进行了深入分析，并提出了具体建议。

关键词： 储能产业　新型储能　河南省

一　国内外储能产业发展概况

（一）全球储能产业发展概况

2022年以来，全球能源供需格局进入调整阶段，越来越多的国家将储能列为加速清洁能源转型的必选项。

第一，累计装机规模保持高速增长态势。截至2022年，全球已投入运行的储能项目累计装机规模为237.2GW，较2021年增长14.9%。继2021年全球累计装机规模突破200GW后，2022年保持高速增长态势。

第二，新型储能占比不断提升。2022年全球新型储能累计装机量达45.8GW，同比增长80%；新增新型储能装机量20.4GW，同比增长99%。2022年传统抽水蓄能装机量占比首次低于80%，较2021年下降6.8个百分

---

* 李梅香、侯锐、魏玲圆，河南省商务厅。

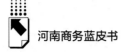

点。截至 2022 年，全球新型储能项目中有 94% 为锂离子电池储能项目，0.6% 为液流电池储能项目。

第三，中国、欧洲、美国引领全球储能市场。中国、欧洲和美国作为全球储能市场的主导者，在推动全球储能产业的发展中扮演着举足轻重的角色，三者市场份额合计占全球的 86%。根据预测，2023 年全球的储能需求有望增长至 189GWh，增长率超过 60%。欧美地区有相对成熟的储能市场机制，共性特征在于放开电价管理并建立竞价机制，储能主体从电价波动中获得商业利益。

第四，动力电池发展带动储能成本下降。尤其是近 10 年动力电池产业迅猛发展，带动以锂离子电池为代表的电化学类储能成本下降九成。2011～2022年，全球锂离子电池组平均价格由 7.1 元/Wh 下降到 0.9 元/Wh，降幅高达87%，标志着电化学储能技术实现了商业可行性。此外，电池配套设备成本也不同程度地下降。

（二）中国储能行业发展概况

2016 年 3 月，我国将发展储能和分布式能源项目列入"十三五"规划的重要工程之一，标志着储能正式被纳入国家发展规划。2017 年，国家发展和改革委员会、财政部等多部门联合颁布了我国储能行业第一份指导性政策《关于促进储能技术与产业发展的指导意见》。随后，我国陆续出台了《关于推动新型储能发展的指导意见》《"十四五"新型储能发展实施方案》《2023 年能源工作指导意见》等文件。全国近 30 个省份相继颁布了新型储能规划或新能源配置储能文件，国家和地方政策机制不断完善，形成了发展新型储能的良好政策氛围，也为储能产业的可持续发展注入了新的动力。

我国新型储能装机规模迅速扩大。截至 2022 年末，我国已经投入使用的新型储能项目装机规模达到了 870 万 kW，其中，锂离子电池储能技术占据了绝对主导地位，其占比高达 94.5%。与此同时，压缩空气储能技术占据了一定的市场份额，占比达到 2.0%。液流电池储能和铅酸（炭）电池储能各自拥有 1.6% 和 1.7% 的占比。而其他的储能技术路线则共同占据了剩余的 0.2% 市场份额。锂电池出口增长迅猛。根据中国海关总署数据，2023年第一季度，全国锂离子蓄电池出口额 1097.92 亿元，同比增长 94.3%。

大型央企布局储能业务。五大发电集团（华能集团、国家电力投资集团、大唐集团、国家能源投资集团、华电集团）、六小发电集团（国投电力、中广核、三峡集团、华润电力、中节能、中核集团）、两大电网（国家电网、南方电网）等央企全部布局储能行业。当前，国内抽水蓄能领域投资巨头为国家电网和南方电网。这两大电力巨头凭借其在能源领域的深厚底蕴和强大实力，共同占据了超过 90% 的市场份额，成为抽水蓄能市场的主导力量。国内发电侧储能项目，一般以发电集团、电网公司为项目方，投资方为自投及社会资本共同投资。

东部沿海储能企业集中度较高。广东、江苏、浙江、北京等省份储能产业链相对完善，如广东省的华为、比亚迪、亿纬锂能、欣旺达等；江苏省的中天科技、远景动力、孚能科技等；浙江省的正泰集团、南都电源、西子洁能、中恒电气、炬华科技等；北京市的中节能、龙源电力、国投电力、华电集团、京能国际等。

从装机规模看，截至 2022 年，累计装机规模排名前 5 的省份分别为：山东（155 万 kW）、宁夏（90 万 kW）、广东（71 万 kW）、湖南（63 万 kW）、内蒙古（59 万 kW）。2022 年新增装机规模排名前 5 名的省份分别为：宁夏（89 万 kW）、山东（89 万 kW）、湖北（53 万 kW）、湖南（50 万 kW）、内蒙古（33 万 kW）。

二 河南省储能产业发展情况

河南储能产业起步较早，但受资源条件等多方因素限制，储能设施长期未能形成规模优势。2021 年以来，河南积极实施能源绿色低碳转型战略，构建新型电力系统，并出台了一系列储能发展政策，引导全省储能产业进入新发展阶段。伴随储能经济成本的不断下降及相关配套政策的逐步完善，抽水蓄能项目建设步伐加快，新型储能设施陆续投产，河南省储能设施规模呈

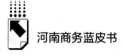
现迅猛增长态势。

有关支持政策密集出台。河南省近年来密集出台了《关于进一步推动风电光伏发电项目高质量发展的指导意见》《河南省"十四五"新型储能实施方案》等多项支持政策，这些政策不仅为储能产业的发展指明了方向，还提供了具体的政策支持。2023年6月，省政府办公厅发布的《关于加快新型储能发展的实施意见》明确了到2025年新型储能规模的发展目标，显示出河南对储能产业发展的高度重视和坚定决心。

新型储能示范工程实现了商业应用。截至2021年，全省已建成的新型储能设施规模可观，且均为电化学储能。这些储能设施广泛应用于电网侧和新能源侧，有效提升了电力系统的稳定性和清洁能源的消纳能力。特别是我国首个电网侧分布式百兆瓦级电池储能示范工程的建成投运，标志着河南省在新型储能技术应用方面取得了重要突破。河南在电源侧和用户侧不具备西部地区大型风光发电基地的资源优势和东部地区较高的峰谷价差，因此在此类领域的储能应用相对较少。

储能新模式不断涌现。压缩空气储能领域的探索已经开始，2022年6月，平顶山市叶县容量为200MW的盐穴压缩空气储能电站通井开工，这是全省首个200MW压缩空气储能项目，凸显我国在长时大规模压缩空气储能领域的国际领先地位。全钒液流电池科技成果加速转化。自2021年成立以来，开封时代公司已掌握全钒液流电池关键核心技术，打通全钒液流电池全流程生产工艺，成为全国第3家、全球第5家、河南唯一掌握全套全钒液流电池生产技术的企业。氢燃料电池领域，新乡市引进了北京氢璞创能公司氢燃料电池项目、上海骥翀氢能公司氢燃料电池金属双极板电堆生产线项目、苏州擎动动力公司自动化氢燃料电池膜电极生产线等项目。洛阳市拥有双瑞特装、双端精铸、氢沄新能源等燃料电池产业链制造企业。锂电池领域，洛阳市的中航锂电、双泊能源等重点制造业企业，在电芯制造及封装领域有一定产业基础，具备5GW锂电池产能。平顶山市叶县新天力锂电循环科技产业园项目将建成长江以北国内规模最大、产业链最为完善的锂电循环科技产业基地。广州鹏辉投资已建成年产值达5亿

A 的锂离子电池、25 亿 W 的动力型锂电池和 10 亿 A 的动力储能电池生产基地，驻马店市的电池产业已初具规模。新能源+储能模式项目日趋增多，如信阳市的明阳集团"风光火储一体化"项目已获取建设指标；郑州市与协鑫集团、华为数字能源签署协议推进光储充和储充算一体化的源网荷储双体系建设；郑煤集团公司与国电河南新能源公司"风光储一体化"新能源项目。

抽水蓄能展现出了极佳的资源开发潜力。作为一种物理蓄能方式，抽水蓄能凭借其大容量、长寿命、低成本以及高效率等诸多优势，在百兆瓦及以上规模的储能应用中扮演着至关重要的角色，其商业化应用已经相当成熟。抽水蓄能规划选址主要分布在豫西伏牛山脉、豫北太行山脉、豫南大别山脉以及豫中嵩山山脉，这些地区的地形地貌特点使抽水蓄能电站的建设具备了得天独厚的自然条件，规划中的抽水蓄能电站总规模达 2370 万 kW。

三　问题和困难

尽管我国储能市场化规模化应用正在稳步扩大，但总体上仍处于起步阶段，存在多重因素制约产业发展，需要正确认识困难和存在的问题，精准分析发展瓶颈和短板，进而科学推动储能产业高质量发展。

储能产业发展路径待拓宽。河南省在储能产业布局方面起步较早，却未形成完整的发展链条。河南本土企业在国内市场排名中表现不俗，如中航锂电公司在储能技术提供商中位列第九，许继集团在储能变流器提供商中位列第八，平高集团在储能系统集成商中更是高居第三位。然而，与行业头部企业如宁德时代、阳光电源等相比，河南省的储能产业仍然存在一些不足。

新型储能投资成本较高。由于原材料和设备的价格上升，当前规模化建设运营新型储能，前期需要较高资金投入，项目建设运营成本较高。当前新型储能建设仍处于政策驱动阶段，商业模式尚不成熟，市场化运

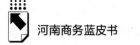

营机制尚不健全，不具有短期经济性，导致投资主体的成本较高。电力能源供求关系的波动也使得投资收益预期具有不确定性。因此，当前大多数新型储能以政府或国有企业投资为主，属于较为典型的示范类工程。

储能产业政策机制不够健全。当前，储能产业涉及的设计、安装、并网、运维、回收等多个环节，由于缺乏完善的储能建设标准体系，在实际操作中仍存在诸多不确定性。尽管全国多地已对"新能源+储能"模式的储能容量和时长进行了规定，但在储能如何参与调度、参与的频次、充放电次数和充放电深度等方面，尚缺乏科学、统一的标准和核定方法。技术层面，大规模储能对电网运行稳定性的影响是一个复杂而关键的问题。这需要深入研究和论证，以确保电网的安全稳定运行。市场层面，储能从商业化到规模化，需要更加完善的长效政策加以保障。目前，储能市场的商业模式、价格机制、激励机制等尚不完善，这制约了储能产业的快速发展。针对这些问题，需要系统配套的政策机制和价格体系。

新型储能产业链条尚不完备。河南在新型储能机理研究、理论研究以及关键材料制造技术方面与先进水平仍有一定的差距。另外，新型储能的原材料和关键元器件存在供应链安全风险。以锂电池储能为例，国内锂电池原料电池级碳酸锂价格从 2021 年初的约 5 万元/吨飞涨至 2022 年末的约 53 万元/吨，现为 20 万元/吨，仍维持相对高位。同时，新型储能企业也面临着电芯等关键元器件供应紧张的情况。

安全问题影响储能行业发展。在储能电站的运营过程中，电气安全、火灾安全、化学安全和机械安全等多项内容均需严格管理和控制。国内外发生的数起储能电站火灾事故造成了人员伤亡和财产损失，引发了业界对储能火灾安全问题的深刻反思。安全隐患可能存在于储能电站全寿命周期中的任一环节，从设备选型、安装施工，到运维管理、退役处置等，都需要高度重视和严密防范。

四 思考及建议

（一）坚持规划引领，促进储能多元发展

统筹开展储能专项规划。在电源侧，大力推进储能项目建设，特别是利用压缩空气储能等创新技术。通过储能设施与风、光项目本体同步规划、设计、施工、投运，确保储能与新能源的深度融合，提高电力系统的灵活性和稳定性。在电网侧，注重储能项目合理化布局，重点以建设大规模集中式共享储能项目为主，优先在新能源富集区建设独立储能项目。在用户侧，支持储能多元化发展，推动增量配电网和大数据中心等配置储能设施，积极探索分散式储能设施与新技术如屋顶光伏发电、电动汽车、5G基站的融合发展。

（二）加强技术支撑，壮大储能产业体系

持续提升科技创新能力。依托重点科研院所及重点企业，加强储能理论、技术的攻关研究。构建以企业为主体、产学研融合的技术创新体系，形成创新合力。依托平高集团、中航锂电公司、许继集团等省内重点企业，打造储能发展创新平台，开展储能技术应用示范工作。发挥重大项目建设引领作用，引导省内储能产业自主发展，依托省内具有自主知识产权和核心竞争力的重点骨干企业，积极推动全产业链协同发展。

（三）强化政策保障，营造良好市场环境

明确储能独立市场主体地位。还原储能商品属性，鼓励引导各类社会资本投资建设储能项目，激发市场活力，推动储能产业的快速发展。积极探索"调频和故障紧急支撑服务补偿""共享储能"等商业模式，建立健全"按效果付费"的电力辅助服务补偿机制。此外，进一步完善峰谷电价政策，服务用户侧储能商用发展，也是推动储能产业发展的重要举措。通过合理的电价政策，可以引导用户侧储能的建设和运营，提高电力系统的灵活性和经

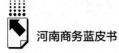
济性。加快推动新型储能发展，促进新型储能由商业化初期向规模化发展、全面市场化阶段转变。

（四）贯彻安全发展理念，强化安全责任意识

坚持走安全稳定可靠的技术发展道路，注重技术安全和元器件产品质量，提高节能技术设备设施的安全稳定运行能力，预防和消除新型储能内部的安全风险。提升新型储能从业人员的安全责任意识，加强安全管理知识培训，健全安全管理制度，增强安全风险防范和安全隐患排查处置能力，全力确保新型储能各环节的安全。

B.16
河南省经济技术开发区绿色
高质量发展和对策研究

金 川 张 秀 李永兵*

摘 要： 为贯彻落实习近平生态文明思想，推动河南省经济技术开发区绿色高质量发展，省商务厅通过深入经开区调研、实地走访企业、召开座谈会、发放调研问卷等多种形式，对全省经开区绿色高质量发展情况进行调研摸底，基本掌握全省经开区绿色发展的政策情况、绿色发展情况、绿色试点示范建设情况、能源绿色转型情况等。本文与山东、广东、浙江、江苏等先进省份经开区进行了对比分析，针对存在的问题，提出了实现全省经开区绿色高质量发展的对策建议。

关键词： 经济技术开发区 绿色发展 河南省

一 全省经开区绿色高质量发展的必要性

习近平总书记强调："要坚定不移贯彻新发展理念，坚持系统观念，处理好发展和减排、整体和局部、短期和中长期的关系，把碳达峰、碳中和纳入生态文明建设整体布局，以经济社会发展全面绿色转型为引领，以能源绿色低碳发展为关键，加快形成节约资源和保护环境的产业结构、生产方式、生活方式、空间格局，坚定不移走生态优先、绿色低碳的高质量发展道

---

* 金川，河南对外经济贸易职业学院；张秀、李永兵，河南省商务厅。

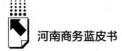

路。"① 经开区作为经济建设的"主阵地、主战场、主引擎",实现绿色高质量发展是践行绿色发展理念的具体体现。

（一）融入国内国际双循环的必然要求

中国提出构建以国内大循环为主体、国内国际双循环相互促进的新发展格局绝不是封闭的国内循环,而是更加开放的国内国际双循环。目前,很多国家针对绿色发展采取一系列政策措施,对企业产品提出了绿色要求,必将对国际贸易产生深远影响。例如,欧盟已就碳边境调节机制（CBAM）即"碳关税"达成协议,对相关产业的绿色高质量发展提出更高要求,从 2023 年 10 月开始对钢铁、水泥、化肥和铝等进口工业产品的碳排放量实行报告制度,2026 年将正式征收碳关税;美国通过《清洁竞争法案》（Clean Competition Act, CCA）,提出以美国产品的平均碳含量为基准线,对碳含量超过基准线的进口产品和美国产品均征收二氧化碳排放费用,并将收入提供给发展中国家;2021 年 4 月,法国修改了《气候法案》,要求服装和纺织品添加"碳排放分数"标签信息。随着各国政策法案陆续出台,相关企业及产品的碳排放等信息披露将成为必选项,绿色低碳发展已是大势所趋。

（二）贯彻党的二十大精神的必然要求

党的二十大报告明确提出:"加快发展方式绿色转型,推动经济社会发展绿色化、低碳化是实现高质量发展的关键环节。加快推动产业结构、能源结构、交通运输结构等调整优化。实施全面节约战略,推进各类资源节约集约利用,加快构建废弃物循环利用体系。完善支持绿色发展的财税、金融、投资、价格政策和标准体系,发展绿色低碳产业,健全资源环境要素市场化配置体系,加快节能降碳先进技术研发和推广应用,倡导绿色消费,推动形成绿色低碳的生产方式和生活方式。"河南省作为制造业

---

① 《习近平著作选读》（第二卷）,人民出版社,2023,第 455 页。

大省、外贸大省，经开区践行绿色高质量发展是贯彻党的二十大精神的重要举措。

（三）国家赋予经开区绿色高质量发展的使命

国务院、商务部对经开区的绿色高质量发展做出重要部署，赋予了经开区绿色高质量发展的责任使命（见表1）。

表1　国家推动绿色发展的相关政策

政策名称	发布时间	主要内容
《国务院办公厅关于促进国家级经济技术开发区转型升级创新发展的若干意见》	2014 年 10 月	经开区要坚持绿色集约发展，积极创建绿色试点示范，制定发展规划，强化土地集约利用
《国务院办公厅关于完善国家级经济技术开发区考核制度促进创新驱动发展的指导意见》	2016 年 3 月	鼓励绿色低碳循环发展，推动经开区建立绿色、低碳、循环发展产业体系
《国务院办公厅关于促进开发区改革和创新发展的若干意见》	2017 年 1 月	开发区要积极推行低碳化、循环化、集约化发展，推进产业耦合。鼓励开发区推进绿色工厂建设，推进园区循环化改造，实现绿色循环低碳发展
《国务院关于积极有效利用外资推动经济高质量发展若干措施的通知》	2018 年 6 月	支持外资参与国家级开发区环境治理和节能减排，为国家级开发区引进先进节能环保技术、企业提供金融支持
《国务院关于推进国家级经济技术开发区创新提升打造改革开放新高地的意见》	2019 年 5 月	要加快推进园区绿色升级，加大循环化改造力度，创建国家生态工业示范园区
《国家级经济技术开发区综合发展水平考核评价办法（2021版）》	2021 年 9 月	考评办法体现了立足新发展阶段、贯彻新发展理念、构建新发展格局，推动高质量发展导向，绿色发展指标权重占15%
《商务部等10部门关于支持国家级经济技术开发区创新提升更好发挥示范作用若干措施的通知》	2022 年 12 月	推进国家级经济技术开发区绿色低碳循环发展，大力发展环境友好型绿色产业，引入绿色低碳技术

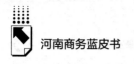

（四）落实省委省政府绿色发展政策的必然要求

省委、省政府高度重视绿色发展工作，将"实施绿色低碳转型战略"作为"十大战略"之一，在出台的多项政策文件中均提出了做好绿色发展工作的要求（见表2）。

表2　河南省加快绿色发展的相关政策

政策名称	发布时间	绿色发展要求
《关于组织开展绿色循环发展重点工程建设的通知》	2020年5月	聚焦提升节能环保产业发展质量、壮大产业发展规模，结合各地产业基础和资源禀赋，培育一批节能环保产业基地(专业园区)，打造一批龙头企业和知名品牌
《河南省生态环境厅关于加强"两高"项目生态环境源头防控的实施意见》	2021年7月	产业园区规划环评应增加碳排放情况与减排潜力分析，充分考虑"两高"项目及其带动的上下游产业链，强化"两高"项目及生产工艺的生态环境准入要求，推动"两高"行业减污降碳协同控制和园区绿色低碳发展
《河南省人民政府关于加快建立健全绿色低碳循环发展经济体系的实施意见》	2021年8月	壮大绿色环保产业，鼓励设立混合所有制公司，打造大型绿色产业集团，培育一批专业化骨干企业和"专精特新"中小企业
《河南省"十四五"制造业高质量发展规划和现代服务业发展规划》	2021年12月	实施工业低碳行动，落实能耗"双控"，率先在钢铁、水泥、有色、建材等重点行业推动碳达峰，在装备制造、食品加工领域支持建设一批碳中和园区(工厂)试点示范项目
《河南省"十四五"现代能源体系和碳达峰碳中和规划》	2021年12月	到2025年，全省能源消费增量的50%以上由非化石能源满足，鼓励利用开发区、工业园区、标准厂房、大型公共建筑屋顶发展分布式光伏发电
《河南省人民政府办公厅关于开展企业技术改造提升行动促进制造业高质量发展的实施意见》	2022年1月	到2025年，建成100家国家级绿色工厂、30个省级绿色工业园区，对获得国务院或工业和信息化部认定的国家新型工业化产业示范基地、绿色工业园区，给予一次性奖励100万元

续表

政策名称	发布时间	绿色发展要求
《实施绿色低碳转型战略工作方案》	2022 年 4 月	壮大绿色产业,加快淘汰落后产能,实施节能改造升级,大力开展清洁生产,推进产业园区和产业集群循环化改造
《河南省碳达峰试点建设实施方案》	2022 年 5 月	"十四五"期间,结合各地资源环境禀赋、产业布局、园区主导产业等,坚持因地制宜、规范引领、有序推进,组织创建一批碳达峰试点县(市)、园区和企业
《河南省发展和改革委员会 河南省工业和信息化厅关于做好"十四五"园区循环化改造工作有关事项的通知》	2022 年 7 月	到 2025 年底,具备条件的省级及以上园区(包括经济技术开发区、高新技术产业开发区,全部实施循环化改造
《河南省碳达峰实施方案》	2023 年 2 月	"十四五"期间,能源资源利用效率大幅提升,煤炭消费持续减少,绿色低碳技术研发和推广应用取得新进展,减污降碳协同推进。到 2025 年,全省非化石能源消费比重比 2020 年提高 5 个百分点,为实现碳达峰奠定坚实基础
《河南省减污降碳协同增效行动方案》	2023 年 2 月	加大绿色环保企业支持力度,推广应用重大绿色低碳零碳负碳示范技术,建设绿色低碳产业示范园区,开展低碳试点县(市)、园区和企业创建,开展碳捕集封存利用和气候投融资低碳试点
《河南省工业领域碳达峰实施方案》	2023 年 3 月	重点打造装备制造、绿色食品、新型材料、电子信息、节能环保、现代轻纺、绿色建材等 7 个万亿级和汽车制造、生物医药、现代化工 3 个 5000 亿级重大先进制造业集群

河南出台的政策在加大绿色产业发展支持力度、加快绿色化改造项目建设、提升非化石能源使用比例、打造绿色制造体系、碳达峰试点示范建设等方面分别提出了目标和要求,既顺应了国际"碳关税"的导向,又符合党中央对于绿色发展的要求和战略部署,也是对习近平总书记"绿水青山就是金山银山"理念的具体贯彻,是经开区绿色高质量发展的必然要求。

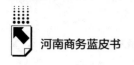

二 全省经开区绿色高质量发展现状

（一）绿色发展政策已初成体系

省政府、省商务厅高度重视河南经开区绿色高质量发展工作，先后出台了支持经开区绿色高质量发展的相关政策，从发展导向、体制机制、产业规划、动态管理等方面对全省经开区的绿色高质量发展提出了具体要求。例如，《中共河南省委 河南省人民政府关于推动河南省开发区高质量发展的指导意见》要求积极实现碳达峰碳中和，实施节能减排降碳行动，加强重点行业、重点企业碳排放控制，构建开发区绿色低碳循环现代产业体系，推动绿色集约发展；《河南省"十四五"经济技术开发区发展规划》提出推进绿色低碳发展，加快经开区传统制造业绿色改造，支持新兴产业绿色低碳发展，大力发展循环经济和环保产业；《河南省经济技术开发区设立和升级办法》将绿色发展作为省级经开区设立的要求之一，督促提升全省经开区绿色高质量发展水平；《河南省经济技术开发区综合发展水平考核评价办法》增加了考核绿色发展指标的权重。

全省经开区把绿色高质量发展作为自身发展的重要工作目标之一，出台了或正在出台促进绿色产业发展的相关政策，如新安经济技术开发区发布了《新安经济技术开发区"十四五"绿色低碳发展专项规划》，注重绿色低碳产业的发展；长垣经济技术开发区编制出台了《长垣经济技术开发区循环化改造实施方案》，助力经开区循环经济的发展。

（二）国家级经开区绿色高质量发展已走在全国前列

截至 2022 年底，全省 9 个国家级经开区高新技术企业平均有 64 家，是中部地区国家级经开区平均数的 1.3 倍、西部地区的 2 倍；智慧平台建设比例为 78%，是中西部地区国家级经开区的 2 倍；能源利用效率较高，规模以上工业单位增加值能耗平均值仅为西部地区国家级经开区的 50%，清洁能源占比是全国的 2 倍。

（三）已成为绿色试点示范领域的主阵地

截至 2022 年底，参与调查的 34 个经开区中，有绿色产业企业 682 家，总产值 1310 亿元，营业总收入 1276 亿元，主要集中在节能环保、清洁生产和清洁能源领域；拥有 11 个国家级绿色工业园区，占全省的 70% 以上；92 家"绿色工厂"企业，占全省的 50% 以上；14 家"绿色供应链企业"，占全省的 60% 以上；5 个国家级循环化改造示范试点园区，16 个"绿色设计产品"，5 家"工业产品绿色设计示范企业"。兰考经开区清洁能源占比达到 96%。

三 全省经开区绿色高质量发展存在的困难与问题

经开区作为经济功能区，既是"试验田"，也是"风向标"，已成为引领全省经济绿色高质量发展的重要载体。近年来，全省经开区加快产业转型升级，在推动绿色集约发展方面取得了很多成绩，但对比广东、江苏等省起步较早的经开区，河南经开区绿色高质量发展仍面临很多困难和挑战。

（一）绿色高质量发展政策有待进一步完善

全省经开区现有绿色高质量发展政策偏宏观，可操作性不强。有的经开区只是将绿色发展规划作为总体发展规划的一部分，在规划中提出初步构建绿色政策体系、优化绿色产业结构、推进绿色制造体系建设等要求。在引进项目时，个别经开区存在放松绿色发展要求的现象。比如在企业项目承诺书中，往往注重投资强度、亩均税收等方面，未明确绿色发展要求；在项目落地上，仅满足于指标达标，未提出更高层次的要求；在项目管理中，对能耗、水耗、二氧化碳排放等方面只限于达标，未提出更高要求。

（二）对绿色高质量发展重视不够

个别经开区绿色高质量发展意识淡薄、概念不清、支持政策掌握不全

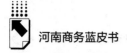

面，注重经济发展规模，落实绿色产业高质量发展要求的紧迫性使命感不够强，未把绿色产业高质量发展落实到每一个项目中，对经开区绿色产业高质量缺少长远规划和战略布局。有些企业负责人对面临的绿色高质量发展形势认识不清晰，对国内外绿色发展政策趋势不敏感，缺少获取相关政策信息渠道。比如濮阳龙丰纸业有限公司，虽涉及进出口业务，对"碳关税"等相关政策不了解。

（三）绿色产业发展不充分

虽然全省经开区在绿色产业发展方面已初具规模，但与沿海先进地区相比，仍存在绿色产业占比低、质量不高、龙头企业少、产业链不够完善等问题。如广州经开区绿色产业已经成为其支柱产业之一，2022年，绿色产业规模以上企业200余家，产值达2000亿元，占全区GDP比重为29.8%，其中年产值超10亿元的绿色产业龙头企业25家，而河南经开区绿色产业企业有20家，平均产值38.52亿元，仅占广州经开区的1.9%。

四　实现河南经开区绿色高质量发展的对策与建议

为落实国家对于绿色发展的要求和战略部署，贯彻河南"十大战略"，实现河南经开区绿色高质量发展，参考山东、广东、浙江、江苏等省份先进经验，针对全省经开区绿色产业高质量发展存在的困难和问题，从进一步完善绿色发展政策、加快推动绿色高质量发展、提升绿色营商环境竞争力三个方面提出了建议。

（一）进一步完善政策措施

财税政策。目前全省绿色发展的支撑性财税政策措施较为笼统，建议出台便于落实的具体财税支持政策，并根据行业特点，有针对性地提高补贴比例，提升企业绿色发展积极性。落实好支持绿色发展的各项税费优惠政策，为企业送政策、优服务、强辅导，助力高耗能、高污染企业转型升级。比如新乡化纤反映，受工艺技术限制，企业用水量大、用能多，但绿色改造需投入金额 2 亿多元，投入压力大。

金融政策。目前的绿色金融政策主要用于引导资金向低碳、环保、节能、降耗等领域集聚，缺少绿色金融区域试点建设、绿色金融产品创新等方面的具体政策措施。建议出台绿色金融城市、园区、企业试点建设，以及绿色产业贷、环保贷、节水贷、节能贷等方面的支持政策。如中国人民银行南京分行等 13 个单位发布了江苏省《关于大力发展绿色金融的指导意见》，明确了搭建绿色金融基础性制度框架、完善绿色金融机构体系、建立绿色金融激励约束机制等 8 个方面 25 条具体措施。

生产要素政策。加强统筹规划，引领资源要素向绿色发展倾斜；优化企业用能环境，加强非常规水资源利用，强化水资源高效配置；加快太阳能、风能等非化石能源项目建设，提升非化石能源消费比例。

（二）加大经开区绿色高质量发展政策指导力度

加强经开区绿色相关信息的宣传，全面增强经开区绿色发展的配套管理能力；借助各类新闻媒体，发掘宣传经开区在绿色发展方面的先进典型，组织开展绿色发展宣传进园区、进企业等活动，不断提高经开区和企业绿色高质量发展意识，全面了解绿色高质量发展的导向与要求，增强践行"两山"理念的紧迫感和使命感；在经开区考核中，适当增加绿色高质量发展的指标数量、权重等；引导经开区将绿色高质量发展与其长远规划和战略布局相结合；在引进项目时，加入绿色高质量发展相关要求，定期开展区内企业绿色发展督导工作；支持经开区建设绿色合作平台，引导企业申报绿色认证等，在企业用地、用能、用水等方面给予优惠政策，促进企业绿色发展。

（三）提升绿色营商环境竞争力

全方位提升绿色营商环境竞争力，在绿色产业发展、绿色能源供应、环境质量和绿色管理服务水平提升上下功夫，增强经开区对国际资本的"绿色"吸引力。大力培育高新技术企业，积极申建国家级园区或企业相关绿色试点示范，制定绿色高质量发展规划。强力推动能源生产结构转型升级，积极构建清洁低碳、安全高效的现代能源体系，努力提高清洁能源与可再生能源的生产与消纳比例，不断加强经开区绿色能源的供应与保障能力。加快建设污水集中处理设施，落实新建绿色建筑标准，提高经开区整体的环境质量水平。积极谋划支持绿色发展政策，筹备绿色金融支持工具，建设园区绿色智慧化管理平台。

B.17
河南省直播电商发展研究

刘海涛　焦　静　袁文卓　宋嘉楠　姚　飞*

摘　要：　直播电商是近年来电子商务发展的新热点，利用即时视频对商品或服务进行展示推销，相比传统的图文电商具有参与主体多、带货品类多、场景形式多的特点，消费者能更直观地了解产品、及时互动，快速融入购物场景，已成为重要的销售模式，在赋能实体经济、助推数字化转型、创新消费场景方面具有独特的作用。本文在梳理河南直播电商发展现状的基础上，分析存在的问题，并提出针对性政策建议，以期促进新型消费提质扩容、提升实物商品网上零售额。

关键词：　直播电商　新型消费　产业融合　跨境电商

一　直播电商发展基本情况

（一）全国情况

直播电商内容鲜活、展示立体、推送精准、即时互动，吸引传统电商平台、娱乐社交平台纷纷入局，直播场次、观看人次、商品品类和成交额不断攀升，市场规模持续扩大。2023年，全国直播销售额达2.92万亿元、增长30%，占实物商品网上零售额的22.4%；"双11"网络交易额中直播电商增长18.9%，传统电商下降1.1%。直播电商发展呈现以下趋势。

---

* 刘海涛、焦静、袁文卓、宋嘉楠、姚飞，河南省商务厅。

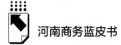

1. 平台发展头部效应明显

直播电商平台链接上游的供货厂家、品牌商，中游的 MCN（多频道网络）机构和运营、支付、物流等服务商，下游的带货主播等，处于产业链核心位置。直播带货成为主流电商平台标配，其中抖音、快手、淘宝直播"三足鼎立"，2023 年月活跃用户分别达 7.7 亿人、3.9 亿人、7.5 亿人，分别成交 2.88 万亿元、1.19 万亿元和 1 万亿元，共占据 90% 左右的市场份额；微信视频号、京东、小红书、拼多多、哔哩哔哩等加速发力，月活跃用户均超过 2 亿人。

2. 带货主播转向"百家争鸣"

抖音、快手等平台对头部主播进行流量限制，大力扶持中腰部主播；淘宝引进商家主播团队，开展店铺直播，2023 年"双 11"交易额破亿元的 89 个直播间中，店播超七成；京东培养一线采购、销售人员做主播，既能精准讲解商品优势、卖点，也避免了对头部主播的依赖；谦寻、三只羊网络、交个朋友等直播机构跨平台开设"1 个主直播间+多个垂直品类"直播间，打造矩阵式、差异化主播团队。此外，广电主持人借助自身专业优势及粉丝资源开启公益带货直播，如央视主持人任鲁豫、王冰冰搭档的"鲁冰花"组合、朱广权与李佳琦搭档的"小朱配琦"组合。还有越来越多创业者进入直播带货领域，成长为素人主播。

3. 优质内容成为引流关键

随着消费者理性回归，逐渐对砍价、秒杀等"叫卖式"直播不再认同，专业、有趣、有价值的内容成为平台和主播吸引流量的关键。主播董宇辉采用"3331"知识内容直播（30% 讲产品知识，30% 讲百科，30% 谈人生观、说情怀，10% 出金句），带来更好的消费体验。其抖音新账号"与辉同行"开播当月销售 8.89 亿元，跃居抖音带货第 1 名。小红书是以用户创作、分享内容为主的电商平台，其主播平时发布生活笔记、交流消费体验吸引粉丝、获取信任、给用户"种草"，直播中通过详细讲解对比、现场试穿试用引导购买，实现带货"拔草"，推出董洁、章小蕙等一批凭借优质内容赢得口碑、打开销量的主播。

4. 国货品牌打造直播"网红"

一些本土品牌抓住直播电商"国货意识"风口，快速提高知名度，扩大销售，带动品牌崛起。2023 年 9 月李佳琦"79 元眉笔"事件发生后，蜂花迅速上架多款售价 79 元洗护套餐，1 天涨粉 50 万，全网流传"蜂花到处捡箱子发货"文案，引发网友同情和"野性消费"；郁美净连夜入驻电商直播平台，董事长现身直播，"袋装儿童霜"成为爆品。"活力 28"三个"老头"在工人生产场景中直播带货，凭借不懂操作、不会整活，却真诚朴素、自带喜感的直播氛围，吸引 600 万粉丝，一夜销售额达 500 万元。在 2023 年"双 11"网络零售额前 20 的品牌中有 11 个是国产品牌；抖音 2023 年销售百强中国产品牌占 72 个，鸭鸭、华为列前两位；淘宝交易超亿元的品牌中，国产品牌占比 75%；在"95 后""00 后"消费者的购物车里，超过八成是国货。

5. "虚拟场景+数字人"成为竞争新赛道

淘宝应用虚拟现实（VR）和增强现实（AR）技术，消费者能 720 度全景了解商品；引入元宇宙技术，消费者可在其中创造虚拟数字分身，获得消费新体验。京东推出人工智能（AI）驱动的"虚拟数字人"直播产品，拥有多种形象和场景，主打闲时接力真人主播，2023 年"双 11"在 4000 多家品牌直播间带货，带动闲时直播转化率提升 30%。

（二）河南省情况

2023 年，河南省直播电商零售量 19.4 亿件、增长 73.2%，销售额 643.2 亿元、增长 59.7%；直播销售额占全省实物商品网上零售额的 16.9%，比上年提升 5.7 个百分点。在抖音、快手、淘宝直播场次分别为 1067.2 万场、426.1 万场、48.7 万场，零售量分别为 13.5 亿件、3.6 亿件、2.4 亿件，销售额分别为 411.8 亿元、83.1 亿元、148.3 亿元，在抖音、快手的活跃店铺数量分别为 4.4 万家、1.4 万家，电商直播场次、活跃店铺数和销售额快速增长。《中国直播电商行业发展趋势报告（2023）》显示，河南"直播电商发展指数"排名全国第九、中部第一，前八名分别是广东、

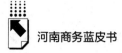

浙江、上海、北京、江苏、山东、福建、四川。河南直播电商发展呈现以下特点。

1. 直播基地不断壮大

全省现有相对活跃的电商直播基地约 140 个,直播基地销售额过亿元的超过 50 个,根据其运营模式可分成三类。一是以提供货品为主,具有丰富的供应链资源,为主播提供一站式服务,如海一云商主打家电直播零售,与海尔、美的、海信等品牌达成战略合作伙伴,开设线上店铺 300 余个、直播间 400 余间,2023 年销售额 116 亿元,其中直播销售额约占七成,在京东、阿里、拼多多等平台销量全国领先。二是电子商务产业园区、传统产业园区转型从事电商直播,如郑州大观国贸、银基市场集"店播+供应链+培训孵化+人才输出"于一体,有直播间近 200 个,成为省内资源最集中、孵化服务最全的服装直播基地及供应链中心;中国(郑州)直播电商产业基地入驻企业 43 家,引进酒水头部主播大奔姐、零食头部主播小花姐、百货头部主播乔乔好物、茶叶头部主播丹妮茶叶、本地生活头部机构餐赞、知识付费头部机构海豚知道,以及艾一集团、音量传媒等十几家垂直细分领域头部机构。三是以提供主播为主,为商家提供短视频制作、主播培训等服务,如洛阳集美互娱网红直播基地。

2. 产业融合逐步深入

河南家居用品、人发制品、服装服饰、化妆刷、工量具、玉器、瓷器、仿真花等特色产业集群快速发展,形成了郑州百荣世贸酒水、万邦农产品、漯河食品、许昌发制品、南阳玉器、安阳童装、新乡小家电等一批直播电商产业基地。漯河市以双汇肉制品、卫龙辣条和宠物饲料等为龙头,食品网络销售占实物商品网络零售额的 37.7%;许昌市依托瑞贝卡、恒源发品、瑞美真发等发制品企业,把"头顶上的小生意"做成电商大事业,化妆品类实物商品网络零售额占比 34.6%;南阳市镇平县利用三大直播平台 24 小时不间断带货,2023 年带动玉器销售约 50 亿元,居全国直播电商百强地区第 26 位;安阳市依托服装鞋帽、针织品加工产业,纺织服装类的实物商品网络零售额占比 43.0%;新乡市积极引进小家电企业,带动家电产业集群发展，家电类实物商品网络零售额占比 20.9%。服装、餐饮、住宿、文旅、教育等领域利用直播电商拓展业务，全省重点餐饮企业上线率超过 90%。一批品牌商家，以企业自播为主、达人直播为辅，实现网络销售快速增长，其中宜美乐食品年销量近 8500 万件、销售额超 8 亿元；白象食品、远明老酒抖音月销售额 5000 万~7500 万元，分别居食品饮料类第 7 位、第 12 位；好想你、宛禾米线、豫道食品、食族人（酸辣粉）等月销售额在千万元以上，居食品饮料类前 100 位；德佑常年霸榜家清个护、母婴产品；娅丽达、梦舒雅、逸阳等女裤品牌直播销量占三成以上；许昌天空树假发 1 月销售 1000 多万元；南阳内乡县创意电商直播梦工厂，运营不到一年直播带货 2.5 亿元。

3. 本土主播快速成长

灰豚数据显示，河南内容创作者众多，主播数量仅次于广东、浙江、江苏，居全国第四，涌现出一批带货达人。其中，抖音的茹静宜、樊小慧、麦小登、大奔姐、娜家，快手的霖霖好物、解忧百货懂好物不断、溪溪精选好物、好物精选馆等主播年销售额均超过 3 亿元。本土主播多数没有签约 MCN 机构，以个人账号直播、销售比较便宜的二线品牌商品，内容立足基层生活。比如，麦小登（滑县、粉丝数 1627.6 万人）是全国三农领域头部达人；乔乔好物（郑州、粉丝数 1250 万人）是家居领域头部达人，月销售 700 万元，高峰期月销售超千万元；幸福一家人周甜丽（商丘、粉丝数 1145.5 万人）月销售额超 5000 万元；董艳颖（濮阳、粉丝数 621.7 万人）月销售额超 7500 万元。许昌全媒体影视文化传播公司整合广电融媒、发制品产业带等优势资源，主持人走进直播间带货，与高校联合打造网红直播间 45 个，每年培训输出网络主播百余名。

4. 跨境直播成为新风向

河南培育认定了 36 家省级跨境电商示范园区、25 个跨境电商人才培训暨企业孵化平台，推动 80 家跨境电商企业在 47 个国家和地区设立或租赁 216 个海外仓。联合跨境电商平台阿里速卖通，成立全球首个假发行业跨境电商直播基地，举办多场产品出海推介会。以 E 贸易核心功能集聚区、航

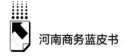

空港区为依托，以集成供应链、万国优品等企业为代表进行跨境电商进口产品直播，以云海丝路等企业为代表开展出口直播。

二 河南直播电商存在的问题

一是整体实力不强，区域发展不均衡。河南直播经济和广东、浙江有较大差距，直播经济整体规模与经济总量不相称，渗透率与贡献率低。在全国直播电商百强地区中，河南只有南阳市镇平县1个县上榜。直播电商发展不均衡，郑州、南阳两个市在抖音零售额占全省比重为54.3%、在快手直播平台占比55%。

二是产业链、供应链薄弱，产品竞争力不强。全国直播带货以服装服饰、个护化妆、食品酒水、家用电器等品类为主，河南个护化妆、家用电器等适合直播的高货值商品少。河南虽有服装服饰、家具家居、文旅文创、农副产品等产业，但缺乏资源整合，未形成有力的网络供应链。比如，女裤虽有量但品牌效应不强；农副产品标准化、品牌化、规模化不强，缺乏核心竞争力。

三是缺乏本土领军型直播电商企业和头部主播。全省成交额超10亿元的电商企业很少，直播电商企业品牌知名度、竞争力不够。具备带货能力、产生实际销售的主播1000位左右，其中单日带货量超100万元的不足50位，单日带货量50万~100万元的不足100位，与浙江、广东、山东等达人带货能力相比有较大差距（浙江单日带货量超100万元的达人400余位）。

四是直播电商发展生态不完善。主流直播电商平台总部多在北京、上海、杭州、广州，河南缺少本土直播电商平台、高质量MCN机构和服务商，直播发展环境与上述城市相比缺乏吸引力，导致部分主播流失。如郑州原来的全国女装头部直播达人涓涓二姐，2021年日均带货超300万元，2022年到广州发展；河南头部直播达人国岳、盈公主等也转到杭州发展。

三 下一步举措及建议

（一）加强政策支持

落实省政府《关于进一步促进消费的若干政策措施》，鼓励各地发展直播电商、网络销售，建设放心消费直播间，组织直播电商大赛，建设一批直播电商基地，围绕河南特色产品打造直播电商集聚区，扩大线上消费规模。支持省辖市对成效突出的县（市、区）给予财政支持，省财政按各地实际财政支出的30%给予奖补。支持各地招引知名直播电商企业（包括MCN机构、主播工作室、直播电商服务商等），发展直播电商等新型消费。鼓励各地对纳统直播电商企业按贡献度制定支持政策，如借鉴宁波市、深圳市等地做法，对直播基地的硬件投入、场地租赁、销售额等予以奖励。

（二）强化示范带动

继续培育省级电商示范基地、示范企业，择优向商务部推荐国家级示范单位，推动企业集聚、项目孵化、供应链整合、人才培养一体发展。按照"把握总量、注重质量、发挥作用"的原则，对已认定的省级电商示范基地、示范企业重新评价、动态管理。会同省委网信办、省工业和信息化厅、省农业农村厅、省市场监管局等，开展"诚信直播间"创建活动，促进直播电商健康规范发展。

（三）壮大电商直播主体

鼓励传统品牌、生产企业通过自建直播团队或与直播服务商合作方式，全渠道开展直播营销。引导外贸企业与直播电商平台对接，拓展品牌和商品出海渠道，扩大产品国际竞争力。鼓励企业利用直播电商消费数据反向赋能，及时准确掌握市场需求，指导研发、生产、销售，建立供应链灵活响应机制。支持人才资源丰富的地市整合广电媒体、高校、企业等资源，培育优秀MCN机构，完善直播产业链。

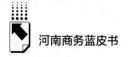

（四）培育电商直播人才

按照"人人持证、技能河南"要求，发挥协会、高校、园区和骨干企业作用，多元化开展直播电商培训，促进素人主播向达人主播、头部主播提升。支持直播电商企业通过校企合作，订单式培养人才。办好河南省电子商务职业技能竞赛，支持各地举办电商直播大赛。

（五）举办电商直播活动

支持举办特色产品直播选品会，为 MCN 机构及主播达人搭建平台，推动直播电商与各地名优特产、产业带深度融合。继续办好双品网购节、中国服装品牌直播大会等，策划举办"河南好物卖全国"直播活动，引导本土主播带货地方好物。

（六）建议加大对直播电商技术创新和融资支持力度

鼓励、支持直播电商企业申报高新技术成果转化项目，符合条件的给予资金扶持。建议金融机构依托直播电商企业数据和信用，开发针对性强的投融资产品，为中小微企业提供精准融资服务。

B.18
消费心理消费模式变化探究

刘 洁 张玉国 李雨青[*]

摘 要: 2023 年，河南省针对性出台促进消费 12 条、持续扩大消费 10 条等系列政策，开展汽车、餐饮等促消费活动，消费市场稳定恢复，消费信心逐步增强。随着消费新业态加速迭代升级，线上线下消费场景加速融合，消费市场进一步升级换挡，居民消费模式、消费习惯、消费品类等都在持续变化。虽然河南存在一些制约消费发展的不利因素，但随着各项促消费政策效应日渐显现，市场回暖趋势日益明显，绿色消费、健康消费、智能消费等观念深入人心，全省消费品市场恢复向好的因素不断增加，有利于在未来一个时期持续增长。

一 河南消费情况及特点

2023 年，全省谋划制定一系列惠企纾困、促进消费恢复政策措施，延续政府引导和财政投入，开展系列促消费活动，打造品牌消费集聚区、便民生活圈等消费载体和场景，实施县域商业体系建设行动，全省消费品市场恢复向好。

（一）2023年消费市场稳定恢复

2023 年，河南省针对性出台促进消费 12 条、持续扩大消费 10 条等系列政策，开展汽车、餐饮等促消费活动，着力引导消费预期，不断释放内需

---

* 刘洁、张玉国、李雨青，河南省商务厅。

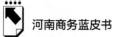

潜力。社会消费品零售总额 26004.45 亿元，同比增长 6.5%，其中限额以上单位消费品零售额增长 9.2%。包括济源示范区在内的 18 个地市社会消费品零售总额均实现正增长，其中安阳、郑州、焦作、南阳、洛阳、许昌、漯河等 7 个市增幅超过全省平均增速，安阳市增长 8%，增幅最高。餐饮收入和商品零售较快恢复。商品零售 23117.5 亿元、增长 5.6%，占全省总额的 88.9%；餐饮收入 2887 亿元、增长 15%，占全省总额的 11.1%，餐饮收入增速高于商品零售 9.4 个百分点。消费升级态势延续，第一大类商品汽车增长 13.4%，高于全国 7.5 个百分点；第二大类商品石油及制品增长 22.2%，高于全国 15.6 个百分点；体育娱乐用品类、书报杂志类、家用电器和音像器材类分别增长 11.6%、10.4%、10.5%。新型消费成为消费增长新引擎，全省实物商品网上零售额 3813 亿元、增长 21%，高于全省社会消费品零售总额增速 14.5 个百分点，占全省社会消费品零售总额的 14.7%，比 2022 年提高 2 个百分点。乡村市场增速略快，乡村市场增长 7.2%，占全省总额的 16.8%；城镇市场增长 6.4%，占全省总额的 83.2%，乡村市场增速高于城镇市场 0.8 个百分点。

（二）2024年消费信心逐步增强

2024 年以来，全省持续强化政策支持、打造消费载体、丰富消费场景，发放餐饮、家用电器等各类消费券，促进消费扩容提质转型。1~2 月，全省社会消费品零售总额 4656.52 亿元，同比增长 5.8%，高于全国 0.3 个百分点；其中限额以上单位消费品零售额增长 9.3%，高于全国 2.6 个百分点。全省消费潜能不断释放，聚集性消费、场景式消费、文旅消费快速恢复，居民消费意愿逐步增强。"吃住行游购娱"等需求集中释放。1~2 月，全省限额以上批发零售业、住宿餐饮业零售额分别增长 9.3%、9.2%；限额以上单位金银珠宝类、烟酒类、日用品类、粮油食品类商品零售额分别增长 18.5%、16.7%、16.3%、15.9%，智能手机类商品零售额增长 42.3%。多种形式消费快速增长。随着不同业态消费协同发展，全省线上线下零售额均实现较快增长。1~2 月，全省限额以上单位中仓储会员店、折扣店、超市、百货店零售额分别增长 29.4%、25.9%、10.1%、8.9%；限额以上单位中通过公共网络实现的商品零售额增长 18.1%。文旅消费活力十足。据省文旅厅统计，2024 年春节假期全省累计接待游客 5021.6 万人次，比 2023 年、2019 年同期分别增长 48.8%、56.3%；旅游收入 297.7 亿元，比 2023 年、2019 年同期分别增长 69.9%、65.1%。

二 消费心理消费模式新变化

随着消费新业态加速迭代升级，线上线下消费场景加速融合，消费市场进一步升级换挡，居民消费模式、消费习惯、消费品类等都在持续变化。

（一）消费心理和行为趋于理性

从居民储蓄看。人们预防性储蓄的倾向增强，储蓄率阶段性升高，消费意愿和信心需要时间修复。Wind 数据显示，2020 年到 2024 年 1 月，中国家庭住户存款增加 58.24 万亿元，其中 82% 是定期存款，4 年新增存款总额相当于 2009~2019 年总和。具体来看，2022 年和 2023 年，住户存款分别增加 17.84 万亿元和 16.67 万亿元，是 2005 年以来增长最多的两年。从河南看，2023 年河南住户存款 6.83 万亿元，较 2022 年增长 13.4%。存款余额持续增加，"超额储蓄"特征明显，一定程度反映消费者趋于保守的心理以及消费意愿下降。

从居民消费行为看。居民理性消费增加，超前消费减少，不再只是追求拥有和消费过程，而是更加注重实用性、性价比，往往会积极参与折扣促销活动，减少盲目性消费支出。毕马威调查显示，63% 的消费者认为性价比是消费决策中的重要考虑因素，远高于其他因素。例如，大张超市的生鲜商品、绿色食品等销售都有不同程度的增加，说明居民更加注重营养健康的膳食行为和生活方式；京东平台的消费者购买生活必需品、必选类商品的比重增加。

从房地产市场看。一是居民购房意愿偏弱。居民收入增速放缓，对未来

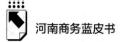
收入信心不足，直接导致了居民继续加杠杆的能力不足，购房意愿及能力相对趋弱。叠加购房者"买涨不买跌""政策会继续宽松"的心理，不少潜在购房者选择持续观望。二是二手房需求对一手房形成了替代。专业从事房产交易的"贝壳找房"数据显示，当前购房需求以刚需为主，更多购房者购房目标是享受优质配套和成熟周边，对自身落户和学区需求更高。二手房市场的低总价和小套型受到市场追捧，30岁以下购房群体占比明显提升。"贝壳找房"数据显示，2023年郑州新房及二手住宅网签套数同比上涨约44%。其中新房住宅网签套数同比上涨约20%，二手住宅网签套数同比上涨约80%，二手房网签量超新房。

（二）新零售成为重要消费渠道

线上消费活跃，2023年全省实物商品网上零售额3813亿元、增长21%，高于全省社会消费品零售总额增速14.5个百分点，占全省社会消费品零售总额的14.7%，比2022年提高2.0个百分点。京东、美团等平台反映，以前线下购买较多的食品、生鲜、医药等逐渐向线上购买转移。互动式消费越来越受青睐，人们不仅是买商品，更多是互动式购买、体验式购买，通过消费者与消费者互动、生产者与消费者互动完成消费行为，直播带货、抖音推介、线下体验线上下单等新零售应用更加广泛，消费者对融合销售普遍接受，如绝大部分新能源汽车都是通过展厅体验、App线上下单、线下交付完成销售。辣味休闲食品龙头企业卫龙以拳头产品"辣条""魔芋爽"等闻名全国，2023年，该公司积极布局各大电商平台，紧跟在线平台的流量变迁趋势，实现全平台电商覆盖渠道，全年线上渠道实现销售收入5.10亿元，较2022年增长了5%，占总收入的比例为10.5%，其中来自线上直播的收入由2022年的2.50亿元增长至3.15亿元。涮便利（火锅）通过在社区安装智能售卖柜，打造智慧零售新模式，满足居家火锅爱好者消费需求。近年来，社交电商发展势头火爆，抖音、快手、小红书等社交平台涌入电商赛道，以洗地机为例，2023年前9个月，社交电商累计销售额达到34亿元，同比增长94%，在整个线上渠道中，社交电商的比重已达到41%；电视、冰箱器等产品目前在社交电商渠道的销售额虽然还不到整体线上市场的5%，但是其同比增速均达到三位数，增长性非常可观。

（三）品质化个性化消费特征明显

网络零售进一步强化并满足了个性化消费需求。消费者更关注与个性、品质、健康、美丽、绿色等相关的产品，健康消费、美丽消费、文化消费等活跃，消费升级步伐加快。抖音电商平台显示，2024 年春节期间，用户以不断升级的品质消费需求拓展着年货的内涵。数据显示，擦窗机器人、扫地机器人、除螨仪等除尘产品在节前销量增长极快，分别达到 1014%、335% 和 257%；食品保鲜真空机销量实现了同比 19 倍以上的增幅，料理绞肉机、电炖锅销量同比增长 232% 和 149%；蝴蝶兰、冬青、大花蕙兰等年宵花销量同比增长了 663%。新春开卷，购买文学刊物也成为新的消费趋势，数据显示，年货节期间，抖音平台图书销量同比增长 243%。另据阿里巴巴统计，滑雪板、户外电源、宠物玩具、考古盲盒与手办、氛围灯、"早 C 晚 A"、文房四宝、预制菜、洗地机等也已成为新消费热点。

（四）国货国潮消费升温

全球疫情使跨国供应链不确定性增加，为本土品牌提供了关键"窗口期"。一些本土品牌通过快速适应市场变化、提高知名度，成功得到消费者认可和青睐。2022 年，新华网联合得物发布的《国潮品牌年轻消费洞察报告》显示，当今有 78.5% 的消费者更青睐国产品牌。在国潮消费中，"90后""00 后"成为绝对主力，贡献了 74% 的国潮消费，热度相比十年前增长了 5 倍。据抖音电商平台统计，2024 年春节期间，凝聚了传统文化元素与现代生活消费的"国货潮品"登上了年货市场 C 位。2024 货节期间，抖音平台中带"国潮""新中式"穿搭话题的短视频播放量超过 5 亿次，在大量优质国风短视频和直播间内容的推介下，新中式服装在抖音电商走红，同比增幅高达 2145%。在"抖 in 年货必买趋势金榜"上，国货占比达到了七成，不少品牌商家在活动期间赢得新春市场增量。波司登在抖音商城的

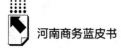
GMV 环比增长达 616%，其龙年限定款服饰成为品牌爆款。随着国潮风靡，传统手工艺和非遗文化也开始走向更多家庭，活动期间，老字号在抖音电商的销量同比增长 604%；手工麻花、福鼎白茶、紫砂茶杯、安溪铁观音和陶瓷礼包成为平台销量同比增幅最大的非遗好物。

（五）大宗消费市场下沉

河南县域人口基数大，消费能力足，随着县域商业体系加快完善，下沉市场提质扩容趋势明显。汽车方面，乘联会表示，县乡市场出行需求规模潜力巨大，农村地区的购车热情逐步释放，新能源车和中低端燃油车市场也逐步升温。河南省汽车协会反映，疫情之前汽车销售客户中上班族和市区客户居多，占 55%，疫情之后郊县购买者居多（中端车型）、占 55%，特别是新能源车正加速下沉三、四线城市，汽车市场由城市向县乡转移。家电方面，京东反映，低线级市场消费增速高于高线级市场，特别是随着物流和冷链的普及下沉，农村消费者食品、服饰等基本需求消费占比有所下降，享受型、发展型消费占比明显上升，2023 年轮滑、户外运动用品和维生素等健康用品消费同比增速均超过 100%，学历考试、技能培训类书籍在农村市场热销。格力电器认为，其渠道经销商多面向四、五、六级市场，覆盖市场人口基数大、消费能力强，如果适时激发消费能力，将有更多机遇。

（六）消费者对消费券和让利促销保持敏感性

政府发放消费券、企业促销打折等活动能明显拉动阶段性消费增长。格力调查统计，平时 60% 的客户有计划性购买空调、40% 的客户在天气转冷或天气炎热时才想起购买空调，但在每年 4 月，格力举办"万人空巷抢格力"优惠活动时，门店客流量及销售量会大幅增长。2023 年，郑州市举办欢腾购物节，通过京东、苏宁、天猫、抖音、快手发放电商消费券 5000 万元，截至活动结束，带动消费 6.8 亿元，杠杆率 1∶14；通过美团、饿了么发放外卖券 1000 万元，截至活动结束，带动消费 6348.5 万元，杠杆率 1∶8.5；电商、外卖消费券综合杠杆率达到 1∶13.5。"618"期间，苏宁易购开展

"省钱风暴购·品质家电焕新季"活动，为用户提供"政府+银行+苏宁易购+家居+地产+厂商"多重补贴，累计发放消费券超7000万元，活动期间，河南苏宁易购家电门店客流量同比增长23%，环比增长32%；家电当月销量整体销售额同比增长30%，环比增长69%。驻马店喜盈门、欢乐爱家等商超反映，消费券能带动客流量、销售额分别增长20%左右。2023年"中秋、国庆双节黄金周"期间，洛阳市推出多项"引客入洛"政策，包含"免门票""优惠游"、超值套票等让利促销手段，带动旅游人数暴增，旅游收入达到67亿元。

2023年，河南消费品市场虽然也存在一些制约发展的不利因素，但随着各项促消费政策效应日渐显现，居民消费信心逐渐恢复，市场回暖趋势日益明显，绿色消费、健康消费、智能消费等观念深入人心，全省消费品市场恢复向好因素不断增加，有利于消费品市场在未来一个时期持续增长。

三　应对消费品市场新形势、新变化的举措建议

以习近平新时代中国特色社会主义思想为指导，全面贯彻落实党的二十大和二十届二中全会及中央经济工作会议精神，把恢复和扩大消费摆在优先位置，供需两端协同发力，"政策+活动"双轮驱动，全力推动消费持续扩大。

（一）增强消费能力和信心

一是稳定居民收入预期，积极拓展就业渠道，增加社会保障性支出，通过稳岗补贴、税收、利率、贷款等提高居民可支配收入，逐步引导降低"超额储蓄"，着力扩大有收入支撑的消费需求。二是狠抓河南促消费政策措施落地，及时兑现已出台的消费政策措施，推动助企纾困和政策惠民，稳定市场价格、防止大起大落，增强居民实际购买力。三是强化财政支持，加强政银企互动合作，联动发放汽车、家用电器、智能电子产品、家装、家居、家纺、农产品和零售、餐饮、住宿等消费券，优化发放和核销流程，进

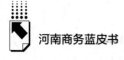

一步放大引导撬动效应。灵活运用消费券杠杆作用，短期带动居民消费阶段性回补，长期引导消费方向和趋势。

（二）加快推动消费升级

一是支持新销售模式发展，鼓励发展直播电商、即时零售等新业态新模式，激励商超、餐饮等传统企业数字化转型、智能化改造，增强供给能力。二是积极培育新消费热点，引进大型商业综合体和知名品牌店、旗舰店、体验店、首店，倡导推动国潮消费，促进绿色消费，培育时尚和品质消费。支持各地发展夜间经济，挖掘壮大预制菜等消费热点。三是支持企业品牌化产业化发展，以产业化视角推动消费，以消费带动产业化，打通产业链。支持本土餐饮企业参与拜祖大典等大型活动接待工作，展示豫菜形象，推动豫菜走出去，通过品牌化产业化增强产品竞争力。

（三）稳定大宗商品消费

一是落实好扩大汽车消费政策措施，鼓励新能源汽车购买使用。聚合汽车消费全产业链资源，支持举办中原国际车展、大河国际车展等，打造集新车展示发布、购车优惠促销、动态试乘体验、沉浸式互动于一体的购车嘉年华。鼓励各地延续对汽车、家电等大宗商品的购买补贴。二是政银企联动开展汽车、家电以旧换新活动。选择经济实力强、汽车消费态势好的地市开展百县千镇汽车消费巡展促销活动，激发县域市场汽车消费。支持行业协会以及家电生产、销售、服务企业开展家电家居焕新消费季活动。三是加快活跃二手车市场，支持二手车商品化发展，参照新车购车补贴、汽车消费券等，给予二手车同等支持政策，同时完善报废机动车回收利用体系，促进汽车梯次消费、循环消费。四是鼓励房地产、汽车、家电等大宗商品联动促销、相互带动。

（四）完善消费网络体系

一是打造城市消费新场景，培育郑州国际消费中心城市，打造洛阳、南阳区域消费中心城市，持续推动智慧商圈、品牌消费集聚区、一刻钟便民生活圈建设，加快步行街改造提升、老字号传承创新。二是挖掘县乡下沉市场潜力，实施县域商业建设行动，补齐县域商业基础设施短板，完善县乡村三级物流配送体系。三是支持有实力的电商、商超、家电、汽车等企业向县乡布局，助推电商进农村、城乡高效配送、农产品供应链建设，畅通工业品下乡、农产品进城双向流通通道。

（五）强化促消费协调推进机制

一是建立消费行为变化研判机制，定期分析消费模式、结构和趋势变化，充分了解居民消费意愿、消费诉求等微观消费变化，及时引导、营造氛围。二是常态化举办促消费活动，政府搭台、企业唱戏、活动引领、政策支撑，省市县三级联动，政银企密切配合。可围绕"国货潮品""惠享全球""暑期生活""暖购秋冬"主题，重点举办或参加国际消费季、夏日消费季、双品购物节、老字号嘉年华、消博会、进博会等活动。实施品牌消费活动培育行动，"一城一活动一 IP"，定期发布市县品牌消费活动名录，构建消费品牌活动矩阵，形成一波接一波促消费热潮。

B.19
县域商业提质增效　激活县乡消费潜力

王卫红　程全玉　李苏楠　韩晓天　魏宪令 *

摘　要：　近年来，河南省高度重视县域商业体系建设工作，商务系统围绕县乡村商业网络和农村物流配送体系，着力渠道下沉和农产品上行，不断推动县域商业网点设施、功能业态、经营主体、消费环境、安全水平等提质升级，县域商业体系建设蓬勃发展。本文分别从供给侧和需求侧阐述分析河南省县域商业体系发展的现状和工作成效，梳理总结当前县域商业体系建设中存在的难点、堵点问题，提出补齐基础设施短板、增强商业集聚势能、提升县域流通效率、盘活县域发展资源等针对性举措。

关键词：　县域商业　消费市场　农产品上行

　　县域消费市场是国内消费市场的重要组成部分，也是扩大内需、建立国内国际双循环新发展格局的重要环节，加快县域商业体系建设，促进城乡融合发展，对于激活县域消费潜力、促进经济增长意义重大。2023 年，河南商务系统着力补齐县域商业基础设施短板，完善县乡村物流配送体系，引导商贸流通企业转型升级，推动县域商业提质增效，为稳定全省经济增长实现整体向好格局做出积极贡献。

---

　　* 王卫红、程全玉、李苏楠、韩晓天，河南省商务厅；魏宪令，河南君友数字科技有限公司。

一　多措并举，县域商业提质增效

（一）补齐商业设施短板

2023 年，全省县域商品和服务销售额达 11468.73 万元，同比增长 6.2%，河南省按照整体推进、补齐短板、项目化实施的思路，持续提高县乡村商业网点覆盖率。一是增强县城带动乡、村能力。2023 年，全省新建、改造县城综合商贸服务中心 77 个，实现县域全覆盖；筹措省级资金 1.2 亿元，支持郑州、洛阳、开封、南阳等重点城市建设县（市、区）综合特色商业街。二是加强乡镇商贸中心建设。2023 年新建、改造乡镇商贸中心 436 个，新增覆盖乡镇 63 个，覆盖率 94.9%，覆盖率提升 13.8%，主要工作为升级商贸中心营业环境、增加线上采购和线下配送服务、扩大进村服务覆盖面、设立农民自产自销专区等。三是加快村级网点布局。2023 年，新建、改造村级便民商店 7813 个，新增覆盖 1913 个行政村，覆盖率 96.9%，覆盖率增长 3.3 个百分点，行政村快递物流服务通达率 100%。通过加强商业设施建设，2023 年县域主要商业设施（商贸中心、农贸市场、便利店等）万人保有量为 11.49 个，同比增长 12.0%，商业综合体、超市、专卖店、购物中心、便利店等各类业态在县域竞相发展，极大改善了县域消费环境。

（二）提升物流配送能力

组织开展农村电商与寄递物流融合发展示范性县域物流公共配送中心和乡村物流综合服务站认定工作，因地制宜地建设县乡村三级寄递物流服务网络，进一步扩大农村电子商务、快递物流配送覆盖面，不断完善物流配送体系。2023 年，河南省新建、改造县级物流配送中心 61 个，实现县域全覆盖；新建和改造乡镇物流配送中心 659 个，行政村快递物流服务通达率达 100%；实现共同配送的县域数量 100 个，占比达到 95%，实现年度目标。另外，鼓励各地整合邮政、供销、交运等县域物流快递资源，强化农村基础设施和服务网络共建共享，努力实现"多站合一、一点多能、一网多用"城乡共同配送、高效配送，降低配送成本。例如，信阳市光山县实现县城 3 小时送达、乡村 12 小时送达、资费每单比省城降低 1 元；漯河市率先在临颍县启动农村客货邮融合发展暨快递进村工程，通过农村客货邮融合发展销售农产品近 300 万元。

（三）推动商业服务下沉

一是引导商品服务下沉，满足县域消费需求。截至 2023 年，全省共有县域龙头商贸流通企业 273 家，其中连锁经营企业 269 家，郑州丹尼斯、洛阳大张、南阳万德隆、安阳欧多福等一批区域商贸流通龙头企业网点下沉，提供消费品下乡、物流寄递等六大类服务，不断深耕县域市场。二是鼓励供应链下沉，促进双向流通。在全省 10 个县（市、区）开展完善特色优势农产品供应链示范工作，重点支持农产品产后商品化处理设施、冷链物流设施、流通网络完善等方向。该项工作采取以奖代补方式对农产品供应链体系建设项目给予支持，共支持项目 127 个。三是推动物流配送下沉，实现快递直达。实施"快递进村"工程，发展"多站合一"的乡镇客货邮综合服务站、"一点多能"的村级寄递物流综合服务点，推进县乡村物流共同配送。

（四）推广创新商业模式

一是加快县域商业数字化改造。河南省开展连锁经营的 269 家县域商贸流通企业中，已有 85 家完成数字化改造，占比为 31.6%。县域商业体系建设承办企业通过 SaaS 产品和数字化手段，升级县域商业体系，实现门店互联网化、数据化、服务化及生态化的融合。完成改造的乡镇商贸中心，经过培训与数字化工具的赋能，经营数据明显提升。二是推广连锁经营模式。加强顶层设计，适时出台政策，推动品牌连锁门店发展，如便利蜂、美宜佳、罗森、7-11 等便利店，鲜风超市、永辉超市、物美超市等连锁品牌超市加快下沉县域消费市场。

（五）增强农产品上行动能

货架电商、社区电商、直播电商等新型农产品流通模式和业态快速发展，进一步拓宽农产品上行渠道。君友数字大数据监测显示，2023年河南省农村网商（店）数量为28.11万家，同比增长31.5%；县域网络零售额为1713.18亿元，同比增长15.4%；全省农产品网络零售额1152.32亿元，同比增长20.7%。其中，传统滋补营养品，酒类，粮油米面、南北干货、调味品等农产品及其精深加工品上行释放较大消费潜力，成为县域电商加速增长的重要引擎，同比分别增长11.7%、9.2%和6.2%。

（六）强化典型标杆带动作用

2023年河南省商务厅新评选16个县域商业体系示范县，截至2023年示范县达到45个，实现17个省辖市全覆盖。通过县级申请、市级复核、省级推荐，共获评12个全国县域商业"领跑县"，分别为淇县、确山、浚县、唐河、临颍、淮阳、宝丰、永城、杞县、兰考、孟津、范县，占支持县总数的26.6%；12个"领跑县"经验案例可复制可推广，相关案例入选《全国县域商业"领跑县"案例集》。大蒜之乡杞县通过实施"大蒜兴县""大蒜富县"战略，大蒜产业化进程不断加快，而依托电子商务培育销售主体、加强品牌和供应链建设，整合快递、商贸等各类物流资源，降低物流成本，更为杞县大蒜"插上"上行"翅膀"。在临颍县，立足小麦、小辣椒、生猪等高效种养业资源优势，紧盯绿色化、高附加、功能化发展方向，引进知名行业龙头企业，实施"五个打通"、形成"六大集群"，产品涵盖8个大类2000多个品种，其中薯片、虾条、法式小面包等占全国市场份额的1/3，饮料占全国市场份额的1/10，该县成为中部地区休闲食品产销量最大的产业基地。确山县先后开展"点亮'夜经济'，醉美'烟火气'"电商夜市直播、"网上年货节""年中好物巡展"活动，活动期间累计销售额近200万元。永城市培育"麦客多""卢师傅"等网络知名品牌，引入抖音、美团、淘菜菜等平台，有效促进本土特色产品上行。各"领跑县"线上线下齐发力，县域农特产品不再"养在深闺"，而是积极接入消费市场，让本土农特产品开销路、"红出圈"。

二 持续发力，激活居民消费潜力

（一）县域消费规模进一步扩大

河南省大力推进县域商业体系建设，县域消费市场实现持续稳步发展。2022年，全省县域社会消费品零售总额12777.79亿元①，较2015年增长44.3%，年均增长5.4%，增速与全省平均水平逐步持平（见图1）。随着阿里、京东、拼多多、美团等电商巨头市场下沉，线上线下进一步融合，县域网络零售规模逐步扩大。2020~2023年，河南省县域网络零售额由669.00亿元增长到1713.18亿元，增长156.1%，其中2023年县域网络零售额占全省比重为37.20%，较2020年提高12.82个百分点，占比整体上稳步提高（见图2）。

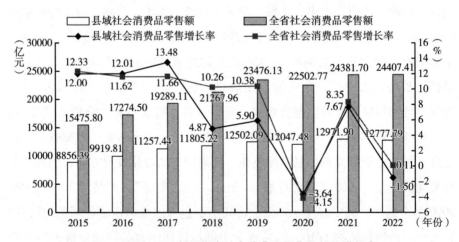

图1 2015~2022年河南省社会消费品零售总额及增长率

资料来源：《河南统计年鉴》。

---

① 全省县域社会消费品零售总额数据核算方法：全省社会消费品零售总额扣除省辖市各区及济源示范区社会消费品零售总额。

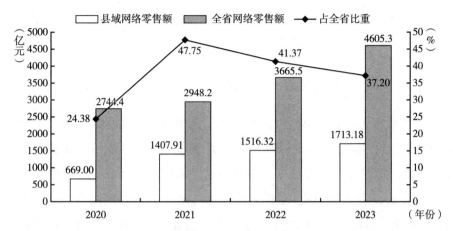

图 2　2020~2023 年河南省网络零售额及县域网络零售额情况

资料来源：君友数字大数据监测。

（二）城乡居民可支配收入差距逐步缩小

2015~2023 年，河南省农村居民人均可支配收入由 10853 元增长到 20053 元，累计增长 84.8%、高于城镇居民收入增速 27.5 个百分点，年均增长 8.0%、高于城镇居民收入年均增速 2.2 个百分点。2023 年，河南城乡居民可支配收入比为 2.01，较 2015 年（2.36）缩小了 0.35（见图 3），城

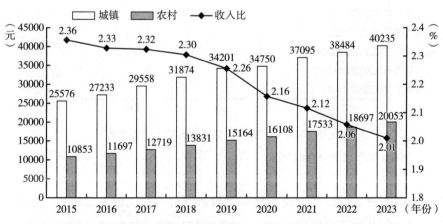

图 3　2015~2023 年河南省城镇及农村居民可支配收入

资料来源：《河南统计年鉴》。

乡居民收入差距明显缩小，这种趋势对于提高农村居民的购买力以及促进县域消费市场的繁荣具有重要意义。

（三）县域消费结构进一步优化

君友数字大数据监测显示，2023 年，河南省县域实物商品网络零售额1529.65 亿元，同比增长 39.8%，服务类商品网络零售额 183.53 亿元，同比增长 19.4%。实物类商品中，食品酒水、家居家装、家用电器引领实物型电商发展，网络零售额体量排名前三位（见图 4），占网络零售额比重分别为 20.4%、17.5%、14.3%；个护化妆、母婴、娱乐用品增速分别位列前三，同比分别增长 147.4%、67.1% 和 24.0%。其中，个护化妆增速远超全省平均水平，成为对实物类商品增速贡献最大的品类。非实物类商品中，在线餐饮、生活服务、教育培训等服务消费需求显著增长，其中在线餐饮消费回升明显，同比增速为 72.1%。

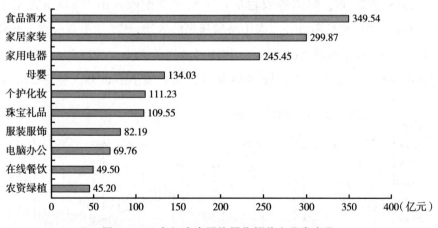

图 4 2023 年河南省网络零售额前十品类商品

资料来源：君友数字大数据监测。

具体来看，2023 年河南省网络零售额增势明显的细分品类中，音乐影视、设计服务增速均超 100.0%，分别为 171.0%、127.7%；流行男鞋、特色手工艺、数码相机增速超 30.0%；保健食品、乐器、美妆用品、商业办公家具等品类增速超 20.0%。河南县域消费升级趋势明显，商业体系建设取得初步成效（见图 5）。

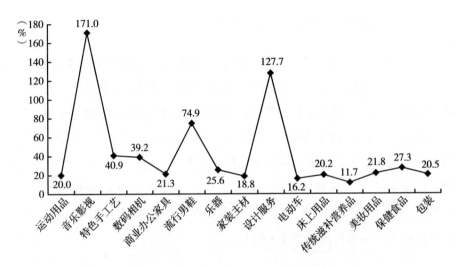

图 5　2023 年河南省县域热销产品网络零售额同比增速

资料来源：君友数字大数据监测。

（四）县域消费新业态不断涌现

一是直播电商兴起。君友数字大数据监测显示，2023 年河南省参与直播的商品实现网络零售额 798.07 亿元，直播电商渗透率达 16.9%。新蔡县通过组织电商直播比赛、农产品网络直播带货、农村电商交流等活动，加快培育优秀电商直播人才。杞县通过农产品电商直播活动，累计成交量 13.23 万单，产品销售额达 207.62 万元，有效提升了"杞县大蒜"品牌知名度。二是连锁品牌开启县城首店，新消费步入下沉市场。星巴克、屈臣氏、肯德基、名创优品等各类品牌连锁不断入驻县城，河南封丘首家"肯德基优选"县城小镇店、郑州新密星巴克进驻商贸中心，各类休闲娱乐消费新形式逐步在县域市场扎根。三是即时零售等新业态融合发展，实体店铺纷纷接入数字经济平台，助力消费提质扩容。零售平台美团数据显示，2024 年春节期间，河南县域市场即时零售订单量比上年同期增长 50%，其

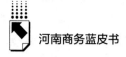

中，商超、便利店订单量同比增长 59%，夫妻小店订单量同比增长达119%。

（五）重大节日网络消费活力增强

2023 年京东"双十一"数据显示，河南消费者购物用户数全国排名第六，购买力全国排名第八，较 2022 年有所提升。从消费偏好来看，层架/置物架、智能家居、智能手表、智能晾衣机、洗烘套装是成交额增速 TOP5 品类，同比增长率分别为 566%、198%、175%、165%、140%。此外，刚需、高频的个护产品和米面粮油成为囤货的主品类，面粉、沐浴露、食用油、面膜、洗发水成为人均购物件数 TOP5 品类，人均购买件数分别为 7.2 件、5.8 件、4.6 件、4.2 件和 4.0 件。空调、游戏本、冰箱、平板电视、手机等硬件成为人均消费金额 TOP5 品类。

三　把脉询诊，正视县域商业存在的问题

经过不懈努力，河南县域商业体系建设取得较好的成果，新建、改建的县、乡、村级商贸网点及物流配送节点有了很大改观，但总体来看，河南县域商业体系建设与实际需求还存在较大提升空间，主要表现在以下三个方面。

（一）县域消费需求与消费供给不匹配

日益增长的县域消费需求与县域消费供给不匹配。随着网络和短视频的普及，县域居民对新消费场景、消费内容和消费方式的需求持续升级，但县域市场规模偏小、消费水平偏低，对大型商贸企业等市场主体的吸引力不足，县域服务主体发展相对滞后，商业主体小、弱、散，大多只能为居民提供果蔬肉蛋奶、食品、洗护用品、日用百货等商品，缺乏特色优势，与信息、金融、物流、休闲、文化、旅游、娱乐等产业的联动效应不足。在商业设施方面，停车场、休息区、卫生间等配套服务设施不足、陈旧或环境较差，不能较好满足消费需求，影响消费者购物体验，降低了商业活动吸引力。

（二）商业基础设施改善需求与投资供给不匹配

县域商业基础设施有待完善与投资信心不足、投资动力不足并存。一方面，根据《河南省人口普查年鉴（2020年）》，河南人口在50万人以上的县有73个、30万~50万人的县有27个，县城人口稠密的地方有较强烈的亲子、娱乐、金融等生活服务需求，需要增加投资来进一步完善商业基础设施；另一方面，受过往对县域消费的认知局限，社会资本对建设、改造县城和乡镇商贸中心的预期收益不高，加上近两年经济不确定性增加，大型商贸企业投资动力和投资信心不足。据《河南统计年鉴》，2021~2022年河南省批发业固定资产投资同比增速均为负值，分别为-14.4%和-2.4%，2021年河南省分行业农村农户固定资产投资中批发和零售业同比增速为-47.0%。

（三）县域商业发展存在不均衡

一是县城与县城之间不均衡。一方面，一些经济发达、人口集聚、旅游活跃的县城基础设施成熟，终端市场业态丰富，业态之间的替代效应明显，综合商贸中心、大中型商场与连锁便利店之间的竞争趋近饱和，与大中型城市的差距缩小、融合加深。另一方面，一些产业单一的农业县商业资源相对不足，农产品产地集配中心、农产品保鲜库和低温加工等商品化预处理设施不足，农产品专业性物流设施配套不足；部分道路通行能力不强增加了末端商业网点配送难度，信息基础设施建设滞后制约了线上线下融合发展。二是同一县域内部商业发展存在城乡不均衡。目前，县城的综合商贸服务功能已具备，县城居民的日常生活、娱乐等消费需求已得到基本满足，部分县城还可以满足居民的高端消费需求，但相较之下，乡镇、村级的商业基础设施明显不足。

四　精准发力，促进县域商业高质量发展

（一）加大投入，优化布局，加强基础设施建设

加大县域财政投入，鼓励社会资本参与县域商业基础设施建设，常态化

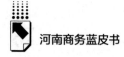

开展银企对接，优化企业投资、金融信贷、政府补贴机制，提振投资信心与动力，构建多元化投资格局。

正视县、乡、村人口密度，结合县域经济发展情况、产业基础，进行商业网点改造和布局补位。加强县域商业信息化建设，落实落细商贸、物流信息化补贴政策，加快县域商贸物流数字化转型进程。

实施农产品流通补短板工程，在农产品主产区、农特产品优势区支持建设产地冷藏保鲜设施，建设规模适度的采收预冷、分拣加工、包装等初加工设施。探索发展产地预冷、产区集配、区域调运共享式"田头小站"等移动冷库，推广"移动冷库+集配中心"运行组织模式，提升产地预冷、仓储保鲜、初加工、产地直销等能力。

（二）招引孵化，培育引导，增强商业集聚势能

招引培育孵化大型商业主体。鼓励和支持有潜力的商户通过合作、兼并、重组等方式扩大规模，发展成为大型商业主体。引导和支持大型商业主体引进先进的管理经验和商业模式，提高经营效率和服务质量。鼓励大型商业主体开展品牌化、连锁化经营，提升品牌影响力，满足消费者多样化需求。

优化商业结构。调整商业结构，增加高品质、高附加值的商品和服务供给，满足消费者升级需求。鼓励商户发展特色经营，形成差异化竞争优势，避免同质化竞争。引导和支持商户开展线上线下融合发展，利用电子商务平台拓展销售渠道，提高市场竞争力。

鼓励商业集聚发展。规划和建设商业集聚区，通过政策引导和市场机制，促进商户向特定区域集中，形成规模效应和集群优势。提供集聚区内的商户以优惠政策和便利措施，如租金减免、税收优惠等，降低经营成本，提高市场竞争力。

（三）产业聚势，流通疏链，提升县域流通效率

围绕特色产业，构建辐射全县、网络强健、畅通有序的统仓、统配、统

标、统站的物流联盟模式。

以政府主导、市场化运作方式，引导鼓励快递物流企业和商贸流通企业共享仓储空间，统一服务标准和计费标准，形成以县级商贸流通骨干企业为龙头，县级商贸中心聚势赋能、乡镇物流配送中转承接、村级综合站点服务末梢的高效流通体系，提升县域流通整体效率。

（四）典范引领，创新模式，盘活县域发展资源

充分发挥领跑县、示范县的带动作用，组织"县域商业建设发展创新论坛"，开展领跑县争创和参观学习活动，加强经验交流与创新模式推广。

创新合作模式，优化商贸物流生态圈。探索商贸、物流资源融合发展的有效机制，深度整合、融合物流快递资源，融合商贸圈，畅通流通链，实现商贸销售、仓储管理、打包发货、平台交易、运输监控、支付结算、大数据分析等全链条服务，使各环节紧密衔接、协同配合，推动县域商业体系高质高效运行。

抓住直播电商风口机遇，培育直播电商基地。立足县域特色产业和优势产品，打造一批特色乡镇大集和乡镇农贸市场，打造一批县域电商直播基地、村播学院，开展农村直播电商大赛，激发农村直播电商创业就业热潮，提升农村直播电商营销水平，加快农产品上行步伐。

充分发挥河南省产销对接联盟的作用，强化部门协作和省市县三级联动和信息资源共享，推动各种形式的农产品产销对接活动及商务部交办的相关活动开展，拓宽农产品销售渠道。

B.20
河南省连锁经营发展浅析

许现峰　陈岳鹏　庞晶晶　刘乐意*

摘　要： 本文通过梳理国内外连锁经营发展情况，对河南省连锁经营发展现状进行剖析，认为河南连锁经营存在重视和支持力度有待提升、同质化现象严重、知识产权保护意识较弱、品牌运营和营销水平有待提高等问题，并坚持问题导向，研提加强顶层设计、统筹协调推进，引导连锁经营提档升级、打造其独特品牌属性，加大知识产权保护力度、持续优化营商环境，多渠道宣传推广、多媒体矩阵营销等针对性建议。

关键词： 连锁经营　万店连锁　供应链

一　连锁经营的特征

连锁经营是一种商业组织形式和经营制度，是由同一商业集团所属的，在不同地域经营同类商品的各商店组成的一种商业组织形式。其特征是统一管理、采购、配送、价格、标志、策略和核算。连锁经营模式广泛应用于商贸、流通和服务各领域，涉及业态包含百货商超、便利零售、餐饮酒店、生活服务、康养美妆、托育教培等行业，是第三产业实现高质量发展的重要支撑之一。

连锁经营商业模式具有高标准化、集中采购化、供应链数字化、经营规模化、用工职业化、完整产业链化等综合优势，对构建环节完整、运行高

---

* 许现峰、陈岳鹏、庞晶晶、刘乐意，河南省连锁经营协会。

效、上下协同的供应链体系，以及帮扶创业、吸纳就业、增加居民收入、推动消费升级等诸多方面起到重要作用。与此同时，连锁经营对农村产业升级、农民消费升级、农民就业、农产品以及农资生产规范化、现代化等方面也具有重要的推动作用，成为乡村振兴的重要一环。目前，我国连锁经营已经呈现显著的"六新"特征：前端门店新场景、新服务、新消费，后端产业链新经济、新业态、新活力。

二　国内外连锁经营发展情况

商业的发达程度反映了一个国家和地区的经济繁荣程度。连锁经营模式最早诞生于美国，20 世纪 50 年代，美国快速孕育出覆盖全球的连锁企业和品牌，比如沃尔玛、Costco、麦当劳、肯德基、必胜客、汉堡王、星巴克、赛百味等，同时将美国的饮食和服务文化输送到世界各地。中国连锁经营协会《2023 中国餐饮加盟行业白皮书》显示，美国餐饮业的连锁化率为 54%；日本紧随其后，也发展出诸多覆盖全球的连锁品牌，比如 7-11、罗森、全家、优衣库、吉野家等，据统计，日本服务业的平均连锁化率为 49%。

随着中国经济的高速发展，居民生活水平日益提升，对服务业高质量发展提出了更高的要求，各行各业的连锁品牌如雨后春笋般诞生，展现出更好的消费场景、更优的服务体验、更大的消费活力，但目前中国餐饮服务业的平均连锁化率为 21%[1]，中国茶饮行业连锁化率为 44%[2]。

"万店连锁"是对连锁品牌是否具备超级规模的一个评判标准。中国连锁经营协会 2023 年商业特许经营 TOP280 数据显示，截至 2023 年，中国本土已经诞生 10 个民营万店连锁品牌，分别是蜜雪冰城、正新鸡排、华莱士、绝味鸭脖、瑞幸咖啡、锅圈食汇、苏宁易购、美宜佳、德祐、大参林，且

---

[1] 《2024 中国餐饮加盟行业白皮书》，中国连锁经营协会。
[2] 《2023 新茶饮研究报告》，中国连锁经营协会。

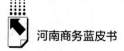
已经处于世界前列。值得一提的是，兰州拉面和沙县小吃这两个万店连锁，是由地方政府靠产业链支撑推动的泛连锁品牌。

国内各行业竞争激烈，相比其他行业，连锁经营具有市场认知高、增量快、产业配套完善、消费力强劲、标准化程度高、规模和集采优势明显、产业链布局带来的社会效益巨大等特点。

三 河南连锁经营发展现状及存在的问题

（一）发展现状

1. 市场主体逐步壮大

（1）商业特许经营备案企业

商务部商业特许经营信息管理系统数据显示，截至 2023 年 10 月，河南省共有商业特许经营备案企业 447 家（其中，郑州市 304 家、新乡市 17 家、南阳市 17 家、洛阳市 13 家、商丘市 14 家、安阳市 11 家、周口市 10 家、驻马店市 10 家等）。河南省商业特许经营备案企业数量居全国第 11 位，在区域分布上，河南商业特许经营备案企业地区分布呈现以郑州为中心的"一超多强"局面，。郑州市以 304 家商业特许经营备案企业领跑全省，占比最高，达 68%，其次是新乡、南阳、洛阳、商丘等市数量较多，从数据能看出省内各地市的经济发展情况及其对商业特许经营的重视程度。

（2）限额以上连锁企业

根据《河南统计年鉴 2022》数据，2021 年河南省限额以上批发和零售业连锁总店 104 家，连锁门店 7645 家（其中直营店 6963 家，加盟店 682 家）；限额以上便利店连锁总店 2 家，连锁门店 157 家（其中直营店 154 家，加盟店 3 家）；限额以上超市连锁总店 18 家，连锁门店 404 家（其中直营店 362 家，加盟店 42 家）；限额以上住宿和餐饮业连锁总店 12 家，连锁门店 311 家（其中直营店 310 家，加盟店 1 家）。

2.行业结构调整加快

河南省连锁行业限额以上企业主要由大型连锁商超、连锁住宿和餐饮、连锁便利店等组成。其中，大型连锁商超在市场份额上占据主导地位，连锁住宿和餐饮、连锁便利店的增速较快。

3.优秀品牌企业频出

郑州的区位优势和河南农业大省的强力支撑，使郑州的连锁经营发展拥有深厚的基础和肥沃的土壤，呈现了百花齐放的品牌集聚效应，许多国内外知名龙头企业诞生于此，比如蜜雪冰城、锅圈食汇、好想你、宝视达等，对地方经济社会发展的贡献巨大，河南省内以连锁经营为主的零售、餐饮、居民服务等领域企业的税收在所有市场主体税收总额中占比超过10%。河南连锁经营发展土壤深厚、区位优势明显，诞生了许多优秀品牌和优秀企业，在新消费产业中扮演着举足轻重的角色。

表1　河南省分行业连锁品牌

行业分类	品牌
零售	丹尼斯、好想你、胖东来、洛阳大张、悦来悦喜、折扣牛、宝视达等
餐饮	蜜雪冰城、巴奴火锅、姐弟俩、虎丫炒鸡、眷茶等
酒店	昆仑乐居、喜鹊愉家等
康养服务	彭氏修脚、舍艺等
托育教培	真爱幼幼、卓跃儿童等

资料来源：河南省连锁经营协会。

中国目前10家万店连锁规模企业中有2家是河南郑州品牌。蜜雪冰城目前全球门店超过40000家，成为仅次于麦当劳、赛百味、星巴克和肯德基的全球第五大快餐连锁品牌，锅圈食汇目前门店超过11000家。郑州以蜜雪冰城、幸运咖、茶主张为主的连锁茶饮品牌已经开始出海布局且取得明显效果，目前郑州连锁企业出海布局门店总数已超过5000家。

4.前端连锁带动了后端产业链和供应链布局

蜜雪冰城在焦作温县将近2000亩的供应链布局——大咖食品，未来将

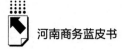

有可能成为全球咖啡茶饮的供应链基地；锅圈食汇在周口鹿邑县投建的澄明食品工业园已经成为中国餐厅后厨和家庭厨房的预制菜生产基地；好想你的红枣农产品种植和深加工业成为新郑市的农业支柱产业；开封通许县的酸辣粉产业在县委县政府的推动下，正在通过零售和连锁经营模式到达亿万消费者手中；宝视达平顶山宝丰产业园，已经成为中国眼镜核心加工基地之一；原阳县的中央厨房园区已经成为河南餐饮连锁企业的后厨房。河南还有更多的腰部连锁品牌正在飞速发展的道路上逐步构建自己的产业基地和供应链体系。

（二）存在的问题

1. 重视和支持力度有待提升

与长沙、成都等兄弟城市相比，郑州市在促进连锁经营发展方面的支持政策、营商环境、服务举措等均存在滞后问题，产业价值未得到充分重视和挖掘，连锁总部容易流失，相关连锁产业链、供应链难以形成集群效应，国家中心城市的带动作用还需进一步强化。创立于郑州的锅圈食汇，于2019年落户上海，2023年11月于港股成功上市，目前线上总部在郑州；创立于郑州的巴奴毛肚火锅，于2022年将总部迁往北京，工商信息目前还在郑州，企业估值约200亿元。

相较之下，北京、西安、湖北等地出台了多项扶持政策。北京市颁布《北京市商业流通发展资金管理暂行办法》《关于〈北京市商业流通发展资金管理暂行办法〉的补充通知》等文件，明确支持直营连锁餐厅和中央厨房（主食加工配送中心）建设，支持连锁超市采用数字化手段升级卖场、打造智慧商店，支持连锁超市新建直营门店、新建或改造配送中心和开展农超对接，对符合条件的企业给予一定资金支持。湖北出台《关于进一步激发市场活力稳住经济增长的若干举措》，品牌连锁便利店企业新开一家直营店或加盟店的奖补资金分别为2万元和1万元，其中武汉市还把品牌连锁便利店开展24小时营业纳入奖补，奖励2万~5万元。西安市颁布《西安市推进商贸业高质量发展若干措施》，支持商贸领域保障和改善居民生活服务业品牌连锁店发展，促进消费品质升级，鼓励品牌连锁店以直营和特许加盟的方式，加快发展经营门店，改造老旧门店。

2. 同质化现象严重

茶饮、餐饮、便利店等连锁经营企业普遍存在科技属性低，从品种、工艺到包装差异性不大，缺少对细分市场、微小品类的研究和探索，营销模式也缺乏创新，导致同质化严重。

3. 知识产权保护意识较弱

部分连锁经营企业对外租赁商标，品牌所有权和经营权分离，有的商标被抢注、品牌被侵权和仿冒，维权意识薄弱，维权渠道不明、程序烦琐。

4. 品牌运营和营销水平有待提高

河南一些连锁品牌企业在品牌文化挖掘、媒体报道、自媒体宣传等方面滞后，对消费者的心理把握不足，缺乏品牌运作和营销。

四 对策建议

（一）加强顶层设计，统筹协调推进

河南应以郑州为核心，建设辐射洛阳、开封、新乡、许昌等周边城市的"中国连锁之都"，大力发展连锁总部经济，聚焦连锁经营等领域，分门别类制定出台促进连锁经营发展的实施方案，配套招引培育、税收优惠、融资支持等系列行动计划、激励举措等，引进资本、人才、服务等要素资源，培育孵化种子连锁经营企业，鼓励市场主体搭建供应链、产业链配套支持，形成连锁生态效应，进一步提升郑州国家中心城市的核心竞争力。推动河南连锁经营协会积极对接中国连锁经营协会，构建连锁发展生态圈。

（二）引导连锁经营提档升级，打造其独特品牌属性

建议商务、财政等部门联合，开展连锁品牌示范企业创建工作，制定详

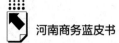
细的评定标准，通过项目补贴、以奖代补等方式，充分发挥连锁品牌经营企业示范引领作用。引导连锁企业之间建立同业联盟或异业联盟合作关系，进行"精细化、专业化"品类定位，加大科技创新和投融资，支持连锁企业进行标准化配送中心和门店设施设备建设改造，推动线上线下融合发展，不断打造消费升级产品和创新营销模式。研究不同消费群体的消费特征和需求，开发符合市场需求的小包装、小容量产品，丰富商品种类。开发设计差异化的品牌标志，打造独一无二的品牌属性。

（三）加大知识产权保护力度，持续优化营商环境

由市场监督管理部门牵头加大对河南品牌连锁企业商标品牌保护力度，引导连锁经营企业通过申请专利、注册商标、登记著作权、申请地理标志产品保护以及商业秘密保护等方式维护自身合法权益。鼓励文化底蕴深厚、产品质量过关、经营模式超前的连锁经营企业积极申报中华老字号、河南老字号等品牌荣誉。

（四）多渠道宣传推广，多媒体矩阵营销

以"展会+论坛""展会+峰会"等模式，鼓励河南连锁经营企业在展会期间发布新产品、新模式，发展直营店、加盟店。鼓励连锁经营企业与酒店、景区、街区等单位合作，开展联动促销推广活动。

B.21
数字时代居民消费趋势
及河南对策探讨

任秀苹*

摘　要： 数字经济的不断发展加速了产业融合，创造了新业态新模式，丰富了消费品类，满足并激发了个性化、多元化、品质化消费需求，数字时代居民消费呈现下沉市场用户激增带动网购用户规模攀升、网上消费屡创新高助推线上线下融合发展、人口总量及结构变化带动消费潜力变迁、业态模式推陈出新加速消费行业格局演变、服务性消费增长迅速拓展消费增长新空间等发展趋势。同时，河南在扩大居民消费方面面临消费品工业发展不足、实体商业转型困难、服务供给有待改善、消费吸引力有待提升等挑战。基于此，本文研提了提高商品服务供需适配性、推动传统实体商业升级、创新营造居民消费场景、优化消费生态等针对性对策建议。

关键词： 数字时代　消费趋势　消费潜力

一　数字时代发展背景

随着互联网、区块链和人工智能、物联网等新技术融合发展，数字经济已全方位渗透人类社会的各个领域，推动生产生活方式不断变革，数字经济发展速度之快、辐射范围之广、影响程度之深前所未有。《中国互联网发展报告2023》数据显示，中国数字经济规模从2012年的11.0万亿元增长至

---

* 任秀苹，河南省社会科学院高级经济师，研究方向为商贸流通和消费。

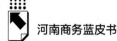
2022 年的 50.2 万亿元。据初步核算，2023 年我国数字经济规模达 56.1 万亿元，占 GDP 比重超过 44%①；数字经济核心产业增加值超过 12 万亿元，占 GDP 比重为 10%左右。②

从消费供给端看，数字经济的发展加速了产业融合，创造了新业态新模式，丰富了消费品类，满足并激发了消费者的个性化、多元化、品质化消费需求。互联网、人工智能等数字技术赋能企业提供多样化商品和服务的可能，在数字技术加持下，企业能够与消费者在线交互沟通，并通过大数据驱动的用户数据分析更好地了解消费者需求和市场趋势，进一步解决供需信息不对称问题，推出更加符合消费者期望的产品和服务。针对特定人群或特定场景的定制化产品和服务，可以满足消费者日益增长的个性化需求，供需精准匹配不仅提升了消费者的满意度，更提高了服务附加值。数字经济可以实现从消费产品、消费服务到消费场景迭变的消费结构创新升级，不断激发新热点、丰富新场景，为消费提质扩容注入新的活力和动力。

从消费需求端看，数字技术突破了消费者购物时间和空间的局限，网络购物、移动支付、线上线下融合的便捷性及灵活性优化了传统消费的流程和体验，消费者可以随时随地进行购物、娱乐等商品或服务消费，改变了人们的消费方式、消费渠道和消费观念，优化了消费环境，促进释放消费潜能。一是数字经济的发展带来了消费方式的便捷化和高效化，通过互联网平台和移动支付，消费者可以更方便快捷地获取商品和服务。二是数字经济促进了消费升级，通过提升生产效率和创造新职业，增加了居民收入，提高了居民消费能力，推动了消费水平的提升。居民消费逐步从物质消费向非物质消费转变，越来越注重精神上的享受和生活质量的提升。三

① 《数字技术人才激活传统产业转型 我国当前数字人才总体缺口 2500 万至 3000 万》，"中国青年报"百家号，2024 年 5 月 27 日，https：//baijiahao.baidu.com/s？id=1800157302782453285&wfr=spider&for=pc。

② 《2023 年我国数字经济核心产业增加值占 GDP 比重达到 10%》，"新华社客户端"百家号，2024 年 5 月 24 日，https：//baijiahao.baidu.com/s？id=1799941097193931109&wfr=spider&for=pc。

是数字经济改善了消费环境，如高德、花小猪、滴滴出行等数字服务平台颠覆了传统出租车行业，可以帮助司机减少空驶时间，同时更好满足用户多样化出行需求。

数字经济在推动消费扩容提质、改善居民生活和提高消费便利性方面发挥了重要作用，数字经济正成为驱动消费提质扩容的重要着力点，深刻影响了城乡居民的生产生活方式，带动城乡居民消费模式变革和消费水平提高。

二　数字时代居民消费发展趋势

（一）下沉市场用户激增带动网购用户规模攀升

近几年，智能手机快速普及，下沉市场移动互联网用户规模急剧扩大，同时淘宝、京东等传统电商平台，拼多多、抖音、快手等社交电商平台，京东、顺丰、四通一达、极兔等快递企业积极推动供应链、物流配送、商品和服务下沉，下沉市场网络购物用户规模增长较快（见图1）。

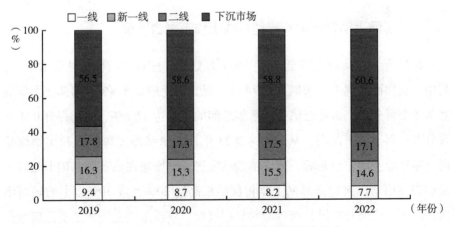

图1　2019~2022年我国移动互联网用户分布

资料来源：《2022中国移动互联网年度大报告》，QuestMobile。

下沉市场人口占我国总人口比重为 64.2%，未来仍有数千万级的增长空间。截至 2023 年 12 月我国网民规模达 10.92 亿人，网络购物用户规模达 9.15 亿人，网络购物用户较 2020 年 3 月增加 20469 万人，占网民总数的 83.8%（见图 2）。

图 2　2020 年 3 月至 2023 月 12 月中国网络购物用户规模及使用率

资料来源：中国互联网络信息中心（CNNIC）第 53 次《中国互联网络发展状况统计报告》，2024 年 3 月。

（二）网上消费屡创新高助推线上线下融合发展

2023 年，全国网上零售额达 15.4 万亿元，连续 11 年稳居全球第一。其中，实物商品网上零售额 130174.0 亿元，同比增长 8.4%，增速比上年提高 2.2 个百分点；占社会消费品零售总额的比重达 27.6%，同比提升 0.4 个百分点，创下历史新高。从 2015~2023 年社会消费品零售总额和实物商品网上零售额变动趋势来看，社会消费品零售总额增速在高基数基础上相对平缓趋势性回落，实物商品网上零售额结束高达 20% 甚或 30% 以上的超高增速，进入平稳增长阶段，两者增幅日趋接近，显示出线上线下消费深度融合发展阶段已经到来（见图 3）。

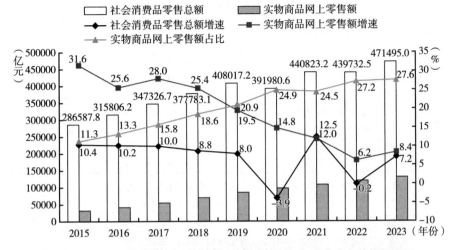

图3　2015～2023年中国社会消费品零售总额及实物商品网上零售额情况

资料来源：根据国家统计局发布数据整理。

（三）人口总量及结构变化带动消费潜力变迁

2022年末，我国人口达14.1亿人，同比减少85万人。同时，我国65岁及以上人口为2.1亿人，占比达到了14.9%（见表1），意味着我国进入中度老龄化社会。根据联合国人口数据预测，到2034年，我国65岁以上人口接近3亿人，占比将达21%，进入重度老龄化社会。如此庞大的消费群体意味着巨大的消费潜力。《中国老龄产业发展报告（2021—2022）》预测，2050年中国老年人口消费潜力将达到40.7万亿元，占GDP的12.2%。据艾媒咨询预测，2024年我国养老产业市场规模将达到12万亿元，同比增长16.8%，且未来一段时间内增速保持在10%以上。此外，随着人口结构变化，互联网时代成长起来的"Z世代"成为消费的主要群体，崇尚文化与个性、兴趣多元，追求"悦己""质价比"，注重独特体验以及在人设消费及圈层消费中满足社交需求，呈现新的趋势和潮流，给商家提供了弯道赶超的发展机会。

表1　2022年末全国人口数及其构成

单位：万人，%

指标	人口数	占比
全国人口	141175	100.0
其中:城镇	92071	65.2
乡村	49104	34.8
其中:0~15岁(含不满16周岁)	25615	18.1
16~59岁(含不满60周岁)	87556	62.0
60周岁及以上	28004	19.8
其中:65周岁及以上	20978	14.9

资料来源：《中华人民共和国2022年国民经济和社会发展统计公报》。

（四）业态模式推陈出新加速消费行业格局演变

随着全球新一轮科技革命和产业变革孕育兴起，以大数据、物联网、人工智能、云计算、VR、5G为代表的信息技术与实体经济融合发展加快，催生出更多的直播电商、社交电商、社区团购、即时零售等新业态新模式，消费者拥有了更多选择渠道。根据国家统计局相关数据，自2017年开始，国内超市门店数量持续下降，从最高的38554家降至2020年的24082家，降幅高达37.5%。中国连锁经营协会历年发布的《中国连锁TOP100》数据显示，2019年连锁百强实现销售额2.6万亿元，占社会消费品零售总额的6.3%，之后销售规模缩水、比重持续下降，特别是传统家居、家电业态缩水明显，同时更多便利店、医药连锁、水果店进入百强榜单（见表2）。这反映出超市、百货、家电等实体零售转型不利、经营承压，连锁零售业由规模为王向多元化、多极化格局演变。艾媒咨询数据显示，2021年仓储会员超市行业市场规模达304.3亿元，同比增长12.3%，2022年市场规模约335亿元，到2025年预计接近400亿元，仓储会员店在中国市场进入增长期。凭借特许加盟模式创新、数字化赋能和供应链加持，万店品牌扩容，餐饮业连锁化率和行业集中度稳步提高。2023年11月29日，拼多多盘中市值首次超过阿里巴巴，成为中国电商市场的里程碑式事件，显示出行业新生力量通过新路径比较优势获得崛起乃至超越机会，影响行业发展路径。

表2　2021~2022年中国连锁TOP100部分企业情况

序号	企业名称	2022年销售总计（含税万元）	2021年销售总计（含税万元）	2022年增速（%）	2022年门店数（个）	2021年门店数（个）	2022年增速（%）
1	苏宁易购集团股份有限公司	11130000	19719900	−44	11419	11281	1
4	永辉超市股份有限公司	9798667	9896898	−1	1045	1090	−4
5	康成投资（中国）有限公司	9201248	9800501	−6	592	602	−2
6	物美科技集团有限公司	6991818	6988570	0	1578	1174	34
7	华润万家（控股）有限公司	6923500	7816771	−11	3130	3245	−4
8	上海盒马网络科技有限公司（盒马鲜生）	6100000	—	—	300	—	—
10	王府井集团股份有限公司	4432100	5430670	−18	92	91	1
13	天虹数科商业股份有限公司	3351200	3475278	−4	221	434	−49
14	家家悦控股集团股份有限公司	3312708	3272508	1	1012	1025	−1
15	重庆百货大楼股份有限公司	3254823	3405587	−4	291	304	−4
16	长春欧亚集团股份有限公司	3196503	4274470	−25	144	148	−3
18	银泰商业（集团）有限公司	3151598	3377012	−7	59	61	−3
19	武商集团股份有限公司	2978370	3472661	−14	119	84	42
23	中百控股集团股份有限公司	2623496	2649863	−1	1683	1539	9
25	永旺（中国）投资有限公司	2512130	2839011	−12	93	97	−4
26	国药控股国大药房有限公司	2410627	—	—	9313	—	—
28	京东五星电器集团有限公司	2324182	—	—	1197	—	—
29	石家庄北国人百集团有限责任公司	2289697	2480519	−8	75	75	0
30	烟台振华商业集团有限公司	2254959	2445726	−8	160	156	3
31	金鹰国际商贸集团（中国）有限公司	2089605	2397690	−13	30	31	−3
32	信誉楼百货集团有限公司	2000757	2026422	−1	43	40	8
33	山东潍坊百货集团股份有限公司	1928000	2021800	−5	764	757	1
35	屈臣氏中国	1726000	2157500	−20	3836	4179	−8
37	广州市钱大妈农产品有限公司	1519639	1839000	−17	3000	3460	−13
39	孩子王儿童用品股份有限公司	1514881	1528145	−1	508	495	3
40	深圳百果园实业（集团）股份有限公司	1450000	—	—	5650	—	—
42	文峰大世界连锁发展股份有限公司	1311582	1775975	−26	469	577	−19
44	锅圈食品（上海）股份有限公司	1134591	—	—	9512	—	—

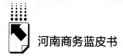

续表

序号	企业名称	2022年销售总计（含税 万元）	2021年销售总计（含税 万元）	2022年增速（%）	2022年门店数（个）	2021年门店数（个）	2022年增速（%）
45	北京京客隆商业集团股份有限公司	1127645	1230123	-8	142	161	-12
46	合肥百货大楼集团股份有限公司	983490	1022708	-4	262	272	-4
47	百盛商业集团有限公司	921880	1191680	-23	44	46	-4
48	茂业国际控股有限公司	898939	1154724	-22	48	48	0
49	深圳市酷动数码有限公司	893419	—	—	147	—	—
53	唐山百货大楼集团有限责任公司	814585	908669	-10	28	28	0
54	山西美特好连锁超市股份有限公司	809257	942761	-14	142	129	10
55	广东嘉荣超市有限公司	806406	835654	-4	156	158	-1
58	山东新星集团有限公司	752989	792620	-5	484	484	0
60	湖南佳惠百货有限责任公司	731045	757984	-4	143	143	0
61	大商股份有限公司	727664	793154	-8	120	122	-2
62	中国大陆全家	725625	955015	-24	2666	2902	-8
63	青岛利客来集团股份有限公司	656000	667000	-2	51	52	-2
68	鲜丰水果股份有限公司	595919	678630	-12	2264	2230	2
69	阜阳华联集团股份有限公司	591708	622851	-5	618	662	-7
70	河北叁陆伍网络科技集团有限公司	557971	801093	-30	1873	2153	-13
71	新世界百货中国有限公司	534578	638916	-16	26	29	-10
75	江苏新合作常客隆数科商业有限公司	500800	505200	-1	1004	1000	0
76	辽宁地利生鲜农副产品有限公司	493431	501964	-2	283	292	-3
77	山西省太原唐久超市有限公司	476000	471975	1	2200	1630	35
78	济南华联商厦集团股份有限公司	475628	626926	-24	98	112	-13
79	湖南友谊阿波罗商业股份有限公司	473155	701248	-33	73	59	24
82	明康汇生态农业集团有限公司	462604	—	—	427	—	—
83	邯郸阳光百货有限责任公司	445301	557137	-20	177	177	0
84	成都伊藤洋华堂有限公司	429000	524000	-18	11	10	10
87	联盛商业连锁股份有限公司	398871	406554	-2	102	103	-1
88	人人乐连锁商业集团股份有限公司	397054	516222	-23	113	120	-6

序号	企业名称	2022年销售总计（含税万元）	2021年销售总计（含税万元）	2022年增速（%）	2022年门店数（个）	2021年门店数（个）	2022年增速（%）
89	福建新华都企业管理有限公司	380053	503213	−24	77	76	1
90	十堰市新合作商贸有限公司	378313	388014	−3	356	366	−3
91	贵阳星力百货集团有限公司	364400	—	—	34	—	—
94	深圳市顺电连锁股份有限公司	337888	410529	−18	58	52	12
95	吉林省新天地超市连锁经营有限公司	326134	—	—	1653		
97	浙江凯虹集团有限公司	301388	—	—	23		
98	开市客中国（Costco）	300000	—	—	2		
99	长沙通程控股股份有限公司	290118	330108	−12	67	67	0

注：新入围11家企业无同比数据。

资料来源：中国连锁经营协会。

（五）服务性消费增长迅速拓展消费增长新空间

国家统计局数据显示，2023年，全国服务零售额比上年增长20%，较商品零售额增速高14.2个百分点。全国居民人均消费支出26796.0元，同比增长9.2%，扣除价格因素，实际增长9.0%。其中，人均服务性消费支出12114.0元，同比增长14.4%，增速高出人均消费支出5.2个百分点，占居民人均消费支出比重为45.2%，同比提升2.0个百分点（见图4）。人均GDP突破1万美元后，医疗、教育、体育、文娱等服务消费占比攀升，成为消费升级的主要推动力量。2023年，服务性消费增长迅速，将成为未来消费提质扩容的新增长点。美团数据显示，2023年家政、洗涤、维修等生活服务交易额同比增长100%，20~35岁的消费者占比超过七成，三线及以下城市增长较快，以整理收纳、开荒保洁等为代表的细分服务成为新增长点。2023年我国国内出游48.9亿人次，同比增长93.3%，已恢复至2019年的81.4%（见图5）。其中，城镇居民国内出游37.6亿人次，增长94.9%；农村居民国内出游 11.3 亿人次,增长 88.5%。国内游客出游总花费 49133 亿元,增长 140.3%。其中,城镇居民出游花费 41781 亿元,增长 147.5%;农村居民出游花费 7353 亿元,增长 106.4%。旅游消费以"住""吃"为核心,"购物"消费以工艺品类、收藏纪念类及食品类商品为主。

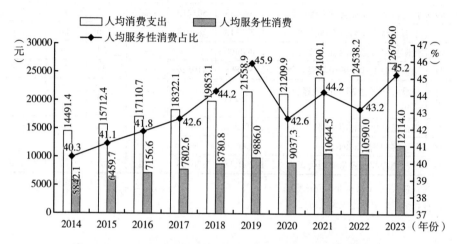

图 4 2014~2023 年中国居民人均消费支出和服务性消费情况

资料来源:相关年份《中华人民共和国国民经济和社会发展统计公报》。

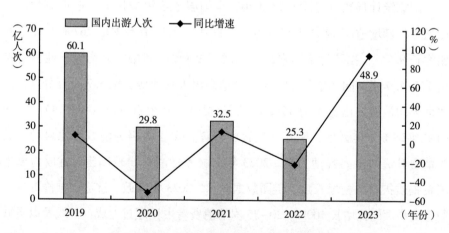

图 5 2019~2023 年国内出游人次及同比增速

资料来源:《中华人民共和国 2023 年国民经济和社会发展统计公报》。

三　数字时代河南省促进居民消费面临的挑战

（一）消费品工业发展不足

消费品工业涵盖食品、轻工、纺织和医药等工业门类，是国民经济的传统支柱产业和重要的民生产业，在经济和社会发展中举足轻重。食品工业是河南省五大主导产业之一，轻纺工业是五大传统产业之一，医药制造业是六大高技术制造业之一。2023 年，河南省消费品制造业占规模以上工业增加值的 21.1%，占比较 2020 年下降 7.9 个百分点。商务部国际贸易经济合作研究院、值得买科技集团《中国电子商务区域发展大数据报告（2023）》数据显示，河南省家用电器、母婴用品、汽车消费、日用百货、食品生鲜、图书影像、玩模乐器、艺术收藏等品类具有一定优势（见图 6），但与发达省市相比并不突出。河南省消费品制造业发展仍存在"大而不强、大而不

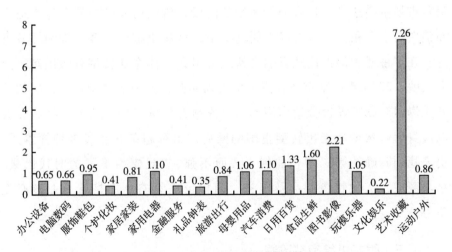

图 6　河南省分类别商品区位熵

注：区位熵用来衡量某个区域某个产业的集聚水平，一般而言，区位熵值大于 1 表明该区域产业在全国具有一定优势。

资料来源：商务部国际贸易经济合作研究院、值得买科技集团《中国电子商务区域发展大数据报告（2023）》。

优、大而不新"等问题，产业结构不尽合理，产业创新能力仍然薄弱，链主企业和深耕细分领域的冠军企业不足。产品主要集中在面制品、肉制品等传统领域，产品档次和附加值不高，同质化问题明显，中高端消费品牌欠缺。以绿色、可持续为突出特点的新消费正在激发新产业、新业态、新商业模式，并为释放消费潜力、推动消费升级开辟新赛道。新消费品牌影响力TOP50 排行榜、天猫宝藏新品牌 TOP100 榜单中，鲜见河南的品牌。中国连锁经营协会与美团合作发布的"2024 中国餐饮加盟品牌 TOP100"显示，河南省入围的仅有蜜雪冰城、幸运咖、至尊比萨和虎丫炒鸡 4 个品牌，与四川省（12 个）、重庆市（9 个）、湖南省（7 个）差距较大。

（二）传统实体商业转型困难

目前，实体零售仍然是主要购物渠道，但随着电子商务和新型消费模式的快速发展，社区团购、折扣零食、前置仓模式、直播电商、即时零售等渠道不断分流传统商超、卖场的市场份额。与全国发展趋势相同，消费市场由高速增长转入中低速增长阶段，传统商业设施的设计不适应新消费需求，租金、人力成本居高不下，客流量减少，客单价和坪效下降，在零售业中的占比及影响力持续下滑，实体企业转型升级困难。企业反映，2023 年以来市场客流量虽大幅回升，但消费更趋理性，餐饮消费火爆但对商品零售带动作用不强。连锁百强排名榜首的苏宁易购在大幅瘦身后依然未能走出转型重塑的困局；永辉超市在经过多种探索后，仍未找到明确的第二增长曲线。大而不强、"规模为王"的时代已去，精耕区域、优化特色商品及服务、调整价格策略才能打造企业核心竞争力。

（三）服务供给有待改善

服务消费作为消费升级的主要方向，涉及文化、旅游、娱乐、展会、体育、科技、教育、家政、养老等诸多领域，河南省主要存在服务质量不高、服务种类不够丰富、服务设施不够完善等问题。相较之下，重庆、成都等地一些做法值得借鉴。重庆结合特色优势产业，密切跟踪跨界融合新热点、新趋势，创办重庆国际马拉松赛体育博览会、中国西部动漫文化节、中国西部旅游产业博览会等"展会+体育""展会+文化""展会+旅游"等融合性展会，链接多元产业释放"蝴蝶效应"。截至2023年10月，运营10余年的悦来国际会展城累计承接西洽会、智博会、"一带一路"科技交流大会、零售业博览会等展会活动近3000场，展览面积1411万平方米。其中10万平方米以上大型展览36场、国际展会117场，500人以上会议642场，接待世界客商约2215万人次，拉动城市消费上千亿元。根据2022年国家发展和改革委员会、自然资源部、住房和城乡建设部联合印发的《成都建设践行新发展理念的公园城市示范区总体方案》，到2035年，公园城市示范区建设全面完成，实现园中建城、城中有园、推窗见绿、出门见园。2019年，成都市发布了国内第一份城市公园商业项目机会清单《成都市公园商业项目机会清单》，制定了《成都市公园（绿道）场景营造和业态融合指引（试行）》，明确鼓励公园引入文化体验、运动休闲、智慧创新、多元餐饮等业态。2022年，成都市出台了《成都市公园（绿道）阳光帐篷区开放试点方案》，在市内各个公园绿道划定了22个帐篷区，梳理一批面积大于1000平方米的公园草坪或林下空间作为阳光帐篷区开放试点区域，适当增加便民、运动、娱乐等设施，满足市民户外活动需求。

（四）消费吸引力有待提升

近年来，围绕恢复和扩大消费，全国各地纷纷开展丰富多彩的促消费活动，打造文化、旅游、商贸、体育、展会等多种业态融合的消费新场景，激发消费热情，吸引更多游客前来消费。成都市借势大运会，致力于打造"体育+百业"的公园城市体育经济，《2023年成都市居民体育消费调查报告》显示，2023年成都体育消费总规模达685.8亿元，居民人均体育消费支出达3204.3元，同比增幅均超过17%。西安"长安十二时辰"、哈尔滨"冰雪游"、淄博"烧烤"等相继出圈，省内洛阳、郑州、开封、安阳等城市也表现不俗，但与热门旅游城市相比，河南各市在消费场景打造、特色文创开发、消费体验提升、网络营销等方面还需努力。同时，电商新兴主体深挖细分领域、创新业态模式，消费品制造企业触网、全渠道营销成为大势所趋。从全国来看，电商呈现较高的空间集聚性，发展格局呈现东强西弱态势，2023年河南省实物商品网上零售额占社会消费品零售总额的14.7%，而2022年浙江、北京、广东、上海占比已高达56.8%、59.4%、60.5%和60.8%（见图7）。

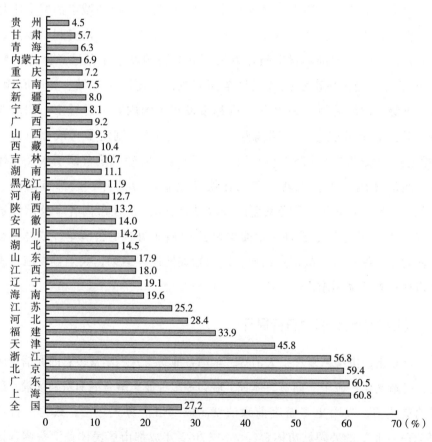

图7 2022年中国31个省（区、市）实物商品网上零售额占比

资料来源：根据《中国统计年鉴2023》整理。

四 促进居民消费的对策建议

（一）提高商品服务供需适配性

一是丰富产品供给。首先，坚持数字赋能、标准引领和品牌打造，以高质量产品和服务供给满足日益升级的消费需求。鼓励企业加速研发创新，推出更多高科技含量、高品质、高附加值的消费产品，如功能性食品、智能穿戴设备、智能家居产品、适老助老产品等。其次，支持企业采用柔性化、智能化生产模式，注重产品的个性化定制，满足消费者的多元化需求。

二是完善服务供给。顺应商品消费向服务消费升级的趋势，大力发展医疗、教育、家政、文旅、体育、养老等服务，构建高中低端多层级供给体系，满足有消费意愿和能力的高收入群体消费，托底低收入群体消费。加大公共文化、体育场馆等公共设施向社会免费或低费开放力度。塑造"行走郑州·读懂最早中国"品牌，讲好河南故事，强化文商旅融合发展，打造一批文化旅游精品线路。

三是打造一批中高端品牌。以"增品种、提品质、创品牌"战略引领带动河南消费品工业向产业链中高端升级，培育一批面向垂直领域、细分客群的"河南造"消费品牌。推动"郑州烩面"申报非物质文化遗产，传承发展"合记烩面"等一批豫菜、豫茶、豫酒"老字号"和历史名店，搭建中原美食创新、直播平台，引导餐饮潮流发展，推出一批中原餐饮名店。深挖少林寺、黄河、甲骨文、豫剧、火车等中原特色文化符号价值，推出一批"河南礼物"文创品牌。

（二）推动传统实体商业升级

一是大力发展新业态新模式。加快推动传统商业线上线下深度融合，鼓励发展直播电商、社交营销等新模式，引入一批跨界融合、新奇体验、潮玩娱乐等新业态，探索智慧超市、智慧商店、智慧餐厅等数字零售新业态，优化消费体验和特色服务，释放消费潜能。鼓励中医药材、轻纺服装、小商品等快消品市场，创新探索多业态跨界融合发展模式，提升线上线下融合的体验、消费、创意、设计等服务功能，向采购集散分拨中心、消费体验中心、电商直播基地等新市场形态转型发展。发展即时零售，鼓励电商平台、大型商贸流通企业依托自建物流、第三方物流体系，对接本地商贸流通资源，为居民提供高效便捷的到家服务。加快完善县域商业体系，支持有实力的商贸流通企业、电子商务平台等开拓下沉市场，强化管理和服务赋能，发展连锁经营新模式，拓展消费新业态。

二是实施骨干流通企业培育工程。加大对批发零售、供应链、电子商务等领域龙头企业、高成长性企业等支持力度，梯次培育一批具有市场竞争力的现代流通骨干企业。鼓励企业通过兼并联合和资产重组等方式做大做强，加强国际合作、资源整合和优势互补，推动内外贸一体化发展，培育形成一批具有全球竞争力和品牌影响力的大型商贸集团。强化企业创新主体地位，促进产品技术和商业模式协同创新和迭代升级，提升关键环节、核心技术的自主创新能力。鼓励中小流通企业在产品创新、技术研发、特色经营、精细化服务方面精耕细作，支持平台企业加大创新力度，运用新技术新理念打造数字消费新场景，培育更多"小而优""小而美"品牌。

（三）创新构建居民消费场景

打造一批特色商业地标。通过挖掘历史文化、创新业态布局、融合旅游产业等举措，打造一批具有地方特色的商业地标。实施标志性消费场景影响力提升工程。聚焦新消费需求，借力文化、旅游、体育赛事、展会等，强化赋能联动，创新构建具有中原特色的消费新场景体系，打造近悦远来的消费中心。提升省内知名商圈、品牌消费集聚区、特色商业街区消费场景影响力，打造沉浸式、体验式消费标杆。围绕"消费+"，重点突出与文化、科技、艺术、体育、旅游、休闲娱乐深度融合，拓展河南博物院、河南科技馆、郑州奥体中心等展馆设施功能，丰富文化演艺、旅游、体育、娱乐多元化场景，打造一批具有中原地域文化特色的新消费场景。以生态、绿色、智能为重点，丰富拓展"住业游乐购"全场景集。

（四）优化消费生态

深化"放管服"改革，激发企业主体的创新活力。建立健全常态化消费监管机制，解决数字消费过程中的价格歧视、数据安全、数字鸿沟等关键问题，有效维护消费市场秩序。建立健全服务消费统计监测体系，精准把握消费变化趋势，为政策制定提供数据支撑。畅通消费者权益保护渠道，不断释放消费潜力。完善投诉协同处置规则，提升投诉解决率和满意度。深化在线纠纷解决机制，加强维权服务。借鉴成都公园经济先进做法，顺应消费需求，在部分地市探索开展公园商业项目试点，满足居民吃喝玩乐购等一站式需求。

B.22

河南省服务业创新发展研究

贾万聪*

摘　要：　近年来，河南省大力支持服务业创新发展，服务业规模不断壮大，创新投入和产出水平不断提高，但仍存在创新密度偏低、创新要素支撑不足、创新产出能力偏弱等问题，这些问题严重制约了服务业高质量发展。在新发展阶段，河南省坚持创新驱动发展战略，不断完善服务业新发展格局体制机制，强化服务业创新要素保障，增强服务业发展新动能，着力形成以创新为引领的服务经济体系，助力服务强省建设，为现代化河南建设提供坚实支撑。

关键词：　服务业　科技创新　高质量发展

党的二十大报告指出，构建优质高效的服务业新体系，推动现代服务业同先进制造业、现代农业深度融合。构建优质高效的服务业新体系，必须完整、准确、全面贯彻新发展理念，积极服务和融入新发展格局，以高质量发展为主题，坚持创新是第一发展动力，以服务创新培育发展动能，激活现代服务业发展动力，增强对经济发展的支撑和拉动作用，助力中国式现代化建设。近年来，河南省坚持以创新引领服务业高质量发展，服务业经济规模持续扩大，产业结构持续优化，发展动能持续释放。2023 年，河南省第三产业增加值为 31596.68 亿元，位列全国第八，占 GDP 的比重达到 53.43%，成为国民经济第一大产业和推动经济发展的主动力。为建设服务业强省，需

---

* 贾万聪，河南省社会科学院研究实习员，主要研究方向为商贸流通。

进一步增强服务业发展新动能，着力形成以创新为引领的服务经济体系，努力探索一条具有河南特色的服务业创新发展之路，推动现代服务业高质量发展，为中国式现代化建设河南实践提供坚实支撑。

一 河南省服务业创新发展环境

（一）服务消费驱动生活服务业创新升级

2014~2023年，河南省人均可支配收入由15695.2元增至29933.0元，人均消费支出由11000.4元增至21011.0元，人均可支配收入的提高促进了消费支出的增长。随着居民收入水平的不断提高，人们对高品质教育、医疗、养老、家庭服务、文化娱乐等方面的需求也在持续增长，更加注重服务享受。服务消费进入快速发展阶段，占消费支出的比例不断上升，居民消费结构由实物消费向服务消费转变。2014~2022年交通通信、教育文化娱乐与医疗保健消费支出年均增速均超过8.0%，高于人均可支配收入和消费支出的增速，同时交通通信、教育文化娱乐与医疗保健消费支出占人均消费支出的比重由2014年的30.14%上升到2022年的33.94%，增加了3.8个百分点（见图1），表明服务消费正逐步成为新的消费热点和消费结构升级的重要推动力。新需求激发新供给、新供给引领新消费，新的服务需求不仅能驱动生活服务业加快创新升级，也能培育更多的服务消费新业态新模式。

（二）产业融合培育生产性服务业创新发展动能

服务业制造业深度融合成为培育经济新动能和推动制造业高质量发展的重要支撑。生产性服务业作为与制造业紧密相关的行业，处于产业链两端和价值链高端，是制造业高端化、智能化的重要支撑，是推动产业结构升级的重要力量。河南省生产性服务业规模不断壮大，2022年生产性服务业实现增加值1.63万亿元，占服务业增加值的比重为54.36%，占GDP的比重为26.64%，但与江苏（3.74万亿元、30.46%）、山东（2.83万亿元、

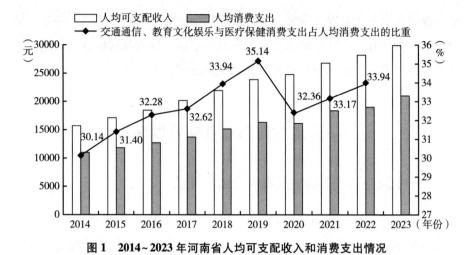

图1　2014~2023年河南省人均可支配收入和消费支出情况

资料来源：根据历年《中国统计年鉴》和《2023年河南省国民经济和社会发展统计公报》整理。

32.38%)、浙江（2.74万亿元、35.26%）等省份相比，河南省生产性服务业总量偏小、占GDP的比重偏低。同时，河南省高端生产服务供给不足，2022年信息传输、软件和信息技术服务业以及科学研究和技术服务业增加值占生产性服务业增加值的比重仅为17.22%，而传统生产性服务业占50.28%。河南省正处于经济增速换挡、产业转型升级的关键时期，需要推动生产性服务业不断创新发展，向专业化和价值链高端延伸，助推制造业高端化、智能化、绿色化发展，加快制造业强省建设。

（三）数字经济催生现代服务业创新发展空间

近年来，河南省大力发展数字经济，把数字经济作为赢得优势、赢得主动、赢得未来的战略之举。2022年河南省数字经济规模突破1.9万亿元，占GDP比重达31.5%，其中产业数字化规模突破1.59万亿元，同比增长9%，占数字经济比重达到82.4%，成为数字经济增长的主战场、主阵地、主引擎。伴随数字技术的创新演进，数字技术以赋能的方式与服务业有机融合，为服务业创新发展不断注入新的活力，催生新产业新业态新模式，成为提升服务业质量与效率的重要手段。2019~2022 年河南省服务业数字化渗透率保持增长态势，由 33.0% 上升到 37.9%，提高了 4.9 个百分点，远高于农业和工业，成为三次产业中数字化转型增速最快的领域。河南省数字经济发展迅速，已经成为拉动国民经济增长的关键引擎，同时服务业数字化转型发展迅速，成为驱动服务业创新发展的重要依托。[①]

（四）政策赋能服务业创新发展活力

近年来，河南省坚持把创新摆在发展的逻辑起点，实施以创新驱动为首的"十大战略"，不断出台支持服务业创新发展的政策。连续多年出台《河南省服务业发展工作要点》，2023 年指出围绕商贸零售、住宿餐饮、文化旅游、养老育幼、社区服务五大领域，采取组合式举措，实施创新供给培育行动，引导"老字号"创新迭代，培育新服务企业。2023 年出台《河南省服务业新供给培育工程实施方案》，聚焦新零售服务、新餐饮服务、新文娱服务、新社会服务四大领域，强化资金、土地、人才等要素支撑保障，促进服务业新技术、新业态、新模式"三新"发展，打造一批复合型高能级新服务集聚载体，形成服务业新供给矩阵。2021 年出台《河南省"十四五"现代服务业发展规划》，提出推动品质化标准化绿色化发展，提高服务业绿色发展水平，并从政策上推动人才、技术、资金等要素向创新型企业集聚。

二 河南省服务业创新投入情况

（一）创新人才投入

人才是推动创新发展的关键要素，服务业的创新发展依赖创新型人

---

① 王冠凤：《数字经济助推上海高端服务业高质量发展研究》，《生产力研究》2023 年第 10 期。

才。知识密集型服务业已成为区域创新体系和现代产业体系的重要组成部分，创新人才对服务业创新发展发挥着重要作用。[①] 本文以信息传输、软件和信息技术服务业以及科学研究和技术服务业、知识密集型服务业从业人员总和占服务业就业人员比重来近似替代服务业创新人才投入。2013~2022 年河南省创新人才投入比例由 3.27% 上升到 6.94%，提高了 3.67 个百分点，年均增长 8.7%，说明河南省服务业创新人才投入强度在不断提升。以广东、江苏等 8 个省份为参照，对其服务业创新人才投入比例展开比较分析，结果显示 2022 年广东省、江苏省、浙江省和湖北省服务业创新人才投入比例均在 10.0% 以上，位列第一梯队，安徽省为 7.37%，河南省、山东省、福建省和湖南省均为 6.0%~7.0%。河南省服务业创新人才投入强度远低于发达省份广东省、江苏省和浙江省，也低于中部地区的湖北省和安徽省。综合来看，河南省创新人才投入强度不断提升，但与服务业发达省份相比，创新人才仍存在较大缺口，成为制约服务业创新发展的关键因素。

（二）创新费用投入

创新费用投入是企业进行创新的前提和基础，能够为企业保持高成长性提供重要支撑，是反映企业创新投入程度的重要指标。2022 年河南省服务业（统计范围仅限于规模以上服务业企业）创新费用支出总额为 70.5 亿元，同比下降 1.12%。其中，内部研发活动经费为 58.8 亿元，同比增长 1.03%，占创新费用支出的 83.4%，说明企业注重通过提高自身科研能力推进技术升级和产业升级。2022 年河南省服务业外部研发经费支出为 1.9 亿元，同比下降 59.57%，仅占创新费用支出的 2.7%，反映出企业与外部研究机构、高校等的科研合作程度和合作意愿较低。2022 年河南省服务业机器设备和软件经费支出为 9.6 亿元，同比增长 15.66%，占

---

① 方远平、谢蔓、郑心怡：《我国知识密集型服务业创新格局的时空演化研究——基于探索性空间数据分析方法》，《华中师范大学学报》（自然科学版）2021 年第 5 期。

创新费用支出的 13.6%，说明企业更加注重改善技术开发手段和更新落后设备。以广东、江苏等 9 个经济大省作为参照，对其服务业创新费用展开比较分析，结果显示 2022 年河南省服务业创新费用支出被湖南省和安徽省赶超，远低于广东省（1268.9 亿元）、浙江省（701.1 亿元）和江苏省（486.3 亿元）。河南省服务业内部研发活动经费占比最高，比排名第二的湖北省高 10.5 个百分点；外部研发经费支出占比较低，其他省份均在 3.0% 以上，安徽省达 40.0%，成为创新费用增长的主要贡献者；机器设备和软件经费支出占比较低，其他省份均在 20% 以上，广东省更是高达 52.8%。这反映出河南省服务业创新支出的绝大部分为内部研发活动经费，企业更加注重培养自身研发能力，而其他省份服务业创新支出主要为外部研发经费支出以及机器设备和软件经费支出，说明企业不仅要注重培养硬创新，也要不断改善技术和更新设备提高软创新。

（三）服务业企业100强创新投入

河南省服务业企业 100 强作为行业领军企业，也是服务业创新的主力军，因此本文从研发投入和创新人才投入两个方面对其创新投入进行分析。鉴于数据的可得性，研发投入选择研发费用投入和研发投入强度两个指标衡量，创新人才投入选择户均研发人员数和研发人员占比两个指标衡量。

2023 年，河南省服务业企业 100 强研发费用投入合计 27.29 亿元，比 2022 年增加了 10.38 亿元，同比增长 61.38%，2021~2023 年年均增长速度为 19.56%，研发费用投入整体保持上升趋势。2023 年河南省服务业企业 100 强研发投入强度为 0.40%，比 2022 年提升 0.09 个百分点，增长幅度明显，但与 2021 年相比下降了 0.01 个百分点。进一步分析发现，2023 年相比 2021 年研发费用投入增长了 42.95%，营业收入增长了 45.68%，也就是说研发费用投入的增长并没有带来营业收入大幅度增长。以 2023 年江苏省服务业 100 强作为参照，发现河南省服务业企业 100 强研发费用投入和研发投入强度仍处于较低水平，远远低于江苏省（157.2 亿元、

0.71%）。2023年河南省服务业企业100强中研发投入强度大于5.0%的企业有11家，主要集中于高端和新兴服务业，如软件和信息技术服务业、科学研究和技术服务业等，占填报研发投入数据企业数的22.92%，比2022年下降5.65个百分点，比2021年下降11.17个百分点。

2023年河南省服务企业100强户均研发人员数为134人，研发人员占比4.93%，与2022年相比均有不同程度的下降，研发人员占比下降5.77个百分点，下降幅度较为明显。但与2021年相比，户均研发人员数和研发人员占比均有不同程度的提升（见表1）。整体来看，河南省服务业企业100强研发投入强度有所提升，创新人才队伍也在不断壮大，但与江苏省相比，研发费用投入仍处于低位，且研发投入强度大于5.0%的企业数量也在缩小。

表1　2021~2023年河南省服务业企业100强研发投入和创新人才投入

年份	研发投入		创新人才投入	
	研发费用投入（亿元）	研发投入强度（%）	户均研发人员数（人）	研发人员占比（%）
2021	19.09	0.41	104	1.60
2022	16.91	0.31	144	10.70
2023	27.29	0.40	134	4.93

资料来源：根据历年《河南服务业企业100强分析报告》整理。

三　河南省服务业创新产出情况

（一）服务业劳动生产率

服务业创新能力的成长有利于提高服务业劳动生产率，服务业劳动生产率的提高也在很大程度上反映了服务业创新能力的成长。2013~2022年，河南省服务业劳动生产率整体呈上升趋势，由2013年8.28万元/人·年上升到 2022 年的 14.27 万元/人·年，年均增长速度为 6.92%，[①] 劳动生产率有了大幅度的提升。本文以广东、江苏等 9 个经济大省作为参照，对其服务业劳动生产率展开比较分析。2013 年河南省服务业劳动生产率在 10 个省份中排名第 6 位，高于湖北省、湖南省、四川省和安徽省，与排在首位的江苏省相差 6.23 万元/人·年；2022 年河南省服务业劳动生产率在 10 个省份滑落至末位，与排在首位的江苏省相差 13.57 万元/人·年，差距逐渐拉大。2013~2022 年河南省服务业劳动生产率年均增速在 10 个省份中排名第 8 位，仅高于广东省和浙江省，远低于安徽省、四川省和湖北省（见图 2）。综合来看，虽然河南省服务业劳动生产率有了大幅提升，但与其他省份相比增速较慢，且处于偏低的发展水平。

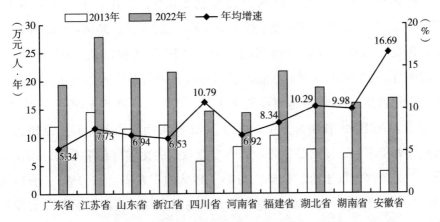

图 2　2013 年和 2022 年中国部分省份服务业劳动生产率及其年均增速

资料来源：根据历年《中国统计年鉴》整理。

（二）服务业新产品销售收入

随着市场竞争的加剧，实现创新的服务业企业越来越多，推动河南省服务业创新发展。2016~2022 年河南省实现创新的企业数量（统计范

---

① 以 2012 年（7.31 万元/人·年）为基期。

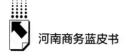

围仅限于规模以上服务业企业）逐渐增多，由 4394 家增加到 5628 家，增加了 1234 家，年均增长 4.21%，占比先增后降，从 24.0% 升至 30.1%，再降到 23.9%。具体到企业开展的创新活动类型，2016~2022 年同时实现产品、工艺、组织或营销四种创新的企业占比整体呈现先增加后下降的趋势，2019 年上升到峰值 4.2%，2022 年下降到谷值 2.1%，下降了 2.1 个百分点；实现产品、工艺、组织或营销等部分创新的企业占比整体也呈先增后降态势；而实现产品或工艺创新、未实现组织或营销创新的企业占比整体呈增加态势，说明企业创新的意愿在减弱，更多企业开始有选择地进行创新，不再是面面俱到，而是把物力和人力更多投入产品或工艺创新。① 其中实现产品创新的企业占比整体呈波动下降趋势，由 2016 年的 5.92% 下降到 2022 年的 5.07%，下降了 0.85 个百分点。新产品销售收入能在一定程度上代表企业的创新产出②，2016~2022 年新产品销售收入规模呈现先升后降的趋势，2020 年达到峰值 2043.4 亿元，2022 年下降到 1622.3 亿元，新产品销售收入占营业收入的比重也呈现一致的变化趋势，2020 年达到峰值 9.1%，2022 年下降到 5.6%。以广东、江苏等 9 个经济大省作为参照，发现 2022 年河南省服务业新产品销售收入规模处于末位，新产品销售收入占营业收入的比重排在第 6 位，同比上升了 2 个位次，属于第二梯队，与第一梯队的广东省（11.1%）、安徽省（9.2%）和湖南省（8.7%）差距较大。总得来说，河南省服务业实现创新的企业越来越多，但受到新冠疫情和经济下行的影响，企业创新意愿减弱，开始有选择地进行创新，并逐步减少产品创新。同时河南省服务业新产品销售收入规模偏小，新产品销售收入占营业收入的比重偏低，反映出企业创新产出水平不高。

---

① 洪群联：《推动服务业创新发展的政策建议》，《开放导报》2021 年第 3 期。
② 晁一方、黄永春、彭荣：《"互联网+"战略下信息技术服务业创新效率评价研究——以北京、上海、广东三地为例》，《科技管理研究》2021 年第 3 期。

（三）服务业企业100强创新产出

同样以河南省服务业企业 100 强的创新产出为代表进行分析，以企业拥有的专利数和参与形成标准数衡量创新产出。企业拥有的专利数选择户均专利数、户均发明专利数和发明专利数占比三个指标衡量，参与形成标准数选择户均总标准数、户均国内标准数和户均国际标准数三个指标衡量。

2021～2023 年，河南省服务业企业 100 强户均专利数保持稳定增长态势，由 86.68 项增长到 147.38 项，年均增长速度为 30.39%；户均发明专利数由 17.46 项上升到 33.85 项，年均增长速度为 39.24%，其中发明专利数占比由 14.22% 提升到 22.96%。户均发明专利数的增长幅度高于全部专利增幅，说明越来越多的企业更加注重自主知识产权的开发和保护。2021～2023 年，河南省参与各类标准制定的服务业企业数量逐步增加，由 25 家上升到 31 家。户均总标准数由 7.56 个上升到 11.58 个，年均增长速度为 23.76%。其中，国内标准数由 7.16 个上升到 10.9 个，年均增长速度为 23.38%；国际标准数由 0.40 个上升到 4.2 个，年均增长速度 224.04%（见表 2）。虽然户均国际标准数增长幅度较明显，远高于户均国内标准数增幅，但国内标准数占总标准数的比例一直保持在 90% 左右，说明河南省服务业企业参与更多的是国内标准制定。整体来看，河南省服务业企业拥有的专利数和参与标准制定的能力不断提升，但整体实力仍不够强大，发明专利占比还不够高，参与国际标准制定欠缺更多。

进一步对国有和民营企业的创新产出能力进行分析，2021～2023 年河南国有企业户均专利数和户均发明专利数均远高于民营企业，但民营企业户均发明专利数增幅高于国有企业；国有企业户均总标准数和户均国内标准数远高于民营企业，但民营企业户均国际标准数高于国有企业。这说明国有企业整体的研发能力强于民营企业，但民营企业也越来越重视自主知识产权保护，加大发明专利研发投入，在参与国内标准制定的同时积极"走出去"，更多参与国际标准制定，提升自身的国际地位。

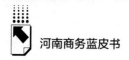

表2　2021~2023年河南省服务业企业100强拥有的专利数和参与形成标准数

年份	户均专利数（项）	户均发明专利数(项)	发明专利数占比(%)	户均总标准数(个)	户均国内标准数(个)	户均国际标准数(个)
2021	86.68	17.46	14.22	7.56	7.16	0.40
2022	106.16	18.30	17.24	7.46	6.54	0.92
2023	147.38	33.85	22.96	11.58	10.90	4.20

资料来源：根据历年《河南服务业企业100强分析报告》整理。

四　河南省服务业创新发展存在的问题

（一）服务业龙头企业缺乏，创新密度偏低

创新需要大量的资金和时间投入，并且具有很强的不确定性，一般来说龙头企业更有实力开展创新活动。河南省服务业龙头企业数量偏少，且规模偏小。2023年，河南服务业企业100强实现营业收入6821.07亿元，仅相当于制造业企业100强的40.55%；中国服务业企业500强中，河南省入榜企业仅11家，低于中部六省湖北省（17家）、湖南省（15家）以及安徽省（13家），且河南省首位企业营业收入不足千亿元，低于湖北省（1466.03亿元）。目前河南省服务业企业总体实力和创新意愿不够强。与其他省份相比，河南省服务业企业开展创新活动和实现创新的企业占比不高，行业创新密度偏低。2022年，河南省开展创新活动的企业占比为24.4%，而安徽省和四川省均在30.0%以上；实现创新的企业占比为23.9%，而安徽省和四川省均在30.0%以上。河南省服务业实现创新的企业占比始终低于开展创新活动的企业占比，并且两者的差距由2016年的0.3个百分点上升到2022年的0.5个百分点，说明有一部分企业开展了创新活动，但并未成功实现创新，并且未成功实现创新的企业比例在增加。

（二）服务业创新要素投入不足，制约企业创新发展

创新是高投入和高风险的行为，创新人才和创新费用的高投入是保障企业研发成功的前提和基础。近年来，河南省大力支持服务业创新发展，创新人才和创新费用投入均有了大幅提高，但就创新产出来说，创新要素支撑力仍存在不足。一是创新人才缺乏，成为制约服务业创新发展的关键因素。2022 年河南省服务业创新人才投入比例为 6.94%，不仅远低于服务业发达省份广东、江苏和浙江等 10% 左右的比重，也低于中部地区湖北和安徽，存在较大的人才缺口。二是创新费用投入偏低，难以支撑服务业创新发展。2022 年河南省服务业创新费用支出在 GDP 前 10 省份中排名靠后，被湖南省和安徽省超越，远低于广东省、浙江省和江苏省；2020～2022 年，河南创新费用支出年均增长速度仅为 7.95%，除浙江省外，其余 GDP 前 10 省份均高于 18.0%，其中安徽省更是高达 58.3%；2023 年河南省服务业企业 100 强研发费用投入和研发投入强度仍处于较低水平，研发投入强度仅为 0.40%，远低于江苏省，并且研发投入强度大于 5.0% 的企业数量呈现减少的趋势。创新人才和创新费用的投入不足，造成其对服务业创新发展的支撑力度不强，严重制约着服务业创新产出能力的进一步提高。

（三）服务业技术创新存在不足，创新产出能力偏弱

河南省服务业企业创新以组织和营销创新等软创新为主，产品和工艺创新等硬创新存在不足。从 2016～2022 年河南省服务业企业实现产品、工艺、组织和营销四类创新占比情况来看，实现产品创新和工艺创新的企业占比保持在 10.0% 以下，而实现组织创新和营销创新的企业占比保持在 15.0% 以上，说明河南省服务业企业在硬创新方面有所欠缺。同时河南省服务业企业整体创新产出能力偏弱，难以支撑服务业高质量发展。一是服务业劳动生产率增速较慢，且处于偏低的水平。2013～2022 年河南省服务业劳动生产率年均增长速度在 GDP 前 10 省份中排名第 8 位，仅

高于广东省和浙江省。2022年河南省服务业劳动生产率相对靠后，与排在首位的江苏省相差13.57万元/人·年。二是河南省服务业企业新产品销售收入不仅规模偏小，占营业收入的比重也偏低。在GDP前10省份中，2022年河南省新产品销售收入占营业收入的比重相对偏低，与广东省相差5.5个百分点。三是河南省服务业企业100强拥有的专利数和参与标准制定的能力仍不够强大，发明专利占比还不够高，参与国际标准制定欠缺更多。

五 推动河南省服务业创新发展的路径建议

（一）重塑服务业新发展格局体制机制，增强企业创新意愿

必须坚持以创新引领服务业高质量发展，不断完善服务业体制机制，增强企业创新意愿，最大限度激发企业创新活力。一是根据目前河南省服务业创新发展情况，聚焦服务业重点行业，制定针对性更强、更加完善的创新激励政策，参考其他省份支持重点行业创新发展的财政、税收、金融、土地等政策，如山东省针对人力资源服务业专门出台创新发展实施意见，以创新发展为引领，从服务融合创新、协同协作创新、行业集聚创新、机构培育创新、人才培养创新、行业监管创新等六个方面推动实现人力资源服务业高质量发展。[1] 二是设立河南省服务业发展引导资金，充分发挥省新旧动能转换引导基金作用，加大对创新发展成效明显的企业的支持力度，引导企业加强创新。同时继续贯彻落实国家支持服务业创新发展的各项税收优惠政策，落实企业研发费用加计扣除、基础研究投入税收优惠等政策。三是实施服务业高质量发展领军企业培育工程，聚焦服务业重点领域，每年遴选一批技术先进、模式创新、发展潜力大的服务业领军企业，建立动态调整机制，加大政

---

[1] 山东省人力资源和社会保障厅等：《关于加快推进新时代人力资源服务业创新发展的实施意见》，2022年5月。

策全面落实力度，实施一对一精准服务，培育形成创新发展能力强、示范引领作用突出、竞争力明显的服务业领军企业。[①]

（二）强化服务业创新要素保障，支撑企业创新发展

不断加强服务业创新要素保障，为企业提供良好的创新环境，引导更多企业开展创新活动。一是建立多层次、多形式、多渠道的人才培养机制，提高服务业创新人才高端供给能力。编制服务业重点行业急需紧缺人才目录，建立健全重点行业人才引进和培养机制，利用"中原英才计划"等引进高层次人才，开展"高精尖缺人才"地方经济综合贡献奖励试点。同时联合高校加大重点行业人才培养力度，支持高校增设相关本科专业并对一流本科课程认定加大支持力度。完善以知识资本化为核心的人才激励机制，采取有效的长期激励方式，吸引各类人才广泛集聚，激发人才的创新积极性。扩大新职业培训规模，加强相关职业培训，培养一批紧缺高技能专业人才。二是持续推进"上云用数赋智"行动，提高服务业数字化渗透率，持续推进企业数字化转型。结合河南中小微服务业企业发展情况，政府牵头组织软件服务供应商开发数字化软件服务包，依托互联网平台提供云服务，供中小微服务业企业按需选用，并提供软件应用消费券。三是鼓励企业加大研发投入力度。可参照浙江省给予研发费用投入较高的企业一定的财政奖励，对研发费用占营业收入比重 3% 以上且研发费用年增长 20% 以上的企业，或基础研究研发费用投入超过 1000 万元的企业，按照上年度研发费用或基础研究研发费用的一定比例给予财政奖励。[②] 同时对研发费用占营业收入比重超过 5%的企业，鼓励各地优先安排用电、用水、用地、能耗排放指标，并纳入各类科技计划支持清单。[③]

---

① 山东省发展和改革委员会等：《山东省生产性服务业百企升级引领三年行动方案（2023—2025 年）》，2023 年 10 月。
② 浙江省科学技术厅等：《关于强化企业科技创新主体地位　加快科技企业高质量发展的实施意见（2023—2027 年）》，2023 年 11 月。
③ 浙江省人民政府：《进一步推动经济高质量发展若干政策》，2024 年 1 月。

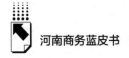
（三）增强服务业发展新动能，提高企业创新能力

引导企业开辟发展新领域新赛道，加快培育新业态新模式，提高企业创新发展能力。一是围绕制约河南服务业发展的关键领域和环节，积极开展省级服务业改革创新试点，在新兴业态方面建立健全容错纠错机制，鼓励试点企业加快培育新业态新模式，推动形成一批可复制、可推广的试点经验。同时以整合提升省级现代服务业集聚示范区为切入点，支持建设现代服务业创新发展区①，聚力信息技术服务、科技研发等高端服务业发展，促进创新能力提升，推动服务业创新发展，对首次入选的园区给予财政补助经费。二是重点发展与绿色低碳相关的生产性专业服务，推动节能环保等绿色产业发展，健全市场化经营机制，加强绿色产业自主品牌建设，扶持一批"专精特新"中小企业，培育一批绿色环保领域骨干企业。三是围绕"十大建设"，开辟发展新领域新赛道，围绕"设计河南"建设，大力发展建筑设计、研究设计、品牌设计、工业设计等服务；围绕"标准河南"建设，积极开展"标准化+"行动，加快研究制定生产性服务业新兴领域标准，实施服务标准化品牌化提质工程，加快推进国家级、省级服务业标准化试点示范项目建设，创建一批服务业标准化试点示范单位。②

---

① 浙江省现代服务业发展工作领导小组办公室：《浙江省现代服务业创新发展区建设导则（试行）》，2021年6月。
② 江苏省人民政府办公厅：《江苏省生产性服务业十年倍增计划实施方案》，2023年2月。

案 例 篇 ⟩

B.23

河南省推进产业招商的做法、经验和启示

李玉瑞　陈志华*

摘　要： 2023 年，面对风高浪急的国际环境和艰巨繁重的改革发展稳定任务，河南省上下深入学习贯彻党的二十大精神和习近平总书记视察河南重要讲话重要指示，紧抓构建新发展格局战略机遇、新时代推动中部崛起高质量发展政策机遇、黄河流域生态保护和高质量发展历史机遇，认真贯彻省委、省政府决策部署，锚定"两个确保"，实施"十大战略"，深化区域合作，聚焦重点产业，创新招商方式，赋能载体平台，优化营商环境，坚持"项目为王"，深入开展"三个一批"，高规格举办特色招商活动，强化项目跟踪服务，全年引资突破 1.2 万亿元，实现以量的合理增长支撑质的有效提升，为推进中国式现代化建设河南实践提供有力支撑。

关键词： 产业招商　现代化产业体系　河南省

---

* 李玉瑞、陈志华，河南省商务厅。

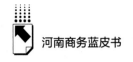

一 河南省推进产业招商的重要意义

产业招商，是基于产业发展方向的合理定位，以产业发展比较优势为主要依托，结合比较优势和合理的产业定位，围绕产业的主导产品及其上下游产品，引进高端产品生产技术，拉长技术链，营造主导产业，引进终端产品制造企业，形成完整产业链和产业集聚，进一步提高招商引资的竞争力而采用的一种招商模式。现代化产业体系是现代化经济体系的重要组成部分，是新发展格局的基础，是建设现代化国家的物质基础，是加快构建新发展格局、着力推动高质量发展的必然选择，是增强国内大循环内生动力和可靠性的重要举措，是提升国际循环质量和水平的必然选择。河南省充分认识产业招商是推进新型工业化，加快提升产业创新能力，推动产业结构优化升级，增强产业链群核心竞争力、比较优势、综合实力，建设现代化河南的关键举措，是掌握未来发展主动权的必然选择，是建设制造强省的迫切需要。因此，推进产业招商具有十分重要的战略意义。

（一）带动河南经济增长和发展

推进产业招商，强力引进境内外龙头产业来河南投资，可以带来新的资金流入，弥补河南企业自身资金来源不足。同时，引入外部投资者还可以带来新的技术、管理经验和创新思维，增强产业竞争力和创新能力，从而激发经济发展活力，带动河南经济增长。

（二）推动产业结构调整和升级

推进产业招商，通过转型升级传统产业、发展壮大新兴产业、前瞻布局未来产业，可以促进河南更好地发展战略性新兴产业、先进制造业、现代服务业和现代农业等高附加值领域，实现产业结构的优化和升级，提速构建现代化产业体系。

（三）创造就业发展渠道和机会

推进产业招商，引进重大产业项目落地，从签约开工投产到达产环节均需要人力资源，有利于开拓就业渠道，增加就业机会，减少失业率，改善社会福利。

（四）促进区域经济协调发展

推进产业招商，通过引进产业龙头企业进驻，有利于延链补链强链，带动相关产业链、供应链的形成和发展，实现"以链强群"，促进区域经济多元化和综合协调发展。

二　河南省推进产业招商的做法

2023年，河南省高度重视产业招商工作，把推进产业招商作为"一号"工程来抓，坚持大员上阵，坚持围绕主导产业、深度谋划项目、举办专题活动、开展精准对接、强化跟踪服务、推动落地见效。坚持创新招商方式，实施项目"全生命周期"服务机制，形成了行之有效的做法和经验。

（一）聚焦产业，精准谋划

河南省把招引制造业作为主攻方向，提质发展传统产业、培育壮大新兴产业、前瞻布局未来产业、优化提升现代服务业，围绕7个先进制造业集群和28个重点产业链，精准谋划招商项目8059个，总投资6.1万亿元。新型材料产业方面，谋划超硬、关键金属等先进基础材料，新型电池及储能、高纯石英、高性能纤维等关键战略材料，功能性金刚石、智能仿生、高熵合金等前沿新材料项目；新能源汽车产业方面，谋划整车、零部件、动力电池、电机电控、汽车电子等项目；电子信息产业方面，谋划高端屏、智能端、专用芯、传感器和新算力项目；先进装备产业方面，谋划新型电力装备、农机装备、工程机械、机器人和数控机床等项目；现代医药产业方面，谋划生物

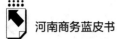

药、现代中药、化学药、高性能医疗器械和医用卫材等项目；现代食品产业方面，谋划休闲食品、冷链食品、预制菜、酒饮品等项目；现代轻纺产业方面，谋划服装、家纺、智能家电、定制家居等项目。定期通过河南省投资促进网和重大招商活动对外发布。

（二）规划引领，政策先行

为深入贯彻落实制造强国战略，进一步推动制造业高质量发展，加快建设全国重要的先进制造业强省，河南省人民政府印发《河南省建设制造强省三年行动计划（2023—2025 年）》。为深化区域合作，积极承接长三角、珠三角、京津冀地区产业转移，强化产业招商对经济发展的提质赋能和带动作用，河南省人民政府印发《河南省"十四五"招商引资和承接产业转移规划》。为促进全省先进制造业集群提质增效发展，提升重点产业链现代化水平，河南省制造强省建设领导小组办公室印发《河南省先进制造业集群培育行动方案（2021—2025 年）》。为明确产业招商重点和区域，河南省商务厅制定《2023 河南省招商引资工作方案》等一系列文件，引领和指导产业招商。

（三）构建平台，提升能效

河南省注重招商平台建设，构建了以中原医学科学城、中原科技城、中原农谷为支柱平台的"三足鼎立"科技创新平台。发挥郑州航空港经济综合实验区开放门户、郑洛新国家自主创新示范区示范引领、中国（河南）自由贸易试验区制度创新以及国家级、省级开发区开放型经济主引擎的作用，认定了河南中日（开封）国际合作产业园、河南鹤壁电子信息国际合作产业园等4家首批国际合作园区，认定正大生物研究院、中集华骏高端专用车工业设计中心等4家外资研发中心，印发《中国（河南）自由贸易试验区条例》，出台《关于推进中国（河南）自由贸易试验区深化改革创新打造新时代制度型开放高地的意见》，积极打造自贸试验区建设2.0版，充分构筑以国家级战略平台及各类经济功能区为载体的产业招商主阵地。

（四）上下联动，活动赋能

河南省始终坚持以项目为基础，围绕产业，推进招商。滚动推进四期"三个一批"签约活动，签约亿元以上项目 2072 个，总投资超 2 万亿元。高水平举办了全球豫商大会等十余场活动，签约项目 982 个，总投资 1.1 亿元。省工信厅积极打造 7 个万亿级产业集群，专题举办了先进制造业链群推介活动。郑州港区抢抓"黄金十年"新机遇，聚焦新能源汽车产业，以比亚迪为龙头，吸引创维、吉利、富士康等知名企业布局新能源汽车项目，打造千亿规模的新能源汽车产业集群。平顶山围绕尼龙新材料产业，以平煤神马集团为依托，建设"中国尼龙城"，举办"中国尼龙产业发展大会"，山东道恩、浙江万舟、福建省力等 200 余家企业入驻，产值突破 1000 亿元。许昌围绕汽车零部件产业，精准拜访知名企业，世界汽车零部件供应商百强企业埃贝赫集团、北京宏瑞汽车、须河车辆等汽车及零部件生产企业入驻，已形成百亿级汽车零部件生产基地。漯河打造中国食品城，推进现代食品产业招商，举办中国（漯河）食品博览会，引进了塔格糖健康食品、四川华厨预制菜生产基地等 38 个项目，已形成全省万亿食品产业集群。驻马店围绕生物医药产业，依托 2000 多种中药材基础，引进华中医药、华中正大、后羿制药、爱民药业等在驻马店投资，并因此引进了美冠医疗、优泰医疗、信永医疗、泰康阳光等企业，集聚生物医药产业链企业，打造"中国药谷"。

（五）创新方式，招大引强

河南省在注重发挥传统招商方式的同时，积极探索创新实施资本等新型招商方式。设立 22 只省级政府投资基金，实现了对七大产业集群、28 个产业链投资全覆盖，包含项目 913 个、涉及金额 481.75 亿元。其中，新型材料产业集群项目 152 个、83.7 亿元，新能源汽车产业集群项目 61 个、33.52 亿元，电子信息产业集群项目 281 个、231.5 亿元，先进装备产业集群项目 160 个、44.84 亿元，现代医药产业集群项目 108 个、29.56 亿元，现代食品产业集群项目 187 个、69.16 亿元，现代轻纺产业集群项目 32 个、9.94 亿元。推动一批高质量项目落户河南，加快建设。郑州航空港区通过产业基金引进 12 亿元的 8 寸半导体硅片生产项目；安阳通过战新基金，引进投资 5.3 亿元的兴阳高新标项目、3 亿元的克能锰酸锂电池、2.5 亿元的旭阳盖板玻璃原片、2.5 亿元的新石器无人车项目；焦作通过战新产业基金引进 13 亿元的光电新材料项目；南阳高新区通过产业基金，以股权投资形式引进 10 亿元的华夏芯半导体、1.5 亿元的英锐光电、1.2 亿元的蓝点触控等项目。突出产业链招商，焦作围绕新材料产业引进 52 亿元的化工新材料产业园、宏达集团投资 15 亿元的综合性绿色再生新型特钢材料产业园、宜兴友盛科技有限公司投资 11.7 亿元的年产 6 万吨锂电池负极材料项目；驻马店围绕生物医药产业引进 10 亿元的头孢类系列原料药研发及生产项目，10.5 亿元的盐酸异丙嗪、盐酸二氧丙嗪、盐酸吗啉胍、布洛芬等原料药生产项目，8 亿元的尿促性素、绒促性素、A 环降解物等生产项目，12 亿元的干悬浮剂、水剂、缓释颗粒剂、微囊悬浮剂、钙肥（液体）生产项目。2023 年底累计在豫投资世界 500 强企业 198 家，中国 500 强企业 179 家。

（六）健全机制，强化考核

河南省始终把健全工作机制作为统领招商引资工作的关键环节，把强化考核作为落实招商引资任务的重中之重。发挥港资、台资、日韩、500 强四个外资专班专业化实体化引领作用，印发专项招商工作方案，明晰招商引资工作"路线图"，签约项目 206 个。深化推进"13710"工作制度落实，充分利用"豫快办""豫正通"平台，实时跟进、动态追踪、催办督办。成立"签约一批"工作督导专班，建立跟踪台账，紧盯合同履约率、项目开工率、资金到位率，推进招商项目早落地、早开工，形成签约项目全流程跟进、全周期保障、全覆盖问效机制。用好"周动态、月通报、季排名、半年观摩、年终总结"的常态化问效工作机制，坚持大员上阵，各地市党政一把手会见拜访客商近 2900 次，定期发布。修订完善

"三个一批"招商引资评价办法，提升评价量化可操作性，增强科学性，每季评价一次，调动各级各部门招商积极性，充分汇聚全省招商引资合力。建立外商投资企业圆桌会议制度。完善政企常态化沟通机制，讲政策、听诉求、谈问题，共梳理问题线索 123 个，协调解决 107 个，大幅提升外资服务便利度和透明度。

（七）优化环境，靠前服务

河南省把优化营商环境作为"一号改革工程"，着力打造市场化、法治化、国际化营商环境，实施系统性重塑行政审批制度，实现 95% 以上涉企事项全程网办，企业开办时间压缩至 1 个工作日，率先在全国推行了"三十五证合一"改革和"多审合一、多证合一、多测合一"，一体化政务服务能力明显增强。积极开展"万人助万企"和"河南省招商引资推进月"活动，加强招商项目全生命周期服务。平顶山市持续优化招商引资项目全程代办服务机制，共受理各类代办事项 2002 件，办结率 100%。濮阳市建立无偿代办、容缺办理等服务机制，主动了解企业需求，帮助企业完善、延伸现有产业链供应链，推动项目快落地、快开工、快投产。南阳市建立招商引资高效闭环工作机制，确保签约后 90 个工作日内、土地摘牌后 50 个工作日内开工建设。驻马店市强化审批服务，对医疗类及仓储、物流配送业等 10 个大类 30 个小类行业项目实施豁免环评登记管理；对 17 个大类 44 个小类行业项目实行告知承诺审批，审批时限缩短至 1 个工作日。大力宣传《河南省省级招商引资专项资金管理办法》，通过培训授课形式，对开封市、许昌市、信阳市等地商务部门招商人员详细讲解招商引资政策及申报流程，深入万华禾香集团有限公司、开封弘辉医疗有限公司实际调研，宣讲资金支持政策。

（八）组建队伍，加强培训

河南省重视加强招商队伍建设工作，始终认为招商引资是一项要求高、难度大、挑战性强的工作，做好这项工作，关键在"人"。通过各种授课形式，对全省负责招商的同志进行了专业化知识培训，从招商意义、项目储备、对接谈判、案例分析、技巧掌握等方面做了详细的讲解，着力培养一批具有专业能力、沟通能力和谈判能力的招商队伍，激发和调动"敢不敢为"的主动性。

三　河南省推进产业招商的经验启示

2023 年，河南省通过积极推进产业招商，引进了一批批重大高质量项目落户，为河南省经济发展做出了贡献，也形成了一套行之有效的经验启示。

一是危机意识。时刻树立危机意识，深刻理解"在危机中育新机，于变局中开新局"蕴含着矛盾双方相互贯通的哲理，全面贯彻两会精神，以发展新质生产力为突破口，更大力度重视招商。二是交流互鉴。学安徽"以投带引"模式，学深圳"抄底纾困"模式，学重庆"以链强群"模式，学常州"长远战略眼光布局产业"模式，把这些经验融入河南省招商引资工作。三是大员招商。充分发挥各地党政一把手"以上率下"的示范效应，实行"1+1+N"全民参与招商模式。四是产业链集群招商。各地要结合实际、因地制宜，以新质生产力为主导，聚焦电子信息、先进装备产业、新型材料、新能源汽车、现代医药、现代食品、现代轻纺等重点产业，瞄准链主企业，围绕产业链上下游深挖"风口"产业，面向重点区域开展招商。五是资本招商。充分发挥国资平台产业基金在资本招商中的引领作用，撬动社会资本参与，形成资本招商循环发展的闭环链条。通过政府投融资引入龙头企业，随后带动产业链条上其他配套企业持续布局，不断延伸拓展地方产业链条。六是利用外资。发挥港资、台资、日韩和世界 500 强四个外资专班作用，精准对接全球产业链供应链重塑、国内统一大市场重构。实施招商引资专项行动，办好重大活动，吸引投资，建设合作园区。七是优化环境。深化"放管服效"改革，出台新形势下利用外资的政策措施，落实与外资准入负面清单相适应的准入机制，保障外资企业依法平等参与政府采购、招投标、标准制定，定期召开外资企业圆桌会议，讲政策、听诉求、谈问题，解决企业实际困难。修订河南省招商引资奖励政策，加大对先进制造业和战略性新兴产业的奖补力度。树立"亲商、安商"理念，实行项目分包和帮办机制，强化考核机制和项目跟踪机制，进一步缩短审批流程，推动项目开工投产达效。

B.24
加强制度平台建设 推进数据交易
全链条集成创新

杨多多　贾茹*

摘　要： 郑州数据交易中心通过建制度、立规则、强平台，针对数据要素的不同权属、不同形态，构建多层次的数据要素交易机制，发挥数据交易对产业的倍增放大效应，探索数据要素市场化配置路径，打造数据交易样板，持续提升河南数据流通交易发展能级，为我国数据要素市场建设积累经验。

关键词： 数据交易　平台制度建设　全链条集成创新

一　改革背景

2020年11月4日，习近平主席在第三届进博会开幕式上发表主旨演讲，提出中国将有效发挥自由贸易试验区、自由贸易港引领作用，出台跨境服务贸易负面清单，在数字经济、互联网等领域持续扩大开放，深入开展贸易和投资自由化便利化改革创新，推动建设更高水平开放型经济新体制。[①]数据交易所作为第五大生产要素交易市场，是数据要素市场化配置的关键环节。我国数据要素交易面临数据确权尚未明确、安全隐私保障困难、估值定价困难等问题，与日益发展的数据要素市场需求不相适应。河南作为重要的经济大省、人口大省和新兴工业大省，拥有海量的数据资源、丰富的应用场

---

* 杨多多、贾茹，河南省商务厅。

① 《习近平在第三届中国国际进口博览会开幕式上的主旨演讲（全文）》，中国政府网，2020年11月4日，https：//www.gov.cn/xinwen/2020-11/04/content_ 5557392.htm。

景和广阔的市场需求。同时，河南作为国家大数据综合试验区和自贸试验区，发展数据交易和大数据产业具有优势。2023年，河南省委经济工作会议强调持续实施数字化转型战略，加速数字应用赋能，优化数字生态体系，全方位建设数字经济强省。省政府印发的《中国（河南）自由贸易试验区2.0版建设实施方案》提出，"依托郑州数据交易中心，探索建立数据定价、流通方式等交易体系"。郑州数据交易中心通过建制度、立规则、强平台，针对数据要素的不同权属、不同形态，构建多层次的数据要素交易机制，发挥数据交易对产业的倍增放大效应，探索数据要素市场化配置路径，打造数据交易样板，持续提升河南数据流通交易发展能级，为我国数据要素市场建设积累经验。

二　具体做法

（一）建立数据要素分级分类和权属分置制度

依据国家"数据20条"中"三权分置"的产权运行机制，明确数据资产权利归属，确立数据资源持有权、数据加工使用权、数据产品经营权"三权分置"的产权登记机制。一是建立数据要素分级分类管理制度。按照数据属性类别、重要程度、风险等级等因素进行分级分类，在维护数据安全的前提下，促进数据的流通与应用。二是制定数据交易负面清单。根据分级分类结果，确立不能交易或严格限制交易的数据负面清单，确保可能对国家安全造成严重影响的数据不会泄露。三是建立数据权属结构性分置制度。明确自然人、法人和非法人组织在使用、加工及二次创新等数据处理活动中形成的数据财产权益，明确了不同主体享有不同权利。

（二）完善数据要素流通和交易制度

完善数据交易配套制度，出台从数据交易中心、数据交易主体到数据交易生态体系的相关办法、规范，建立来源可确认、范围可界定、流通可追

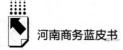

溯、风险可防范的数据流通体系。一是在国内率先出台职业数据经纪人管理办法。明确数据经纪人准入、提升、执业、退出等管理规范。2023年郑州数据交易中心向数交数据经纪（深圳）有限公司颁发数据经纪人证书，允许该公司在郑州数据交易中心开展数据经纪业务。二是出台场外交易备案管理办法。为规范场外交易，严格形式审查、内容审核，避免场外交易无序和无效刷单。三是建立数据资产市场化定价模式。采用成本法、收益法、市场法定价模型，结合数据权利类型、取得方式、期限、范围等，构建一套运营定价模式。郑州数据交易中心与国家发展和改革委员会价格监测中心、中国人民大学联合研发与场景匹配的评估指标体系，对数据资产价值进行全面高效的量化评估，为政务、企业、行业数据资产提供统一评估服务。

（三）构建平台自律与行政监管相结合的监管规则

探索数据流通交易安全监管，走好数据安全治理"最后一公里"。一是明确数据交易行政监管主体。由工信、金融、政务服务、证监等部门负责数据交易行政监管，从政府数据交易入手，建立共建共享、资源高效配置机制，为政务数据流通打造安全、合规的交易环境。二是明确自律监管职责。郑州数据交易中心利用区块链技术从数据通报、交易溯源、交易分析、异动监控等多个方面，对交易主体、数据资源、数据需求、交易订单等履行日常监管职责，促进监管客观公正。三是明确数据要素综合服务平台事前准入制度。推行"入场验资质、上架先确权"的交易流程，完善数据交易场所信任机制，健全数据要素登记及披露机制、数据交易标的溯源核查机制、数据使用场景合规评估机制。

（四）建设数据要素综合服务平台

应用大数据、区块链和隐私计算技术，打造集产品登记、在线交易、在线交付、交易监管功能于一体的"1+12+N"服务架构。一是构建1个数据基础平台。集成数据治理、数据加工等功能模块，解决数据资源向数据服务转换的难题。二是构建12个数据要素流通子系统。覆盖数据资产登记、资产交易、资产评估、合规监管和激励分配五个模块，支撑数据资产化、资本化，打通数据流通交易全流程，实现全程综合解决、自动合规保护、多维增强激励、公平分配目标，破解数据交易流转利用难、合规监管难、激励分配难的问题。三是构建 N 套安全管控体系。搞好数据产品登记、挂牌上市、流通交易、订单合约、合约交付等基础服务，创新推出多场景专属服务，从数据、网络、人员、应用安全等方面，全方位防范数据流通风险。

三　取得成效

（一）数据交易规范日趋完善

率先建立数据分类分级交易规则体系，覆盖数据产权登记、数据流通交易、市场和会员管理三个类别，有力保障了数据安全合规高效交易。制定 17 项数据交易规则，包括《数据产权登记规则》等 3 项总则，《数据产权登记流程细则》等 10 项细则、《数据产权登记服务指南》等 2 项服务指南、《数据经纪人管理办法》等 2 项运营规范制度，管理和标准建设走在全国前列。

（二）综合服务平台功能行业领先

首创数据产品"即时交付、计量出账"交易模式，实现交易即交付、交付即计量、计量即出账，大幅度提升数据交易便利化水平。郑州数据交易中心累计申请 11 项计算机软件著作权和 2 项专利。截至 2023 年，挂牌数据资源和上架的数据服务 1092 件，解决流通场景需求 100 余种，完成数据交易 365 笔，实现交易额 6.3 亿元，涵盖通信、电力、交通、气象、金融等多个领域。

（三）数据要素市场培育初见成效

全省数据资产目录"一本账"初步建成，已开通郑州、开封、洛阳、

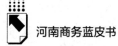
新乡、许昌等5个河南省数据要素试点城市专区，以政府数据交易"应进必进"为突破点，汇集地方数据资源，形成资产目录。采取"区域+行业"运营模式，农业数据（新乡、安阳）、交通数据（洛阳）、文旅数据（开封）、人社数据（安阳、许昌）、医疗数据（郑州、周口、信阳）、时空地理数据（新乡）流通交易规模持续扩大。与上海数据交易所、深圳数据交易所、贵阳大数据交易所、华东江苏大数据交易中心等20余家数据交易所签订项目合作协议，推动数据交易流通规则互认，加快数商及数据产品互联互通。

（四）助力河南自贸试验区形成更多新质生产力

在数字经济方兴未艾的背景下，数据创新是自贸试验区制度创新和竞争力的重要体现。推进数据流通交易创新有利于探索发展数字产品贸易、数字服务贸易、数字技术贸易，还可以对照识别数据资产，对不同级别数据采取相应的保护措施，为企业提供更加开放便利的营商环境，赋能自贸试验区招商引资，吸引更多数字经济有关企业入驻，形成新质生产力。在此基础上积累经验，开展压力测试，为实现数据安全有序跨境流动创造条件。

B.25
打造国家级超硬材料要素中心

粤港澳招商专班课题组*

摘　要： 本文通过分析河南超硬材料产业工业用超硬材料、培育钻石、超硬材料功能化应用三个领域的优势与不足，深刻剖析了国内超硬材料行业存在的问题，对超硬材料市场进行了分析研判，认为河南牵头组建中国超硬材料要素中心是大势所趋，并提出了探索国家级超硬材料要素中心模式、要素中心筹建三步走等下一步发展思路。

关键词： 超硬材料　培育钻石　要素中心

按照《河南省培育壮大超硬材料产业链行动方案（2023—2025 年）》规划部署，河南将建设发展成为国际培育钻石制造交易中心和全球培育钻石展示交易中心。为进一步提升我国超硬材料的国际影响力和地位，加强河南超硬材料产业集群核心竞争力，河南省驻粤港澳大湾区招商专班将超硬材料产业链招商作为招商工作重心之一。本文对超硬材料市场情况分析研判，建议河南统筹协调周边省份及优势资源在河南省郑州市组建中国超硬材料要素中心，打造一个国家级产业要素中心和交易中心。

一　河南超硬材料产业发展的优势与不足

河南超硬材料产业链基本完善，主要围绕工业用超硬材料、培育钻

＊ 课题组成员：郭海燕、徐大群、杨军伟。

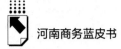
石、超硬材料功能化应用三个领域进行深耕。在超硬材料生产设备、超硬材料、培育钻石毛坯等中上游产业链拥有领先优势，在超硬材料制品、培育钻石打磨及销售、功能化应用领域具有一定的发展基础，但仍存在不少发展短板。

（一）工业用超硬材料

1. 超硬材料生产设备

优势：目前我国超硬材料主流生产设备为六面顶压机，较国外两面顶压机具有低成本、高效率等优势。

不足：目前主流六面顶压机为650型，晶体的有效生长空间小，不利于大尺寸培育钻石的制备。而大尺寸顶压机硬质合金顶锤制备技术尚不稳定，制约了大腔体六面顶压机的发展。

2. 超硬材料

优势：河南金刚石和立方氮化硼产量分别占全国的80%、95%。在金刚石合成领域，河南占据全球近70%的市场份额；在微粉领域，河南占据市场份额的80%；在立方氮化硼领域，河南占全球总产量的75%左右；在超硬复合材料领域，河南占全国的80%以上。

有关超硬材料原辅材料石墨和叶蜡石：河南石墨矿储量位居全国第五，河南煜合集团一年采矿量便可满足河南全年使用。北京门头沟叶蜡石占行业用量的98%以上，潭龙鑫磊为原北京门头沟叶蜡石唯一拥有开采权的企业，方城县神州灵山和该公司为同一实际控制人，可为河南提供原料保障。

不足：河南在金刚石分选、异形表面形貌金刚石单晶制造、超硬材料表面金属化关键技术等方面仍与世界先进水平有一定的差距；同时，面对生存压力，大量企业投入培育钻石的生产，加之原材料价格波动，导致工业用金刚石价格波动明显，恶性竞争激烈；行业缺乏整体引导，低端产品过剩，高端产品不足。

3. 超硬材料制品

优势：河南超硬材料制品产品线丰富、覆盖面广、综合实力强，特别是精密加工用制品在全国具有明显优势，部分企业制品国际领先。

不足：河南在高端超硬材料发展方面，仍与世界先进水平有一定的差距。低端产品以低价大量销往国外，而高端产品大量从国外高价进口。

（二）培育钻石

优势：我国培育钻石原石产量占全球的40%~50%，河南占全国的80%以上。生产培育钻石主要有高温高压法（HPHT）和化学气相沉积法（CVD），其中HPHT法在中国基本实现垄断。

不足：河南在钻石打磨、鉴定、销售等中下游环节，存在明显短板，在定价权、钻石交易等方面还需提升。钻石打磨属于劳动密集型产业，印度因人工成本较低，占据了全球主要市场，我国只占据了3%的市场份额。同时，河南也没有专业的培育钻石检测鉴定机构。另外，培育钻石作为新兴产业，尚未得到市场的广泛关注，全球培育钻石渗透率为天然钻石的8%，而国内培育钻石的渗透率仅为5%~6%。

（三）超硬材料功能化应用

1. 功能金刚石生产设备

优势：功能金刚石生产设备主要为微波等离子化学气相沉积设备，省内部分企业已经具备组装量产能力，相关产品主要为低功率设备，价格成本约为进口设备的30%~40%，技术水平处于国内领先地位。

不足：在大功率设备（60~75kW）方面尚未开发成功；国产化的功能化金刚石生产设备存在关键零部件依赖进口、故障率高、同等工况下等离子覆盖面积小、均匀性较差的问题。

2. 功能金刚石

河南一些企业在金刚石功能化应用方面已经进行了较长时间的研究，并取得了一定突破。但是，由于下游应用市场不成熟，无法实现针对性的产品研发，制约了行业发展。

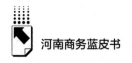

二 国内超硬材料行业存在的问题

（一）生态过分集中于产业链部分环节，利润空间有限，亟待升级

我国超硬材料企业以加工制造与批发销售为主，处于产业价值链微笑曲线的底端。产业缺少强势二次开发、再加工、深加工等产业链优势资源，相应基础配套不够完善，使得相关企业分散发展，难以形成聚合效应，缺乏对优势资源的吸引力和话语权，实现产业转型升级存在困难。

（二）创新不足、研发水平相对不高，高质量发展亟待提升

大部分超硬材料企业目前还停留在赚取生产加工费的环节，加工总值高、利润低，品牌附加值较低。

（三）国内各省各地龙头企业不断崛起，区域竞争更加激烈，更加难以形成合力

山东、山西、上海、湖南等地个别龙头企业的快速崛起对河南有不小的冲击力。各地政府主动送政策上门，大力扶持发展，一定程度上加强了整体行业竞争力，客观上导致区域竞争更加激烈，更加难以形成合力，推出国家级产业政策存在障碍。

（四）融资渠道单一、企业生存困难

超硬材料产业链各环节企业均有较强融资需求。目前，国有企业及少数上市企业尚可通过资本市场获取融资，而其余大部分普通企业主要依赖银行贷款及资金业务来满足其发展资金需求。普通企业由于缺乏固定资产、账务普遍不规范等原因，信用度较低，融资成本较高。

（五）行业秩序仍需规范

现阶段超硬材料市场集中度不足，分布散乱，不同区域有不同的交易方

法且各具特点。碍于行业竞争激烈和信息化、标准化程度较低的现实，我国超硬材料行业市场管理不规范，市场服务滞后。在规范市场秩序方面，虽然已经制定了相应的规章制度和具体措施、办法，但在实际执行过程中往往流于形式，部分市场主体在信息登记与披露方面存在疏漏，未能全面准确地展示真实情况，同时存在实际控制人通过幕后手段进行不当操控的问题，行业整体规范化运作水平偏低。

（六）没有形成全国统一大市场，行业缺乏统一的交易中心和要素市场

我国超硬材料行业尚处于粗放发展的初级阶段，导致企业与区域间存在较大的无序竞争，尤其是部分竞争往往没有体现在研发、服务、生产工艺的提升方面，而是直接体现为相互之间压低价格、降低服务，这给我国超硬材料企业和市场带来巨大风险，"劣币驱逐良币"，优势产业的国际竞争地位将进一步被削弱，打造规范的全国性要素中心和要素市场迫在眉睫，形成全国性的统一大市场势在必行。

三　河南牵头组建中国超硬材料要素中心是大势所趋

（一）超硬材料是河南的优势产业

河南省超硬材料产业链完善，在工业用超硬材料、培育钻石、超硬材料功能化应用三个领域均处于全国前列。在超硬材料生产设备、超硬材料、培育钻石毛坯等中上游产业链拥有绝对领先优势。在超硬材料制品、培育钻石打磨及销售、功能化应用领域具有较好的发展基础。

全球超硬材料领域以中国为主导，中国超硬材料产业以河南为核心。目前，河南省人造金刚石和立方氮化硼的产量在全国占据重要地位，分别占全国总产量的80%和95%。同时，河南省在金刚石微粉、复合超硬材料以及

培育钻石产量方面也表现优异，均约占全国总产量的80%。

据统计，全省规模以上超硬材料企业已超过300家，其中成功上市的企业有7家，年销售收入突破亿元的企业数量达到30家。这些企业以超硬材料及制品为核心，以原辅材料和专用设备仪器为基础，同时以公共技术服务体系为支撑，共同构建了坚实的超硬材料全产业链格局。

（二）河南省超硬材料产业的生产能力与行业影响力之间存在显著的不对称

在全国超硬材料市场规模高达千亿级的情况下，河南省仅占有约40%的市场份额，而在全球市场的占比更低。一方面，河南省超硬材料的高端化水平不足，影响了其在市场中的竞争力；另一方面，过度的行业竞争导致市场秩序混乱，不利于行业的健康发展。为了解决这些问题，河南省成立了超硬材料协会，通过避免同质产品的恶意低价竞争优化市场生态，形成"良币驱逐劣币"的良好环境。这将有助于提升河南超硬材料产品的议价权、增强行业话语权，从而推动整个产业的健康发展。政府和协会的引领将迅速提升河南超硬材料行业的国内国际地位，为以河南为中心成立国家级超硬材料要素中心奠定坚实基础。

（三）河南省委、省政府高屋建瓴助推行业高速高质发展

2023年4月，河南省委、省政府决定将超硬材料产业链置于优先发展的战略地位，列为全省28个重点培育产业链之首。

2023年7月，河南正式出台《培育壮大超硬材料产业链三年行动方案》。同时，为了更加精准地推动相关产业发展，还制定了磨具、钻石、光学、电子、装备等五个专项攻坚方案，力求全面提升河南超硬材料产业链的全球竞争力和国际话语权。根据规划，河南将持续加大投入和研发力度，提升超硬材料产业链的整体技术水平和产品质量，力争到2025年，河南的超硬材料产业规模突破1000亿元，成为全球超硬材料生产研发基地和培育钻石制造交易中心。

（四）河南超硬材料行业企业实力雄厚

1. 三磨所

全国唯一的郑州磨料磨具磨削研究所（简称"三磨所"，原隶属于国家机械工业部）研发实力雄厚，科研成果在河南当地转化应用最为集中，三磨所是国家重点实验室、工程技术研究中心等20余个省部级以上科研平台依托单位，是行业综合实力最强的企业，同时拥有超硬材料磨具、行业精密自动化设备仪器、行业检测及标准等3个省级科研团队，是中国超硬材料行业的开创者和引领者。

2. 黄河旋风

河南黄河旋风股份有限公司（简称"黄河旋风"）作为一家涉足超硬材料、智能制造及新能源领域的综合性大型上市公司，始终致力于技术创新与产业发展。其人造金刚石产品在全球市场上占有重要地位，稳居行业前三，且已成为全球领先的高温高压培育钻石生产企业，为行业的进步与发展做出了显著贡献。

黄河旋风具有国家级企业技术中心、企业博士后科研工作站、中原学者工作站等共计13个省级及以上科研创新平台。近年来，该公司依托自身科研平台承担了"国家超硬材料及制品区域特色高技术产业链"2项、"国家火炬计划"9项、"国家科技兴贸"2项等国家级科研任务，并获得省部级以上科技进步奖16项，充分证明了黄河旋风具备雄厚的科研实力。

黄河旋风在培育钻石领域拥有共计19项发明专利，充分展现了其在技术创新方面的强大实力。在全球市场竞争中，"旋风"牌金刚石单晶的市场占有率高达30%，特别是在中高端市场，其占有率更是达52%。此外，黄河旋风在金刚石制品市场的占有率达35%，在培育钻石的中高端市场，黄河旋风的市场占有率达50%，稳居行业榜首。这些数据充分展示了黄河旋风在金刚石及培育钻石领域的卓越实力和市场影响力。

黄河旋风致力于超硬材料技术领域的人才培养与引进，通过与多所高校紧密合作成功构建了一支包括研究生、高级经济师、高级企业管理人员以及

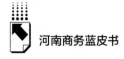
行业学术领袖在内的高素质管理团队，汇聚了各级各类专业人才共计 383
人，其中国家级顶尖人才 5 人，省级优秀人才 37 人。这些人才共同构成了
黄河旋风的核心竞争力，为公司的持续发展提供了坚实的智力支撑。

3. 中南钻石

中南钻石有限公司（简称"中南钻石"）是中兵红箭股份有限公司的全
资子公司，是世界最大的超硬材料科研、生产基地，产销量和市场占有率均
雄居全球第一。在消费领域，经过精心研发与不懈努力，中南钻石突破性地
实现了宝石级培育钻石的规模化生产，一举打破国外企业在钻石饰品领域主
流原材料市场的垄断地位，为我国在全球宝石产业中的崛起奠定了坚实基础。
在高新技术等领域，金刚石的功能化应用已经得到了广泛的推广和应用。

中南钻石高温高压技术处于世界一流水平，拥有国家认定企业技术中
心、国家认可超硬材料检测中心，荣膺"国家级高新技术企业""国家技术
创新示范企业""河南省创新龙头企业"等殊荣，在中国超硬材料行业中独
领风骚，更是行业标准的主要制定者。此外，中南钻石已成功入选工业和信
息化部第一批制造业单项冠军示范企业，充分展现了其在行业中的卓越
地位。

4. 郑州华晶

郑州华晶金刚石股份有限公司自 2004 年 12 月成立以来，始终专注于超
硬材料及其制品产业链的研究、生产和销售，于 2010 年 3 月在深圳证券交
易所创业板成功上市，成为国家高新技术企业的一员，在超硬材料行业中具
有举足轻重的地位，不仅是行业的栋梁企业，还是河南超硬材料产业基地的
骨干力量。其主要产品系列包括人造金刚石及原辅材料、大单晶金刚石及饰
品、微米钻石线、超硬磨具（砂轮）等，广泛应用于工业及消费市场。

四　下一步发展思路

（一）探索国家级超硬材料要素中心模式

基于河南省超硬材料行业地位、产业特点，建议由河南省牵头统筹协调

周边省份优势资源，在河南省郑州市筹建一个国家级超硬材料要素中心和交易中心，中心涵盖工业用超硬材料、培育钻石和金刚石功能化应用领域，以河南省优势产业环节为基础，以产业高质量发展为主线，成立生产研发、检测标准、商贸交易、商业会展和产业金融五大板块要素中心。同时，按照周边及兄弟省份优势资源和行业特点合作成立相关板块的次中心，其中，山西、浙江、山东等省份主要围绕生产研发合作建立次中心，广东省（深圳市或广州市）则围绕商贸交易、商业会展和产业金融三大板块成立次中心。

要素中心集合河南省和相关兄弟省份产业资源预计合作成立四个次中心、共同打造五个板块共同发展的整体格局，建成一个国家级要素中心和交易中心，即形成三面（三大领域）四点（四个次中心）五板块（五大业务板块）的具有国际视野和竞争力的战略格局。要素中心按照政府主导、联盟推动、市场化运作的原则，充分发挥市场化配置机制的作用，自担风险、自负盈亏。

（二）中国超硬材料要素中心筹建三步走策略

由省政府相关部门牵头成立工作专班，推进相关政策申报与项目的统筹工作；由产业联盟头部企业牵头，联合相关市场主体，加快组建中国超硬材料要素中心；充分发挥行业协会作用，加强行业规范和标准建设，积极引导行业自律，坚决抵制同质产品恶意竞争，重塑超硬材料市场生态环境。力争实现三个目标：一是寻求国家部委政策支持，并争取获批在河南省建立国家级超硬材料要素中心试点；二是给予要素中心适当政策和沟通机制，给予周边及兄弟省份协同筹建必要的政策支持；三是争取获批成立中国超硬材料交易中心。

B.26

健全外贸生态圈 培育钢制家具外贸产业带

尚利军 蔡晓宁 张华伟 江 俊*

摘 要: 钢制家具产业是洛阳的传统特色优势产业,年产量、产值、出口值连续多年居全省前列,更获批国家外贸转型升级基地(钢制家具)。近年来,洛阳从政策支持、产业规划、科技研发、产业发展、平台建设、跨境电商等方面健全生态圈,持续加大对钢制家具产业发展的支持力度,培育壮大钢制家具外贸产业带,扩大钢制家具外贸规模,提升产业国际贸易竞争力,培育外贸新动能。

关键词: 钢制家具 产业发展 外贸 跨境电商

洛阳市钢制家具产业起源于20世纪70年代末,起步于1982年,已有40余年的发展历程。40多年来,钢制家具实现了从家庭作坊手工生产到现代公司机械化生产,从零散分布到产业集群化发展,从传统贸易到跨境电商,在全国构建8000多个销售网点,覆盖全国所有的县级以上城市,销售份额超过全国市场的60%,是洛阳市经济特色集聚产业和优势出口产业的代表。

目前,洛阳市已成功申建国家外贸转型升级基地(钢制家具),基地有钢制家具企业400余家,原材料供应、锁具配件、物流包装等配套企业500余家,在全国各地的分公司有6000多家,其中规上企业110家,产品涉及9个大类1000多个品种,年产值达300亿元,已形成产品研发、软件开发、

---

* 尚利军、蔡晓宁,河南省商务厅;张华伟、江俊,洛阳市商务局。

设备制造、家具制造、配件生产、物流、电商、人才培训等全产业链条，带动直接就业 4.5 万人，间接就业 10 万余人。获得"中国钢制家具产业基地""中国百佳产业集群""中国家具行业优秀产业集群""中国最大的钢制家具产业基地""中国淘宝村""河南省最具竞争力产业集群""河南省优秀工业园区""河南省最大的钢制家具出口基地"等荣誉称号。

近年来，洛阳钢制家具产业发展势头迅猛，对外贸易呈高增长态势，2021~2023 年进出口额年均增长 13.5%。2023 年，家具及其零件出口额 19.9 亿元，同比增长 18.8%，出口企业 80 余家，产品上线亚马逊、eBay、速卖通、Wish、Temu 等知名跨境电商平台，累计出口美国、欧洲、日韩、东盟和中东等 120 多个国家和地区。洛阳双彬办公家具有限公司登顶亚马逊金属办公柜类销量榜，瑞亚丹柜业有限公司（莱特柜业子公司）正式成为瑞典宜家家居全球供应商。

一　强化政策引导，推动钢制家具产业转型升级

一是推动国家钢制家具外贸转型升级基地建设。市、区两级分别成立外贸转型升级基地建设工作领导小组，统筹推动基地建设。同时，设立基地工作站，搭建基地企业合作和交流平台，为基地企业提供拓展国际合作、品牌培育、宣传推广、业务培训、信息交流等服务。2023 年，基地工作站组织举办外贸沙龙活动 5 次、基地企业调研活动 1 次、海外市场推介会和信息交流活动 2 场、外贸企业与高校大学生的"双选会"2 场、洛阳高校大学生外贸达人赛 1 次，有力缓解了基地企业的需求。

二是强化政策支持。为推动钢制家具外贸转型升级基地建设，洛阳市先后出台《洛阳市"十四五"开放型经济发展规划》《洛阳市"十四五"招商引资和承接产业转移规划》《洛阳市开放发展行动计划》，从产业规划、企业培育、科技研发、产业发展、市场开拓、扩大外贸规模等方面持续加强对钢制家具产业的政策支持，鼓励基地企业研发新产品、拓展新市场，扩大进出口。

三是推进产业转型升级。积极推动企业绿色化、数字化、智能化转型，新上和改造环保设备 5000 余台（件），引进国际一流的数控喷塑流水线 438 条，全自动送料激光机、全自动冲剪线等大型数控设备 300 余套。洛阳市科飞亚有限公司的喷粉车间，将喷涂过程中产生的漆雾和有机废气污染通过密闭的喷粉房进行喷粉废气处理，98%的废弃粉尘都通过该设备进行回收再利用。洛阳花都家具集团自主研发的"花都智能生产管理系统"，通过数据实时共享，全程监控各个环节的运转和协作，使企业办公更加智能化、业务流程更加一体化、生产管理更加规范化。洛阳千鸣办公科技有限公司借助物联网、5G 存储和人机交互系统等新技术的推广应用，自主创新研发的定制款智能产品已进入多个省份市场。

二 延伸产业链条，提升钢制家具产业外贸竞争力

一是激发科技创新活力和转化动力。鼓励引导企业组建专业的研发、设计团队，创新研发高附加值产品，不断提升洛阳钢制家具品牌的美誉度和核心竞争力。洛阳千鸣办公科技有限公司借助物联网、5G 存储和人机交互系统等新技术，自主创新研发定制款智能产品；河南省赛福德医疗科技有限公司成功转型医养家具的技术研发及产品生产；钢制家具铁皮箱"智慧芯"、翻转电脑桌、电动升降桌、多媒体讲台、阅览桌椅、护士站、钢架电脑桌等环保时尚产品层出不穷，不断满足欧美等国际市场需求。

二是推动产业链向上下游延伸。依托花都、震海、科飞亚等龙头企业，整合产业链上其他企业生产、供需等环节，带动大中小企业协同发展，逐步形成了原材料供应、模具制作、家具生产、粉末生产、锁具制造、包装物流等较为完善的上下游产业链，生产办公家具、民用家具、金融设备、图书设备、校用设备、医用设备、指纹保险柜、电动密集架和防盗防火门等 9 个大类 1000 余个钢制家具品种，以及钢板、纸箱、塑粉、玻璃、锁具和拉手等所有产品配件，不仅保障了当地企业的产业需要，还为全国 2000 多家企业提供配件服务。

三是提升出口产品质量。积极筹建河南省钢制办公家具产品质量监督检验中心（洛阳），该中心于 2021 年 4 月正式挂牌运营，现有力学、理化等10 余个专业实验室，配备钢制家具柜类结构强度试验机、稳定性试验机、盐雾试验机、桌类耐久载荷试验机、甲醛气候箱、紫外分光光度计等专用检测设备，可供检测钢制家具、金属家具、钢制文件柜、图书用品设备、办公椅、钢木家具、钢制防护门、儿童家具、软体家具等，为钢制家具企业提供产品检测、标准制定、科技研发与成果转化等一体化服务，助力钢制家具产业高质量发展。

三　发展新业态，助力钢制家具拓展国际市场

一是培育跨境电商新业态。建立淘宝镇运营中心、钢制家具展示中心、电商培训中心、钢制家具电商协会、网站运营中心，打造钢制家具产业电商基地，推进电商与产业融合发展。举办"燃放平台经济暨 2023 洛阳跨境电商产业沙龙"等活动，邀请亚马逊、eBay、拼多多等全球顶尖跨境电商平台相关负责人参加，为发展跨境电商出谋划策。目前洛阳钢制家具产业跨境电商从 B2B 领域逐渐向 B2C 拓展，亚马逊、eBay、速卖通、Wish、Temu、天猫国际等排名靠前的电商平台均有洛阳钢制家具企业的身影。

二是打造钢制家具展会。利用钢制家具产业集聚优势，举办全国钢制家具产业博览会、发展论坛及全国钢制家具设计大赛等系列活动，通过专家分享专题讲座，为钢制家具企业和产业把脉问诊。特别是中国·洛阳（庞村）钢制家具博览会已连续举办三届，初步形成规模，第三届博览会展览展示面积及展位、参展参会地区、参展企业及产品种类等均创历史新高，成功与龙门实验室、山西晋钢集团签订战略合作协议。

三是打造外贸自营出口品牌。外贸转型升级基地工作站（洛阳市进出口企业协会）组织开展洛阳市出口名牌评选活动，引导企业开展境外专利申请和商标注册，打造自营出口品牌。"HUADU 花都""MIOCASA""AOBABO"等品牌荣获"2023 年度洛阳市出口名牌"。目前，钢制家具外

贸转型升级基地拥有 1 个中国名牌产品、1 个河南省国际知名品牌、4 个中国驰名商标、5 个河南省名牌产品和 38 个河南省著名商标，花都、虎力、九都、星高、花城、豫锦华、铜驼等品牌和商标驰名中外。

四　强化企业服务，夯实钢制家具外贸发展基础

一是畅通跨境通关物流。面对钢制家具产品体积大，出口物流成本高，"调箱难、用箱贵"等难题，洛阳市积极搭建进出口物流平台，引进上海奥吉实业有限公司与东方红（洛阳）国际陆港合作，成功开通洛阳至青岛港铁海联运班列，有效降低了企业的运输成本和时间成本，提高了物流运输效率。同时，2023 年洛阳市城乡一体化示范区成立了物流协会，吸引京东、顺丰、德邦、中通、圆通等 100 多家知名物流企业进驻钢制家具产业基地，形成了辐射全国的上百条运输专线，进一步畅通物流通道。

二是打造智慧化产业园区。深入谋划，打造建设洛阳市智能家居产业园，以科学布局、高效服务吸引企业入驻，加快产业优化和资源整合，进一步完善产业布局，打造产业集群。产业园总占地 3300 亩，总投资 200 亿元，主要包括智慧零碳生产基地、智慧物流园区、创新跨境电商中心和会议会展中心等，2024 年启动一期工程，建成后将逐步破解制约钢制家具产业发展的用地难题。

三是构建知识产权保护平台。为加强企业知识产权保护，持续加强宣传和培训，2022 年 3 月，中国（洛阳）知识产权保护中心正式获得国家知识产权局批复并挂牌成立，为外贸企业提供专利快速预审确权、侵权判定咨询、企业维权援助、专利运营转化等一站式知识产权服务，有效缩短专利审查授权时间和提高企业专利维权效率，加快专利技术交易和转化速度，使专利商标版权保护公益服务等工作的开展更加便捷，为外贸企业出口保驾护航。

B.27
保稳提质添动能　跑出加贸"加速度"

岳景召　杨 阳　陈 超　段然然*

摘　要： 近年来济源示范区外贸发展十分强劲，接连突破 200 亿元、300 亿元大关，尤其是加工贸易进出口规模增长迅速。2023 年，在国内外经济形势复杂严峻的挑战下，济源外贸进出口总值达 378.1 亿元，总量稳居全省第 2 位，其中，加工贸易进出口总值 238.5 亿元，比上年增长 39%，占同期外贸总值的 63.1%。济源示范区高度重视加工贸易产业发展，努力建设好、发展好、利用好国家加工贸易产业园，明确细化工作措施，以更高站位、更广视野、更大格局谋划推进外贸工作，推动济源加工贸易和对外贸易实现更大发展。

关键词： 加工贸易产业园　稳外贸　招商引资

济源于 2021 年 9 月成功获批国家加工贸易产业园，全市拥有 5 家加贸企业集团，从业人员在 4 万人以上。济源有机械基础件、有色金属材料、珠宝首饰等三个省级外贸转型升级基地，具备承接东部地区首饰、鞋帽、塑料制品等劳动密集型加工贸易产业转移的能力。在中西部地区，济源拥有发展加工贸易的优越基础。

一　园区优势

科学规划建设。济源国家加工贸易产业园以济源高新技术产业开发区、

---

* 岳景召、杨阳，河南省商务厅；陈超、段然然，济源示范区商务局。

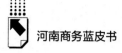
济源经济技术开发区为基础，依托有色金属、电子信息等龙头企业，规划"一园两区"，总规划面积25.52平方公里，预留发展空间8.07平方公里。

设施完善便捷。园区实行"政府管理+市场化运作"的开发运营模式，基础设施"七通一平"，土地储备充足，配备标准化厂房，生产要素资源丰富。济源有综合便民服务中心、海关特殊监管区域，并在全省率先建立了外向型经济服务中心，为区内加贸企业提供"一站式"服务。济源可直达国内所有重要港口，实现"铁公海"多式联运，开通"济俄"国际班列，融入"中欧"国际班列延长线体系，对接郑州国际航空货运枢纽，充分发挥省级跨境电商作用，形成了"海、陆、空、网"立体化、国际化的快速通道。

龙头企业引领。产业园现有5家加工贸易企业集团，其中世界500强1家、中国500强1家、中国制造业500强2家，均为行业龙头。有色金属产业已建成亚洲最大的绿色铅锌冶炼基地，龙头企业冶炼工艺获4项国家科技进步二等奖，"豫光""济金""万洋"三个品牌的产品分别在伦敦金属交易所、伦敦金银市场协会、上海期货交易所、上海黄金交易所注册；电子信息产业建成了智动化生产、5G手机等项目，是中西部重要的电子信息产品生产基地。

人才技术成熟。济源有94家市级以上工程中心，38家省市重点实验室，4家省级以上检测中心，16家新型研发机构和星创天地，并与西安交通大学、郑州大学、河南大学等院校合作，共建科技园与孵化基地。济源每年培养大中专学生3万余人，是全国创新创业教育基地50强，拥有加工贸易实训基地，定向联合培养实用人才，为加工贸易产业园发展提供有力支撑。

二　主要做法

（一）加强组织保障

坚持高位推动，工作职能由申创向建设转变，调整"济源产城融合示范区做大做强河南省济源加工贸易产业园工作领导小组"名单，管委会主要领导任组长，各相关分管领导任副组长，相关部门和企业为成员，领导小组下设办公室，负责工作统筹安排，高新区、经开区各成立专班，着力开展园区政策研究制定、基础设施建设、招商引资、项目落地、园区共建等相关工作。

（二）细化工作方案

一是明确工作目标，出台《关于进一步做大做强国家加工贸易产业园实施方案》。"十四五"期间，济源加工贸易产业门类不断增多，产业链条不断延伸，贸易主体不断扩大，品牌影响力进一步提升，与境内外发达地区经贸合作和产业对接不断深入，加工贸易进出口总额突破 1000 亿元，新增加工贸易项目、企业主体超 10 个，新增投资超 100 亿元，新增相关及配套产业就业岗位超 10 万个，济源产业园整体发展水平走在全国国家加工贸易产业园前列。二是明确工作任务。立足有色金属和电子信息加工贸易产业，做大做强优势主导产业；进一步壮大豫光金铅、金利金铅、万洋冶炼、富联科技等加工贸易龙头骨干企业，培育壮大中原特钢、神龙石油等加工贸易业务企业，引导加工企业开展进出口贸易，壮大本地"加工+贸易"产业；积极承接东部和境外加工产业，健全加工贸易产业配套，建设高水平载体平台，打造对外贸易人才队伍，加强交流合作共建。三是明确工作保障。强化财政支持，尽快设立国家加工贸易产业园专项发展资金，鼓励企业加强技术研发，扩大先进技术、重要装备、关键零部件和能源原材料进口，开拓国际市场。鼓励金融机构针对加工贸易企业创新金融产品和服务。强化通关、检验检疫等服务，提升贸易便利化水平，让更多"济源造"融入全球产业体系。四是创新方式方法，加大加工贸易产业招商引资力度。

（三）列入考核目标

同济源对外开放领导小组办公室沟通，将国家加工贸易产业园的具体工作进行细化，以济源高新技术产业开发区、济源经济技术开发区为依托，制

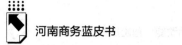

定招商引资考核细则，将与发达地区结对共建产业园和加贸产业招商引资纳入考核范围。进一步指导两个开发区共建园区积极开展招商合作、产业对接、人才交流、权益分配等，并充分发挥产业园示范带动作用，优化营商环境，提升整体承接能力，完成加工贸易产业招商引资目标任务，加快加工贸易产业梯度转移和集群发展。

（四）优化营商环境，精准施策

济源海关深入推广"两步申报""提前申报""两段准入"等业务改革模式，全面推行"7×24 小时"预约通关、查验保障措施，2023 年共办理节假日通关保障业务 80 余票，有力保障了企业及时顺利完成通关手续。持续深化"关长送政策上门"服务，现场听取企业诉求和建议，主动做好海关总署 16 条改革措施宣传解读工作，及时开展线上线下培训、走访调研、专家解读、政策宣讲等，有针对性地解决企业困难，定期开展进口国际矿砂原料市场变化分析，向企业推送相关信息，帮助企业拓展摩洛哥、哥伦比亚等矿源，持续推动加工贸易高质量发展。近年来，济源加工贸易进出口额快速增长。2021 年，产业园加工贸易进出口总额完成 195.1 亿元，同比增长 109%，占济源外贸总额的 50.5%。2022 年，由于市场原因外贸进出口额出现下滑，加工贸易进出口总额为 170.5 亿元，占全市外贸总额的 56.7%。2023 年，加工贸易进出口总额为 238.5 亿元，同比增长 39%，占全市外贸总额的 63.1%。

（五）打造国家加工贸易产业园标杆园区

充分发挥国家加工贸易产业园的优势，创新政策，完善基础设施，立足济源有色金属和电子信息加工贸易主导产业。一是进一步壮大豫光金铅、金利金铅、万洋冶炼和济源富泰华等龙头企业，在全球新冠疫情起伏反复的情况，济源攻坚克难、优化服务、精准施策，引导和支持企业引进关键配套环节，构建与加工贸易主导产业关联的产业链条。二是济源持续打造高水平承接平台，积极承接东部地区劳动密集型加工产业转移，与广东、江苏等地开展合作交流，围绕有色金属、电子信息主导产业延链补链强力招商，引进精密机械加工制造、宝石级金刚石、珠宝首饰加工、高品质紧固件、年产 20 万吨高性能铜箔材料及铜产品绿色智造、航空及微电子新材料应用复合多金属制造等项目 22 个，投资额 270.78 亿元。组团参加在广东省东莞市举办的第十三届中国加工贸易产品博览会，并与东莞市政府对接，签订共建协议，并积极同加工贸易企业对接，扩大济源加工贸易产业"朋友圈"，大力招引和承接产业转移，进一步优化济源加工贸易产业结构。

三 未来发展

（一）建设高水平载体平台

结合济源加工贸易产业特色和企业实际，进一步优化监管模式，创新监管机制，稳定市场预期、稳住外贸基本盘、稳定产业链供应链。搭建与我国东部地区、发达国家投资设厂、贸易往来、承接溢出产能的高能级平台，助力加工企业打造国内国际两个市场的高端载体。加快河南自贸试验区创新联动区建设发展，以制度型开放推动营商环境国际化，提升加工贸易投资便利化，助力引进外商投资企业和外向型企业，促进加工贸易扩容增量。

（二）政策资金向产业园倾斜

支持加工贸易企业参加境内外知名展会展销活动，深耕欧、美、日等传统市场，大力开拓中亚、南美和非洲等新兴市场，提升市场占有率，给予企业资金补贴扶持。

（三）鼓励拓展加贸业务范围

鼓励企业利用品牌优势和技术优势，发展加工贸易合作伙伴；在国家允许的范围内探索开展新的加工贸易业务，做大加工贸易盘。

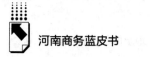

（四）多元化持续扩大招商引资

借助国家、省政府搭建的平台，举办承接产业转移专题对接活动，吸引加工贸易企业来济源发展。完善专业化招商机构，建立市场化招商机制，采取多元化招商方式，吸引加工贸易企业到济源投资兴业。

B.28

多措并举助推县域商业体系建设提质增效

李权龙　叶利伟　孙超凡*

摘　要： 农购网作为一家专注于乡村振兴综合运营服务的互联网企业，通过其独特的商业模式和技术应用，统筹城乡发展战略，丰富服务业态，助推商业体系建设提质增效。本文深入分析了农购网的基本情况、主要做法及取得的成效，探讨了农购网对县域商业体系建设的突出贡献和影响，并提出下一步发展思路。农购网的发展模式为县域商业体系建设提供了案例参考和经验分享，也展示了其在稳步推进商业体系建设和乡村振兴中的巨大潜力。

关键词： 农购网　县域商业体系　乡村振兴

一　农购网基本情况

自成立之初，农购网便致力于补齐农村电商在物流、支付和信息服务等方面的短板，逐步建立一套适合农村特点的电商运营体系。经过多年的发展，农购网已经从一个初创的电商平台成长为一个在县域商业体系中具有重要影响力的综合服务提供商。其业务涵盖县域商业网络体系建设、农产品供应链体系建设、县乡村三级物流配送体系建设、县域综合商贸服务体系建设、农村商业带头人培育、县域电商规划、普惠金融、数字乡村建设等8大板块；合作运营了杞县、新密等30多个县域的电商平台，建设了18个县域综合商贸服务中心和农产品展销中心，16个农产品物流仓储配送中心，开

---

* 李权龙、叶利伟、孙超凡，河南农购信息科技有限公司。

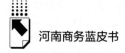

发村镇级综合商业网点 9500 余个，累计培育农村商业带头人万余人，带动创业就业 8 万多人，孵化县域公共品牌 30 多个；组织县域农特产品展销和直播活动 2000 多场，引导和带动河南农特产品销售超 15 亿元。

二　主要做法

（一）完善商业设施，丰富功能业态

对各地区乡镇商贸中心发展情况进行实地调研，以"因地制宜，突出重点，注重民生"原则补齐商业短板，增加水产区、食品加工区、便民服务区、儿童娱乐区等服务业态，满足乡镇居民日常、实用型消费；整合餐饮、理发等基本生活服务圈，创新具有业态显著聚集特点的商业形态；增加小家电、服装、鞋帽、家纺等商品销售，满足维修、洗衣、修鞋、快递收发、农产品收购等便民服务，提升乡镇商贸中心的综合服务能力。向乡镇和村庄延伸服务，带动乡村商业发展，满足绝大部分群众的消费需求。截至2023 年，农购网已升级改造镇级商贸中心 200 余个，不少乡镇大集便民超市改造后，环境焕然一新，功能更加完备。

（二）整合物流资源，畅通双向物流

对现有商贸配送、公共仓储、邮政寄递等设施重组整合，打造"交通+邮政+快递+电商"融合发展新模式，畅通物流服务双循环，通过整合当地物流资源实现优势互补、资源集聚，发展共同配送，让农村物流成本逐步降下来、配送速度快起来。针对乡镇快递物流站点，整合农村邮政、供销、电商、快递、交通、商贸流通等下沉网络和服务，统一标识，根据实际需求升级一批快递出库一体机、快递专用电子秤等镇站设备，提升改造乡镇快递共配中心，解决县级物流仓配中心与村级快递物流网点之间的中转难题，促进信息共享、数据互联，形成"小网点、大网络"，最终实现"多站合一、一点多能、一网多用"。

（三）加强仓储设施，优化消费渠道

以市场主导、政府引导为原则，为大型商贸流通企业布局一批县域前置仓、商贸共配中心等设施，整合入驻企业资源，丰富产品品类，提供集采集购、直供直销、统一配送、库存管理等为一体的特色化服务，让直购好产品、新产品更加便利。建设集中供采平台"豫闪哒"，联合上游生产商、下游供应商，以及各乡镇零售网点，汇集品牌资源，以"三个统一"进行统一议价、统一采购、统一产品标准，降低乡镇采购成本，拓展盈利空间，实现全省县域优质货源集中采购、降本增利的目的。

（四）升级农贸市场，加强农产品流通

改造升级乡镇农贸市场，根据群众购物需求，调整摊位布局板块，设置便民自产自销区，因地制宜对其周边环境及市场内外部经营秩序等做好调整和改善，打通农产品流通上行前置环节。同时针对部分地区引导商贸企业、物流快递、电商平台等围绕农村产品上行，升级改造预冷、分拣、配送、初加工等商品处理设施，加强标准化和品牌化建设，提升商品转化率。

（五）创新产业新业态发展，推动农村电商高质量发展

结合杞县大蒜、宝丰汝瓷、确山红薯等特色产业，在"融"上发力，在"链"上拓展，依托农购网及其共建的淘宝直播村播基地、河南省农特产品直播基地等，以"3+X"模式大力发展直播电商、即时零售等新业态，以更丰富的商品、更便捷的体验、更多样的服务、更创新的模式激活县域消费市场，推动农村电商高质量发展，带动农产品上行和农民增收。

三　取得的成效

（一）融合发展：确山

一是通过高标准升级改造 14000 平方米的确山县级物流分拣中心，整合

极兔、申通、韵达、丰网等四家本地快递企业，以"同线共运，同村共配"为最终目标，实行统一分拣配送，有效改善了快递企业独自经营、"各自为政"的局面。二是通过引进智能化分拣设备，使用菜鸟系统，四家快递入驻企业同时分拣，每小时分拣量达1.2万件、最高日分拣量超过12万件，且差错率极低，充分满足当地快递公司三年内快件分拣的需求，实现数据互通，统仓共配。三是通过统一配送车辆和团队，优化9条共配线路，实现城区2小时内到货、乡镇村一日内送达，同时将农产品运回分拣中心并发往全国各地。确山县电商快递实现3千克以内平均3.0~3.2元/件，与省会郑州基本持平；农产品快递协议价实现2.5~2.9元/件，略低于郑州水平。

（二）资源整合：卫辉

为实现效益最大化，农购网提供主动上门服务和各项优惠政策，充分利用电商进农村项目创建的镇级服务站和村级服务点，初步实现同一园区、同一路线、同时配送，整体减少了40%的快递派送费用，当日快件11时前即可送达各个村便民服务点，较以往缩短3小时时限。在整合各类快递物流业务的同时，整合多方资源形成合力。一是联合交通运输部门，实现县级快递物流分拣中心落地汽车总站，统筹平原物流等30余家物流公司及县乡现有公交车辆，合理匹配车辆运力，开展"交快合作"，偏远行政村实现快递一日两班次送达。二是联合邮政部门，依托邮政资源优势，打造4个镇级快递物流基地，当地农产品实现就近包装、分拣等；整合当地快递企业，并由邮政牵头成立快递协会，为县乡村快递物流建设添砖加瓦。三是联合供销社和农业部门，充分发挥供销社原有仓储基础优势，打造物流快递及商品分拣仓，整合田间地头的冷鲜仓库及特色农产品，让农药、农资等生产生活物资流通更加顺畅，实现资源利用最大化。

（三）特色之路：淇县

一是强化基础设施建设，推动"商邮快"合作共赢。高效整合"三通一达"、邮政等多种快递资源，发挥商邮、快快合作基础优势，实现快递与商贸共同配送，推进"商邮快"融合发展，打造了"一点多能、一网多用、功能集约、便捷高效"的电商快递服务新格局。二是强化主体培育，推动新零售渠道下沉。鼓励和引导大型流通企业下沉供应链，升级改造160多个数字化、连锁化乡镇商贸中心和村级便民店，丰富农村商业网点功能业态。引导美团优选下沉乡村，在当地各乡（镇、街道）及村落打造社区电商自提点410余个，指导传统小店开展数字化经营，实现年均创收超过2万元。三是强化末端功能，推动农产品出村进城。紧密围绕"促进农民收入、农村消费双提升"工作思路，将电商服务站点、农民合作社、社区电商自提点等农村末端高效整合，加强农村产品开发和品牌营销，打造卫都蜜薯、淇河缠丝鸭蛋、朝歌山小米等地理标志农产品，以"朝歌印象"农产品电商公共品牌为引领，形成一条淇县特色产业链服务体系。

（四）农产品上行：宝丰

一是打造一批电商产业园区，集线上商品交易、物流配送、综合服务、人才培训、融资支持等功能于一体，建成占地236亩的县电子商务产业园1个、镇级电商产业园5个，大黄5G直播培训基地、龙王沟户外垂钓直播基地等供应链直播基地9个，建立"宝丰优选"等线上销售平台7个；先后举办"网上年货节""新春消费帮扶年货节""物宝源丰约惠春天促消费直播活动"等促销活动，发放电子消费券544万元，助力拉动内需、繁荣市场、扩大消费，全县农村电商年交易额超30亿元，销售规模和增幅均居河南省前列。二是通过建设便民综合服务中心，优先聘用有劳动能力的"三类户"，方便群众实现家门口就业，目前已招聘快递配送员55人、前台销售121人、电商销售58人、运营人员30人、服务引导员30人；全县便民综合服务中心销售总额达1600多万元，为村集体增加年收入约72万元，人均年收入可增加2万元以上，有效拓宽了村集体和农户的增收渠道。

四 下一步发展思路

近年来，国家多部门积极推进县域商业体系建设，发展县域新业态新模式，也让人们看到了县域商业的巨大潜力，县域消费理念、消费品质不断升级，孕育着新的市场机遇。在当前经济形势下，发展县域商业不仅有助于构建更加平衡的区域经济格局，更是激发县域消费活力、释放内需潜能的关键所在。县域消费的提振又会推动县域经济的发展，进而实现全国从一线城市到县域、乡村经济齐头并进、平衡发展的新格局。通过持续改善县域消费市场环境、补齐农村商业基础设施短板、丰富便民服务功能业态，县域消费市场将成为我国经济增长的新引擎和动力源。

（一）推动商贸流通企业统仓共配

通过整合电商资源，推动"互联网+流通"战略转型，加强仓配体系和商品体系运营管理，将传统"夫妻店"改造升级成村级模式。充分利用电子信息技术，借助高效的信息技术处理和传输等手段，实现仓储、集货、加工、分拣、配送、订单处理、财务等的网络化、智能化和自动化管理，推动商贸流通企业统仓共配。整合物流车队和快递物流，优化物流配送路线，为农村小商户提供更高效、便捷的物流服务，进一步优化物流配送体系。在物流配送上，实现分区分片、定时定线、专车专人配送，打造县、镇、村三级配送机制，全面提升县域物流配送中心的整体服务能力。

（二）构建农产品上行新格局

引导农民合作社与大型商贸流通企业、电商平台等达成合作，签订长期稳定的农产品采购协议，就近打造农产品电商直采基地和商品化处理设施中心，提升农产品附加值。充分发挥农购网平台资源优势，构建"特色产业+网络平台+直播基地"的线上直播销售体系。以农产品上行为主线，推动农产品清洗分拣、预冷保鲜、烘干贮藏等产地初加工设施建设及质量检测、分级包装商品化预处理设施建设，完善农产品质量认证、品牌培育、标准引领等综合服务体系。通过各类商贸平台提升特色农产品市场覆盖率，构建长期稳定的产销对接机制，提升农产品供应链资源共生能力，持续增强农产品上行能力，促使农产品现代流通体系更加安全、畅通、高效。

（三）培育电商直播基地

围绕农村经济发展需要，以县域电商公共服务中心和电商直播基地为基础，打造集政务服务、营销推广、主体孵化、人才培训、品牌建设、仓储物流、产品展销、学术交流等综合服务于一体的农产品电商直播产业园，为各类市场主体创造良好的营商环境，吸引大量创新企业、人才不断集聚发展。实施电商直播人才培育计划，通过整合各类培训资源，找准人才培训定位，扩大县域电商人才培训范围。依托县域电商产业园打造直播间和电商直播基地，采用集中培训孵化模式，对学员进行培训和跟踪孵化，培养一批"村情熟、会宣传、善营销"的直播"土专家"。

B.29
中国（郑州）跨境电子商务综合试验区实践探索

刘海涛 郭永和 胡 阳 郭夏杰*

摘 要： 近年来，河南省商务厅认真贯彻落实商务部和省委、省政府决策部署，以加快建设跨境电商综合试验区为抓手，着力创新监管服务、优化生态圈、培育市场主体、促进产业转型，形成了跨境电商综合试验区示范引领、多城市联动发展的新格局。2023 年，郑州市跨境电商进出口 1261.6 亿元，占全省 53.2%，规模居中部第一、全国第一方阵，充分发挥了标杆引领和示范带动作用。

关键词： 跨境电商综合试验区 创新发展 郑州市

中国（郑州）跨境电子商务综合试验区（以下简称"郑州综试区"）获国务院批复以来，始终牢记习近平总书记"买全球、卖全球"重要指示，[1] 深入贯彻落实国家和商务部、省委、省政府关于促进跨境电子商务发展的决策部署，大力推进郑州综试区建设，加快改革创新，做强优势资源，壮大市场主体，强化产业赋能，持续提升竞争力、发展力，为服务全省乃至全国跨境电商发展贡献力量。

---

* 刘海涛、郭永和、胡阳、郭夏杰，河南省商务厅。
① 《郑州："丝路电商"打造高质量发展新引擎》，河南省人民政府网站，2023 年 11 月 2 日，https://www.henan.gov.cn/2023/11-02/2841049.html。

一　发展现状

（一）进出口规模持续扩大

2016 年成立之初，郑州市跨境电商进出口总额 349.7 亿元，占全市货物贸易额的 9.7%。2023 年郑州市跨境电商进出口总额 1261.6 亿元、同比增长 6.7%，占全市货物进出口额的 22.8%，占比超过 2016 年的 2 倍；占全省跨境电商进出口额的 53.2%，超过全省半数；规模居中部第一、全国第一方阵，充分发挥了标杆引领和示范带动作用。

（二）市场主体不断壮大

培育建设跨境电商产业园区 32 个，其中获批国家电子商务示范基地 2 个、省级跨境电商示范园区 20 个。全市跨境电商产业链企业 11000 家，其中年进出口 2000 万元以上企业 503 家、亿元以上企业 120 家。致欧科技、小魔兽、江之源、蓝普实业、易通跨境等一批本土企业发展壮大，致欧科技成功在深圳证券交易所主板上市，成为河南首家跨境电商上市企业。新引进希音（Shein）落地新郑综保区开展服装出口业务；吸引亚马逊全球开店在郑州设立华中区域中心，更好服务企业转型升级。郑州市跨境电商企业境外注册商标 2519 个，培育 DTC 品牌 24 个。

（三）海外仓建设实现突破

2023 年，郑州市企业设立海外仓 168 个，主要分布在美国、德国、英国、乌兹别克斯坦、日本等地，建设及租用总面积超 100 万平方米、同比增长 87.5%，其中公共海外仓服务客户数量超 6900 家。郑州联钢实业在乌兹别克斯坦、埃及等地设立海外仓，为 400 多家国内企业提供商品展销、接待洽谈等服务，带动省内企业出口 3 亿元。

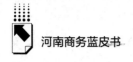

（四）生态逐步完善

新获批 5 家省级跨境电商人才培训暨企业孵化平台，累计 11 家。成立河南国际数字贸易研究院、全球（郑州）跨境电商研究院两家研究机构，编印《国际数字贸易资讯》《中国跨境电商发展月报》等刊物。编制《跨境电子商务业务一本通》，为企业提供跨境电商业务指引。成立河南 ESG 国际标准合规服务中心，为跨境电商企业提供 ESG 合规解决方案。积极参与跨境电商标准制定，立项《跨境电子商务零售进口药品全程追溯规范》《直播电商实训规范》2 项地方标准。

（五）对外合作取得新成效

成功举办第七届全球跨境电子商务大会，邀请世界贸易组织、世界海关组织等国际组织负责人，白俄罗斯、比利时、韩国、西班牙等 10 多个国家驻华使节，商务部、海关总署、财政部等国家部委相关司局负责同志，亚太经合组织电商工商联盟、欧盟中小企业中心、马来西亚跨境电商协会等境内外商协会、贸易机构负责人和知名跨境电商企业高管参会。大会发布《中国跨境电商发展报告（2023）》等研究成果，签约供应链、物流、金融等合作项目 34 个，金额 203.2 亿元，中泰跨境电子商务人才培养基地、中德跨境电子商务产教融合平台、马来西亚—河南青创合作中心等揭牌成立。来自韩国、马来西亚、越南、泰国、俄罗斯等国家的 600 余家企业参加展览展示，达成订单 3.8 亿元。

二　主要做法

（一）持续完善工作机制和政策措施

充分发挥郑州综试区建设工作领导小组作用，2023 年召开联席工作会、专题工作会 10 余次，协调解决综试区建设中的问题。先后制定了《郑州市跨境电子商务专项提升行动实施方案》《郑州市加快推进跨境电商发展的若干措施》《郑州市加快直播电商发展的实施方案》，出台《促进现代物流业高质量发展若干措施》《郑州市对接海上"丝绸之路"发展扶持的意见》《郑州市促进口岸经济和枢纽经济发展若干政策的实施细则》等，为跨境电商快速发展提供有力支撑。

（二）持续创新监管和服务模式

省市协同推进跨境电商零售进口药品试点，打通药品试点业务流程，建设药品试点公共服务平台、通关辅助管理系统、跨境药品追溯体系和药品试点监管仓库，实现了严格高效协同监管。创新实施跨境电商企业所得税核定征收，设立线上园区，建设综合服务系统，企业集群注册、备案数据自动推送海关、税务和银行，按季度向税务部门申报销售额，打通企业合规缴税通道，北京、杭州、深圳等22家企业在郑州设立公司，15家企业实现所得税核定征收。开展贸易外汇收支便利化试点，对试点企业实行货物贸易超期限等特殊退汇业务免于事前登记、货物贸易对外付汇时免于办理进口报关单核验手续等措施，简化资料和流程，降低企业成本。创新跨境电商网购保税进口商品与国内商品"同仓存储、同包发货"，解决赠品入区、清单申报、实货查验、集拼出区等企业诉求，企业每年节省成本近800万元。搭建郑州跨境电商信用智慧监管平台，比对录入企业信用监管数据，通过自动评价、自动匹配，对于信用良好的企业降低检查频次。扩大"外贸贷"和出口退税资金池规模，扩大贷款覆盖范围。上线郑州中小微企业金融综合服务平台"郑好融"，更便捷提供金融服务。依托河南国际贸易"单一窗口"平台创新推出"通关模式智选菜单"，一键匹配最优"通关+物流"模式，通关效率提升20%。在全国率先实现技术性贸易措施风险预警信息数据同"单一窗口"数据联通，企业上传出口订单信息，系统自动弹出进口国技术性贸易措施风险预警信息，帮助跨境电商企业降低出口风险。

（三）持续培育市场主体和品牌

鼓励传统外贸企业"触网升级"，通过跨境电商拓展海外市场。2023

年，耐火材料龙头企业万力实业、新光色分别出口 2.8 亿元、1.7 亿元；以致欧家居、名扬窗饰为代表的家居产业出口超 70 亿元，其中致欧家居出口超 60 亿元，成为欧洲最大的线上家居卖家；以宇通客车、尼罗河机械、启亿粮油、国立控股等为代表的机械设备产业出口额超 10 亿元。充分发挥各类商协会、专业服务机构作用，举办电子商务大讲堂、宣讲、培训、沙龙等活动，引导创业青年积极投身跨境电商创新创业，鼓励跨境电商企业品牌化发展。截至 2023 年，郑州市电子商务大讲堂累计举办 50 期，240 余位行业知名专家、教授、企业家分享，线下培训 2.2 万余人次，线上观看超 2900 万人次。全市 20 余所院校开设跨境电商及相关方向专业。加强"人人持证、技能河南"建设，培育电子商务师、跨境电子商务师超 6000 人。对跨境电商企业建设独立站，开展境外商标注册、专利申请、管理体系认证、产品认证等予以资金支持。致欧家居三大品牌 Songmics、Vasagle、Feandrea 跻身亚马逊欧美市场备受消费者欢迎的家居品牌。

（四）持续畅通跨境物流通道

在全国率先实现 TIR 跨境公路运输双向联通，开通郑州至莫斯科、塔什干 TIR 跨境公路货运线路，畅通"一带一路"新通道。常态化运营郑州至比利时列日、美国洛杉矶、美国纽约等跨境电商包机，新开通至伊斯坦布尔、新德里、曼谷等 9 条货机航线，累计开通全货机航线 45 条。中欧班列（郑州）新开通郑州至老挝琅勃拉邦、俄罗斯圣彼得堡、泰国萨普里国际线路，2023 年中欧班列（郑州）开行 3269 班，同比增长 16.8%。支持建设 168 个海外仓，总面积超 100 万平方米，同比增长 87.5%，其中公共海外仓服务企业数量超 6900 家，助力企业更好"走出去"。在河南国际贸易"单一窗口"平台上线海外仓综合服务平台，实现海外仓供需信息匹配，已对接海外仓企业 49 家。依托中国（郑州）国际邮件枢纽口岸，推出邮政国际 e 速宝产品，全程物流时效平均缩短 3~5 个工作日，平均节省企业物流成本 15%。

（五）持续加强国际交流合作

加强与"丝路电商"伙伴国人才共建，支持数字郑州科技有限公司、河南工业大学等成立"数智丝路电商产教融合共同体"，对接数智丝路电商产业发展人才需要，探索职业教育资源互通、供需对接的协作模式，为推进"一带一路"经贸合作提供电商行业创新型人才支撑。开展中外联合办学，支持郑州职业技术学院、泰国澈督蓬商业学院、曼谷职业教育中心和唐风国际教育集团共同建立中泰商都学院、中泰跨境电商人才培养基地。

三　下一步谋划

郑州综试区将持续发挥跨境电商在拓展外贸发展空间、提高外贸运行效率、丰富国内市场等方面的积极作用，夯实工作基础，积极探索创新，扎实推进综试区各项工作。

（一）推动产业集聚

加快建设跨境电商产业园区，提高园区服务水平。积极发展"跨境电商+产业带"模式，鼓励引导传统优势产业集群加快数字化、智能化转型，推动特色产业"抱团出海"。

（二）强化主体培育

鼓励传统外贸企业"触网升级"，培育跨境电商龙头企业。支持企业开展自主品牌注册和国际产品认证。加强跨境电商企业海外知识产权纠纷应对指导，提升企业合规意识。持续举办郑州电商大讲堂等培训活动，支持各类院校跨境电商专业学院建设。

（三）持续推进监管创新

探索适用跨境电商出口海外仓（9810 模式）配套退税政策。鼓励金融

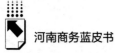

机构提供高效便捷的跨境电商人民币结算服务,探索构建以跨境电商平台交易数据为基础的企业信用融资。在符合监管要求前提下,在自贸试验区郑州片区开设跨境新零售店。

(四)加快海外仓建设

积极推进海外仓全球化布局,加快欧美地区、RCEP 成员国等重点市场海外仓建设,加大布局中东地区、拉丁美洲等新兴市场,持续培育特色鲜明的海外仓示范企业。完善海外仓综合服务平台功能,定期发布海外仓目录,推动海外仓与跨境电商企业的信息联通。

区域篇

B.30

2023~2024年郑州市商务发展
回顾与展望

郭家栋*

摘　要： 2023年，郑州市商务系统认真贯彻落实市委、市政府工作部署，扎实开展"三标"活动、深入实施"十大战略"，持续打造对外开放高地、建设国际消费中心城市，统筹抓好外经贸发展、招商引资、激发消费市场潜力等工作，商务领域各项工作呈现稳定向好的良好局面。2024年，全市商务系统将着力扩大高水平对外开放，推动招商引资量质齐升，推动消费品市场加快复苏，推进国际会展名城建设。

关键词： 对外开放　招商引资　对外贸易　促进消费　郑州市

---

* 郭家栋，郑州市商务局。

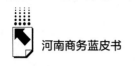

一 2023年主要指标完成情况

（一）消费市场持续回暖

全年社会消费品零售总额5623亿元，增长7.7%，高出全省平均水平1.2个百分点，规模居中部城市第2位，增速居全省第2位，较上年度提升15个位次，为近十年来最好成绩。

（二）对外贸易领跑中部

2023年进出口总额5522.3亿元，居中部城市第1位、全国省会城市第5位、国家中心城市第7位，外贸结构持续优化，汽车出口额213.5亿元，增长91.9%。

（三）跨境电商稳步发展

2023年跨境电商交易额1253.3亿元，增长6.3%，规模居中部省会城市第1位、全国第一方阵。

二 开展的重点工作

（一）开放通道优势持续巩固

成功举办中国侨商投资大会、全球豫商大会等重大会议和活动，郑州国际合作中心、郑州东盟中心和郑州柬埔寨国际客厅（筹）落地揭幕。签署河南—柬埔寨—东盟"空中丝绸之路"战略合作协议，柬国航成为首家落地郑州的国外航空公司中国区总部，新开通客运航线15条，完成客运量2346.8万人次、增长174.7%；实施中欧班列集结中心示范工程，开通越南、泰国进口水果冷链专列和农产品出口专列，开行班列2844班；成功举办第七届全球跨境电子商务大会，培育的本土跨境电商企业致欧家居成功上市，指导郑州企业布局了一批海外仓；建设以东向为主的海铁联运国际通道，海铁联运40689标准箱、增长147%。

（二）自贸区创新发展取得实效

郑州市2023年累计形成316项制度创新成果，其中全国首创50项，全省首创79项，12项制度创新成果在全国复制推广。在"五大专项""四条丝路"等方面累计形成创新成果233项。"航空货运电子信息化"入选国务院第七批改革试点经验。"探索创意产业全链条保护机制"等6项创新成果入选河南自贸试验区第四批最佳实践案例。推进RCEP示范区建设，上线应用"智享惠"企业关税享惠服务平台，设立河南省RCEP企业服务中心，举办2023年重点外贸外资企业RCEP专题培训班，加强政策宣传培训，帮助外资外贸企业进一步掌握RCEP政策。自贸区郑州片区营商环境连续两年在全省国家功能区评比中指标表现排名第一、综合得分优秀。

（三）对外贸易稳中提质

一是落实"服务官"制度，精准服务企业。开展走访调研，加强对"白名单"企业跟踪服务，积极开展外贸订单调研及形势研判。"一对一"走访了外贸"白名单"企业和年进出口额5亿元以上企业50多家，了解企业经营情况和实际困难，帮助企业解决在订单、融资、物流等方面的问题，梳理潜在增长点，做好外贸形势研判，提高工作的针对性和高效性。二是加强扶持政策，促进企业发展。积极争取国家、省稳外贸资金，落实市稳外贸政策。组织企业做好2023年进口贴息项目和2023年上半年出口信保申报工作，完成2022年度国家进口贴息资金、2022年下半年信保资金拨付，完成省级新能源汽车发展奖补资金2023年省级外经贸发展专项资金（突出贡献企业奖励）组织申请工作，通过政策帮扶，全力支持郑州外贸企业稳定发展。三是加大金融支持，扶持中小企业。开展银企对接会和政策宣讲会，提高企业对外贸政策的知晓率和使用率。优化提升"外贸贷"方案和出口退税资金池管理办法，加大金融支持力度。"外贸贷"共授信额度3.2亿元，发放贷款4.4亿元；出口退税资金池发放贷款81笔近8467万元。四是利用经贸活动平台，开拓国际市场。组织企业参加广交会、进博会、中国—东盟博览会、中国—亚欧博览会等展会活动，助力企业出海抢订单、拓渠道。第133届和134届广交会，郑州市参会企业475家（次），累计成交订单超7000个，交易成果丰硕。五是开展业务创新，培育新的增长点。推动外贸稳定和创新发展，组织国家外贸转型升级基地（新型材料）考核资料申报，通过国家加工贸易承接转移示范地考核，促进口业务发展。积极培育外贸新增长点，稳步推进二手车出口试点工作，全市二手车出口8843辆，出口额2.4亿美元。

（四）招商引资量质齐升

一是引资规模稳步扩大。郑州市各级领导高度重视招商引资工作，坚持招商引资"一号工程"，持续"招大引强选优"。市委、市政府每月召开重点招商项目推进会，定期召开各产业链工作调度会，对全市重点跟踪的100多个产业链上下游配套项目逐一调度，深入分析项目推进过程中存在的堵点、难点，提出对策、明确节点、全力突击。2023年新签约项目662个、签约总额7796.68亿元；新开工项目464个、投资总额达5727.98亿元，全市招商引资规模实现新突破。二是项目质量不断提升。全市上下牢固树立"项目为王"理念，对接了华为公司、比亚迪公司、华润集团、上汽集团、中国电气装备集团、中广核集团等头部企业，先后赴北京、上海、广州、深圳、杭州等地开展考察招商、高层洽谈等活动，其中京津冀方向7次、长三角方向5次、珠三角方向2次。有力推动协鑫新能源产业集群、中国电气装备集团中原区域总部、华润中原超级总部基地、中广核氢能全产业战略项目等重点项目签约落地。同时，郑州市领导在郑州会见了华为、特斯拉、紫光、科大讯飞等重要客商100余次。三是招商方式更加灵活。不断创新招商方式方法，持续营造"大走访、大推介、大招商"的热烈氛围与声势。各开发区、区县（市）党政正职领导认真落实"二分之一工作法"要求，带队走访企业333次、在郑会见企业领导1487次，同比增长200%，推动全市形成重点在谈项目共计492

个，拟投资总额 4789.1 亿元。四是活动举办务实有效。2023 年，全市共举办四期"三个一批"活动，累计签约项目 222 个、同比增长 48.99%，投资总额 3899 亿元、同比增长 73.93%。新型显示基地、新能源动力及储能电池项目、海康威视智能制造基地等投资超百亿元项目顺利签约，为郑州市实施换道领跑战略行动、打造国家先进制造业高地夯基垒台。2023 年是近年来活动举办最多、招商成效最好的一年，各类经贸交流活动呈现爆发态势，策划组织了全球豫商大会暨黄帝故里拜祖大典、第七届全球跨境电子商务大会、全国工商联主席高端峰会、第 14 届中国河南国际投资贸易洽谈会、跨国公司合作交流会、中德汽车大会"郑州会客厅"、中国医疗器械产业峰会、中国侨商投资（河南）大会等重大招商活动。同时，郑州市还深度参与了 2023 豫港经贸合作交流会、豫粤合作交流会以及第 23 届中国国际投资贸易洽谈会、第 20 届中国—东盟博览会等重要经贸活动，带动郑州市中德环保产业园、远恒科技跨境电商中原总部、360 数字科技综合业务平台项目等一大批重点项目签约落地。五是营商环境持续优化。全市各行业主管部门努力做好招商引资"服务员"，《郑州市优化营商环境创新示范市建设实施方案》从进一步简政放权深化改革、维护市场公平竞争等方面，提出 36 条政策措施，为郑州市营商环境建设发展指明方向，为企业发展创造多重便利。

（五）扩大消费成效明显

2023 年累计投入财政资金 5.6 亿元，举办 500 多场促消费活动，直接带动消费 204.8 亿元，综合杠杆比为 1：40。全市范围内打造特色商业街区 21 条，日均客流量超 74 万人次。推进商圈提质扩容，目前全市有大型商圈 10 个，大型商超（营业面积 2000 平方米以上）215 个，大卫城以年销售额近百亿元跻身全国第一方阵，二七商圈获评全国示范智慧商圈、万象城获评全国示范智慧商店，郑州成功入选 2023 年福布斯中国消费活力城市 20 强。一是全面升级商圈建设。全市有 10 个已成规模兼具影响力、辐射力的商圈，由"一中心"向"多中心"转变。二七商圈是传统核心商圈，二七广场已于 2023 年 1 月全新亮相。大力推进德化街景观提升，投入财政资金 1.5 亿元，撬动社会资金 2 亿元。二是培育特色

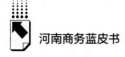

商业街区。全市已创建国家级特色商业街区 3 条、省级 4 条和市级 20 条。三是激活"夜经济"和新型消费。初步统计，全市"夜间经济"总量规模约 2100 亿元，夜间消费约占社会消费品零售总额的 45%。

（六）会展经济蓬勃发展

举办展览活动 153 场，展览总面积 265.45 万平方米，共吸引参展商 45492 家，成交额 1629 亿元，拉动住宿、餐饮等消费 334 亿元。一是对接引进高质量展会项目。引进举办了中国图书馆年会、全国汽车配件交易会、中国粮食交易大会等全国性展会、品牌会议和节庆活动。二是深入参与筹备全国知名展会。引进中国医疗器械生态大会、中国品牌节女性论坛等重点展会，挖掘展会活动招商资源，注重招商引资实效。三是支持保障优势展会做大做强。郑州糖酒食品交易会、中国磨料磨具磨削展览会等商业型展会影响力持续提升。成功举办 2023 全球豫商大会、第十四届中国河南国际投资贸易洽谈会等，实现了以展促销、以展促贸、以会聚力。

三 2024年工作重点

以习近平新时代中国特色社会主义思想为指导，全面贯彻党的二十大精神，落实全省商务工作会议、市委经济工作会议、全市招商引资招才引智大会精神，以"全力以赴拼经济、奋勇争先挑大梁，在引领现代化河南建设上展现更大担当"为总要求，全面深化"三标"活动，实现招商引资要大有作为、国际消费中心城市建设要有新形象、制度型开放战略要有新举措、各项工作都要有新提升的目标，为构建高水平对外开放新格局、加快打造国家开放高地体现新担当、做出新贡献。

（一）扩大高水平对外开放

1. 实施自由贸易试验区提升行动
一是出台实施《中国（河南）自贸试验区郑州片区提升战略实施方

案》。聚焦强化"两体系、一枢纽"功能、推进贸易投资便利化、建设高水平国际合作平台等重点工作，推动片区深化改革创新。二是提升制度型开放水平。高标准推进 RCEP 示范区建设，对接《全面与进步跨太平洋伙伴关系协定》（CPTPP）和《数字经济伙伴关系协定》（DEPA）等国际高标准经贸规则，积极推动移民事务服务中心和 RCEP 企业服务中心完善功能。争取跨境电商国家标准创设，推动交通物流、数字经济全产业链创新。三是推动区域协同联动发展。推动设立空港新片区，积极推进制度创新共试、改革赋权共享、政策措施共用。

2. 加快开放通道拓展延伸

推动货源组织、国际航线开辟、基地航空公司及大型物流集成商引进再提升。推广复制"郑州—卢森堡"合作模式，加快形成覆盖全球主要经济体的客货运航线网络。做强欧洲、中亚线路，拓展 RCEP 东盟区域辐射范围，强化推进"运贸一体、以运代贸"，推动班列扩量提质。推动跨境电商零售进口药品试点高水平运营，争取放宽试点目录品规限制，扩充试点目录。推进海外仓全球化布局，完善跨境电子商务海外仓板块功能，推动海外仓与外贸企业间的信息互通。努力争取"丝路电商"合作先进区在郑州落地。争取 2024 年跨境电商交易额突破 1300 亿元，增长 6%，跨境电商综试区评估重回第一档；加强与连云港、山东港等合作，积极拓展至上海、广州、福州等港口新线路，持续打造东向铁海联运大通道。

3. 推动对外贸易稳中提质

一是培育外贸新增长点。注重政策靠前发力，贯彻落实《国务院办公厅关于推动外贸稳规模优结构的意见》，支持企业发展跨境电商海外仓、加工贸易、新能源汽车贸易等。稳步推进二手车出口工作，完善工作机制，加强事中事后监管，有效防控各类风险，加快形成新的贸易增长点。二是加大政策支持力度。用足用好国家、省市各级对外经贸发展专项资金，落实业务增量奖、外综服奖励、省市出口信保补贴、国家进口贴息等政策，鼓励企业扩大进出口业务，支持订单回流。优化"外贸贷"和出口退税资金池管理措施，创新对外经贸发展资金使用方式，加大金融机构对中小微外贸企业的

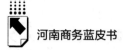

信贷支持力度，更好地解决外贸企业资金困难。三是建设境外经贸合作区。鼓励引导有条件的"走出去"企业在境外建设新的境外经贸合作区，优化境外经贸合作区国别和产业布局，提升合作区建设水平。

（二）推动招商引资量质齐升

一是明确招商方向。实施重点区域招商，瞄准重点地区，全面梳理行业龙头、"隐形冠军"和国内500强，精准靶向招商，运用基金招商、产业链招商、市场化招商等多种招商方式，引进一批高质量项目。紧密对接行业领军企业和世界500强，常态化招引全球前30名高端商业综合体运营商、前50名国际奢侈品牌，推动郑州市与美高梅集团等全球头部企业合作。二是借助全球豫商大会等重大经贸招商活动，各开发区、区县（市）根据活动主题和区域，确定目标方向、对接招商线索，开展宣传推介、实地考察、集中签约等活动，以活动的成功举办促成更多合作成果落地。三是突出重点项目，要树牢"项目为王"理念，接续发力"三个一批"项目建设。

（三）推动消费品市场加快复苏

一是紧跟消费热点。以中央财经委会议提出的大规模设备更新、消费品以旧换新为契机，研究汽车、家电等大宗商品促消费政策，发挥大宗消费对于消费市场的拉动作用。同时，持续开展"醉美·夜郑州"消费季活动，致力打造3~5个夜间消费集聚区。二是强化商业企业培引力度。培引百家新型商业和引领品牌。积极开展郑州老字号培育认定，鼓励老字号企业进驻重点商圈、特色商业街区。加快实施正弘金水东路、华润郑东万象城等一批高端商业综合体和星级酒店项目。三是提升特色街区建设水平。持续开展21条特色商业街区考核，德化步行街争创全国示范步行街。推进顺城街"时光记忆博物馆"等建设，打造万达金街星夜市集，推动农科路酒吧休闲一条街外立面亮化提升。

（四）推进国际会展名城建设

加快推进中原国际会展中心、郑州中央文化区文化交流中心、郑州国际会展中心二期、郑州国际文化交流中心、高新区科学会堂等展馆建设工作，提高会展硬件设施水平，统筹现有展馆和在建展馆运营，合理安排设施档期。提升郑州全国商品交易会、世界传感器大会等展会影响力，积极推动郑州国际车展、郑州工业装备博览会、郑州糖酒食品交易会等商业类展会发展壮大，进一步做强会展消费。力争2024年全市举办展览200场，展览总面积达300万平方米。

B.31
2023~2024年开封市商务发展
回顾与展望

何平山 周宁*

摘 要: 2023年，开封商务工作坚持以习近平新时代中国特色社会主义思想为指导，聚焦开放兴市暨招商引资战略任务，实施社会消费挖潜扩容、招商引资提质增效、对外经贸培优扶强、开放平台能级提升、作风能力锤炼提高五大专项行动，各项商务工作取得了新成效，为推动全市经济社会高质量发展做出了重要贡献。

关键词: 开放兴市 招商引资 专项行动 开封市

一 2023年开封市商务发展指标完成情况

(一)引进省外资金

全市实际到位省外资金775.5亿元，总量居全省第7位，同比增长9.4%，增速居全省第9位。

(二)利用外资

全市实际利用外资1991万美元，同比增长26.3%，增幅居全省第5位，完成目标比居全省第11位。

---

* 何平山、周宁，开封市商务局。

（三）社会消费品零售总额

全市社会消费品零售总额完成 1174.8 亿元，增长 4.9%。

（四）对外贸易

全市进出口额累计 113.3 亿元，同比增长 51%，增幅居全省第 2 位。

（五）对外投资和经济合作

全市对外承包工程及对外劳务合作营业额累计完成 11319 万美元，同比增速居全省第 11 位。对外直接投资累计完成 106 万美元，同比增速居全省第 5 位。

二 2023年主要工作开展情况

（一）社会消费稳步回升，市场运行健康平稳

制定出台《开封市"2023 消费提振年"实施方案》等文件，争取到 2023 年省级促消费资金 2061 万元，为做好全年促消费工作奠定了坚实基础。围绕汽车、家电、餐饮等领域，开展"擎动菊城·悦享驾趣"等 50 场专题促消费活动，累计带动消费超 40 亿元。深入推进县域商业体系建设，2023 年全市县域商业体系建设年度绩效评价居全省第 1 位，杞县、兰考县荣获首批全国县域商业"领跑县"。积极做好步行街区改造，鼓楼区书店和马道街步行街被评定为第二批"河南省示范步行街"。扎实推进餐饮住宿业快速发展，成功创建"河南豫菜之都""河南省传统餐饮历史文化名城"。

（二）招商引资提质增效，项目建设提速聚力

研究制定《开封市开放兴市暨招商引资工作目标管理考核办法》《开封市 2023 年制造业产业链招商引资行动计划》，完善"622"现代产业体系招

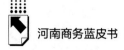

商图谱，建立"四库三单二图一表"，推动招商引资工作清单管理、靶向对接、精准推介。先后组织参加了豫港和豫澳企业家春茗活动、2023全球豫商大会等境内外招商活动15场，成功举办2023清明文化节和中国开封第41届菊花文化节节会招商活动。兰考县国电投新能源设备产业园、尉氏县箔朗铝业60万吨铝合金高端智造、禹王台区年产100万吨精细化学品、通许县酸辣粉产业园、祥符区高端装备制造产业园、示范区白象食品等项目先后签约落地。

（三）对外贸易逆势增长，对外投资绽放新姿

稳步推进"外贸贷"政策，发放"外贸贷"22笔，共计发放贷款7705万元。指导汴欧进出口贸易有限公司等2家企业获批商务部二手车出口企业经营权，打造外贸出口新的增长点。大力发展跨境电子商务，引导尉氏县河南周钻新材料有限公司、杞县吉邦农产品有限公司等传统外贸企业成功开展跨境电商贸易。2023年开封获"2023年度全省对外贸易先进单位"，并作为省内唯一地市入选新一批"国家级加工贸易梯度转移重点承接地"。提高对外投资与经济合作便利化水平，引导企业积极稳妥地开展跨国经营。对外直接投资额累计完成106万美元，同比增长100%，打破了连续两年对外投资为零的局面。

（四）开放平台提档升级，改革创新活力十足

高水平建设自贸试验区2.0版，兰考县经济技术开发区、开封市产城融合示范区、杞县先进制造业开发区三个片区成功获批中国（河南）自由贸易试验区联动创新区。国家文化出口基地上报的"文化金融创新服务"和"文化出口特色服务"两个案例入选国家文化出口基地第三批创新实践案例、"内陆地区货物出海物流一体化协作新模式"成功入选黄河流域自贸试验区联盟第一批最佳实践案例。开封综保区正式封关运行，河南中日（开封）国际合作产业园成功获批省级国际合作园区，开封市经济技术开发区和兰考县经济技术开发区被评为2023年度全省经济技术开发区对外开放工作先进单位。

三 对策建议

2024年是新中国成立75周年，是实现"十四五"规划目标任务的关键一年，全市商务工作将以习近平新时代中国特色社会主义思想为指导，坚持稳中求进工作总基调，完整、准确、全面贯彻新发展理念，坚持商务工作"三个重要"定位，围绕开放兴市暨招商引资战略任务，全力以赴打好招商引资引领仗、对外经贸突围仗、消费促进整体仗、开放平台阵地仗四场硬仗，为推动开封经济高质量发展贡献商务力量。

（一）聚焦项目建设，打好招商引资引领仗

树牢"项目为王"理念，聚焦重点产业集群和产业链，充分发挥商务部门招商引资牵头抓总作用，主动"走出去"，积极"请进来"，掀起招商引资新高潮。

1.校准招商精度

围绕全市新型材料、新能源汽车、先进装备、现代轻纺、现代医药、现代食品、电子信息七大产业集群，按照"紧盯前沿、龙头牵引、建延补强、集群发展、打造生态"的原则，选好建好项目库，动态完善产业链图谱和招商路线图，下好精准招商"先手棋"。

2.强化招商力度

实施重点制造业产业链招引攻坚行动、科技创新招商行动、文旅融合招商行动、外资筑基引强行动等六项行动，全面推进规划招商、领导招商、科技招商、资本招商、市场招商、基金招商，积极参加河南与跨国公司合作交流会等重大活动，办好清明文化节、菊花文化节经贸招商活动。

3.提升招商速度

牢固树立全市招商引资"一盘棋"思想，指导各县区加强协调配合，做好要素保障，比签约拼质量、比开工拼速度、比投产拼效益。持续优化

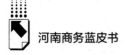

《开封市开放兴市暨招商引资工作目标管理考核奖励办法》，切实以结果导向推动高质量项目签约落地、投产达效。

（二）聚焦市场开拓，打好对外经贸突围仗

创新外贸外经工作思路，以抓政策落实、抓市场开拓、抓服务优化为重点，推动外经贸扩规模、优结构、提质量。

1.培育壮大外贸主体

优化"外贸贷""中小开"等惠企政策，加大信贷信保、出国参展等方面的支持力度，充分发挥综保区和国家级加工贸易梯度转移重点承接地作用，大力招引培育加工贸易转型升级示范企业和外贸综合服务企业，打造加工贸易产业集聚新高地。

2.提升对外经贸水平

开展"百企百展拓市场"行动，积极组织企业参与"一带一路"沿线展会和进博会、消博会等国际性展会，扩大对外投资和经济合作"朋友圈"。引导企业充分利用RCEP红利，持续拓展东南亚新兴市场份额。优化在汴企业"走出去"综合信息服务平台，支持对外承包工程企业承揽境外工程。

3.推动对外经贸新业态新模式发展

大力发展跨境电子商务，依托综合保税区跨境电商产业园，布局跨境电商O2O线下体验店，积极争创省级跨境电商示范基地和海外仓示范企业；积极拓展中间品贸易，指导各县区系统梳理本地重要中间品目录，从生产制造、境外参展、出口信保等方面给予支持；加快国家文化出口基地建设，探索发展数字贸易，促进传统服务贸易转型升级。

（三）聚焦扩大内需，打好消费促进整体仗

立足扩大内需这个战略基点，加快适应个性化、差异化、品质化消费需求，主动创新消费业态和模式，全面激发消费活力。

1. 持续提升传统消费

按照全省"消费促进年"统一安排,围绕"衣食住行"等领域,举办开封市"2024消费促进年活动";统筹举办宋都美食节、汽车展会、家电家具以旧换新等特色主题消费季活动;鼓励引导商贸企业加大化妆品、金银珠宝、品牌服饰等消费升级类商品供给和促销力度,扩大高端消费品市场供给,更好满足中高端消费品市场需求。

2. 加快发展新型消费

推动"互联网+"消费业态发展,引导传统零售、餐饮企业深化"触电触网"意识,支持社交电商、网络直播等多样化经营模式,推动线上线下商品消费融合发展。加强电商人才培养和电商主体培育,充分利用河南大学、开封大学、黄河科技学院等院校教培资源,搭建电子商务校企合作平台,切实培育一批带货主播人才、孵化一批直播电商企业、叫响一批优质网红产品。

3. 大力拓展农村消费

持续实施县域商业体系建设行动,完善乡村消费基础设施,补齐农村流通设施短板,以县乡村商业网络和农村物流配送"三点一线"为重点,用足用好中央支持资金,突出抓好物流快递共建共享中心、乡镇商贸中心、乡镇大集和乡镇集贸市场等项目建设。

4. 稳步提升品牌消费

实施餐饮品牌培育工程,深化建设"河南豫菜之都",全力申报"国际(豫菜)美食之都"。积极开发以宋文化为主题的高端餐饮,指导各县区培育打造"一县一特色、一区一名店"待客品牌1个以上;擦亮老字号金字招牌,制定《开封老字号管理办法》,组织开展第六批开封老字号认定,办好"老字号国风市集"活动;做好本地特色商品挖掘推广,抢抓当前"国潮焕新"机遇,挖掘发布一批本地"必逛必买必带爆款"产品,打造一批彰显开封特色的"新国潮"产品。

5. 全面优化消费载体

按照"新建企业抓跟踪、近限企业抓培育、上限企业抓入统、限上企业抓增长"思路,全方位服务"个转企"和"企升限"工作,力争全年新增限

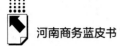

上商贸企业 150 家以上；持续推进步行街和商业综合体改造提升，积极争创省级平安商场 3~5 家，省级品牌消费集聚区 1~2 家；加快建设一刻钟便民生活圈，补齐基本保障类业态，力争全市打造一刻钟便民生活圈 10 个以上。

（四）聚焦能级提升，打好开放平台阵地仗

坚持全市"一盘棋"思想，推动各级各类开放平台提档升级、协同发力，切实把各级各类开放平台打造成经济建设主阵地、主战场、主引擎。

1. 深入推进自贸区开封片区建设

全面落实自贸区各项改革试点任务，积极开展首创性、集成性、系统性改革探索，力争 2024 年形成并上报 5 项以上制度创新经验和案例。加快自贸试验区开封联动创新区建设，在提升贸易便利化水平、培育特色产业集群、推进文化产业开放创新等领域先行先试，形成一批具有开封特色的经验做法。

2. 加快推进综合保税区建设

做好综保区（二期）和开封国际陆港等项目建设，围绕汽车及零部件、艺术品展示交易等特色产业，聚焦保税物流、保税电商、保税维修等重点业态，大力发展保税经济，切实将综保区打造成全市外向型经济发展的"新引擎"。

3. 推动经济技术开发区创新提升

发挥开发区招商引资、对外贸易"排头兵"作用，围绕开发区主导产业，科学编制产业链招商图谱，引进一批科技含量高、产业带动力强的重点企业特别是外资企业。深入挖掘经开区外贸新增长点，积极承接东部地区出口导向型企业落户经开区，引导区内企业利用电商平台、社交媒体、自建网站等线上渠道发展跨境电商业务。

2023~2024年洛阳市商务发展回顾与展望

白宏涛　闫利涛*

摘　要：　2023年，洛阳市把恢复和扩大消费摆在优先位置，持续推进制度型开放战略，加大招商引资力度，不断扩大对外经贸规模，全市商务经济高质量发展取得新成效，有力服务了全市经济社会发展大局。2024年，洛阳市将认真落实中央、省委、市委全会暨经济工作会议精神，强力实施"开放平台提质增效、开放经济联动发展、城市经济培育集聚、风口产业精准招商、消费扩容提质转型、干部队伍能力提升"六大行动，力推商务经济高质量发展。

关键词：　对外开放　精准招商　扩大消费　洛阳市

一　2023年洛阳市商务发展指标完成情况

（一）货物贸易进出口

2023年，全市货物贸易进出口总额240亿元，同比增长14.7%。其中出口额194.1亿元，增长10.7%；进口额45.9亿元，增长35.2%。

（二）实际利用省外境内资金

2023年，全市实际利用省外境内资金1010.7亿元，同比增长9.17%，总量居全省第2位。

---

* 白宏涛、闫利涛，洛阳市商务局。

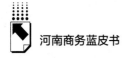

（三）对外经济合作

2023 年，全市对外直接投资 8.66 亿美元，同比增长 111.9%，总量居全省第 1 位。

（四）社会消费品零售总额

2023 年，全市社会消费品零售总额 2454.3 亿元、同比增长 7%，总量居全省第 2 位，增速居全省第 5 位。

二 2023年主要工作开展情况

（一）多措并举推动消费市场活力加速释放

一是强化政策精准发力。全面落实全国、全省促消费政策要求，把提振大宗消费作为重要工作安排部署，出台《洛阳市大力提振市场信心全面释放消费潜力行动方案》等系列文件，先后投入财政资金 5000 万元为消费者发放汽车、家电等消费补贴，直接拉动消费 13 亿元。二是持续促热消费市场。聚焦青年消费需求，挖掘复古摩托、休闲茶咖、创意手作等青年潮流品牌，发布"杜康拿铁""杜康酒酿生巧"等跨界系列联名新品，全年举办 200 余场系列促消费活动，拉动消费超 300 亿元。三是不断增强线上消费动能。发布《关于促进电子商务产业高质量发展的决定》，出台《洛阳市发展直播电商行动计划（2023—2025 年）》，积极组织洛阳网上年货节等线上促销活动，举办洛阳首届直播产业大赛、实现线上商品交易总额约 3300 万元。四是打造沉浸式消费场景。率先推出 6 条"青年友好街区"，培育天心文创园等十大夜间消费集聚区，洛邑古城、广州市场等特色街区已成为境内外游客时尚消费打卡地。推出沉浸式剧本消费，建设全省首家"体育+娱乐"新型全民健身中心，打造国风文化、工业质感、未来科技融合的"5G+XR"元宇宙产业园新型消费体验，形成潮流消费新地标。五是大力提升品质消费。发布《关于促进洛阳特色餐饮发展的决定》，出台《关于加快洛阳特色餐饮传承与高质量发展的意见》，评选洛阳特色餐饮"十大名菜""十大名吃""十大名厨""十大名店"，引进咖啡邮局等品牌首店27家；大力开展全市农贸市场高质量创建文明城市专项整治提升活动，上发市集、王城市井等6个"超市化"农贸市场投入运营；积极培育会展经济，举办各类展会19场，成交额超过12亿元。

（二）聚焦风口，强力推进产业链精准招商

一是强化招商工作统筹。研究制定《招商引资工作导则》，出台《洛阳市驻外招商工作考核办法》，明确招商引资工作重点。二是大力开展产业链招商。围绕新能源、新材料、新IT、新文旅和智能装备等"四新一装备"产业新赛道，引进了一批"风口产业"项目。围绕中州时代和百万吨乙烯项目，引进58个产业配套项目落地。三是务实开展招商引资活动。先后组织赴德国、瑞典、泰国及中国香港等考察团组，精准对接招商局集团、中银国际控股有限公司、泰国正大集团等知名跨国公司，举办中国（洛阳）—日本医养产业对接交流会，国际新兴产业投融资合作大会，与默沙东、拜耳医药、固德威等境内外500强企业洽谈合作。全年共签约亿元以上项目346个、投资总额1667.7亿元，其中风口产业项目126个、投资总额777.3亿元，招商引资实现了规模发展。

（三）强化服务，开放型经济再创新高

一是强化政策服务。开展"送政策送服务入企业"活动，积极争取上级政策资金支持，全年组织申报各类政策资金超2100万元、拨付各类政策资金超1900万元，设立规模3000万元的"外贸贷"风险补偿资金池，为近40家企业发放贷款超过5000万元。同时，通过组织外贸企业参加广交会、进博会、服贸会等重大贸易展会，争取更多对外贸易订单。二是推动转型发展。强化市进出口企业协会和外贸转型升级基地工作站服务企业职能，推动4个国家级和3个省级外贸转型升级基地科技创新、转型发展，外贸基地进

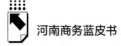

出口占洛阳总额的60%以上。2023年，全市新增外贸备案企业137家，有实际业务的进出口企业达到1177家，全年实现外贸进出口总额240亿元、同比增长14.7%，创历史新高。三是拓展对外合作。立足国际国内两个市场，巩固扩大洛钼集团、中信重工等优势企业"走出去"成果，积极引导中油一建、建龙微纳等企业稳健开展对外合作。对共建"一带一路"国家进出口147.3亿元，增长19.9%，在共建"一带一路"阿联酋、伊拉克等10个国家完成对外承包工程营业额3.12亿美元，占同期全市总额的70.1%。

（四）加强联动，开放发展势能不断增强

充分发挥自贸区、综保区、跨境电商综试区战略叠加优势，推动高端开放平台联动发展，开放发展势能显著增强。在自贸创新上，全年形成制度创新案例20个，累计达到221个。在综保区建设上，成功设立马来西亚、越南海外仓，外贸进出口完成28.1亿元、同比增长219%。在跨境电商发展上，出台《洛阳市加快推进跨境电商发展的若干政策措施》，综试区线上综合服务平台（一期）项目投入运营，举办"聚力同行 助力出海"河南跨境电商产业促进活动洛阳峰会等3场跨境电商活动。全年完成跨境电商进出口77.16亿元、同比增长16.75%。在服务外包发展上，研究制定《洛阳市服务外包产业发展专项资金管理办法》，2023年全市服务外包执行额10.2亿美元，同比增长26.8%。在开放通道提升上，恢复洛阳至曼谷国际航线，新增3个国内航点城市，洛阳机场旅客吞吐量121.6万人次、同比增长72.4%。探索开行中欧进口班列和中老铁路货运班列，东方红国际陆港共完成集装箱吞吐量5.5万标准箱，中欧班列开行178列，增幅位居全省第一。

三 2024年商务发展思路及重点

2024年，洛阳市以习近平新时代中国特色社会主义思想为指导，全面贯彻党的二十大和二十届二中全会精神，认真落实中央、省委、市委经济工

作会议精神和全省商务工作会议部署，立足新发展阶段、贯彻新发展理念、构建新发展格局，聚焦"更高水平统筹开放招商、更大力度推进城乡消费"两大核心任务，围绕"对外开放、城市经济、精准招商、促进消费"四项重点工作，强力实施开放平台提质增效、开放经济联动发展、城市经济培育集聚、风口产业精准招商、消费扩容提质转型五大行动，力推商务经济高质量发展。

（一）集聚发展优势，实施开放平台提质增效行动

一是推动自贸区全面提升。立足服务企业，积极探索开展药食同源进口通关便利化等制度创新，形成10项以上制度创新成果。二是提升综保区运营能力。实施综保区实体化运营战略，加快建设"一平台、三中心"。三是高标准建设跨境电商综试区。聚焦钢制家具、布鞋、摩托车等重点跨境电商产业带，引导更多企业从传统外贸向跨境电商新业态延伸，推动跨境电商上下游企业加快集聚，逐步做大"1210""9710"业务规模。四是加快服务外包示范城市建设。用好各级服务外包产业专项资金，大力引进一批具有国际竞争力的服务外包知名品牌企业，培育壮大重点园区和企业。五是推动经开区提质升级。出台《洛阳经济技术开发区"一区多园"联动发展工作方案》，进一步拓展经开区发展空间、做大经开区经济总量。六是优化空中通道。加快机场三期改扩建工程建设，不断优化国内航线布局，恢复或新增5~10条国内外航线。七是拓展陆上、海上通道。向东加密青岛、宁波铁海联运班列；向西在稳定运行霍尔果斯、阿拉山口中亚班列线路基础上，拓展开行波兰中欧班列线路；向南拓展开行磨憨东盟国际货运班列线路；向北在稳定运行满洲里、二连浩特出境线路基础上，探索开行同江中欧班列新线路。力争东方红陆港的集装箱吞吐量达到3万标箱。

（二）立足两个市场，实施开放经济联动发展行动

把外贸外资外经相互促进作为关键点，实施"三外联动"破除开放型经济发展瓶颈。抢抓高质量共建"一带一路"八项行动落实落地和RCEP

全面生效机遇，持续开展"千企百展"拓市场行动，做大做强 7 个外贸转型升级基地。强化政策扶持，用足用好国家、省、市各项扶持外贸发展政策措施，引进、培育、壮大一批具有核心竞争力的外贸企业，融入全球产业链、供应链，扩大进出口规模。有针对性地组织企业参加境内外重点展会，宣传企业形象，争取外贸订单。充分利用综保区政策红利，加大外向型项目引进力度，培育外贸新的增长点，全年新增外贸企业 100 家以上。充分依托商务部投资促进事务局等机构，在北京、上海举办外资招商对接会，引进外资企业和项目。结合国外展会与链主企业共同谋划赴欧洲、东盟、日韩等重点区域洽谈计划，推进一批外资合作项目，力争 2024 年利用外资实现新突破。强化与共建"一带一路"国家和地区的经济合作，引导更多的企业开展国际产能合作，带动洛阳市产品和技术服务"走出去"。力争全年开展对外投资和经济合作企业达到 100 家。

（三）聚力开放创新，实施城市经济培育集聚行动

把发展城市经济摆在重要位置，积极盘活资源、持续拓展空间、加快推动城市经济高质量发展。出台平台经济专项政策、制定年度工作要点，聚焦文化创意、电子商务、生活服务等，大力发展平台经济，力争年内引进培育 3~5 个引领性、标志性平台经济项目。加快楼宇经济高质量发展，出台楼宇经济新一轮支持政策和楼宇经济高质量发展三年行动方案，制定商务楼宇评级标准，坚持"一楼一特色、一楼一产业"，加大专业运营商的引育力度，逐步提升楼宇专业度和集聚度，打造专业化高标准特色楼宇 2 个以上。出台《关于加快特色商业街区建设的指导意见》，用好省级支持资金，加快推进洛北古城片区、西工小街片区、涧西上海市场片区、洛龙正大广场和定鼎门南广场等特色商业街区改造，打造更多高品质新消费场景。

（四）聚焦产业升级，实施风口产业精准招商行动

聚焦"四新一装备"等风口产业，加大招商信息、场景资源等的统筹力度，积极开展产业链招商、驻点招商、中介招商、基金招商等"专业化+

市场化"招商方式。支持国宏、国晟、文旅等平台公司与链主企业合作开展以商招商，实施传统产业延链升链，新兴产业补链强链，未来产业建链成链。启动第二批驻点招商，同步招标开展中介招商，开展填空式、补位式精准招商。定期召开项目推进会，推进重大在谈项目落地，同时围绕新兴产业和未来产业，梳理洛阳要素资源，精准谋划一批重大产业项目。优化调整招商引资考核办法，指导县区明确首位产业，突出开发区招商主阵地作用，加大对风口产业项目及外资考核力度，力争签约风口产业项目130个以上。

（五）立足扩大内需，实施消费扩容提质转型行动

抓住国家扩大内需的战略机遇，以培育建设消费中心城市为引领，稳定扩大传统消费，培育新型消费增长点，推动消费从疫后恢复转向持续扩大。围绕青年消费特点，统筹组织不少于200场融合商贸文旅体等多领域的促消费活动。用足用好国家、省消费券发放和新能源汽车免购置税等政策，积极开展汽车、家电以旧换新和产品下乡，进一步激发大宗商品消费。组织开展"杜康文化行""老字号嘉年华"等活动，做优做强"洛酒""洛食""洛品"等本土国货"潮品"。筹划首届"洛阳味道"国潮美食节和汉服榴莲美食节活动，推动洛阳特色餐饮高质量发展。完成主城区14个试点生活圈建设，加快推进生活必需品流通保供试点项目建设，建设培育汉服交易市场，以嵩县、孟津为引领加快县域商业体系建设。

B.33

2023~2024年平顶山市商务发展
回顾与展望

郭昀录*

摘　要： 2023年是全面贯彻党的二十大精神的开局之年，面对超预期的严峻复杂形势，平顶山市商务局在市委、市政府坚强领导下，抢抓经济恢复发展的有利条件，始终保持战略定力，强化工作统筹，知难而进，担当作为，成功推动消费市场加快复苏、利用外资突破增长、对外贸易回稳提质、安全生产形势持续稳定，全市商务经济承压恢复，运行态势总体平稳，商务经济高质量发展取得了积极成效。

关键词： 招商引资　外资增长　消费复苏　平顶山市

一　2023年平顶山市商务发展指标完成情况及特点

（一）货物贸易进出口

全市货物进出口总额56.9亿元，其中进口额2.3亿元，同比增长56.5%。

（二）实际使用外资

实际使用外资6473万美元，同比增长16.53%。

---

* 郭昀录，平顶山市商务局。

（三）实际到位省外资金

全市累计实际到位省外资金 723.6 亿元，同比增长 9.22%。

（四）社会消费品零售总额

全市社会消费品零售总额 1184.18 亿元，同比增长 6.1%。

（五）跨境电商进出口贸易额

全市跨境电商进出口累计完成 29.84 亿元，完成省定目标的 107%。

（六）服务贸易额

完成服务贸易额 4955.32 万美元，居全省第 4 位；服务外包执行额 3785.45 万美元，居全省第 2 位；离岸服务外包执行 2102.14 万美元，居全省第 2 位。

二　2023年采取的主要措施

（一）坚持强招引、优服务，招商引资强力推进

2023 年，全市坚持"项目为王"，聚焦中国尼龙城高质量发展、白龟湖科创新城高水平建设，以及七大产业集群和 12 条先进重点制造业产业链，进一步编制完善产业链招商图谱，大力推动聚企成"链"、聚"链"成群，在项目招引由"普遍撒网"转向"重点突破"中取得了新成效。

一是推进机制不断健全。高规格组织召开了"拼经济、抓投资"全市开放招商暨重点项目建设推进会，印发了《关于进一步加强招商引资工作的实施意见》，市委、市政府主要领导全年累计 113 次会见重要客商、推进合作项目或参加重要招商活动；各县（市、区）党政主要领导带队开展各类招商活动 553 批次。

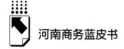

二是招商活动成效显著。先后组织参加了2023全球豫商大会、豫粤合作交流会、豫港合作洽谈会、第14届河南投洽会等重要经贸活动,自主举办了2023全球豫商大会平顶山专场推介会、第一届中国尼龙产业发展大会、平顶山市先进制造业开发区第一次产销对接大会、平顶山市重点项目融资路演暨政银企对接签约活动等,共签约招商项目214个,合同投资总额1775亿元。

三是"三个一批"强力推进。前九期全市共计签约项目271个,总投资1823.37亿元。其中,10亿元以上项目59个,50亿元以上项目3个,先进制造业项目259个。2023年,在第7~9期"三个一批"活动中,全市签约项目103个,总投资912.3亿元,签约招商项目履约率100%、开工率96.1%、资金到位率81.9%。

四是跟踪服务持续优化。2023年,全市大力营造政务服务高效、人文关怀贴心的营商环境,持续优化招商引资项目全程代办服务机制,有效增强了投资者的意愿和信心。建立健全了"三个一批"签约项目周跟踪工作机制,积极督促各地加强项目全周期服务,加快推动项目落地见效。2023年,全市共受理并办结各类代办事项2425件,办结率100%。

(二)坚持调结构、增动能,对外经贸保稳提质

2023年,全市上下坚定不移地贯彻落实市委、市政府关于扩大对外开放及实施制度型开放战略的部署要求,注重统筹协调,凝聚上下合力,在推动构建全面开放新格局的生动实践中奋力拼搏。

一是落实政策,支持到位。积极落实国家、省、市稳外贸的政策措施,积极向上级部门争取各项外经贸发展资金,帮助外贸企业申请补贴资金200多万元。制定出台了《平顶山市出口退税周转金暂行管理办法》,设立了1000万元出口退税资金池。先后为平高集团有限公司申请对外承包工程保费补助类支持资金和境外人员交通补助类支持资金116.37万元。

二是统筹协调,服务到位。抢抓《区域全面经济伙伴关系协定》(RCEP)政策机遇,先后组织40多家外贸企业举办了政策宣讲暨银企对接

活动。为企业成功申请 134 届广交会线下展位 26 个，为河南隆鑫机车有限公司申请品牌展位 4 个，实现了平顶山市品牌展位零的突破。

三是对外合作，推进到位。全市对外承包工程和劳务合作完成营业额 300 万美元；对外直接投资 2 亿美元，增长 266%。

（三）坚持扩内需、畅流通，消费潜能加速释放

2023 年，平顶山市紧紧围绕"扩内需、促消费"主题，把恢复和扩大消费摆在优先位置，千方百计用足用好"政策＋活动"双轮驱动，凝聚多方力量激发消费活力，全市消费市场呈现持续复苏回暖的良好态势。

一是政策驱动成果明显。研究制定了《平顶山市"约惠鹰城·乐享生活"消费促进系列活动实施方案》，市本级先后投入财政资金 800 万元，带动汽车销售金额 8400 余万元，带动家具家电、餐饮等各类消费 4443.8 万元。协调银联配资 50 万元发放消费券，带动消费 269.23 万元。

二是联调联动扎实有效。组织苏宁易购、居然之家、京东家电等企业举办各类促销活动，补贴让利 1400 万元，有效带动销售 1.67 亿元。组织开展"油惠鹰城"活动，中石油、中石化补贴让利 3650 余万元，带动销售超 3 亿元。指导县区共发放消费券 139 万元，带动消费 808.18 万元。

三是线上线下加速融合。先后组织开展了"2023 鹰城网上年货节""第五届双品网购节""鲁山县第一届电商大会"等活动，积极引导传统商家加快网络布局、扩大网络销售。"2023 鹰城网上年货节"期间，全市线上线下销售 8197.83 万元；第五届双品网购节活动期间，全市线上线下销售 3848 万元；宝丰县与农购网等平台对接，上线推广优质农特产品 230 款，带动农特产品网络销售额 680 万元；新华区开展"数字生活新服务"，带动消费 2180 万元。

四是豫菜振兴精彩纷呈。大力实施数字化餐饮纾困工程，组织开展了"豫鉴美食"促消费系列活动，发掘了郏县饸饹面、豆腐菜、瘌子烩面等一批特色美食资源，创新推出小份菜、预制菜、快手菜等网销产品，开展外卖到家、线上狂吃等促销活动，惠及商家 1685 家。2023 年，各类活动带动餐饮行业消费 2456 万元。

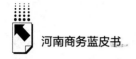
（四）坚持建载体、惠民生，商贸体系逐步完善

2023年，全市商务系统深入贯彻落实中央、省、市关于商业体系建设的决策部署，着力推动城乡商贸流通体系不断完善、载体不断丰富，县域商业发展水平得到了不断提升。

一是商贸主体持续壮大。以"盘活存量、拓宽增量、做大总量、提升质量"为导向，不断壮大限上商贸队伍。全市商贸领域规模以上企业累计新增入库333家，完成年度目标任务295家的113%。

二是县域商业加速发展。2023年全市县域商业体系建设绩效考评居全省第4位。郏县成功申报新一批县域商业建设示范县；宝丰县成功入选全国县域商业领跑县，其探索出的农村商业双向流通发展模式，被商务部纳入《第一批全国县域商业领跑县案例集》，在全国推广。

三是流通体系提优升级。制定印发了《平顶山市推进商务领域一刻钟便民生活圈建设试点三年行动实施方案》，汝州市、宝丰县成功入选首批省级一刻钟便民生活圈试点区（县）。2023年，全市共完成新建改造乡镇商贸中心4个、县级物流配送中心2个、商品化处理中心2个、镇级物流服务站7个。指导大型商超开展平安商场、绿色商场等品牌创建活动，开展全市第三批老字号认定工作。

三 2024年商务工作重点

以习近平新时代中国特色社会主义思想为指导，全面贯彻党中央和省委、市委决策部署，坚持稳中求进工作总基调，完整、准确、全面贯彻新发展理念，锚定商务工作"三个重要"定位，全面实施制度型开放战略，稳住外贸基本盘、实现外资新突破、多措并举促消费，不断推动全市商务工作高质量发展再上新台阶，为平顶山市"壮大新动能、奋进百强市"、全面建设社会主义现代化新鹰城做出积极贡献。

（一）大力实施招商稳量提质行动

一要强化统筹协调。要进一步健全完善加强招商引资工作的支持措施和考核评价办法，传导压力，激发动力，加快推动形成市领导协调指挥、行业部门精准招商、龙头企业以商招商的大招商格局，充分调动全市上下谋招商、促招商、招大商的积极性。

二要做好项目储备。项目谋划是招商工作的起点和基础，要善于以产业链思维谋划项目，既要立足资源禀赋，又要多出去走走，摸清行业走向、跟进投资动向、瞄准前沿方向，选优建好项目库，以链式谋划推动集群发展。

三要突出招大引强。要紧紧围绕尼龙城高质量发展、白龟湖科创新城高水平建设，聚力七大产业集群和12条先进重点制造业产业链，进一步完善"四张图谱"数据库，精心绘制招商图谱，充分发挥链长、链长责任单位和龙头企业作用，力争招引一批规模大、强牵引的优质项目落地，加快推动产业链建强补强、上下延伸。

四要办好各类节会。要组织参加好2024全球豫商大会、第二届跨国公司合作交流会等重大经贸活动，主动对接国际国内头部企业，力促精准招商务实见效；要精心做好前期筹划，适时在粤港澳大湾区、长三角、闽东南、京津冀等地区组织专题招商活动，切实举办好各类特色招商活动。

五要创新招商方式。要充分发挥好市政府驻外办事机构、各地平顶山商会和招商大使的媒介作用，勇于探索实施行业招商、基金招商、以商招商、专业招商、委托代理招商等新模式，为全市开放招商实现新突破集聚动能。

六要优化跟踪服务。要密切跟踪在谈、签约、在建大项目进展，持续推进招商引资签约项目全程代办走深走实，及时协调解决项目推进难题，以优质的服务和良好的口碑赢得企业认可，确保项目"招得来、留得住、发展好"。

（二）着力实施外贸促稳增量行动

一要抓支持，全面落实扶持政策。积极落实国家、省、市"稳外贸"相关政策，结合平顶山市实际，尽快研究制定出有助于全市外贸发展的优惠措施。要继续积极向上级部门争取中小企业市场开拓资金、进口贴息资金、出口信用保险补贴资金等各项外贸发展专项资金，为企业稳定发展、扩大进出口提供有力支持。

二要抓基础，培大育强主体队伍。要持续实施外贸主体培育行动，积极支持各县（市、区）结合产业优势大力引进外向型项目，打造特色出口产业集群，尽快培育出优势产品和品牌。要继续加大企业自营出口指导力度，不断壮大进出口企业队伍。

三要抓机遇，大力开拓国际市场。要进一步加大外贸政策宣讲力度，充分利用"广交会""进博会"等展会平台，组织企业参加国际、国内市场拓展活动，在巩固提升亚洲、欧洲、美洲等传统市场的同时，加大对 RCEP 成员国、共建"一带一路"国家和地区以及非洲、拉丁美洲等新兴市场开拓力度，不断扩大海外市场份额。

四要抓创新，大力发展新型业态。要积极实施外贸新业态提升行动，加快推动跨境电商、海外仓等新型业态融合发展。要加强与阿里国际站、京东等国内外知名企业和知名电商平台的招商与合作，切实培育和引进跨境电子商务第三方平台或服务企业，支持引导本地企业利用跨境电商平台发展跨境业务，推动外贸进出口规模持续扩大。

五要抓提升，稳步推进平台建设。要继续加大保税物流中心（B 型）项目筹建力度，持续发挥牵头部门作用，争取在规定的时间节点完成各项工作任务。要支持舞钢市尽快实施保税仓建设，为全市外向型经济高质量发展蓄势赋能。要指导各县（市、区）根据特色产业及产品，依托现有特色产业集聚区、外向型园区等，开展"规模型、成长型"分类培育，积极申报特色鲜明的外贸转型升级基地。

（三）深入实施消费提质扩容行动

一要加强联动，深化活动促进。按照商务部"2024 年消费促进年"安排部署，顺应消费趋势，紧抓消费时节，围绕汽车、商超、家居、餐饮、成品油等重点领域，谋划开展全市综合性促消费活动，进一步刺激消费需求，激发市场活力。

二要创优提质，建强消费载体。继续高质量推进步行（商业）街改造提升，持续开展省级步行街创建，努力实现全市省级步行街零的突破。要继续开展"老字号"保护和促进行动，筛选市级老字号企业申报"河南省老字号"，支持"老字号"企业持续做精做强。要加快推进传统商贸企业转型升级，申请创建省级品牌消费集聚区和省级平安商场。

三要统筹规划，丰富消费场景。认真制定平顶山市"一刻钟便民生活圈"建设标准，加快在全市范围内开展"一刻钟便民生活圈"试点建设工作，实现主城区"一刻钟便民生活圈"全覆盖。研究出台智慧农贸市场建设标准，加快市区农贸市场规划建设、提档升级，全力打造标准化、智慧化农贸市场。指导主城区改造、建设 3 个"智慧农贸市场+社区邻里中心"，切实满足社区居民消费便利化、品质化需求。

四要主动出击，培育新型消费。大力发展"直播经济"等新模式，全面打造沉浸式线上线下消费体验，组织开展好 2024 网上年货节、双品网购节等网络促销活动。深入实施家政兴农行动，积极联合市妇联、总工会，切实推动"家政服务业进社区"活动落实见效。

五要打造品牌，激活餐饮消费。要组织打好"本土牌""特色牌""健康牌"，强化名菜名店名厨评选暨"鹰城味道"促消费活动，推出一批深受游客欢迎的"必点菜"。要支持县区开展以县域特色美食活动为主题的餐饮促消费活动，持续刺激大众消费，提振餐饮消费信心。要联合美团、抖音平台开展餐饮业数字化提升行动，助力餐饮业数字化转型取得实效。

六要完善机制，规范消费秩序。要持续做好成品油流通市场管理，创新开展加油站综合提升工作，高标准打造一批示范站点，稳步推进加油站综合提升县域全覆盖。要强化商务行政执法，加强商业预付卡备案管理，对预付卡、成品油、拍卖、汽车拆解等流通领域行业持续开展"双随机、一公开"抽查检查，着力规范和维护商务领域市场秩序。

B.34
2023~2024年安阳市商务发展
回顾与展望

张志红 刘新凯 常 剑 王 超*

摘 要： 2023年，安阳市商务系统坚持以习近平新时代中国特色社会主义思想为指导，全面贯彻党的二十大精神和习近平总书记视察安阳重要讲话精神，围绕建设现代化区域中心强市目标，统筹发展和安全，扎实开展招商引资提质攻坚和消费拉动提速攻坚战，着力稳外贸、稳外资、促消费，商务高质量发展取得新突破。

关键词： 招商引资 促消费 安阳市

一 2023年全市商务发展指标完成情况

（一）引进省外资金

全市引进省外资金904亿元，总量居全省第4位，同比增长9.43%，完成年度目标的100.4%。

（二）实际使用外资

实际使用外资5592万美元，总量居全省第5位，同比增长7.7%，完成年度目标的112.5%。

---

* 张志红、刘新凯、常剑、王超，安阳市商务局。

（三）对外贸易

全市货物贸易进出口额75.8亿元，同比增长25.1%，增速居全省第4位，完成年度目标的118.7%。

（四）社会消费品零售额

全市社会消费品零售总额完成960亿元，同比增长8%，增速居全省第1位。

二　重点工作举措

（一）坚持项目为王，打好"招商引资提质攻坚战"

一是扎实开展"三个一批"活动。累计签约项目106个、投资总额1135.5亿元，项目实现履约率、开工率100%。在全省"三个一批"签约项目综合考评中，全部获得总分前四名的好成绩。

二是举办招商活动引进战略投资。在北京、上海、深圳举办了招商引智推介活动，举办安阳航空文化旅游节经贸活动，共计签约项目109个、签约总额888.5亿元，为产业转型升级积蓄了动能。

三是着力提升引进外资水平。组织考察团先后赴中国香港、欧洲开展招商活动，促成中国香港金风科技风电装备制造（投资15亿元）、意大利通体超大岩板项目落地（投资5亿元）。2023年新注册外资企业31家，居历年之最。

（二）培育增长动能，推动对外贸易提质增效

一是推动平台建设。成功开通安阳至天津港铁海联运班列。积极申建中国（安阳）跨境电商综合试验区。加快保税物流中心申建工作，安彩高科和林州市三樱椒食品等企业实现保税进口业务1.8亿元，同比增长643.6%。

二是落实扶持政策。为企业申报国家进口贴息资金、出口信保资金和中小企业开拓国际市场资金共计 663.9 万元。组织企业举办 5 场外贸政策业务专题培训，开展银企对接活动。持续实施"外贸贷"政策，发放贷款 82 笔，共计 1.05 亿元。

三是助企拓展市场。积极组织企业参加第六届进博会，全市共有 393 家单位、1281 人注册报名，数量居全省第 3 位，达成进口成交意向 1.05 亿美元。积极发挥联络机制平台和服务外资企业工作专班等平台作用，高质量完成首届链博会、"中国好礼"推送等工作。安阳贸促会荣获中国贸促会"优秀组织单位奖"。

（三）提振市场活力，扎实开展"消费拉动提速攻坚战"

一是持续推进企业升规入上。重点围绕大型商业综合体、商业街区、批发市场、成品油、住宿餐饮等领域，培育企业升规入上，全年共入库 390 家商贸企业。

二是真金白银开展促消费活动。开展"乐享生活豫见美好""喜迎双节·惠享古都"等一系列促消费活动，累计投入资金 3 亿元，拉动消费 50 亿元。

三是推动现代商业体系建设。滑县和汤阴县入围县域商业体系建设示范县。推进"十四五"县域商业建设重点项目，发展县域物流配送中心 10 个、商贸中心 20 个，乡镇商贸中心 88 个，村级便民商店 3914 个。抓好"老字号"工作，"滑县骨科医院（黄塔膏药）"被认定为"中华老字号"。

（四）创新发展模式，着力培育电商品牌

一是强化品牌培育。推进林州 863 电商基地申报国家级电商示范基地，推进美淘优选、九头仙艾 2 家企业申报全省电子商务示范企业。持续打造林州、滑县、内黄、汤阴特色农产品电商基地，培育"一县一品"电商品牌。

二是开展对接合作。积极与淘天集团 1688、唯品会等知名平台洽谈合作，开展"安阳童装网上行"产销对接大会暨 1688 安阳产业带领跑计划发布大会。

三是加强产销对接。组织开展 2023"豫见好物·嗨购过大年"网上年货节活动、"第五届双品网购节"等活动。组织开展林州齐家香椿节、内黄鲜桃节、滑县甜瓜节等各类产销对接及直播带货活动，助力全市农产品上行。

三 2024年商务发展形势分析及下一步工作重点

当前，全球经济易受到不确定事件的冲击，经济复苏进展缓慢。国内有效需求不足，社会预期偏弱，居民就业增收压力较大，这些因素都对做好 2024 年商务工作提出了新的挑战。同时，全国经济回升向上、长期向好的基本面没有变，超大规模市场的需求优势、产业体系配套完整的供给优势、科技人才加快集聚的创新优势更加明显。全国统一大市场建设提速，消费新业态、新模式不断涌现，消费市场保持稳步回升态势。随着全市"十大战略""十大建设""十大体系"的深入实施，战略叠加效应加速释放，政策措施组合拳持续显效，经贸合作新活力加速释放，商务高质量发展的战略支撑更加有力，为集聚外向型经济新动能、打造发展新优势带来新机遇。

（一）坚持推动对外开放提速度上水平

一是深入实施制度型开放战略。积极融入国内国际双循环发展格局，主动对接河南自贸试验区和"四条丝路"，逐步拓展 RCEP 和"一带一路"市场。二是加快对外开放载体建设。指导开发区引进一批重大主导产业，为安阳市经济转型发展提供项目支撑，发挥招商引资主平台和主引擎作用。推动物流枢纽、机场、外综服务企业、外贸转型基地、保税仓、海外仓等开放平台完善基础设施，增强服务功能。三是优化对外开放营商环境。全面实施外商投资准入负面清单，健全外商投资企业投诉联系协调机制，依法保护外商投资权益，营造市场化、法治化、国际化营商环境。

（二）大力推动招商引资稳存量扩增量

一是抓好"三个一批"签约项目。落实"项目为王"战略，主要围绕主导产业和战略性新兴产业，重点瞄准世界及国内 500 强、央企以及行业龙头和高成长性企业，运用多种招商等方式，促进重大产业和项目落地安阳。二是开展更大规模招商引资。注重将招商引资和先进制造业发展矩阵相结合，围绕产业群链开展更大力度招商引资。创新招商方式，紧盯大项目，壮大产业群链规模，提升产业集聚效应。三是组织举办好重大招商活动。围绕重点区域开展精准招商活动，举办安阳航空运动文化旅游节经贸活动，引进战略投资。四是着力提升吸收外资水平。发挥全市四个外资专班作用，联动发力招引外资项目。加快推进华润共享储能、九天合成氨新材料、石墨烯纤维板生产基地等重点外资项目，促进项目资金到位、实体运行。

（三）持续推动对外经贸稳规模优结构

一是加快外向型经济平台建设。积极争创中国（河南）自贸试验区开放创新联动区。全力推进中国（安阳）跨境电商综合试验区申建工作，提升现有省级跨境电子商务示范园区综合服务水平，积极申报省级跨境电商示范园区和孵化平台。推动林州市新型材料、汤阴县鸡肉制品、北关区纺织服装三个省级外贸转型升级基地提质升级，积极申报国家级外贸转型升级基地，推动内黄县康复医疗、滑县齿科材料申报省级外贸转型升级基地。加快安阳保税物流中心申建，积极引导重点外贸企业使用万庄保税仓开展进口业务，扩大保税业务规模。二是助力企业开拓市场加快发展。深入落实政策扶持资金，组织企业参加重点展会，助力企业抢抓机遇、开拓市场。抓好国际贸易投资促进工作，拓宽对外交流渠道，搭建经贸合作平台。三是紧盯重点项目。加大进出口型项目招引力度，切实引进一批进出口规模较大的实体企业、贸易公司及外向型服务平台，培育外贸新增长点。

（四）积极推动消费市场快恢复稳增长

一是全力推进消费拉动提速攻坚战。全面贯彻落实好省、市提振市场信心、促进经济稳定向好系列决策部署，细化全市促消费各项政策措施，加大资金投入，开展家用电器、智能电子产品以旧换新促销活动，持续开展汽车、家装家居、农产品、餐饮住宿等领域消费券促销活动,激发市场活力,有效扩大消费需求。二是完善县域商业体系建设。积极争创县域商业体系建设领跑县,提升县域商业体系建设质量和标准。优化社区商业布局,丰富居民消费业态,积极争创城市一刻钟便民生活圈省级试点。推动农村电商与寄递物流融合发展,积极开展示范性县域物流公共配送中心、乡镇物流综合服务站申报工作。加快推进象道、武丁等重点物流园区提质升级,增强供应链服务能力。三是提升社会消费品零售工作质量。持续培育企业升规入上,实现"个转企、小升规、散归整"。紧盯限额以上重点企业,帮助企业协调解决困难问题,提升服务企业水平。

(五)推动现代商贸流通体系建设

推进万达广场、吾悦广场、印象汇等现有重点商圈提质升级,促进安阳消费商圈集聚发展。组织实施城市商业提升行动,高质量推进步行街改造提升。积极培育文峰区吾悦广场、北关区印象汇等创建省级品牌消费集聚区,新创建一批绿色商场。抓好"老字号"企业培育工作,推荐有条件的企业积极申报"河南老字号""中华老字号"。加快电商产业创新发展。积极打造智慧云仓、智慧分拨中心、智慧电商物流中心等新电商物流服务平台。支持企业加快数字化发展,加快电商园区升级改造,培育一批具有安阳地域文化特色的高附加值电商品牌。

B.35
2023~2024年鹤壁市商务发展回顾与展望

李红生 胡子龙 赵玉磊 王艳青*

摘 要： 2023年，鹤壁市认真落实省委、省政府决策部署，深入实施制度型开放战略，牢固树立"项目为王、招商为要、商务为民"理念，坚持把招商引资作为全市三项重点工作之首，大力开展"开放招商提质突破年"活动，着力招龙头、引链条、育生态，招商引资跑出了加速度，外资外贸稳住了基本盘，扩大消费增添了新动能，试点示范展现了影响力，商务高质量发展取得新成效。本文回顾总结了2023年鹤壁市商务工作情况，对2024年鹤壁市商务发展进行了展望。

关键词： 开放招商 稳外资 稳外贸 促消费 鹤壁市

一 2023年鹤壁市商务发展指标完成情况

（一）引进省外资金情况

2023年，全市引进省外资金418.6亿元，占全年目标的100.87%，同比增长9.55%（见图1），增幅居全省第3位。引进省外资金项目主要集中在智能制造、汽车电子、绿色食品、数字经济、现代化工和三产服务业等行业。

---

* 李红生、胡子龙、赵玉磊、王艳青，鹤壁市商务局。

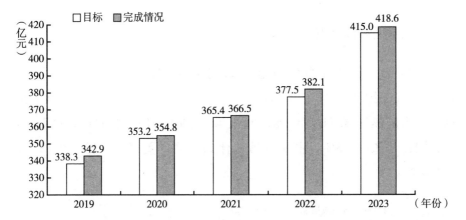

图1 2019~2023年鹤壁市引进省外资金完成情况

资料来源：鹤壁市商务局。

（二）实际使用外资情况

2023年，全市实际使用外资1223万美元，主要投资行业集中在制造业、燃气生产及供应行业等（见表1）。

表1 2023年鹤壁市实际使用外资主要投资行业

单位：万美元，%

主要投资行业	实际使用外资	占比
制造业	438	35.8
燃气生产及供应行业	302.5	24.8
租赁和商务服务业	223	18.2
批发和零售业	168.8	13.8
居民服务、修理和其他服务业	34.2	2.8
科学研究和技术服务业	30	2.5
水利、环境和公共设施管理业	25.6	2.1
合计	1223	100

注：部分数据四舍五入后存在总计与分项不等的情况，未做机械修改。本文余同，此后不赘。
资料来源：鹤壁市商务局。

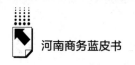

（三）货物贸易进出口情况

2023 年，全市货物贸易进出口完成 74.5 亿元，占全年目标的 109.4%（见图 2），完成目标进度居全省第 5 位，增幅居全省第 1 位。其中，出口额完成 71.0 亿元，同比增长 177.2%；进口额完成 3.4 亿元，同比增长 17.3%。主要贸易伙伴为东盟、美国、欧盟、中国香港（见表 2）。

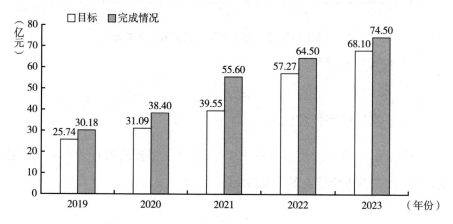

图 2 2019~2023 年鹤壁市货物贸易进出口情况

资料来源：鹤壁海关。

表 2 2023 年鹤壁市主要贸易伙伴出口额及占比

单位：亿元，%

主要贸易伙伴	出口额	占比
东盟	23.0	30.9
美国	8.3	11.1
欧盟	7.7	10.3
中国香港	6.3	8.5

资料来源：鹤壁海关。

（四）社会消费品零售总额完成情况

2023 年，全市社会消费品零售总额完成 345.9 亿元，同比增长 6.5%（见图 3），增幅居全省第 8 位。

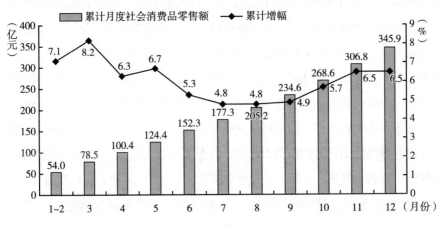

图 3 2023 年鹤壁市社会消费品零售额月度完成情况

资料来源：鹤壁市统计局。

（五）跨境电商进出口交易额完成情况

2023 年，全市跨境电商进出口累计完成 34.03 亿元，占全年目标的 118.3%，同比增长 25.5%，完成目标进度和增幅均居全省第 2 位。

二 2023年主要工作措施及成效

（一）招商引资量质齐升

牢固树立"项目为王、招商为要"理念，着力招龙头、引链条、育生态。一是大员上阵成常态。坚持"走出去、请进来"相结合，市委、市政府主要领导坚持重要活动亲自参加、重要客商亲自接见，市委书记赴深圳、珠海等地拜访深圳华平、珠海金发等企业，市长赴北京、香港等地拜访中铝集团、北京邦维等企业。各县区落实"二分之一"工作法，各驻地招商组扎实开展驻地招商。华为、京东、电联集团等企业到鹤洽谈项目合作。全年共外出拜访 2352 批次，接待来鹤客商 3964 批次。二是省级活动有亮点。组织参加全球豫商大会、河南与跨国公司合作交流会、河南投洽会、中国侨商投资大会等活动，开展产业项目推介，共签约项目 53 个，总投资 443.1 亿元。河南投洽会省情综合展的 10 种实物展品有鹤壁市 3 种，分别为"中原一号"卫星、U15Pro 无人机和"豹小秘"机器人。三是招商推介有特色。组织举办鹤壁·深圳数字经济与智能制造产业招商推介会、中国·鹤壁信息技术自主创新高峰论坛等 6 场专题活动。借助民俗文化节、中原文博会等，举办 3 场招商引资重点项目签约活动，签约项目 150 个，总金额 870.66 亿元。四是"三个一批"创佳绩。参加全省第七、第八、第九期"三个一批"活动，签约项目 120 个，总投资 969.1 亿元。其中，第八期"三个一批"主会场设在鹤壁。在"三个一批"活动评价中，"签约一批"工作居全省第 3 位。五是"五比五拼"效果好。7~12 月，创新开展"比洽谈拼聚焦、比签约拼质量、比开工拼投产、比体量拼贡献、比链条拼生态"的招商引资"五比五拼"行动，实行"一周一调度一战报、一月一例会一总结"，分县区举办招商项目集中签约活动。全年新签约年产 40 万吨 1,4-丁二醇等项目 322 个，总投资 1676.2 亿元；新落地商业遥感卫星研发和制造基地等项目 211 个，总投资 1388.5 亿元；龙宇聚甲醛、天章卫星智造基地等一批招商项目投产。

（二）外资外贸稳中提质

一是拓展经贸交流合作。组建经贸代表团赴欧洲开展 15 场经贸交流活动，签约 8 个项目，达成 8 项合作意向。德中交流协会、泰中东盟经贸促进会、德国莱尼公司等境外机构多批次回访鹤壁，签订战略合作协议。二是提升使用外资水平。印发《鹤壁市利用外资增量提质行动方案》，持续发挥四个外资专班作用，加大外资招引力度，全市新设外资企业 17 家，签约循环经济产业园、创伟信电子终端生产等外资项目 10 个，为天伦燃气等外资企业争取省级资金380万元。鹤壁经开区在全国综合考核中由第103位跃升至第44位，在全省9个国家级经开区中居第2位。河南鹤壁电子信息国际合作产业园入选首批省级国际合作园区。三是培育外贸新动能。组织贝迪塑业、国立光电、中维化纤等企业"走出去"，拓市场、抢订单。举办RCEP、综合保税区、中小企业"出海起航"等5场培训活动，为120家企业培训外贸人才410人。深化"金融+商务"模式，与中国工商银行鹤壁分行签订战略合作协议，为外贸企业协调首批贷款3亿元。帮助新拓洋等29家企业申报中小开、出口信保、进口贴息等资金188万元。淇县朝歌出口监管仓成功开关运营。

（三）消费市场稳步回暖

一是扎实开展"消费提振年"活动。筹措各类资金3000万元，聚焦住宿餐饮、商超百货、消费电子和汽车等重点领域，压茬开展樱花季促消费、中秋国庆消费季等活动80余场，直接拉动消费12亿元。举办2023全国农产品产销对接活动，签约6个项目，总金额5.37亿元。二是挖掘"云端"潜力。实施"互联网+"促销模式，指导裕隆、永辉、银座等实体商超拓展线上渠道。举办网上年货节、第五届双品网购节等活动3场，带动交易额超9亿元。"双11"购物节期间，全市网络零售额实现11.1亿元，居全省第6位。三是拓展线下商圈。围绕夜娱、夜食、夜购等内容，重点打造浚县古城、朝歌老街、樱花里等一批夜经济商圈，推出7大主题30余场夜经济活动。制定《鹤壁市关于支持老字号加快发展若干措施》，组织"河南老字号"企业参加老字号嘉年华活动，启动"鹤壁老字号"认定工作，首批共认定24家。持续开展餐饮业提升行动，举办"美味飘香 邂逅鹤壁"鹤壁旅游美食品牌评选及打造活动，挖掘企业历史文化资源。四是壮大市场主体。建立重点培育企业库，联合统计、税务等部门开展培育攻坚行动，对准限上企业开展精准帮扶。全市新入库贸易企业75家，帮助企业争取奖励资金112.5万元。

（四）商业体系提档升级

一是县域商业体系建设领跑全国。浚县、淇县入选全国首批县域商业体系建设"领跑县",实现"领跑县"全覆盖,全省唯一,全省首期县域商业体系建设培训暨现场观摩会在鹤壁举行,全省县域商业体系建设和商务系统巩固脱贫成果专项评估取得"双第一"。二是城市商业体系建设成为试点示范。一刻钟便民生活圈覆盖率达到100%,建设成果亮相第六届进口博览会,经验做法受到商务部、省商务厅高度评价,成功举办中部六省城市一刻钟便民生活圈现场会,发布全国首个一刻钟生活圈地方标准,全国首批城市一刻钟便民生活圈试点城市验收工作荣获优秀等次,云南、湖南、南昌等35个省市来鹤考察。高标准举办一刻钟便民生活节,推动品质商品、智能家电等"十进"社区,激发生活圈新动能,打造"鹤壁模式"。三是城乡商业体系融合发展实现新突破。争取县域商业体系建设中央财政资金2000万元,提升改造两县商业网点546个,便民服务站581个,乡镇、行政村快递物流服务覆盖率达到100%,全域配送效率提升5倍以上。成功创建2023年全国供应链创新与应用示范城市、河南省城乡高效配送示范城市。鹤壁促消费、县域商业体系建设、一刻钟便民生活圈等工作多次被央媒报道。

(五)内贸流通健康发展

一是推动电商产业高质量发展。召开全市电商产业高质量发展大会,制定三年行动计划,成立市级领导小组,出台发展扶持政策。结合"人人持证、技能河南",开展电商技能培训8期,培训人员883人次。浚县、淇县入选"2023农村直播电商优秀案例县域案例"名单,实现全覆盖、全省唯一。组织企业参加第七届全球跨境电子商务大会,科宇、超佳等企业落户鹤壁。二是推动农贸市场品质提升。累计筹集资金5000余万元,对全市19家农贸市场进行提质改造。三是抓好市场保供稳价工作。制定全市生活必需品市场供应突发事件应急预案,建立健全应急处置机制,组织各县区、重点保供企业开展防汛、雨雪冰冻灾害期间生活必需品应急供应培训和演练,常态化对裕隆、永辉、四季青等重点保供企业进行督导检查。2023年12月14日,市场保供工作被央视财经频道《正点财经》栏目报道。四是抓实商贸流通领域安全生产。成立5个县级领导干部任组长的督导组,分包8个县区安全生产工作，组织商务领域企业参加国家、省级安全生产培训4场，开展消防等安全生产培训5场，商务领域企业主要负责人"安全承诺践诺"活动5场，应急演练10余次，累计出动人员2000余人次，检查企业1500余家次。

三 2024年商务发展重点

2024年，鹤壁市将全面贯彻落实党的二十大和二十届二中全会精神，深入贯彻中央经济工作会议、省委经济工作会议精神，认真落实全省商务工作会议、市委经济工作会议部署，坚持干在实处、走在前列、勇立潮头的工作导向，树牢招商为要、商务为民的工作理念，谱写商务事业高质量发展新篇章。

（一）开展招商引资提质行动

一是实施重大项目攻坚，建立产业集群招商项目、拟落地重大招商项目、重点对接目标企业、瞪羚企业培育引进招商项目4本台账，实行重点项目清单化、责任化管理，加快推进中铝集团镁基新材料产业园、杭州电联功能蛋白纤维等重大项目签约落地。二是开展专题招商活动，在京津、上海、江浙、大湾区等重点地区，分县区、分产业举办9场专题招商推介活动。三是强化外资项目招引，进一步发挥四个外资专班作用，借力商务部国际投资促进中心、贸促会等平台，谋划开展2~3场境外经贸交流活动。四是推动产业聚链成群，围绕天海集团、仕佳光子、美瑞、航天宏图等重点链主企业，壮大产业集群。深化与京东集团的合作，推进更多板块项目落地。五是坚持引资引智并举，围绕重点产业，吸引乡贤建功鹤壁，吸引人才创业鹤壁。

（二）开展开放合作提效行动

一是"三外"联动促开放，组织企业参加境外展会和经贸活动，开展"以贸招商"，推动仕佳光子、恒力橡塑等企业走出去投资建厂，拓展市场带动外贸，吸引外商投资。二是载体平台再扩容，做大做强鹤壁电子信息国际合作产业园、电子信息和镁精深加工、现代化工与新材料外贸转型升级基地，申建自贸区鹤壁开放创新联动区，加快申建鹤壁综合保税区，推动浚县先进制造业开发区成功升级省级经开区，打造高水平制度型开放引领区。三是对外贸易扩增量，引导和激励骨干企业参加国际展会，抢订单拓市场。招引培育10家以上外贸企业，培育外贸增长新引擎。支持有条件的跨境电商和外贸综合服务平台企业布局海外仓。

（三）开展消费促进提升行动

一是提升消费品质，大力引进丹尼斯、大润发等知名商业品牌，发展首店经济。开展汽车下乡、家电以旧换新等促销活动，深挖农村消费潜力，提振大宗消费活力。二是丰富消费载体，加快步行街改造提升，争创省级示范步行街，争取省级商业体系特色商业街项目资金，培育多功能业态于一体的特色商业街区。依托浚县古城、浙商步行街、朝歌老街，打造老字号一条街。三是创新消费模式，大力引进盒马鲜生等新业态，发展智慧商超、智慧餐厅。依托朝歌里、中凯商业街、二支渠、淇河两岸特色主题公园，因地制宜打造夜经济商圈、街头城市会客厅。

（四）开展电商赋能提速行动

一是抓"产品端"，以特色农产品、绿色食品、轻工业品为主攻方向，挖掘开发网销产品，全力打造3~5款"网红爆品"。二是抓"网红端"，完善网红主播资源库，招引培育网红主播50人以上，引导达人"入圈"、网红"成圈"，带动本地产品上网"出圈"。三是抓"策划端"，开展"网红主播进企业"等活动，举办12场电商沙龙，组织电商企业、供应链企业观摩互鉴、座谈交流，促进销售端和产品端精准匹配。四是抓"平台端"，深化与京东、美团合作，推动本地产品打捆上京东、上美团；积极对接淘宝、拼多多、抖音等平台资源，促进本地产品销售渠道多样化。五是全面提速，加快产地仓、智慧云仓等重点项目建设进度，打造发展载体；通过"区域公共品牌+企业自有品牌"双品牌模式，培优电商品牌；以招引鹤壁籍在外电商企业为主、以引进电商代运营服务企业为辅，引育电商企业。六是对企业和网红人才的吸引力、引导力进行"双提升"，健全完善电商产业链和生态圈。

（五）开展商业体系提档行动

一是提档升级一刻钟便民生活圈，在"推动技术赋能，提高为民服务智慧便捷水平"等6个方面，精准发力，持续升级；开展以"品质商品进社区"等"十进"社区为主要内容的一刻钟便民生活节系列活动，提升便民生活圈"建管用"效能。二是县域商业持续领跑，以县、乡、村为重点，推进10个乡镇商贸中心、2个县级物流配送中心等商业设施持续升级，促进县域商业、物流体系深度融合。三是供应链创新与应用示范创标杆，制定实施方案，建立工作机制，推动"健全重点产业链生态"等七大示范任务见行见效，创特色、出亮点，形成可借鉴可复制的"鹤壁模式"。四是持续开展农贸市场改造提升专项行动，创新管理模式，拓展服务内涵，全域打造高标准、规范化农贸市场，营造"整洁舒适、规范有序、安全放心"的经营和消费环境。

B.36
2023~2024年新乡市商务发展回顾与展望

李 进 王霖霖*

摘 要： 2023年，面对极为复杂的外部环境和超预期的冲击压力，新乡市商务系统坚持以习近平新时代中国特色社会主义思想为指导，认真贯彻落实市委、市政府及省商务厅一系列重大决策部署，聚焦高质量发展首要任务，不断集聚强大动力，实干巧干，攻坚克难，全市商务运行总体平稳、持续向好，各项商务工作取得新成效。

关键词： 招商引资 对外经贸 消费促进 对外开放 新乡市

一 2023年新乡市商务发展指标完成情况及特点

2023年，全市社会消费品零售总额1130.3亿元，同比增长4.9%；外贸进出口完成152.4亿元，创历史新高；新设外商投资企业38家，居全省第3位，实际使用外资3331万美元；引进省外资金849亿元，同比增长9.3%，规模总量连续多年稳居全省第一方阵；对外承包工程和劳务合作营业额完成5577万美元，同比增长36.6%；对外直接投资完成1067万元，同比增长132.6%；跨境电商完成71.6亿元，同比增长10.8%。

---

* 李进、王霖霖，新乡市商务局。

二 2023年采取的主要措施

（一）全力以赴推进招商提质增效

一是始终把招商引资作为"一把手工程"。市主要领导坚持"四个亲自"，率先垂范，市委书记、市长分别带队赴北京、上海、深圳、香港等地拜访50多家重点院所、行业龙头企业，各县（市、区）主要领导牵头开展招商活动277批次，形成了上下互动、部门联动、全方位抓招商的浓厚氛围。二是扎实开展"三个一批"项目建设活动。全年开展四期"三个一批"活动，纳入省台账项目180个，总投资1261.3亿元，同比分别增长51.3%、32.3%。三是高质高效办好重大经贸交流活动。成功举办2023中原农谷预制菜国际博览会暨产业发展论坛、中原农谷首届振动机械产业博览会、中国百泉药交会、豫台经贸洽谈会暨两岸智能装备制造中原论坛4次重大经贸交流活动，承办第十四届中国河南国际投资贸易洽谈会三大专项活动之国际大健康创新投资大会，取得丰硕成果。围绕京津冀环渤海、长三角闽东南、粤港澳大湾区等重点招商区域，举办14场重大项目签约巡展活动，签约项目128个，总投资822亿元。组织参加2023全球豫商大会、第十四届中国河南国际投资贸易洽谈会等6次重大活动，均有重点项目上台签约。四是不断加大外资招引力度。着力健全外资招引制度，重塑形成四个外资专班，全年参加涉外经贸活动8场，签约外资项目25个。

（二）千方百计推动消费回暖升温

一是搞活消费促进。采取"政府投放撬动+企业自主促销"方式，市财政、企业共投入4.2亿元，举办促消费活动200余场，拉动消费增长近50亿元。二是抓好消费惠民。向全市15.6万名城乡低保户、特困人员发放"爱心消费券"4666.8万元。三是打造消费载体。红旗区围绕"一带两圈N街"夜经济布局，建成新东夜市、向阳夜市等夜经济点位10处；卫滨区打造西大街国潮主题商业街，牧野区打造万达广场"卡漫市集美食街"，长垣市打造梦回大唐·新城里商业街，获嘉县推动同盟古镇文旅融合发展，形成消费热点。全市共打造特色美食街44条，提供经营摊位2000余个，夜经济蓬勃发展。四是创新消费场景。东方文化步行街加强场景智能、服务智慧等提升改造，成功创建河南省示范步行街。平原商场发展"线上+线下双融合"营销方式，创建绿色商场。百货大楼创新开展"科普+零售"新模式，永辉超市发展即时零售，促进营业额不断提升。平原商场、长垣联华城市广场成功创建第七批河南省品牌消费集聚区。

（三）多措并举推动外贸企稳向好

一是大力争取政策支持。新乡市国家加工贸易梯度转移承接地通过商务部考核。3家二手车出口试点企业获商务部备案，数量居全省第2位，全年二手车出口额超过1亿元。积极应对贸易争端，2家企业、机构被批准成为贸易摩擦预警点，数量居全省第2位。持续扩大出口信保政策覆盖面，全市享受信保政策企业275家，同比增长36.1%。二是积极争取惠企资金。2023年全市获批"中小开"项目387个，争取资金2200万元，项目数居全省第2位；获批一般性出口信保项目28个，争取资金370万元，项目数居全省第3位；获得2023年省级外贸突出贡献奖励418万元，资金量居全省第4位，全年获得外贸类支持资金约3000万元。三是扎实开拓国际市场。组织全市90家外贸企业参加2023年春、秋季广交会，获批展位数160个，较疫情前增长205%、272%，创历史新高。帮助47家企业、105名外商到本市开展经贸交流，解决认证、结汇等问题57个，发展对外贸易更加顺畅。四是有序做好经贸互促。指导支持卫华集团、亚都集团、瑞丰新材等企业开展境外投资，优化海外资产股权结构，建立国际营销网络，全市企业海外布局逐步成型。

（四）守正创新提升对外开放水平

新乡市成功获批首批中国（河南）自由贸易试验区联动创新区，进一步推动全市深化改革、扩大开放。复制推广自贸区改革经验案例173项，位居全省前列。纵深推进开发区"三化三制"改革，新乡经开区在国考中前进84位。成功创建国家骨干冷链物流基地，物流拉动作用明显提升。打通中欧班列（中豫号）"北上、南下、西行、东出"四条线路并实现常态化运行，2023年累计开行班列530列，总货重、货值分别较上年同期增长129%、48.6%。新乡保税物流中心完成2.36万平方米仓库建设，建成进境肉类指定监管场地，待海关总署批复。新乡内陆港及新乡经开区公用型保税仓于年底正式揭牌，将与山东港口集团共建内陆"无水港"。

三 2024年商务发展重点

2024年，新乡市坚持稳中求进工作总基调，完整、准确、全面贯彻新发展理念，把握商务工作"三个重要"定位，锚定"两个确保"、深入实施制度型开放战略，推动消费从疫后恢复转向持续扩大，持续巩固外贸外资基本盘，全力推进招商引资提质增效、社会消费提档升级、对外贸易提标扩面。

（一）打好精准招商"关键仗"

开展"招商引资创新突破年"活动。一是产业链招商实现新突破。深入实施产业链群培育攻坚行动，聚焦8大产业集群17条重点产业链，按图索骥开展"四个遍访"精准招商。筛选10家行业龙头企业，全方位、多渠道、宽领域开展市场化产业链招商。二是招商方式实现新突破。积极探索股权招商，开展基金招商，深化回归招商。完善招商"六库"建设，实现招商精准突破。三是"中原农谷"招商实现新突破。办好中原农谷专题推介招商活动，加强对种业世界50强、国内20强和细分领域领军企业的招引，提升种业龙头企业聚集度。四是举办招商活动实现新突破。举办"领航中国——外资企业新乡行"等系列活动，持续开展重大项目签约巡展活动，打造"投资新乡——共赢发展"品牌。把握好参加国家级和省级展会时机，举办产业专题推介会，进一步提高招商活动实效。五是招商体制机制实现新突破。坚持市主要领导推进招商引资工作，完善落实"日调度、周动态、月通报、季排名、半年观摩、年终考评"工作机制，加强招商引资统计信息系统建设，抓好重大签约项目跟踪落实。持续开展"三个一批"项目建设，落实项目全生命周期管理服务机制，专班专责推动签约项目早开工、早投产、早达效。

（二）下好新型消费"先手棋"

一是以"消费促进年"为载体，打造消费新场景，加强消费基础设施建设，指导各辖区结合商业特点，打造2~3条特色商业街区，形成消费热点。二是发展消费新模式。积极引进知名品牌消费旗舰店，形成消费集聚效应；支持商贸企业推广线上线下即时零售；打造一刻钟便民生活圈，推进品牌连锁便利店设点布局；搭建老字号消费展示大厅，促进老字号商品销售。三是打造直播平台，推动全市电商直播基地升级换代。四是搞好促消费活动。适时开展家电以旧换新活动，抓好金融促消费，积极推动文旅、体育消费升级，促进住房消费增长。通过市县联动、政企互动、银企对接，形成"月月有重点、周周有亮点、天天有活动"的消费氛围，持续活跃市场。

（三）稳住对外贸易"基本盘"

一是用好金融工具。发挥国有资本和金融机构的支持作用，提升服务支持能力；探索设立新乡市外贸企业融资担保风险补偿资金；常态化开展普惠金融和银企对接，帮助小微外贸企业降低融资成本。二是引育贸易平台。发挥重点贸易平台的带动引领作用，推动外贸新模式在全市推广。三是培育市场主体。深入开展"优势企业抱团出海行动"，积极拓展中间品贸易市场。制定全市潜力外贸企业清单，一企一策、上门指导，年内增加实绩外贸企业80家以上。四是聚焦特色产业。推动支持传统产业企业充分开拓新兴市场，重点延续化肥、农产品、食品、家居等行业的良好出口势头。把握二手车出口机遇，扩大资质企业数量，力争二手车出口货值突破5亿元。五是发展跨境电商。推广"跨境电商+产业带"模式，打造一批跨境电商知名品牌，推动品牌出海。强化园区孵化功能，促进有关要素市场化集聚。大力培育小微、初创外贸企业，引导运用跨境电商平台拓展外贸市场。抓好平台建设，积极谋划建设综合保税区，争取早日获批综合保税物流中心。引导企业探索自建、租用等多种形式广泛布局海外仓。六是强化政策支持。研究制定《支持外贸高质量发展财政金融若干措施》，实现以财政预算保障外经贸发展政策零的突破。

（四）搭建货物流通"高速路"

一是搭建平台育强主体。搭建新乡数字化物流平台，争取2024年投入试运营。建立物流领军企业培育库，遴选引导优质物流企业参与国家A级物流企业评定，壮大新乡物流领军企业规模。二是专业物流领域提升。创新物流快递企业合资合作、城乡客运企业延伸、快递网点提升改造等运营模式，发展通达乡镇、农村的物流共同配送模式。积极推进配套物流"区中园"规划建设，鼓励现有汽车物流园区向综合性汽车物流专业园区升级。加大大型现代医药物流企业培育力度，完善药品流通配送途径。三是优化行业发展环境。深化物流领域"放管服效"改革，牵头组建"新乡市物流与供应链协会""新乡市物流与供应链专家委员会"，发挥行业协会和专家智库作用。四是打通商品流通"最后一公里"。持续推进县域商业体系建设，争取承办一场省级县域商业体系建设现场会，完成1个示范县创建申报。抓好生活必需品流通保供重点城市建设，高效推进保供终端网点、配送中心、冷链物流等项目建设。

（五）深耕自贸联动区"试验田"

一是写好中国（河南）自贸试验区新乡联动创新区建设下半篇文章。围绕外商投资促进、培育外贸新优势、提升通关便利度和加快物流枢纽体系建设等方面先行先试、改革创新，进一步提升投资贸易便利化水平；突出重点产业和特色化产业发展，协同构建开放合作产业体系；推动跨区联动与发展，放大开放平台叠加联动效应，加强政策协同，高质量推进放权赋能工作，加快实施制度型开放战略。二是持续推进创新经验复制推广。坚持需求导向，立足新乡发展实际以及获批河南自贸试验区联动创新区优势，组织实施复制推广各自贸试验区改革创新经验。三是聚力重点领域制度创新。围绕"放管服效"改革、投资贸易自由化便利化、特色产业发展等领域自主开展制度创新。突出农业、制造业、服务业等领域开放发展，深入落实外商投资负面清单管理制度。积极对接RCEP高标准经贸规则，建立RCEP跨部门工作协调机制，探索原产地证书签发、商事证明、出口退税、商事法律等"一站式"涉外综合服务。

B.37
2023～2024年焦作市商务发展回顾与展望

李晓林　史成荫[*]

摘　要：　2023年，焦作市坚持以习近平新时代中国特色社会主义思想为指导，深入贯彻党的二十大和二十届二中全会精神，以勇闯高质量发展之路为目标导向，坚持稳中求进工作总基调，聚焦高质量发展首要任务，全力以赴拼经济、纲举目张抓工作、铆足干劲促发展，有效应对复杂严峻外部形势和多重约束条件，主动融入国内国际经济双循环，商务运行总体平稳、总体向好，为全市经济整体向好做出积极贡献。本文总结了2023年焦作商务工作的主要措施与成效，就2024年焦作商务发展提出了举措。

关键词：　对外贸易　招商引资　消费促进　焦作市

一　2023年焦作市商务发展指标完成情况

（一）社会消费品零售总额

2023年，全市社会消费品零售总额完成938.5亿元，同比增长7.6%，高于全省（6.5%）1.1个百分点，增速居全省第3位。

---

[*]　李晓林、史成荫，焦作市商务局。

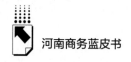

（二）实际使用境外资金

2023年全市累计实际使用境外资金9105万美元，总量居全省第2位，提前一个月完成全年任务目标（9000万美元）。

（三）实际利用省外境内资金

2023年引进省外项目516个，居全省第2位，实际到位省外资金823.2亿元，居全省第5位。

（四）货物贸易进出口

2023年进出口完成221.4亿元，同比增长8.6%，总量和增幅分别居全省第7位和第8位，完成全年目标的103%。其中，出口179.4亿元，同比增长11.6%，总量和增幅分别居全省第5位和8位。进口41.9亿元，同比下降2.5%，总量和增幅分别居全省第7位和第13位。

（五）电子商务及跨境电商进出口额

2023年全市电子商务交易额完成275.04亿元人民币，同比增长34.4%；全市网络零售额完成121.3亿元，同比增长10%；跨境电商进出口额83.09亿元人民币，同比增长9.3%。

二 2023年主要工作措施及成效

（一）招商引资成效显著

1.专班机制高位运行

制定《关于运用新型招商方式提高招商引资实效的意见》《招商引资"百日攻坚"实施方案》等政策文件，全年累计召开17次招商引资专班例会，解决14个项目签约落地问题。

2."三个一批"成效显著

第七至九期全省"三个一批"中焦作市共签约项目124个，总投资846

亿元,签约数量和总投资均居全省第一方阵。成功签约 2 个百亿以上项目,实现了大项目零的突破。

3. 新型方式高效运用

围绕新材料、绿色食品、高端装备等 14 条重点产业链和细分领域 37 条产业链,全市共梳理"链主"企业 100 家、上下游目标企业 273 家,对接推进重点项目 156 个,拟计划总投资 1169.58 亿元。梳理基金备投项目 42 个,在商务部、省商务厅招商平台上谋划发布 26 个基金招商项目,总投资 249.62 亿元。探索与招商机构、园区经营公司、商协会合作开展中介招商,通过驻京联络处、驻郑办事处,依托"三会(商会、协会、老乡会)"资源,积极开展项目对接。

4. 活动招商成效显著

组织参加经贸招商活动 8 场次,共签约项目 48 个,总投资 400.45 亿元。主办"一赛一节"经贸招商活动,共邀请 200 余名企业家参会,现场签约项目 62 个,总投资 538 亿元。

(二)消费促进拉动明显

1. 明确主线高位全年谋划

研究编制《焦作市社消零指标调度图表》,出台《关于进一步恢复和扩大消费若干政策措施的通知》等政策文件,先后启动新春消费季、绿色消费季、"五一"黄金周、激情夏日消费季、金秋"双节"消费季、"双十一"消费季等主题促消费活动。

2. 激发活力精准发放补贴

全市共开展消费券发放活动 20 次,汽车消费补贴活动 13 次,举办各类惠民车展 15 场,家电补贴活动 20 余场。市县两级先后投入促消费财政资金 3100 余万元,持续拉动消费近 8.5 亿元,申请省级促消费奖补资金 800 万元。

3. 拓展方式打造消费热点

发挥"政府引导,协会带动,企业参与"机制,围绕"消费提振年"

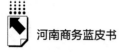

谋划了 6 大类主题 52 个消费场景，聚焦汽车、成品油、住房、家电、文旅等重点领域，累计组织 460 余家企业，协同开展 310 场促消费活动。在全省首创开展个人消费信贷补贴和房产、家电联动促消费活动，创新开展新能源汽车下乡、休闲健康食品展销、非遗文创市集、美食夜场、啤酒音乐节等特色活动，持续释放消费潜力。

（三）外贸规模稳中有进

1. 利用展会抢抓订单

组织焦作市外贸企业参加德国磨削技术和设备展、广交会、韩国釜山国际食品展、郑交会等国内外知名展会近 80 场，其中广交会达成近 4 亿元的成交意向，创历史新高。赴中国香港组织焦作与香港产业对接会，推动怀山堂、金谷轩等 6 家优势特色企业进驻中国香港市场。

2. 惠企纾困助企发展

举办外贸惠企政策系列宣讲会 7 场，帮助本市企业申报 2022 年下半年中小开、出口信保等政策资金 351 万元，2023 年上半年中小开、出口信保等政策资金 620 万元。

（四）内贸流通提质增效

1. 县域商业体系建设取得突破

沁阳市获批省级县域商业体系建设示范县、省级城市一刻钟便民生活圈试点县，沁阳市、温县共获批县域商业体系示范建设资金 1000 万元。

2. 电商发展成果丰硕

全市电子商务交易额完成 275 亿元，同比增长 34.4%，其中网络零售额完成 121.3 亿元，同比增长 10%。省政府正式印发《中国（焦作）跨境电子商务综合试验区实施方案》。高新区科技总部新城获评第三批省级跨境电商人才培训暨企业孵化平台，获批 100 万元专项扶持资金。市电商直播产业园已招引极兔速运等 33 家电商企业入驻，全年交易额突破 1.4 亿元。成功举办第三届电商直播大赛，实现线上带货金额 4150 万元，创历年新高。

3. 物流项目进展顺利

万邦农产品冷链物流园、山东港口豫北（博爱）内陆港项目已完工运营，焦煤集团大宗物资综合物流枢纽项目、盛达智慧冷链物流项目、中国宝武焦作现代综合物流园二期项目均顺利开工建设。

（五）"防风险、守底线"工作持续推进

1. 安全生产扛稳守牢

开展全市商务领域"大排查、大整改""六查一打"等专项行动，抓牢春节、两会等重要节点及特殊天气事故高发期，完善应急预案，紧盯重点场所，压实安全责任，确保整改到位，全年累计开展各类安全生产检查督导 80 余次。

2. 加强市场秩序整顿

联合开展成品油市场专项整治行动，对省督导组指出的 4 大类 79 项问题逐项推进、条条落实，打击取缔黑加油站点 3 个，确保成品油市场秩序良好。开展报废机动车回收拆解专项整治行动，对全市 4 家报废车拆解企业督促建立"一车一档"，规范"五大总成"流向管理台账，做到合规经营。

三　2024年商务发展重点

2024 年是新中国成立 75 周年，是实现"十四五"规划目标任务的关键一年，焦作市商务系统将以习近平新时代中国特色社会主义思想为指导，全面贯彻落实党的二十大和二十届二中全会精神，聚焦高质量发展首要任务和构建新发展格局战略任务，夯实安全发展基础，持续激发消费市场活力，促进外贸稳规模提质量，千方百计做大外资底盘，对标先进促进制度型开放，增强高质量发展的后劲引擎，着力推动商务高质量发展，为加快打造焦作在中国式现代化建设河南实践先行区贡献商务力量。

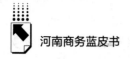
（一）夯实提升招商引资水平

1.抓实工作机制

坚持问题导向，持续发挥招商引资专班作用，加强重大招商活动签约项目跟踪服务。完善项目落地问题协调机制，定期梳理困难和问题，及时分级分类研究解决。

2.创新工作方式

开展全要素招商、基金招商、委托招商、驻点招商和协会招商。加强本地要素与招引项目的适配性，通过商务部投促局平台、商协会、推介展会等，精准对外发布一批招商项目，构建县市联动格局，探索"定制化"招商。

3.做优经贸招商

组织参加全球豫商大会、中国中部投资贸易博览会等重大省级经贸活动，全面开展多种形式的招商活动，强化突出招大引强结果。

4.加大外资引育工作力度

鼓励外资企业以增资扩股和利润再投资等形式加大对焦作的投资力度。充分发挥四个利用外资专班作用，提升重点外资企业和项目服务时效性、精准性，全流程服务企业境外进资，稳固实际吸收外资规模

（二）持续提振消费市场活跃度

1.抓好汽车和成品油消费

出台汽车、家电等促消费政策，围绕汽车消费补贴和新能源汽车下乡工作，利用既有燃油乘用车保有资源，挖掘新能源车消费潜力。

2.抓好家电、家居大宗消费

加强与文旅、房管、农业农村、工商联等部门协作，出台并实施大宗家电、家居消费、智能电子产品、绿色家电等补贴政策，聚焦家电家居、智能电子产品等领域，组织开展绿色家电百万消费补贴专享活动、家装家居板材厂家展销直销、以旧换新等活动，稳定大宗消费。

3. 抓好新业态消费

推动线上线下消费有机融合，支持商贸企业开展线上销售、线下体验，探索发展智慧商超、智慧餐厅等新零售业态。发展直播电商、即时零售等新业态新模式，全力构建多业态融合发展的消费新格局。规范预付卡管理，发展信用消费，促进预付消费。进一步健全完善县域商业体系建设和一刻钟便民生活圈，着力推动消费品市场提升能级。

（三）根植落实制度型开放战略

提升对外开放平台能级。实施"四平台一体系"工程，搭建跨境电商综试区线上综合服务平台，高起点、高标准规划建设一批跨境电商综合园区。持续推进自贸区联动区平台建设，组织孟州市、中站区、高新区三个联动区，高标准建设河南自贸试验区焦作联动创新区，提升本市政务服务环境，探索形成具有鲜明特色的"焦作做法"。构建内外贸一体化循环体系，稳定扩大货物贸易规模。

（四）全力推动外贸保稳提质

实施外贸"三大行动"，保持外贸进出口平稳运行。一是主体培育行动，引导传统外贸和制造业扩大进出口规模，重点培育多氟多新能源、天基轮胎、大咖国际等新型企业成为外贸新增长点。二是转型升级行动，组织外贸企业积极参与共建"一带一路"合作项目，充分利用"一带一路"高峰论坛成果，扩大一般贸易、高附加值产品出口。提质建设焦作市外贸转型升级基地，挖掘昊科邦、海洋造纸机械等新增长点。三是市场开拓行动，用好RCEP政策红利，鼓励企业参加广交会、进博会、东盟博览会等展会，助力企业抢抓订单，扩大进出口规模。组织企业赴境外举办特色活动，推动本市特色产品"走出去"。

B.38
2023~2024年濮阳市商务发展回顾与展望

杨宁 张理廷*

摘 要： 2023年，面对错综复杂的外部环境和艰巨繁重的改革发展任务，濮阳市坚持以习近平新时代中国特色社会主义思想为指导，认真落实楼阳生书记莅濮调研指示精神，聚焦招商引资主线，守牢安全生产底线，盯紧稳经贸、促消费两个重点，把握商业体系建设、电子商务、冷链物流等若干专项、踔厉奋发、务实重干，全市商务工作在逆境中破局蝶变。2024年，濮阳市将紧扣学习贯彻党的二十大精神主线，坚持商务工作"三个重要"定位，坚定不移推进制造业招商引资倍增行动，统筹扩大内需和深化供给侧结构性改革，统筹高质量开放和高水平安全，增强经济活力、防范化解风险，为谱写中国式现代化建设濮阳实践新篇章贡献澎湃商务力量。

关键词： 高质量发展 扩大内需 制造业招商引资倍增行动 濮阳市

一 2023年濮阳市商务发展指标完成情况及特点

2023年，濮阳市商务工作突出一个关键字"平"。经济指标、商务运行平稳有力，政治安全、商贸安全平安无事，内外贸一体化、"走出去""请进来"平顺有序。

---

* 杨宁、张理廷，濮阳市商务局。

（一）招商引资

全市实际到位省外资金 311.2 亿元，同比增长 9.62%，增速居全省第 1 位；实际使用外资 1074 万美元，同比增长 88.4%，增速居全省前列。

（二）对外贸易

全市货物进出口总额 176 亿元，总量居全省第 8 位；其中，出口额 79.6 亿元、进口额 96.4 亿元。

（三）对外经济

全市对外承包工程及劳务合作完成营业额 72230 万美元，总量居全省第 3 位；外派人员 6338 人，总量居全省第 2 位；对外直接投资 2302 万美元，同比增长 51.5%，增速居全省第 5 位。

（四）社会消费

全市社会消费品零售总额完成 777.98 亿元，同比增长 5.7%。

二 2023年采取的主要措施及成效

（一）招商引资阔步迈上新台阶

一是招商机制更加完善。实施制造业招商引资专项行动，强化市级 12 个产业招商专班（小组）领导力量，形成了"市本级专职队伍+产业招商专班+县区基本队伍+驻外办事机构"的"四合一"联动招商格局。建立市级领导领衔产业链项目引育机制，市主要领导带头，市级领导领办 10 亿~100 亿元重大制造业项目。压实县（区）招引 30 亿元、50 亿元重大项目目标，对 32 个市直单位下达招商任务。二是招大引强更加有力。紧盯国内外 500 强、行业 100 强、"专精特新"等企业，拉出与本地产业相匹配的企业清单，选择有投资可能的主动上门、精准对接。2023年，全市签约亿元以上项目361个，其中制造业项目307个，占签约项目总数的85%，签约亿元以上项目和制造业项目分别完成目标进度的103.1%、109.6%。全市签约10亿元以上项目61个，其中制造业项目50个，10亿元以上制造业项目31个、20亿元以上制造业项目10个、30亿元以上制造业项目5个、50亿元以上制造业项目2个、100亿元以上制造业项目2个。陕西绿能硅烷法多晶硅生产项目、海融纺织产业园项目、齐成控股极前驱体新材料一体化项目等重要项目签约落地。三是招商名片更加靓丽。举办氢能产业发展大会、中国石油和化工企业500强发布会、亚太国际涂料产业发展大会等自办活动8项，参加进博会、东盟博览会等国际性、国家级活动10余项，签约一批优质项目。举办4期"三个一批"项目建设活动，累计签约项目131个，投资总额1393.5亿元，开工率100%。

（二）开放平台能级实现新提升

中国（河南）国际贸易单一窗口"濮阳专区"出口信保功能上线运行，复制推广"电子口岸+金融服务"场景创新等自贸区经验5项，贸易便利化水平进一步提升。生物基材料等7个外贸转型升级基地承载能力不断提升，现代家居产业基地加快推进。清丰县与张家港保税区莆仙人木材进出口有限公司签署合作协议，国际木材交易中心项目加快实施。保税物流中心、区域石化产品现货交易中心扎实推进。

（三）对外经贸加速培育新动能

一是拓展国际市场。支持企业深度融入"一带一路"，加强与RCEP成员国经贸往来。2023年，濮阳对RCEP其他14个成员国进出口总额71.6亿元，占进出口总额的40.7%，增长57.6%；与153个共建"一带一路"国家开展贸易往来，贸易额139.1亿元，占进出口总额的79%。二是培育外贸主体。新增实绩外贸企业17家，累计达180家。君恒实业进出口实现19.2亿元，成为最大增长点。濮耐股份在塞尔维亚工厂增资扩能，本市企业全球布局迈出新步伐。三是加大政策支持力度。争取2023年省级外经贸发展专项奖励资金813万元,支持额度居全省第2位。为44家企业申请"中小开"资金192.75万元;指导15家企业申请"出口信保"资金67.99万元。四是提升服务质效。帮助君恒实业解决货值3.5亿元的产品出口限制问题,避免巨额经济损失和违约赔偿。协助丰利石化申请2023年原油进口允许量指标,保障原料供应。对20家与俄罗斯、乌克兰有贸易往来企业定期走访、精准指导,积极应对俄乌冲突影响。

(四)内贸流通持续谱写新篇章

一是丰富消费活动。聚焦汽车、家电、商超、餐饮等领域,通过发放补贴、消费券等形式,开展年货美食节、龙城消费嘉年华、金秋购物节等系列促消费活动23场,累计带动消费12亿元。举办网上年货节、双品网购节等线上促消费活动,累计成交约110万单,带动消费1亿元以上。争取省促消费奖补资金1677万元,有力支撑活动开展。二是提速县域商业。实施县域商业提升工程,范县、清丰县分别获批国家级、省级县域商业体系建设"领跑县""示范县",累计争取到位县域商业体系资金1600万元。本市被确定为"省级城乡高效配送示范市"。三是畅通产销对接。借助电商平台,搭建产销对接桥梁,推动本市特色优质农产品由"滞销"转"直销",参加全国农产品产销对接助力乡村振兴活动等产销对接活动25场,成交额达10442万元。四是培育电商物流。实施电商企业培育工程,新增电商主体认证企业8家,累计156家,评选2023年市级电子商务示范基地6个、电子商务示范企业8家。万邦·厚疆农产品冷链物流园建成投运,库容量达10万吨,豫北规模最大。

三 2024年商务发展形势分析

2024年是实现"十四五"规划目标任务的关键一年,是现代化新濮阳建设从全面部署到纵深推进的重要一年,做好商务工作至关重要、意义重大。总体看，全市商务发展回升向好、长期向好的基本趋势没有变，仍处于重要的战略机遇期。但濮阳市产业结构仍处于新旧艰难调整蜕变期，制造业不强、创新力不足依然突出；经济持续回升向好的基础还不牢固，居民消费和企业投资意愿不强，人才外流明显，部分企业经营困难，财政增收乏力，都给商务发展带来不小的压力。

同时，新一轮科技革命和产业变革正在重塑世界经济格局，我国高水平社会主义市场经济体制不断完善，制度优势持续彰显，物质基础更加坚实，产业体系更加完备。本省市场规模巨大，蕴含庞大投资需求和消费潜力："十大战略"深入实施，战略叠加效应加速释放；"四条丝路"协同并进，开放能级持续提升。从自身看，本市拥有特色鲜明的产业体系，日益完善的基础设施，持续优化的营商环境，创新开放的发展活力，为承接产业转移提供了有力保障。红旗渠机场建成投用、济郑高铁全线开通、阳新高速竣工通车，本市区位交通优势更加明显。城镇化进程不断加快，居民消费能力不断增强，消费环境持续优化，本市城镇消费市场活力持续释放。特别是制造业倍增行动的扎实推进，产业结构日益优化、项目建设加速提质，经济发展展示出强劲势头和美好前景。

四　对策建议

（一）招大引强，加快招商引资倍增发展

一是强化招商统筹。压实产业招商专班机制，强化专业招商队伍建设，形成"市本级专职队伍+产业招商专班+县区基本队伍+驻外办事机构"的"四合一"联动招商格局。修订招商引资考评办法，强化项目导向，突出开工项目和落地开发区项目。完善招商引资促进政策，突出重大投资项目、"专精特新"项目、产业链关键节点项目等制造业项目支持力度。二是突出产业链招商。以6大产业集群和20条重点产业链为方向，突出化工及新材料等优势产业，盯紧世界500强、中国500强及行业头部企业，全力延链、补链、强链，加速沿链聚合、聚链成群，塑造高能级产业生态。力争全年谋

划招商项目突破 600 个，在谈项目突破 470 个；新引进 10 亿元以上制造业项目不少于 50 个，其中 20 亿元、30 亿元、50 亿元、100 亿元以上项目分别不少于 8 个、4 个、2 个、2 个。三是创新招商方法。狠抓以商招商、协会招商、乡情招商、市场化招商、基金招商，不断延伸招商触角。做优平台招商，围绕聚碳新材料、生物降解材料、装备制造、家具家居等主导产业，以及张姓文化、杂技文化等特色名片，积极谋划组织专题招商活动，举办亚太涂料产业发展大会、生物降解新材料产业发展大会等招商对接活动，打造开放招商金字品牌。四是强化督导推进。强化招商引资项目赋码管理，一个项目一个编码，一张"身份证"，对项目签约、开工、投产实行全周期监管。强化"招、落、投、服"全链条管理，优化项目帮办代办、容缺办理、并联审批等服务，以最大限度推动项目加速建设和投产。实行"项目化管理、清单化推进"，全面跟进开工项目，引导项目多到资、赶进度、早投产。

（二）培优育新，加快对外贸易保稳提质

一是巩固外贸基本盘。支持企业开展境外专利申请、商标注册等，擦亮拳头产品金字招牌，打造特色出口产业集群，培育优势产品和品牌，力争全市有进出口实绩企业突破 200 家。助力君恒实业协调生物轻油出口指标，力争进出口突破 40 亿元。积极为河南丰利石化有限公司争取新增进口原油使用额度，支持企业自主经营原油进口，更好发挥丰利石化"压舱石"作用。二是培育外贸增长点。坚持对外贸易与招商引资嵌合联动，聚焦"四新两能"产业及优势特色产业，大力招引外向型项目。推动河南中汇电子新材料有限公司尽早实现自营出口业务。力争年内新培育年进出口额超亿元企业 3 家，超 10 亿元、30 亿元企业各 1 家。三是壮大外贸新业态。支持外贸企业开展跨境电商业务创新，加速跨境贸易产业链数字化转型，积极申报省级跨境电商示范园区。实施海外仓高质量发展专项行动，积极申报省级海外仓示范企业。

（三）深挖潜能，全力推动消费扩容升级

顺应国内消费升级新趋势，加快培育壮大各类消费新业态新模式，促进

消费扩容提质，力争全年组织各类促消费活动20场以上。一是培育壮大新型消费。鼓励线上线下企业推陈出新，培育消费新业态、新模式，推动实体商业转型升级。加强商业、文旅、健康等行业消费跨界融合，积极拓展沉浸式、体验式、互动式消费新场景。挖掘社区团购、居家消费等消费热点，推动国潮消费、绿色消费。大力发展夜间经济。二是稳定扩大传统消费。支持扩大新能源汽车消费，鼓励开展汽车下乡活动，便利二手车交易，完善报废机动车回收利用体系，推动汽车梯次消费、循环消费。积极开展"家电下乡""以旧换新"等促销活动，推动家电家居更新消费。鼓励本地特色小吃品牌化、规模化发展，引导中大型餐饮企业打造行业标杆，丰富"濮阳味道"内涵。三是创新消费活动载体。指导推进水秀街等街区改造提升，培育省级步行街。加快古城路夜市、边拐夜市等改造提升，发展夜间排档亲民特色餐饮街区。加强对"濮水小镇""滨河风情街"等特色场景的包装打造，推动文旅商融合，赋能促消费活动。推动万达广场、悦尚城等商业综合体，招引10家以上品牌首店，做强首店、首发、首秀经济。

（四）优化供给，完善现代商贸流通体系

一是推进县域商业建设。认真做好申报县域商业体系建设"领跑县"后续工作，重点推动以县城为中心，以乡镇为重要节点，以村级店为基础的流通网络体系建设，力争2024年底基本实现县县有连锁商超和物流配送中心、乡镇有商贸中心、村村通快递。二是加快电商产业发展壮大。整合深港跨境电商产业园等园区优势资源，培育带动一批高成长型电子商务企业。鼓励各县（区）孵化网红带货达人，打造1~2个无假货诚信直播间，重点推进京东直播基地、濮阳县凯利来直播基地建设。探索"电商+合作社+""电商服务站+物流配送"等电商助推乡村振兴模式，加快农村电商转型。三是规范成品油市场秩序。科学规划成品油零售分销体系，不断优化网点布局和供应保障能力建设。有序推进加油、充电等多种能源供给，不断提升加油站综合服务功能。

B.39
2023~2024年许昌市商务发展
回顾与展望

摘 要: 2023年,许昌市商务系统坚持稳中求进工作总基调,聚焦高质量发展这个首要任务,按照"全力以赴拼经济、心无旁骛抓发展"要求,躬身入局、笃行实干,多措并举促消费、精准施策稳外贸、全面发力抓招商,取得了非凡的成绩,商务工作实现总体平稳、稳中有进、进中提质。2024年,全面贯彻落实党的二十大和二十届二中全会精神,持续实施制度型开放战略,突出抓好消费促进、对外贸易、招商引资等重点工作,推动商务工作高质量发展,为全市高质量建设城乡融合共同富裕先行试验区做出积极贡献。

关键词: 促进消费 对外贸易 招商引资 许昌市

一 2023年全市商务发展指标完成情况及特点

(一)对外贸易方面

2023年,全市进出口总额271.6亿元,居全省第3位,同比增长7.7%,规模再创新高。其中出口额237.2亿元,同比增长11.8%,总量居全省第2位。全市跨境电子商务交易额202.4亿元,同比增长6%。

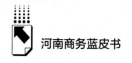

（二）招商引资方面

2023 年全市新设外资企业 17 家，同比增长 42%，连续 3 年实现增长，实际到位外资 765 万美元，同比增长 62.4%。2023 年全市新增省外资金项目 389 个，总投资 1918.6 亿元，合同引进省外资金 1734.8 亿元，实际到位省外资金 639.6 亿元，同比增长 9.37%，居全省第 10 位。

（三）消费市场

2023 年，全市消费市场回暖明显，胖东来"爆红"拉动零售、住宿、餐饮消费明显增长。全市社会消费品零售总额 1372.7 亿元，总量居全省第 6 位，同比增长 7%，增速居全省第 5 位。

（四）对外经济技术合作

对外直接投资额 661 万美元，新设对外直接投资企业 5 家；新增对外承包工程项目 2 个，营业额 5857 万美元，居全省第 6 位。

二 2023年采取的主要措施和成效

（一）坚持建好载体，推动开放能级逐步提升

持续建好用好跨境电商综试区、市场采购贸易方式试点等国家级开放平台，实现优势互补、协同发展，放大叠加联动效应。围绕跨境电商综试区建设，搞好顶层设计，推动出台《许昌市支持跨境电商高质量发展政策措施》《中国（许昌）跨境电子商务综合试验区 2023 年建设行动方案》，召开高规格全市跨境电商综试区建设工作推进会，通过政策引导和有效整合资源，搭建更为完善的跨境电商产业链，累计培育年销售亿元以上的跨境电子商务企业 37 家，支持企业设立境外分支机构 60 余个、建设跨境电商独立站 9 个，龙祁电商公司打造的"UNice"品牌居"2023 Q2 TOP30 电子商务类出海品

牌社媒影响力榜单"第2位。围绕优化国家级市场采购贸易方式试点,探索推广的"双抬头"报关模式,实现了"一顶帽子大家戴,一个平台全省用",出口2790单,货值21.7亿元。围绕强化海关特殊监管区功能,积极争取上级资金支持,大力拓展业务模式,提升服务效能,保税物流中心服务企业303家,进出口18亿元,在全国82个保税物流中心中居第27位、在全省居第2位,其中进口16.30亿元,在全国居第18位、在全省居第1位;许昌格罗科公用型保税仓库服务企业82家,实现进口5.74亿元。围绕强化对外合作载体,中德(许昌)国际合作产业园被认定为河南省首批国际合作园区,成为河南开展对德(欧)经贸合作的重要承载地。在营商环境优化方面,积极推进中国(河南)自由贸易试验区许昌联动创新区申建工作,完成220项试点经验、最佳实践案例、改革成果等复制推广工作,使营商环境进一步优化,其中复制推广的"电子口岸+金融服务"创新案例在《河南日报》头版刊发,成功获批中国(河南)自由贸易区许昌联动创新区。营商环境评价的市场开放度指标居全省第5位,成功进入全省第一方阵。

(二)坚持政企联动,推动消费市场持续向好

按照"季有主题、月有亮点、周有场景"工作思路,精心策划各类主题促消费活动80余场,聚焦家电、餐饮、零售6轮次发放消费券,2批次开展购车补贴活动,持续掀起消费热潮,直接拉动消费4.6亿元。加大对14家"河南老字号"、11家"许昌老字号"宣传培育力度,开展"点亮灯火·夜享莲城"夜经济活动,在全省率先推出"特色消费地图",持续开展助农公益第二届直播电商节系列活动,消费潜力得到有效释放。扎实推进县域商业体系建设,实现县、乡镇、村三级全覆盖。鄢陵县入选新一批县域商业体系建设示范县(市),魏都区、鄢陵县被定为省级一刻钟便民生活圈试点。接住用好胖东来出圈流量,支持举办"中国超市周"活动,积极推广"胖东来式服务",协调多部门服务胖东来发展,推荐胖东来成功入选2023年全国"诚信兴商"典型案例,持续引爆消费。

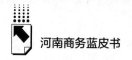

（三）坚持精准施策，推动对外贸易创新发展

会同海关、税务、外汇、市场监管等部门，用好"5+2+N"稳外贸促发展会商机制，强化横向联动，研究推出加快退税办理、通关预约及企业所得税核定征收等措施，有效服务开放平台建设和企业发展，获得了阿里数字商业集团赠送的"推动业态创新心系外贸发展"锦旗。组织政银企对接活动12场，推介融资主体304家，汇总外贸企业融资需求1.8亿元，获得贷款（授信）24个、7302.6万元。组织112家企业参加了广交会、尼日利亚美容美发展、意大利美容美发展等15场国内外展会，帮助企业开拓国际市场、抢抓境外订单。举办了2023发制品春季采购对接会，200余家商家参展，1800余人次采购商参与，现场成交金额6000余万元，意向订单近亿元。精准对接电商平台，提升企业"借船出海"能力。举办大学生跨境电商创业大赛，搭建大学生创业就业平台，为企业拓展跨境电商业务提供人才支撑。2023年，全市有进出口数据外贸企业935家，较2022年增加了80家，增长9.4%。

（四）坚持多维发力，推动招商质效稳步提升

印发《推进高水平对外开放建设城乡融合共同富裕先行试验区工作方案》《许昌市落实制度型开放战略推进高水平对外开放强化招商引资2023年度工作要点》等文件，50次召开招商引资周例会，招商工作常态化纳入周交办，形成大招商、招大商的工作合力。通过大员上阵、活动搭台、精准对接等多方式、多渠道，不断提升招大引强。市领导先后带队赴欧洲、京津冀、长三角、粤港澳大湾区等地开展招商和经贸对接活动，市、县两级主要负责同志带队外出招商近200批次。组织参加全球豫商大会、三国文化旅游周、豫粤交流合作会等15场重大招商活动，扎实组织了"三个一批"签约活动。持续深化对德（欧）合作，3次组织赴欧经贸对接，积极参加"2023上海对话"、2023德中经济峰会等，德国客商10余次到许考察，举办了"德企许昌行——2023探索产业集群"活动，取得显著成效。通过多维推进，促成合作，全市新签约招商引资项目312个，总投资1345.7亿元。

三　2024年商务发展形势分析

从宏观形势来看，商务发展仍面临着较复杂的内外环境。经济恢复的基础还不是很牢固，需求收缩、供给冲击、预期转弱的压力依旧存在，居民消费虽然实现了一定程度的增长，但整体反弹力度仍相对有限，汽车等大宗消费仍未完全恢复，居民消费信心有待进一步提升；地缘政治冲突增加了对外经贸活动的不确定性，联合国贸发会议认为2024年全球贸易仍"高度不确定且总体悲观"，人力成本高、汇率波动大等因素增加企业经营成本和出口风险，稳外贸任务更加艰巨；各地加大对投资项目、用工和人才的招引力度，项目落地对要素保障、政策举措要求更高，招商引资面临的挑战更大。

同时，商务发展也存在新的机遇。消费方面，随着经济恢复，居民收入有望稳定增长，为居民消费能力提升提供了有利条件。国家、省、市相继出台一系列促消费政策，有利于推动消费持续扩大。当前，胖东来已成为许昌市"顶流名片"，带动许昌成为网红打卡地，随着郑许轻轨正式运营，"网红"效应将持续释放，为消费市场注入强大活力。外贸方面，各级推进制度型开放力度持续加大，为集聚外贸新动能带来新机遇。保税物流中心、市场采购贸易方式试点、跨境电子商务试验区逐步融合发展，中国（河南）自由贸易试验区许昌联动创新区成功获批设立，利于发展新业态，培育外贸增长点，为许昌对外开放、外贸发展又带来了新的活力。招商方面，我国经济回升向好、长期向好的基本趋势没有改变，超大规模市场的需求优势、产业体系配套完整的供给优势、科技人才加快集聚的创新优势更加明显。许昌也在着力构建"633"产业发展体系，电力装备、硅碳新材料、生物医药、新能源汽车等一大批新的增长点正在加快形成。郑许一体化加快推进，将进一步强化功能互补、合作共赢，有利于许昌进一步拓展发展空间，提升要素集聚，全面增强吸引力、创造力、竞争力，为项目招引创造了更有利的发展环境。

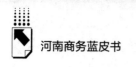

四 2024年商务发展对策

（一）坚持内需带动，推动消费促进再升级

围绕汽车、家电、餐饮、零售等重点领域，用好用足各项政策措施，撬动大宗消费。联合行业协会、金融机构和商贸主体等，结合四季节特点和"五一""国庆"2个重点节点策划实施促消费活动，营造浓厚的消费氛围。建立本地老字号企业培育库，培育认定一批"老字号"企业。开展盛夏啤酒音乐节和美食节活动，打造夜间消费名片。挖掘本土餐饮品牌，举办以"三国文化"为主题的许昌特色美食评选活动，打造许昌美食新IP。发布"必逛必买必带爆款"产品，提升许昌品牌知名度。打造2~3个便民示范社区，争创国家级县域商业体系建设"领跑县"，丰富消费业态。丰富业态升级消费。持续发挥好胖东来引流效应，继续在商贸行业推广"胖东来式服务"，完善"吃、住、行、游、购、娱"等要素，增强许昌购物、游玩体验，带动消费链条式增长。

（二）坚持巩固拓展，推动开放能级再提升

一是着力推进中国（许昌）跨境电商综试区建设。落实省政府《中国（许昌）跨境电子商务综合试验区实施方案》，围绕确定的"2666"行动，细化任务举措，建立工作台账，明确责任分工，并健全集中会商、督导通报等工作机制，全力推进综试区建设。加快上线跨境电商综试区线上综合服务平台，积极推动外贸企业线上平台注册备案、开通业务。出台市级跨境电商示范园区、示范企业认定标准，兑现支持奖励扶持政策，助力企业做大做强。结合各县（市、区）产业禀赋，打造"一县一品""跨境电商+产业带"。二是着力推动市场采购贸易方式试点健康发展。重点在全省推广企业所得税核定征收和"双抬头"报关模式，扩大市场采购贸易方式试点出口规模。三是强化保税物流中心建设。引进国内外知名物流企业、进出口贸易

企业，拓展大宗商品进口业务，实现保税物流业务多元化发展。四是强化自贸联动创新区建设。细化工作任务，协同推进制度创新，复制推广改革经验，促进特色产业发展。五是强化开放人才培育。建设与制度型开放战略相适应、具有国际视野、熟悉国际规则的专业化开放人才队伍。

（三）坚持培强育新，推动对外经贸再进位

坚持稳存量和促增量并重，通过培强育新、强化服务，实现对外经贸稳定持续增长。一是全力以赴稳存量。依托现有发制品产业基础优势，落实"发制品产业集群发展实施方案"，提升产业集群效应，巩固出口规模。全渠道对接知名电商平台，加大产业宣传引导、培训推广及政策资金支持力度，推动产业健康发展，增加订单、扩大产能，稳住外贸基本大盘。支持企业参加RCEP成员国、共建"一带一路"国家、欧美等100个国际性境外商品展，优选美国拉斯维加斯美容美发展、尼日利亚美容美发展，组织企业专题经贸推介，开拓国际市场。二是千方百计扩增量。加大本地外综服企业培育力度，出台培育方案和支持政策，认定一批市级外综服企业。深化与阿里巴巴、全球速卖通、抖音、快手等平台合作，助力企业开拓外贸新业态。三是强化服务解难题。持续发挥"5+2+N"稳外贸促发展会商机制作用，强化部门工作协同，营造更宽松包容的政策环境。四是积极开展对外合作。促进对外经贸交流，支持优势企业对外投资，持续优化境外经贸合作国别、产业布局，加强境外产业链合作，带动设备出口和外派劳务。

（四）坚持增量赋能，推动招商引资再增效

一是加强顶层设计，健全招商机制。强化市级层面统筹，构建全市招商"一盘棋"格局。发挥4个驻外联络处（办事处）、9个县（市、区）、28个招商引资市直部门协同作用，统筹市县招商资源，汇聚招商合力。落实招商引资"二分之一"工作法，用好周动态、周例会、月通报、月讲评等机制，对签约项目进行"周跟踪、月调度、季点评"，提高项目履约率、开工率。二是突出产业招商，精准招引项目。瞄准十大产业集群16个产业链延链补

链，结合各地产业发展特色和优势，参加全球豫商大会、跨国公司合作交流会等国家级、省级招商活动，筹划组织赴德国、日韩等国家和地区招商活动，在三国文化旅游周期间组织专题招商活动，掀起招商热潮。发挥以商招商、以企招商、中介招商、资本招商、亲情招商等有效方式，继续甄选有实力的商协会等中介机构，选聘招商顾问、招商大使，务实开展委托招商。持续深化对德（欧）合作，强化与德国海外商会联盟、德中交流协会等机构的常态化联络，围绕中德（许昌）产业园建设，精准开展项目招引，提高对德（欧）合作水平。三是强化跟踪服务，优化营商环境。坚持服务和环境是招商引资第一竞争力的理念，以"胖东来式"服务，打造市场化、法治化、国际化营商环境，健全招商项目落地服务体系。对"三个一批"、重大招商活动上的签约项目，建立清单台账，进行跟踪推进，通过招商引资周例会等方式，提高要素保障和问题解决效率。全面梳理各县（市、区）闲置土地、可利用或在建标准厂房及水、电、气等信息，建立全市招商引资要素信息库，精准匹配要素保障与项目需求，推动项目快启动、快建设、快投产、快见效。

B.40
2023~2024年漯河市商务发展
回顾与展望

刘　剑　张天伟*

摘　要：　2023年，漯河市商务局在市委、市政府的正确领导下，围绕现代化漯河"三城"建设，按照"单项工作争第一、整体工作创先进"要求，全力以赴拼经济，抓重点、破难点，商务事业发展取得显著成效。2024年，坚持稳中求进工作总基调，完整、准确、全面贯彻新发展理念，主动服务和融入新发展格局，坚定不移推进招商引资，稳步扩大制度型开放，推动消费从疫后恢复转向持续扩大，巩固外贸外资基本盘，奋力推动商务工作高质量发展。

关键词：　招商引资　对外贸易　促进消费　对外开放

一　2023年主要指标完成情况

（一）对外贸易

全市货物贸易进出口总额68.9亿元，同比增长33.9%，增速居全省第3位，高出全省平均增速37.71个百分点。

（二）引进资金

全市实际引进省外资金322.3亿元，同比增长9.48%，增速居全省第5

---

* 刘剑、张天伟，漯河市商务局。

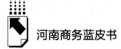

位；实际利用外资 6090 万美元，总量居全省第 4 位，新设外资企业 25 家，同比增长 73.3%，是历年来新设外资企业最多的一年。

（三）社会消费品零售总额

全市社会消费品零售总额 785.87 亿元，同比增长 7%，增速居全省第 5 位。

二 2023年采取的主要措施

2023 年，在市委、市政府的正确领导下，市商务局按照"单项工作争第一、整体工作创先进"要求，围绕现代化漯河"三城"建设，全力以赴拼经济，抓重点、破难点，商务事业发展取得显著成效。在市委、市政府周交办、月讲评中，受到表扬及奖励 29 次，其中，获得市直单位月讲评前 6 名 9 次，单项奖 2 次。市委、市政府主要领导对市商务工作给予肯定性批示 5 次，获市厅级以上荣誉称号 11 项。在全省三期"签约一批"综合考评中，本市分别位居全省第 4 位、第 5 位、第 1 位。荣获 2023 年度全省招商引资工作先进单位、全省促消费工作先进单位。

（一）多措并举，招商引资实现新突破

一是完善产业图谱。围绕 3 个市级产业集群和 11 条产业链，新编《食品独角兽企业招商图谱》《食品行业重点展会图谱》《国内外 100 家知名餐饮品牌及企业名录》和食品添加剂、特膳食品等 14 套"两图一表"。坚持按图索骥，精准对接，引进了优德中大大健康产业园、名创铝业、泰国梭坤敬、加多宝等一批延链补链强链项目。二是灵活开展专题招商。成功举办粤港澳大湾区和长三角"双招双推"活动，通过参加进博会、全球豫商大会、第 14 届河南投洽会等高层次展会，扎实开展展会招商，招商成效显著。三是建强三支招商队伍。管好"六职"招商队伍，129 个"六职"项目，全部签约。建好驻外机构队伍，设立市级驻粤港澳大湾区、驻长三角招商联

络中心，锻造了一支市级统筹、县区协同作战的高素质驻外招商队伍。探索通过购买服务方式实施委托招商。四是完善招商工作机制。用好周交办、月讲评和周例会机制，健全完善谋划项目库、招商线索库、在谈项目库、签约项目库"四库"，实行"三个一批"项目台账推进机制，完善优化《漯河市"双招双推"考评办法》，切实发挥好考核考评工作"指挥棒"作用。2023年，全市共签约亿元以上项目 208 个，总投资 967 亿元，其中超 10 亿元项目 41 个，国内外 500 强、行业百强、上市公司投资项目 33 个。

（二）综合施策，对外贸易实现新跨越

一是健全完善机制。将外贸工作纳入市委、市政府重点工作周交办、月讲评，修订完善《漯河市外贸工作考评办法》，建立外贸工作定期联络机制和企业进出口监测分析制度。二是强化政策支持。出台支持企业开拓市场等 6 条扶持政策，帮助际华三五一五等 55 家企业争取扶持资金 230 多万元，小微企业投保出口信保覆盖率全省第一。三是壮大外贸主体。培育出进口亿元以上企业 9 家，9 家招引企业实现当年出口，20 余家内贸企业实现进出口零的突破。四是大力发展跨境电商。新增开展跨境电商业务企业 22 家，成功获批省级跨境电商人才培训暨企业孵化平台，获得奖补资金 100 万元。跨境电商交易额突破 5.42 亿美元，同比增长 9.8%。五是抢抓 RCEP 机遇（东盟合作）开拓市场。研究制定《RCEP 机遇（东盟合作）2023 年工作方案》，第 20 届食博会上设立 RCEP 展区，东盟十国 67 家企业参展参会。漯河与 14 个 RCEP 成员国有贸易往来，新增与 RCEP 国家有贸易往来企业 25 家。

（三）多点发力，消费工作激发新活力

一是政府消费券拉动。发放 6500 万余元消费券，直接带动消费 11.6 亿元。二是加快大宗商品消费。大力刺激汽车消费，全年销售汽车 3.83 万台，销售额 39.63 亿元。三是加快示范项目建设。制定《漯河市区域性消费中心城市示范项目建设实施方案》，建成"漯河宴""漯河味道"等"十品百店"114 家，叫响"食全食美　漯在其中"消费品牌。四是大力发展"首

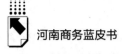

店经济"。成功招引 7-ELEVEn 便利店入驻漯河，带动全市消费升级。五是加快县域商业体系建设。舞阳县成功创建全省首批县域商业体系建设示范县，临颍县获评全省新一批县域商业体系建设示范县和全国首批县域商业"领跑县"，争取到上级专项扶持资金 1600 万元，县乡村三级商业体系进一步健全完善，农村消费场景明显改善。六是加快推进电商应用。积极组织开展系列网络促消费活动，加快培育直播电商，新培育入库电商企业 9 家。

（四）提档升级，对外开放迈上新台阶

一是统筹实施制度型开放战略。研究制定实施制度型开放战略工作要点，优化调整"指挥部+工作专班"工作体系。本市制度型经验做法被省委调查研究刊发。二是推动经开区高质量发展。漯河经开区居全国第 41 位，首次进入全国 50 强，连续 2 年进入全国百强；在全省经开区考核中，漯河经开区在营业收入超 400 亿元的开发区中排名第 2，临颍经开区在营业收入 200 亿~400 亿元的开发区中排名第 3。漯河、舞阳经开区荣获 2023 年全省经开区对外开放先进单位。三是提升开放平台能级。漯河国际食品产业园成功申建全省首批国际合作园区。食博会对外影响力持续提升，第 20 届食博会有 26 个省市和 10 多个国家的 1142 家企业参展，现场交易、意向采购额 473.07 亿元，集中签约项目 75 个、投资总额 317 亿元。

（五）内培外引，冷链物流不断发展壮大

绘制冷链物流产业招商图谱，组织开展专题招商，签约亿元以上项目 7 个，总投资 41 亿元。成功创建国家骨干冷链物流基地，全市 7 家企业上榜 2023 年全国冷链物流企业百强，数量位居全省第一，漯河冷链物流在全国的知名度和影响力进一步提升。

三 2024年商务发展重点

当前和今后一个时期，全球跨国投资规模整体萎缩，发达经济体积极吸

引产业回流，国内招商引资竞争激烈，居民消费更趋理性，但经济长期向好的基本面没有变，漯河市创新创造全面起势，营商环境全省领先，文旅底蕴潜力激发，城市环境宜居宜业，"十字形"高铁、"井字形"高速立体交通网络初步成形，综合枢纽功能持续提升，消费环境持续改善，河南中原食品实验室科研能力持续提升，为推动商务高质量发展提供有效保障。

2024年，漯河市坚持稳中求进工作总基调，完整、准确、全面贯彻新发展理念，主动服务和融入新发展格局，坚定不移推进招商引资，稳步扩大制度型开放，推动消费从疫后恢复转向持续扩大，巩固外贸外资基本盘，奋力推动商务工作高质量发展。

（一）坚持招大引强，更大力度助推经济发展

一是持续优化提升图谱精准招商。动态提升产业链招商图谱，按图索骥，精准对接，对拟定招引的企业由县区县级干部分包，逐一登门拜访，持续跟踪，及时了解企业最新动向。

二是灵活开展专题招商。大力开展"双招双推"活动。坚持市县（区）"双轮驱动"，适时在京津冀、长三角、粤港澳大湾区、闽东南、川渝地区等经济发达地区集中举办全市"双招双推"活动；县区根据主导产业，在重点地区举办小规模、有针对性的"双招双推"活动。积极借助各类经贸活动招商。对进博会、厦洽会、全球豫商大会等高层次展会，提前筹备谋划，带着项目开展招商推介活动。以食博会为契机，积极对接邀请世界500强、国内500强、行业百强和龙头企业高管等参会考察，签约项目70个以上、总投资300亿元以上。探索开展境外招商活动。依托泰国梭坤敬（大众）食品有限公司、中国华信集团（香港）等，加大对东南亚和港资企业招引力度。探索开展赴欧洲招商活动，拜访招引与漯河食品产业发展匹配度高、高成长性领域的龙头型企业。

三是建强三支招商队伍。用好"六职+全员"招商队伍。积极招引投资规模大、科技含量高、带动能力强的优质项目100个以上。建好驻外机构队伍。发展好、管理好驻京津冀、长三角、粤港澳大湾区招商联络中心，探索

在泰国及中国香港等地设立招商联络点，推动重点区域招商工作高质量开展。用好专业招商团队。探索通过购买服务方式委托专业招商机构招商，提升招商引资质效。

四是全力抓好"签约一批"。强化"四库"管理，精准掌握项目状态与进度，推动形成远近结合、梯次接续的项目储备格局，确保全省每期"三个一批"活动中，持续不断地签约投资规模大、经济效益好的项目。

（二）坚持扩大消费，更大力度激发消费潜能

一是激活传统消费"强筋骨"。扎实组织开展发放消费券促消费活动。围绕"季季有主题、月月有活动"思路，组织商超等持续开展促消费活动，活跃消费市场。抓住五一、端午、中秋国庆等重要节庆消费旺季，组织商业综合体、重点商超等企业开展丰富多彩的促销活动。积极组织开展车展、团购会等活动，增强汽车消费动力。鼓励支持家电数码企业开展以旧换新活动，推动电器存量市场激发增量新动能。

二是培育新型消费"增动力"。推动传统企业开设网上旗舰店、自营店等，加速电商化运营，打造融合消费新场景，激发电商消费活力。组织推动网络运营商、第三方平台运营电商和传统商贸企业协同打造"智慧商圈""智慧市场"建设。加强与京东、抖音等官方平台对接，培育10万粉丝以上的本土网红达人20名以上，全年新增电商入库企业5家以上，全市实物商品网络零售额突破65亿元。

三是打造消费新场景"添活力"。加快万达购物广场建设步伐，盘活中王奥特莱斯，加快建设老寨里明清风情街、沙澧风情步行街，争创第三批省级商业步行街（商业街），加快"漯河宴""漯河味道"等"十品百店"建设，推动7-ELEVEn便利店"六店连开"。实施22个商业综合体和美食项目，积极招引八合里牛肉火锅、星巴克等知名餐饮企业和一批国内外知名的品牌店、旗舰店、体验店入驻漯河。按照"品牌有文化、商业有故事、街区有活力"的思路，积极打造特色鲜明的美食街区。积极培育壮大"河南老字号"，打造"漯河老字号"。组织开展漯河市餐饮行业"名店、名厨、

名菜、名吃"评选活动和首届饭店服务技能大赛,促进餐饮业高质量发展,打造更多消费新场景,充分激发消费活力。

(三)坚持培优育新,更大力度加快外贸提质

一是强化政策宣讲。深化与海关、税务、外汇、金融等部门协同合作,深入企业进行宣传国家、省稳外贸政策措施,积极开展进出口食品备案、RCEP、出口信保、市场开拓、跨境电商、汇率避险等政策宣讲和业务培训活动。

二要加强主体培育。建立重点外贸企业清单和新培育外贸企业清单,通过"点对点""一对一"服务,加大对颐海食品、威森医药、金大地化工等潜力企业跟踪服务力度。挖掘新的增长点,积极招引外向型项目。全年新增有实绩外贸企业15家以上,培育进出口5000万元以上重点企业35家以上。

三是多元开拓市场。组织双汇、际华三五一五、中大恒源等重点企业参加广交会、进博会等国内外重点经贸活动和行业展会,全力支持企业开拓市场。

四是发展新型业态。加快外贸综合服务、跨境电商等新业态新模式融合发展,支持中小企业利用亚马逊、阿里国际站等跨境电商平台开展出口业务,示范带动更多小微企业利用跨境电商开拓国际市场,新孵化培育跨境电商企业和新引导外贸、电商等拓展跨境电商业务企业20家以上,跨境电商交易额突破35亿元。

(四)坚持开放引领,更大力度提升开放能级

一是全面深入实施制度型开放战略。制定制度型开放战略工作要点,积极融入共建"一带一路",更高质量参与RCEP成员交流合作。优化提升开放通道、平台载体、贸易投资、营商环境,不断提升投资贸易便利化水平,构建更高水平开放型经济新体制。

二是打造更加开放的平台。以漯河国际食品产业园为依托,加大国际知名食品企业引进力度,建成初具规模的国际食品产业园区。高树工作目标,

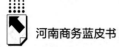

继续推动开发区争先晋位。

三是办好食博会。坚定专业化、市场化、国际化方向，高标准组织开展展览展销、专题推介、项目洽谈、论坛峰会、国际交流等活动，全面提升会展品牌、品质，致力把第二十一届食博会举办成内容丰富、精彩纷呈、富有成效、彰显水平的食品盛会。

四是加快冷链物流产业发展。围绕打造全国漯河冷链物流品牌目标，高标准规划、高起点建设冷链物流专业园，持续完善园区基础设施和配套服务设施功能，搭建以国家骨干冷链物流基地为承载的冷链物流信息平台，打造全省首家智慧冷链产业园区。

2023~2024年三门峡市商务发展
回顾与展望

段甲历　詹艺[*]

摘　要：　2023年，面对复杂严峻的发展环境和超预期的风险挑战，三门峡市商务系统在市委、市政府的坚强领导和省商务厅的精心指导下，坚持稳中求进工作总基调，聚焦高质量发展首要任务，开拓创新谋发展，全力以赴攻难关，推动中央、省、市决策部署在商务领域落地见效，商务运行总体平稳向好。

关键词：　商务运行　招商引资　扩大消费

一　2023年三门峡市商务发展指标完成情况及特点

（一）消费市场稳步回暖

全市社会消费品零售总额569.9亿元，增长5.3%。

（二）招商引资稳中有进

全市实际到位省外资金505.9亿元，增长9.19%。

（三）对外贸易平稳发展

全市外贸进出口总额231.4亿元，增长4%，规模居全省第6位，连续

---

* 段甲历、詹艺，三门峡市商务局。

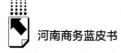
5年保持全省第一梯队。服务贸易完成8552.4万美元，增长738%，规模居全省第4位。

（四）对外合作不断深化

对外承包工程新签合同额6.8亿美元，增长19.6%；完成营业额8.9亿美元，增长19.4%，规模均居全省第2位。对外直接投资5704万美元，规模居全省第4位。

二 2023年采取的主要措施

（一）对外开放实现新突破

一是做强开放平台。三门峡自由贸易试验区联动创新区正式获批，标志着三门峡搭建起了更高层次的制度创新平台。促成中原黄金冶炼厂获批白银出口业务资质，成为三门峡外贸发展新的增长点。二是畅通开放通道。谋划召开4次开放强市指挥部工作推进会，与相关部门合力促成铜精矿属地查检成功获批；促成保税物流中心项目建设顺利启动；铁路专线、公路项目等枢纽项目加速建设；常态化开行图定三门峡至青岛黄岛乡村振兴"五定"班列。三是优化营商环境。下发商务领域优化营商环境专项方案，建立市级领导小组，召开专题会议，集中研究解决问题。

（二）内贸流通取得新成效

一是全力打造消费热点。采用"政府+企业"模式，围绕汽车、家电、餐饮等民生领域，开展了三大促消费活动，贯穿全年，营造了"月月有活动、季季有特色"的波浪式消费热潮，带动直接消费2亿元。同时，突出市场化运作，会同三门峡日报、广播电视台等，紧抓暑期消费旺季，每周宣传推广2个县（市、区）优秀企业及特色促销活动。二是开拓培育新型消费。举办了首届短视频和直播大赛，加强电商人才培育，提升电商发展水平，掀起了精彩纷呈的直播促消费热潮，活动共计 2700 余人参加，达成交易额近 1 亿元。举办了三门峡跨境电商产业促进活动、"寻味崤函"美食街活动等，进一步提振市场经济。三是着力改善消费条件。指导仰韶酒业成功申报"中华老字号"；渑池县成功申报河南省县域商业体系建设示范县。组织四季丰成功申报 2022 年农产品供应链体系建设项目。在家政方面，指导 3 家企业申建了员工制家政企业，指导 3 家企业建立了自主培训机构，组织 2 家企业申报并获得河南省巧媳妇创业就业工程示范基地。四是促进市场规范运行。组织召开全市商务领域安全生产工作培训会。印发商务领域安全生产（消防安全）专项整治行动方案、重大事故隐患整治行动方案等，开展督导检查 4 次，发现安全隐患 204 处，重大隐患 3 处，现已全部整改完毕。组织开展了 2 期内贸流通统计监测培训会。

（三）招商引资斩获新成果

一是开展招商比拼。出台招商引资"百日比拼"活动方案和考核办法，推动各县（市、区）在项目上比规模、赛速度、拼耐力。2023 年发布各县（市、区）党政主要负责同志外出招商动态信息 658 次。二是聚焦招商活动。积极谋划举办了对外经济合作项目发布暨签约仪式、黄河金三角枢纽经济发展论坛等招商活动。参与了"签约一批"以及河南投洽会、侨商大会等省级重大经贸活动，共签约项目 71 个，总投资 805.4 亿元。按照投资额排序，排在前 3 位的是渑池县、卢氏县、示范区（渑池县和示范区相差近 210 亿元）。三是推进项目落地。严格落实省级"签约一批"项目评价办法，开展考评通报，促进项目落地。2023 年三期"签约一批"项目 55 个。同时，利用驻深、驻沪联络处整合、发挥长三角、珠三角地区各类商协会、三门峡同乡及驻地政府信息资源优势，通过各种形式收集投资信息、开展项目洽谈。

（四）外经贸发展再上新台阶

一是释放政策红利。组织召开外贸企业季度联席会议，先后有开祥化

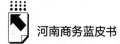

工、垄润农业等80余家企业参会。累计申报中小开、中信保、进口贴息及对外投资合作项目等资金580余万元。二是多元开拓市场。用好国际性展会推荐目录，鼓励企业"走出去"，先后组织企业参加了广交会、世界制药原料中国展、中国—越南经贸交流会等20余场国内大型经贸活动。推动中原黄金冶炼厂与新加坡托克矿业签订100亿元采购协议。出具原产地证书403份，涉及金额1317.2万美元。三是强化主体培育。重点引进深圳盘古集团，并依托企业建成了创业孵化中心、人才培训中心等。指导启航汽车公司获得二手车出口试点资质，出口2000万元，指导灵宝丰禾农业出口肥料1.5亿元，指导四季丰出口阳光玫瑰2000万元，这些均为2023年新增出口产品，丰富了本市外贸发展业态。四是推动外经发展。举办2023年度境外项目与人员安全教育培训会，助力企业做好出境前准备及出境后安全保障。承办国际产业合作论坛，组织企业参加2023年中国—南亚博览会、中国—非洲经贸博览会等，助力企业"走出去"。截至2023年，本市对外承包工程和直接投资项目累计超100个，覆盖赞比亚、尼泊尔等40多个国家和地区。

三 2024年商务发展重点

2024年，商务工作形势依然复杂严峻。各地为发展经济，均按下了招商引资的"加速键"，面临一场激烈的抢跑竞赛。三门峡市外贸在一定程度上依旧依赖进口大宗矿产品价格拉动。城市商业能级有待提升，农村流通短板亟待补齐，高品质、个性化消费供给不足。但是，我国经济回升向好、长期向好的基本趋势没有改变，多个国际金融机构和智库对中国经济持乐观态度。中央、省、市围绕经济发展出台了一系列举措，下一阶段，要着力推动商务高质量发展。

（一）提升开放平台效能，稳步扩大制度型开放

筹备召开高规格全市对外开放大会，统筹好"引进来"和"走出去"，着力优化提升开放通道、平台载体、贸易投资、营商环境等。发挥开放专班

作用，联合交通、发改、海关等部门持续推进物流园建设、铁路专线等，发展枢纽经济。推动抓好五定班列开行工作，为周边地区外贸企业提供运输、出口、报关一条龙服务，着力打造黄河金三角区域外贸服务中心。主动复制推广先进经验和典型案例，协同推动跨区域联动与创新、提升投资贸易便利化水平等，力争打造全省自贸联动区的标杆。

（二）坚持"项目为王"战略，促进招商稳量提质

一是聚焦重点产业。围绕本市"8+6"产业集群，进一步完善招商图谱，明确重点方向，梳理目标企业，做好项目谋划，精准"导航"、靶向发力，推进相关产业延链补链强链，实现集群发展、特色发展、高质量发展。二是聚焦招商活动。谋划举办专题招商活动，即黄河旅游节期间项目签约仪式，以宝武集团为依托的长三角产业对接活动，以前海基金为依托的珠三角产业对接活动等。积极参加省政府在中国香港和澳门举办的春茗招商活动。融入"空中丝绸之路"经贸合作，谋划与卢森堡、德国等国家和中东地区的交流互动、产业推介等。同时，积极参加全球豫商大会、河南与跨国公司交流活动等，借助大型活动，对接招商资源。三是聚焦"三个一批"。完善"月通报、季讲评"工作制度，综合项目谋划、项目签约、外出招商等进行打分评比，按月通报。四是巧用招商资源。在持续开展大员招商、节会招商、资本招商、"双链长"制招商的基础上，注重"三外联动"，多组织企业参加境外展会和经贸活动。发挥资源优势，开展"资源+产业""市场+产业"的捆绑招商。加强与人才办、科技局、金融局等部门的协同配合，统筹开展"招才引智、招商引资"双招双引。

（三）着力培育外贸动能，加快优化外贸结构

继续坚持外贸局际联席会议制度，提升服务水平。充分发挥展会平台的贸易促进作用，加大对企业参加境内外展会的支持，重点组织企业参加进博会、广交会、中国—东盟博览会等经贸活动。支持二手车、阳光玫瑰、化肥等出口新品做大做强，支持符合条件的汽车生产企业申请临时出口许可。支

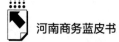

持中原黄金冶炼厂扩大铜、银加工贸易及白银出口。实施跨境电商优势再造行动，推广"跨境电商+产业带"模式，带动更多传统企业出海发展。加大对海外仓建设支持力度，指导盘古集团建立海外仓。依托本市产业优势、区位优势、资源优势等，开发区要整合服务外包企业资源，创建服务外包示范园。创新发展数字贸易，梳理企业、园区，争创省级数字服务出口基地。

（四）推动消费持续扩大，完善市场流通体系

一是办好促销活动。以"消费促进年"为主线，紧盯政策倾向，围绕汽车、家居、家电、餐饮等民生领域，健全工作机制，加强工作调度，开展促销活动。二是积极发展会展经济。探索谋划举办一场辐射黄河金三角的婚博会以及聚集婚庆、摄影、家电、家居、装修、母婴、酒店等相关产业展览展示、批零销售的专业展会。积极向中国国际贸易促进委员会商业行业委员会申请，争取承办5项活动：全国百所高校品牌策划竞赛、创新创业实践竞赛以及物流与供应链赛道、跨境电商赛道、创业模拟赛道竞赛。通过这些活动的举办，将本市打造成高潮迭起、打卡出圈的消费热点城市。积极开展平安商场、绿色商场、诚信商场等创建工作。持续推进县域商业体系示范县建设和一刻钟便民服务圈创建工作。三是发展电商经济。谋划第二届电商短视频和直播大赛，加快培育电商直播人才，促进消费，提振经济。指导义马电子商务产业园开展第二轮国家电商示范基地申报工作。谋划申报1家省级电子商务示范基地、2家省级电子商务示范企业。探索创建再生资源产业园、中医药文化产业园等。

B.42
2023～2024年南阳市商务发展
回顾与展望

郭天盾[*]

摘　要： 2023年，面对复杂的发展环境和超预期因素冲击，南阳商务系统深入贯彻党的二十大精神，认真落实市委、市政府和省商务厅各项决策部署，锚定"三区一中心一高地"战略定位，紧扣"一二三六十"工作布局，围绕省域现代化副中心城市建设这条主线，聚焦高质量发展首要任务，开拓创新谋发展，全力以赴稳外贸、促消费、强商贸、活流通，主动作为、攻坚克难，南阳商务事业全面进步、总体向好，为全市经济社会高质量发展做出积极贡献。

关键词： 高质量发展　稳外贸　促消费　南阳市

一　2023年南阳市商务发展指标完成情况及特点

（一）消费市场繁荣向好

全市社会消费品零售总额2405.35亿元，同比增长7.1%，高于全省平均水平0.6个百分点，总量居全省第3位，增速居全省第4位。

（二）货物贸易保稳提质

实现货物贸易进出口总额237.3亿元人民币，同比增长3.1%，增速较

---

[*] 郭天盾，南阳市商务局。

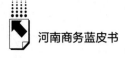

全省（-3.8%）、全国（0.2%）分别高出 6.9 和 2.9 个百分点，进出口总额居全省第 5 位。其中，出口额 194.8 亿元，增长 0.2%；进口额 42.5 亿元，增长 19.2%。

（三）跨境电商保持增长

跨境电商交易额 179.7 亿元，增长 17.6%，总量居全省第 3 位。

二　2023 年商务工作主要举措及成效

（一）争先创优取得新突破

全市商务系统牢固树立创先争优意识，争一流、争第一、创唯一。成功申建中国（河南）自由贸易试验区南阳联动创新区，中国（南阳）跨境电子商务综合试验区连续两年获全国评估"成效较好"等次，南阳市获评全省综合特色商业街提升城市，荣获 2023 年度全省商务工作先进单位、促消费工作先进单位。聚爱优选入选全国电子商务示范企业，内乡县电商孵化园入选国家级电商示范基地，中华老字号、5A 级物流企业均实现零的突破，卧龙综保区跨境电商产业园、内乡县跨境电商园等获省级跨境电商示范园区。

（二）招商引资、项目建设实现新提升

坚持"项目为王、招商为要"的理念，招引、开工、建设、投运了一批重大商贸流通项目，京东数字经济产业园、万悦城商业综合体、万邦农产品批发市场顺利开业，豫资海元物流园即将运营，万达广场、吾悦广场、居然之家、丰树物流项目等加速推进。

（三）促消费工作呈现新精彩

始终坚持将恢复和扩大消费摆在优先位置，持续开展"消费提振年"

活动，全市累计发放消费券2848万元，带动消费1.9亿元；投放购车补贴资金1450万元，带动汽车销售3475台，带动消费4.4亿元。成功举办第十八届玉雕节，组织100余家企业1000余种特色产品在玉雕节、迷笛音乐节、侨商大会期间集中展销，并首次走进粤港澳大湾区和首都北京开展大规模产销对接活动，取得显著成效。

（四）稳外贸工作树立新典型

多元拓展国际市场，本市与全球148个国家（地区）有经贸往来，对共建"一带一路"国家和地区、RCEP成员国进出口分别增长20.5%、21.4%。持续优化外贸环境。扎实开展助企惠企工作，认真落实外贸"白名单"企业制度，创优服务进出口亿元以上重点企业，出口退税资金池为企业发放退税周转金9456万元，典型经验做法受到省政府集中督查通报表彰。进出口实绩企业达到526家，新设立外贸企业279家。

（五）物流业转型创造新速度

高度重视现代物流业发展，出台《南阳市建设国家物流枢纽打造物流强市三年攻坚（2022—2025年）实施方案》，南阳铁路二级物流基地等重点项目加快推进，中通快递南阳转运中心已实现快件直接由南阳发往全国各地，西峡龙成物流有限公司入围5A级物流企业，新创建A级物流企业10家，全市A级物流以上物流企业达到33家，居全省第2位，"1+3+N"物流节点网络体系日趋完善。

（六）市县工作联动展现新气象

强化上下联动、市县协同，同向发力、共谋发展。组织开展现场观摩，县市区相互学习、交流经验、共同提升，全市商务系统凝聚力、战斗力进一步增强。继淅川、唐河、桐柏获批全省县域商业体系建设示范县之后，新野县再获此项荣誉，唐河县荣获全国县域商业建设"领跑县"，商贸流通基础设施不断完善。西峡猕猴桃入选2023年全国"土特产"推介目录，方城县

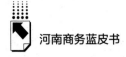

被授予"中国烩面之乡"。评审认定 34 家第二批"南阳老字号",全市老字号企业达到 67 家,仲景宛西制药、赊店老酒成功入围"中华老字号",为本市"老字号"创新发展奠定了坚实基础。

（七）商务营商环境得到新提升

对标对表国内先进,制定《南阳市营商环境综合配套改革国际化专项方案》,推动出台《关于加强报废机动车回收管理的决定》,单用途商业预付卡及散装水泥相关 3 个事项下放至各县市区,圆满地完成了商务系统放权赋能改革的阶段性工作。在全省营商环境综合考评中,开放度和诚信建设指标均位居全省第一,跨境贸易位居全省第二,实现了突破。万人助万企活动深入开展,全面落实各类助企惠民政策,主动靠前服务,助力了商贸流通企业健康稳定发展。

三　2024年商务发展形势分析

2024 年是实现"十四五"规划目标任务的重要一年,也是南阳建设副中心城市攻坚突破的关键之年。总体上看,百年未有之大变局加速演进,地缘政治动荡,全球经济更易受到不确定事件的冲击,经济复苏进展缓慢,经济因素和非经济因素不利影响增加,外需不振和引资竞争的挑战加剧,内需不足的挑战依然严峻,商务工作发展的内外部环境更趋复杂严峻。但挑战与机遇并存,机遇大于挑战。一方面,新一轮科技革命和产业变革加速发展,催生了诸多新产业新技术新业态新模式。另一方面,我国经济长期向好的基本面没有变,新旧动能加速转换,新质生产力加快形成,全国统一大市场建设提速,消费环境持续改善,传统消费和新型消费齐发力,为商务工作创造了更有利的发展环境。同时,南阳省域副中心城市发展潜力逐步释放,各种政策机遇叠加,为南阳商务事业实现跨越发展集聚新动能、带来新机遇。

2024 年,南阳市以习近平新时代中国特色社会主义思想为指导,认真贯彻党的二十大和中央、省委、市委经济工作会议和全国、全省商务工作会议精神，按照市委"一二三六十"工作部署，坚持"党建引领、项目为王、招商为要、改革为先、创新为魂、稳定为基"的工作思路，以"党建引领提升年""招商引资突破年""项目建设攻坚年""扩大消费促进年""对外开放提速年""企业改制推进年"为载体，着力弘扬"四敢"精神，践行"四个极限"，以党的建设高质量推动商务发展高质量，积极构建现代商贸流通体系加快推进国家商贸服务型物流枢纽、区域性消费中心建设，为南阳建设省域副中心城市做出新贡献。

四 2024年工作重点

（一）实施招商引资和项目建设协同提升计划

牢固树立"项目为王、招商为要、谋划为先、落地为大"的理念，引进一批、落地一批、开工一批。一是着力招大引强。聚焦商贸流通领域重大项目，紧盯500强、行业龙头、国内知名企业招大引强，突出抓好大型商业综合体、物流园区、电商园区、农批农贸市场等招商工作，引进3~5个重大商贸项目。二是加强项目谋划包装。依托万达集团、上海新城控股吾悦广场、银基商贸等项目，谋划包装一批引领时尚高质量的文、商、旅、体融合发展项目。三是加快项目建设。加快推进万达广场、吾悦广场、豫资海元、新加坡丰树物流等在建项目，确保早日建成、早日达产达效；加强与京东物流、万纬冷链等前期项目的跟踪服务，务求尽快落地、及早开工；紧盯麦德龙超市、驿淘跨境电商产业园等重点在谈项目，加强对接洽谈，力争早日签约落地。

（二）实施消费市场转型升级计划

牢固树立"抓消费也是拼经济"的理念，着力打造区域性消费中心。一是积极开展"消费促进年"系列活动。积极争取2023年度促消费工作在全省促消费工作综合考核中保持前三位次。强化市县两级联动，将资金补贴与企业自主活动相结合，主动融合文娱旅游、体育赛事、国货"潮品""老字号"等消费热点，高质量举办各类促消费活动，推动消费从恢复转向持续扩大。二是稳定传统大宗消费。制定出台以旧换新促消费活动方案，推动汽车、家电等以旧换新。聚焦大宗消费和重要商品消费，围绕假日消费、餐饮、文旅等领域，提升传统消费水平。三是培育新兴消费。大力发展数字消费、绿色消费、健康消费，壮大智能、定制、体验、时尚等新型消费，发展直播电商新业态，招引布局一批高端商业综合体、特色商业街、"新零售+"等消费新场景。四是完善市场体系。加快推进中心城区市场外迁工作，大力推进中心商圈、特色商业街、农批农贸市场、县域商业体系示范县建设，补齐乡村消费短板，健全县乡村三级物流配送体系，扩大城乡消费。

（三）实施外经贸巩固提升计划

围绕主体培育、拓展市场、调整结构、创新发展精准发力，进一步巩固提升外经贸发展水平。一是加快主体培育。坚持产业贸易联动，支持各地结合产业优势积极引进外向型项目，打造特色出口产业集群，力争2024年进出口实绩企业新增80家、全年达到550家。二是大力开拓市场。优选发布展会目录，组织企业参加100场次以上境内外线上线下商品展会，重点组织好135届、136届广交会，第七届进博会，第四届消博会参展工作，鼓励更多企业"走出去"。三是推进创新发展。优化"外贸贷"实施方案和出口退税资金池管理办法，创新外经贸发展资金使用方式，加大金融机构信贷支持力度，积极解决企业资金困难。四是加快转型升级。加快推进张仲景博物院国家级中医药服务出口基地建设，支持西峡汽车零部件产业、光电产业申建国家级外贸转型升级基地，培育一批二手车出口企业。

（四）实施物流产业提速突破计划

一是加快推进物流项目建设。加快建设快递物流分拨中心，深入推进多式联运示范工程建设，加快推进内乡牧原智慧物流园区、卧龙豫资海元物流城市综合体、海王东森中医药物流园、豫西南（南阳）中药材物流基地等重点项目建设，建设 100 个以上农产品产地冷藏保鲜设施，高质高效推进国家商贸服务型物流枢纽建设。二是强化物流主体培育。培育一批竞争力强的市场主体，新增 10 家左右 A 级物流企业，在全市开展 A 级物流企业、物流标兵企业、物流示范企业评选，在全市营造发展物流的浓厚氛围。三是提高物流管理服务水平。完善物流工作机制，加强调度指导，优化土地供应保障，拓宽融资渠道，优化物流行业营商环境。

（五）实施电商创新发展计划

一是加强产业带建设。加强县区、企业及协会三方联动，赋能艾草、玉器、光学元件等南阳特色产业，引入产业供应链上下游企业，加快形成本市电商特色产业带。二是强化创新引领。引导推动传统外贸企业积极拓展跨境电商业务，引导企业在中亚、俄罗斯、东盟、中东等新兴市场布局海外仓。做好"保税展示+跨境电商零售"新业态，鼓励直播机构、行业协会和企业举办直播电商活动，大力推广南阳特色产品。三是加强人才培训。探索"线上+线下""理论+实训""孵化+创业"相结合的电商教学新模式，引进专业跨境电商培训机构，多层次开展跨境电商实操培训。四是深入交流合作。组织企业积极"走出去"开展对接交流，扩大"朋友圈"。举办阿里巴巴南阳跨境电商峰会等大型论坛峰会，邀请专家、企业来宛交流合作，推动南阳产品跨境出海。

（六）实施开放平台提质增效计划

一是打造高水平对外开放新平台。积极推动自贸区南阳开放创新联动区的建设工作，完善综保区、高新区等开放平台功能，加快国家中医药服务出口基地和跨境电商综试区提升工作，推动平台协同创新发展。二是加强自贸试验区制度创新成果复制推广。学习先进地区自贸试验区可复制的措施和可推广的经验做法，结合南阳发展实际，积极开展政策联动、产业联动、创新联动，确保南阳联动创新区建设工作快速高效发展。三是打造合作园区发展新载体。扎实推进省级经济技术开发区创建工作，确保桐柏县、西峡县开发区晋级省级经开区，同时再申报 2~3 家省级经开区。推进经开区与发达地区产业园区对接，开展"一对一"交流合作，建立伙伴园区关系，积极开展承接产业转移和对接，加快先进制造业培育和现代服务业创新发展。

2023~2024年商丘市商务发展回顾与展望

蔡英奇　曹磊　张晶*

摘　要: 2023 年,商丘市商务系统深入学习贯彻党的二十大精神和习近平总书记视察河南重要讲话重要指示,聚焦高质量发展首要任务,推进实施制度型开放战略,着力稳外贸、稳外资,创新招商引资方式,多措并举活跃消费市场,大力支持电子商务发展,扎实推进县域商业体系和一刻钟便民生活圈建设,商务运行总体平稳、稳中有进,为全市经济整体向好做出积极贡献。

关键词: 商务发展　招商引资　商丘市

一　2023年商丘市商务发展指标完成情况

2023 年,商丘市社会消费品零售总额完成 1592.2 亿元,同比增长 4.9%;外贸进出口完成 65.4 亿元,与 2022 年基本持平;实际利用外资 1846 万美元,新设外资企业 13 家;实际利用省外资金 920.7 亿元,同比增长 9.4%;对外直接投资 330 万美元。

---

* 蔡英奇、曹磊、张晶,商丘市商务局。

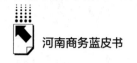
二 2023年主要工作措施

（一）突出量质并举，招商引资展现新质效

1. 招商力度持续加大

聚焦省委、省政府对商丘提出的打造"对外开放桥头堡 枢纽经济新高地"的发展定位，持续加大招商引资力度。市主要领导多次带队赴京津冀、长三角、珠三角地区考察招商，对接洽谈重大合作项目。围绕长三角、珠三角、京津冀地区，完善三个招商专班，建立6位厅级领导牵头、3个市直部门负责、市县联动推进工作机制，常态化开展驻地招商，积极承接沿海地区产业转移。各县（市、区）主要领导外出招商122批次，对接洽谈项目354个，形成了"比、学、赶、超"的招商氛围。

2. 节会搭台亮点纷呈

精心筹备、积极参加第七期、第八期、第九期"三个一批"签约活动，签约项目85个，总投资1223亿元。依托第九届华商节，成功举办国际华商投资（商丘）大会，集中签约项目85个，总投资426.8亿元。认真组织参加2023全球豫商大会等6场省重要招商节会，签约合作项目24个，总投资358亿元。坚持"走出去"与"请进来"相结合，先后举办京津冀、长三角招商推介会和闽商商丘行等活动；柘城县、民权县、睢县、夏邑县成功举办了金刚石产业大会、冷博会、鞋博会、栗商大会等，商丘对外知名度进一步提升。

3. 招商成果更加突出

坚持精准招商、专业招商，围绕全市重点产业链，修订《商丘市招商路线图》，三次编印《商丘市招商引资重点项目推介册》，建立100个重点项目库，大力实施精准招商。选聘21位行业知名人士为商丘招商大使，打造高能级招商"朋友圈"。2023年全市签约项目320个，总投资3522.8亿元，实际利用省外资金突破900亿元，总量稳居全省第3位，增速居全省第

8 位。示范区商丘福田智蓝新能源汽车首批地产车下线，标志着商丘具备了整车生产能力；梁园区总投资 100 亿元的集美数智产业园一期投入生产，商丘电子信息产业再上新台阶。

（二）突出提质升级，消费市场迸发新活力

1. 惠民促销形式多样

围绕季节特点，以"豫你一起来消费·乐享生活"为主题，因地制宜开展惠民促销，累计举办了 60 余场促消费活动，发放使用消费券和购车补贴 1178.33 万元，直接带动汽车消费 4.8 亿元，为商丘消费增长注入新动力。

2. 消费场景不断丰富

开展第二届商丘十大名店、名吃评比活动，推介商丘美食，促进餐饮行业发展。支持"马路经济""地摊经济""夜经济"发展，梁园区 868 创意园、睢阳区二十四坊成为打卡消费新热点。宁陵县、夏邑县、柘城县围绕梨、西瓜、辣椒，举办农特产品节会，促进产销对接。积极发掘培育老字号品牌，新增"河南老字号"企业 9 家，向商务部推荐申报"中华老字号"企业 4 家，永城皇沟酒通过初审，老字号品牌数量居全省第 2 位。

3. 新型消费加速发展

鼓励传统电商企业发展"网店+直播"等新模式新业态，全市新注册电商主体 372 家，培育了 12 家规模较大的电商直播基地。创新采取"政府搭台+商会组织+企业参加+达人带货"的方式，举办了商丘名优产品直播节，全市 200 多家企业、500 多个名优产品参与直播活动。2023 年，全市网络零售规模 219.9 亿元，同比增长 99.3%，跃升至全省第 4 位。

4. 商贸基础更加完善

睢县、柘城县、民权县完成县域商贸中心等 28 个项目建设，永城市获批县域商业体系建设领跑县，商业基础设施更加完善。2023 年全市农村网络零售规模 130 亿元，居全省第 4 位，农产品网络零售规模 20.9 亿元，居全省第 2 位。启动"一刻钟便民生活圈"建设，制定了"1+3+N"建设方

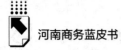
案，开展"商丘生活"智慧平台测试，在 19 个试点社区布局建设便民设施。

（三）突出服务在前，对外开放积蓄新动能

1. 优化外贸主体服务

建立重点外贸企业运行跟踪监测机制，举办全市进出口工作政策宣讲暨业务培训会。开展外贸发展促进资金申报，帮助 35 家企业 85 个项目获批中小开资金、出口信保资金 310.6 万元。积极组织参加重点外经贸展会，助力企业抓订单、拓市场。2023 年，共组织 172 家企业获批第 133 届、134 届广交会 5 个品牌展位和 413 个一般性展位，规模创历史新高；参加第三届消博会达成意向交易 15 单，金额 3086.5 万元；向全市企业优选推送国际性展会 24 场。

2. 完善跨境电商平台

立足商丘交通、产业等优势，促成万国优品落户商丘，建成全省首家"O2O"模式区外免税店。指导服务 3 家跨境电商企业布局海外仓，实现了零的突破。推动中欧班列实现常态化开行，为申建跨境电商综试区打下基础。2023 年全市跨境电商进出口超 59 亿元。

3. 持续加强外资招引

参加豫港交流周、河南与跨国公司合作交流会等活动，与世界 500 强企业华润集团签订了战略合作框架协议，与韩国星林签约投资 1.2 亿元的 2000 吨烧结钕铁硼项目，推进了香港中电国际在商增资扩股。强化外商投资权益保护，全年保持外商零投诉，外商投资环境进一步优化。

4. 积极推进对外合作

指导服务缘成科技收购日本科研企业股权，开展半导体元器件研发、设计等业务，实现了商丘企业海外扩张由生产制造环节向研发环节攀升跃进。帮助河南香雪海冷链有限公司向尼日利亚完成 300 万美元增资备案，指导足力健老龄产业发展有限公司在新加坡备案设立新公司。

三 2024年商务发展重点

2024年，商丘市以习近平新时代中国特色社会主义思想为指导，全面贯彻落实党的二十大和二十届二中全会及中央经济工作会议精神，深入贯彻习近平总书记视察河南重要讲话重要指示，认真落实省委、市委经济工作会议和全国、全省商务工作会议部署，坚持稳中求进、以进促稳、先立后破工作总基调，完整、准确、全面贯彻新发展理念，把握商务工作"三个重要"定位，锚定"两个确保"、实施"十大战略"，稳步扩大制度型开放，推动消费从疫后恢复转向持续扩大，稳定外贸外资基本盘，防范化解商务领域风险，更好服务推进中国式现代化建设商丘实践。

（一）聚焦产业招商，在实现招大引强上求突破

1. 紧盯招大引强不放松

围绕长三角、珠三角、京津冀、闽东南等重点地区，针对国内外500强、央企、上市公司、行业龙头企业，持续开展大员招商、以商招商、专业小分队招商，完善大使招商、中介招商等方式，不断加大招商力度。建立招商引资重大项目库，滚动推进100个项目在谈、签约、开工。2024年，各县（市、区）要引进落地一个投资50亿元以上大项目，力争引进一个100亿元以上特大项目。

2. 紧盯产业链招商不放松

紧紧围绕全市24条重点产业链，建立完善招商图谱，明确重点区域、重点产业、重点企业及相关科研平台，按图索骥精准招商。针对国内外知名企业、独角兽企业、"隐形冠军"企业、专精特新"小巨人"企业等，招新引精，引进一批强链、补链、延链项目，推动整产业链、整产业园区、整产业集群招商实现新突破。

3. 紧盯办活动促合作不放松

滚动开展"签约一批"，加强签约项目跟踪落实，提高项目开工率、资

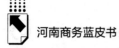

金到位率、项目投产率，推动招商引资提质增效。认真开展"百企联千商"活动，积极参加2024豫港和豫澳企业家春茗活动、全球豫商大会、河南与跨国公司合作交流会等重点节会。围绕永城面博会、民权冷博会、睢县鞋博会、柘城金刚石产业大会等节会品牌，举办专题招商活动。聚焦新能源、新材料、生物医药、电子信息等重点产业，举办专题招商推介会。

4. 紧盯保障服务不放松

强化市对外开放工作领导小组统筹调度和指导督办作用，继续实行周动态、月通报、季度调研、半年观摩、年度考核等制度，压实县（市、区）党委、政府招商引资工作主体责任，构建大招商格局。认真做好招商引资"后半篇文章"，强化人才、土地等要素保障，健全项目管理服务机制，专班专责紧盯，推动签约项目早开工、早投产、早达效。

（二）重视利用外资，在提高规模质量上求突破

1. 强化外资招引

深度融合招商引资和利用外资工作，常态开展粤港澳大湾区对外招商，加大长三角、京津冀地区跨国公司总部对接力度，拓宽外资招引渠道，促进项目合作。注重"三外联动"，充分利用厦洽会、进博会等优势平台，积极组织企业参加境内外各类经贸活动，扩大"朋友圈"，用好的出口产品、好的外经项目吸引外商投资，实现参展商变投资商。

2. 推进外资项目

严格实行重点外资企业、项目跟踪服务机制，紧盯梁园区鸿翔科技、示范区韩国蓝星、虞城县华润储能等重点项目，市级调度推动，县级服务落实，上下联动、合力推进，争取资金早到位、项目早落地。

3. 优化投资环境

开展"外商投资服务年"活动，实施外资企业大走访，对上年13家新设外资企业逐一面对面交流，了解掌握项目进度和企业诉求，协助解决实际问题，提振外商投资信心，切实优化外商投资环境。

（三）拓展合作空间，在转换增长动能上求突破

1.加强外贸主体培育

积极引进外向型项目，壮大出口产业集群，大力招引生产型企业、跨境电商企业、外综服企业，变产业优势为出口优势。扩大太阳能光伏、汽车制造、集成电路、半导体、新材料等产品出口规模，推动外贸稳规模优结构，增强外贸发展新动能。

2.加快国际市场开拓

全面了解掌握企业产品信息，积极组织参加广交会、进博会、消博会和链博会等国家重点外经贸活动，强化助力企业"组团出海"参展参会、产品推介、人才招引，鼓励传统外贸企业发展跨境电商业务，开展在线营销、实现在线交易，多措并举拓市场、增订单。

3.细化助企服务措施

建立重点外贸企业信息库，分行业制定帮扶措施，实施精准服务。常态化开展外贸企业调研走访，广泛深入宣传中小企业开拓市场、出口信用保险、RCEP等外贸惠企政策，提高政策知晓率、惠及率。

4.促进对外合作交流

持续深化"一带一路"经贸合作，支持企业投资并购境外优质能源资源、高端设备、关键零部件和尖端技术，强化境外产业链合作，带动设备出口和外派劳务。加强境外经贸合作区建设，促进贵友集团在吉尔吉斯斯坦"亚洲之星"产业园发展壮大，打造全产业链农业园区，提升对外投资质量。

（四）持续扩大消费，在增强市场活力上求突破

1.深入挖掘消费潜力

开展"消费促进年"活动，优化汽车、家电等大宗消费补贴政策，常态化开展车展、房展、家电展等活动。聚焦群众消费习惯，针对性谋划专题促消费活动，积极争取财政资金，带动金融机构、商家平台更大力度出资。全年举办各类促消费活动100场以上。

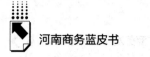

2. 积极培育消费热点

围绕商丘古城、868创意园等特色商业街区，打造综合性消费地标，增强消费市场活力。争取项目资金，加快培育壮大日月湖总部港、向阳路步行街等商圈。跟踪商丘会展中心建设进度，谋划会展经济起步发展。开展首批"商丘老字号"认定，申报举办"河南老字号"嘉年华活动，打造消费增长新热点。

3. 加强市场主体培育

动态摸排掌握企业经营状况，建立企业培育库，靠前服务达标企业，推动尽早入库。制定落实企业入库奖励政策，助力市场主体稳步发展。跟踪指导商贸企业月度数据填报，做到应统尽统、应报尽报。

4. 凝聚促消费工作合力

强化部门协作，丰富特殊时段消费供给。加强与文旅部门配合，围绕火神台庙会、古城古街、文创市集等商丘特色街区，组织非遗文化、老字号展览展销，促进文旅文创消费增长。联合发改部门，争创1家省级夜经济集聚区，打造市级一县一特色夜经济集聚区，让商丘元素、商丘味道成为消费"旺点"。

（五）加快电商赋能，在产业融合带动上求突破

1. 加快推进电商创新应用

持续推进电商示范创建，支持本地电商平台做大做强，推进现有电商园区功能升级，高标准建设电商直播基地，做强电商发展载体。探索推进"电商带物流、物流带产业"发展模式，开展电商物流园区、县乡公共配送中心站点认定，引导电商适配产业入驻，推动电商平台、应用企业、物流配送共建共享共用，形成电商、物流、适配产业联动发展格局。

2. 积极推进跨境电商发展

市辖区要发挥口岸、场站等交通区位、资源禀赋等优势，推进跨境电商产业园区等设施建设；其他县（市、区）要围绕出口优势产业，谋划建设特色跨境电商产业园，为商丘申建跨境电商综试区打下基础。支持有条件的

跨境电商企业、电商物流企业建设或租赁海外仓,拓展海外贸易支点。积极争创省级海外仓示范企业。

3. 深入推进农村电商发展

扎实做好县乡村电商、物流服务网点等资源整合,优化县域电商、物流三级服务体系功能,进一步畅通农产品上行渠道。强化宁陵有礼、全民民权、虞见木兰、栗城农珍等品牌宣传,打造全市农村电商公共品牌集群,促进乡村产业发展壮大。

(六)促进流通发展,在完善商贸体系上求突破

1. 扎实推进县域商业体系建设

坚持市场化手段与政府资金支持相结合,拓展县乡村商业中心、网点功能,完善商贸、物流配送"三点一线"服务体系,打造县域融合发展商圈。各示范县、领跑县要围绕补齐县域商业设施短板、完善三级物流体系等方面,认真谋划年度项目,高质量完成建设目标。非示范县要充分发挥市场化手段,结合自身优势,加强商贸、电商、物流等方面项目储备,完善县域商业功能。力争2024年底,永城市达到提升型标准,睢县、民权县、柘城县达到增强型标准,其他县达到基本型标准,并以此为基础争创更多的示范县、领跑县。

2. 提升一刻钟便民生活圈建设成效

全面推广试点建设任务,各县(市、区)要加强部门协调,统筹谋划推进,以社区为实施单元,发展"一店一早"、补齐"一菜一修"、服务"一老一小",完善便民服务中心、文化阅读、健身娱乐、社区养老、健康医疗、市政服务等基础设施和商业业态。力争2024年底前全市70%以上社区启动建设。

3. 加强市场监测与保供

健全城乡市场监测体系,强化生活必需品、重要生产资料监测分析,动态发布价格运行情况。完善应急预案,抓好春节等重要时段市场供应,加强信息引导、产销对接、储备吞吐,确保重要生活必需品供需平稳。

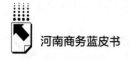

（七）规范市场建设，在推动优化提升上求突破

1. 支持市场主体发展

坚持"政府引导、市场主导、存量优化、总量控制"原则，谋划新兴市场建设，积极招引有实力、有运营能力的企业建设现代化、智慧型市场，打造区域消费中心。服务推进商丘农产品中心批发市场冷链物流园、中原车城现代汽贸园区等项目建设。

2. 推动数字化赋能

鼓励亿丰国际、中州世贸、五洲万汇、商丘农批等大宗商品交易市场应用大数据、云计算、物联网等技术，完善智能仓储、物流配送、电商平台、交易结算等功能，实现商品流通和服务信息实时交互、科学配置。加快传统农贸市场智慧化升级，完善农产品检测、价格发布、智慧支付、社区配送、源头追溯等基本要素和功能服务，实现交易信息全程数据化、可视化、可追溯，提升消费体验。

3. 实施精细化管理

健全市场文明卫生城市常态长效创建机制，重点加强食品安全保障、环境卫生整治、消费品质提升等任务，以清单化、网格化方式推进各类市场规范化、制度化建设。强化宣传引导，凝聚工作合力，真正形成"政府组织、市场主责、全民参与、综合治理"的共创共建共享发展局面。

B.44

2023~2024年信阳市商务发展
回顾与展望

龚学军 *

摘　要：　2023 年，信阳市商务系统突出抓好"三项突破"、开展"三项攻坚"、实施"三大提升"，实现信阳商务工作稳中有进、持续向好。2024 年，信阳市将坚持稳中求进工作总基调，全力以赴促消费、稳外贸、稳外资、拼招商、强园区、塑品牌。

关键词：　商务发展　招商引资　信阳市

2023 年，在省商务厅和市委、市政府的正确指导下，信阳市商务系统突出抓好招商引资换道超车、对外开放能级跃升、对外贸易扩量提质三项突破，开展促进消费复苏提振、商贸流通转型赋能、电子商务优势再造三项攻坚，实施营商环境对标攀升、安全稳定强基固本、机关建设作风效能三大提升，实现信阳商务工作稳中有进、持续向好。

一　2023年信阳市商务发展指标完成情况及特点

（一）货物进出口快速增长

2023 年，全市进出口总额 60.6 亿元，同比增长 9.7%，增速居全省

---

* 龚学军，信阳市商务局。

第 7 位，居黄淮四市第 1 位。其中出口额同比增长 22.5%，增速居全省第 4 位。

加工贸易占比最大，一般贸易占比提升。加工贸易进出口总额 29.6 亿元，占全市总额的 48.8%。一般贸易进出口总额 25.3 亿元，占全市总额的 43.4%。

对东盟、欧盟、韩国、日本等主要贸易伙伴进出口持续保持增长，对美国和中国台湾进出口下降，对 RCEP 成员国进出口 7.88 亿元，增长 13.8%，增长幅度最大。

主要出口商品中，家具产品、劳动密集型产品、汽车、农产品等出口增长，金属矿砂、农产品进口下降。

（二）实际使用外资下降，引进省外资金保持增长

2023 年，全市实际到位省外资金 358.1 亿元，同比增长 9.58%（见图 1）；实际使用外资 1174.68 万美元（见表 1），同比下降 71.35%。其中，服务业领域实际使用外资 8.28 万美元，占全市总额的 0.7%。制造业领域实际使用外资 1166.40 美元，占全市总额的 99.3%。

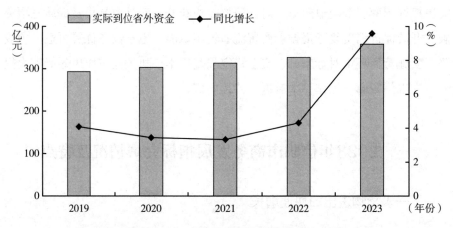

图 1　2019~2023 年信阳市实际到位省外资金情况

资料来源：信阳市商务局。

表1 2023年信阳市实际使用外资情况

单位：万美元，%

外资来源地	实际投资额	同比增长
英属维尔京群岛	894.79	599
中国台湾	176.89	-82.3
中国香港	101.00	-96.6
加拿大	2.00	实现零的突破
合计	1174.68	

资料来源：信阳市商务局。

（三）消费市场态势回暖

2023年，全市社会消费品零售总额1329亿元，居全省第7位。其中，限额以上企业零售额248.2亿元，同比下降1.4%；23类限额以上批发及零售商品中10类商品实现增长（见表2）。

表2 2023年信阳市部分限额以上批发及零售商品零售额增长情况

单位：%

限额以上批发及零售商品	同比增长	限额以上批发及零售商品	同比增长
汽车	0.8	通信器材	22.9
新能源汽车	99.6	中西药品	22.3
石油及其制品	16.1	金银珠宝	16.4
中草药	37.9	体育娱乐用品	10.5
书报杂志	23.9	化妆品类	1.0

资料来源：信阳市商务局。

（四）对外投资合作稳中提质

2023年，全市对外直接投资完成153万美元，增长1751.9%，居全省第1位。完成对外承包工程和外派劳务营业额（含中韩雇佣制）1576万美元，占目标比113%，居全省第6位。

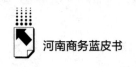
二 2023年采取的主要措施

（一）对外开放步伐加快

开放载体能级提升。支持豫东南高新区高质量发展，指导信阳经开区、潢川经开区完成综合发展考核。淮滨开发区获批省级高新区，信阳高新区汇盈孵化器备案为国家级科技企业孵化器。

开放通道不断扩大。推进明港机场二期改扩建工作，进一步优化航线布局。深化淮滨中心港与沿淮沿江城市港口联盟合作，构建覆盖长三角地区、淮河生态经济带的内河航运网络，集装箱吞吐量突破3万标箱，"河海联运"非洲航线首航启程，淮河闾河口港建成通航。

（二）招商引资氛围浓厚

招商机制逐步完善。印发《信阳市2023年招商引资工作导则》，强化政府引导、市场主导、商务牵头、部门联动开放招商机制。全面落实"二分之一"工作法，实行"一个项目、一名领导、一套班子、一抓到底"，为项目"谋、找、谈、签、落"提供全流程服务。

项目招引量质齐升。举办信阳·苏州（昆山）台资企业恳谈会、2023信商大会暨豫闽台企业家高峰论坛等系列重大招商推介活动，与青云科技、慧博云通等一批头部企业达成合作。全年累计新签约招商引资项目435个，开工391个，完成投资414亿元，同比分别增长22%、21%、29%。开展户外产业招商引资"百日攻坚"，落地户外用品产业项目53个，实现主营业务收入30亿元。

（三）消费流通平稳回升

促消费活动精彩纷呈。抢抓假日节点，举办茶文化节4个大类28场、中秋国庆双节3个大类31场专项促消费活动，市级层面累计发放消费券2100万元，叫响"美好生活·惠享茶都"促消费活动公共品牌。

大宗消费稳步扩大。把汽车、家电、家居作为支持重点，举办"驭见美好·潮信阳""乐享生活·消费惠民"等系列大宗商品促销活动 20 余场次，新能源汽车销售额同比增长 99.6%，全面释放消费潜力。

消费载体提质升级。实施城市精品商业街区提升行动，指导浉河区胜利路、新县首府路步行街进行升级改造。高标准举办 2023 河南老字号嘉年华—信阳站活动，2 家商场申报第七批品牌消费集聚区。

流通体系加强建设。县域商业体系建设累计争取国家支持资金 2600 万元，淮滨县获批新一批省级示范县，光山县项目建设考评居全省第 1 位。圆满完成村级寄递物流综合服务站建设任务。开工建设冷链物流重点企业项目 11 个，总投资达 6.5 亿元。

（四）对外经贸逆势增长

强化企业服务。建立外贸工作联席会议制度，组织开展全市外贸工作会、RCEP 政策解读等惠企培训 10 余次，为企业申报各类资金超 190 万元，为 2 家企业申报二手车汽车出口资质试点，有效解决永豪轩家具四里棚铁路货场装运等一批重点外贸企业问题。实施外贸主体培育行动，全市有进出口实绩的企业达 198 家、增长 15.1%。

多元开拓市场。第 133 届、134 届广交会累计成交额 3.1 亿元，创历史新高。对共建"一带一路"国家进出口增长 17.3%。

推动外经发展。深耕中韩雇佣合作，深化苏信劳务合作，实施"学院+基地+平台"劳务输出"信阳模式"，推动成立信阳涉外—苏州英特科智能制造产业学院、信阳涉外—立讯工业机器人产业学院，常态化与昆山立讯精密、启佳通讯等开展人才"订单式"培训合作，助力信阳劳务转型升级。

（五）电子商务深入推进

出台《关于促进电子商务高质量发展实施意见》，跨境电商进出口额达 10.9 亿元。举办"抖音视频营销""电商直播带货"等各类培训 108 场次，培训人员 8021 人。推动成立大别山青创中心电商小镇，打造以直播电商为

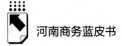

业态的"一站式"青年创新创业孵化平台。扎实推进电商进农村示范工作，实现省级以上农村电商示范县实现全覆盖，建成规模以上电商产业园 12 家，线上活跃店铺 2.3 万余家。光山县入选省县域电子商务发展十强。深入推进"互联网+"农产品出村进城工程，全市网络销售额 217.4 亿元，同比增长 20%。加强与阿里云、供销 e 家等电商平台合作，成功打造各类农产品品牌 35 个。

三　2024年商务发展重点

2024 年，信阳市商务工作以习近平新时代中国特色社会主义思想为指导，全面贯彻落实党的二十大和二十届二中全会精神，深入贯彻习近平总书记视察河南重要讲话重要指示，认真落实市委六届五次全会暨市委经济工作会议和全省商务工作会议部署，坚持稳中求进工作总基调，全力以赴促消费、稳外贸、稳外资、拼招商、强园区、塑品牌。

（一）实施对外开放扩大行动

支持信阳经开区、潢川经开区积极创建国家级经开区；开展自贸区复制推广提升行动，积极申建自由贸易试验区信阳联动创新区。推进"空陆网海"四条丝路建设，扩大与欧洲、RCEP 成员国经贸合作，提升国际化互联互通水平。大力培育临港经济，推进申建信阳（淮滨）保税物流中心（B型）和内河港口二类口岸。融入海洋经济发展，打造河港业务投建管运贸"一体化"产业链。推动跨境电商企业布局建设公共海外仓，为企业扩大进出口规模提供支撑保障。

（二）实施招商引资突破行动

围绕先进钢铁材料、新能源装备、节能环保装备，壮大智能制造产业规模。围绕绿色家居，推动绿色建材、绿色建造、绿色家装、智能家居深度融合，打造绿色大家居产业生态。围绕绿色食品、预制菜，巩固农副食品加工优势，打造绿色食品产业集群。围绕纺织服装、户外用品，构建时尚纺织全产业链。围绕光电元器件、新型显示，打造电子信息产业集群。围绕生物医药，建设现代中药生产基地，壮大生物医药产业。深化开发区"三化三制"改革，完善"管委会+公司"运营模式，加强开发区高质量发展考核评价，推动各开发区用好区域评估成果。

（三）实施对外经贸提质行动

推动浉河区茶叶、淮滨县纺织服装和潢川县禽肉产品外贸转型升级基地提质增效。实现外贸潜力企业进出口实绩零的突破和外贸企业自营出口及业绩数据回流。持续扩大一般贸易，稳定加工贸易，拓展中间品贸易，挖掘存量潜力。夯实外贸新业态基础设施建设，促进"跨境电商+市场采购+外贸综合服务"融合发展。引导企业积极参加进博会、广交会、中国—东盟博览会等境内外重点展会，扩大贸易圈。深化同中信保、政策性银行合作，扩大出口信用保险承保规模和覆盖面。以信阳涉外职业技术学院为依托，打造"涉外职业教育+国外就业+回国创业"良性循环模式。支持优势企业组成联合体抱团"走出去"，充分利用信阳纺织、轻工、建材等行业比较优势，把产业和产品向海外拓展。

（四）实施消费促进增长行动

积极培育限额以上"批零住餐"企业，持续引导和鼓励一批优强企业达限入库。围绕打造"美好生活·惠享茶都"促消费品牌，开展"消费促进年"系列活动。支持各县区举办各类消费活动，打造形成一批有特色的区域消费品牌。加快推进区域消费中心城市建设，打造更多商业新地标和消费新场景。发展直播电商、即时电商等新业态新模式。持续优化消费环境，开展绿色商场、诚信商场、平安商场创建。持续推动商圈特色化差异化发展，构建核心商圈、区域商圈、特色综合商街等层次分明、布局合理的商业体系。建设好市级商圈，争取省级商圈命名，联动各类消费载体平台打造信阳特色商旅体验街区。瞄准汽车、家电、家居、餐饮"四大金刚"扩消费，

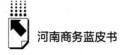

市县联动分批次发放消费券 1 亿元。加大省品牌消费集聚区申报力度，推动浉河区胜利路商业步行街和新县首府路特色商业步行街挂牌省级示范步行街。

（五）实施商贸流通赋能行动

升级改造一批商贸中心，培育一批乡镇商业集聚区（中心）。推进冷链物流发展，新增农产品产地冷藏保鲜设施建设项目 20 个；推进农村寄递物流体系建设，积极申报示范性县域物流共配中心、乡镇综合服务站项目；推进"快递进村"工程，力争农村寄递物流驻村设点率达到 90% 以上；推进农产品供应链体系建设，加强农产品供应链项目管理。

（六）实施电子商务挖潜行动

扎实开展"电商+产业品牌""电商+乡村振兴""电商+跨境贸易"，扩大网络交易主体规模。组织开展"人人持证　技能河南""万名学子回归工程"等各类电商人才培训活动。支持大别山青创中心电商小镇打造省级电商示范基地。支持电商平台服务"一县一业""一村一品"，支持企业参加"网上年货节""双品网购节"等线上线下活动，拓宽销售渠道。

（七）实施营商环境攻坚行动

开展行政审批事项模板化、模块化流程再造，推行"一门一窗、一站一次、一网一键、一制一章"，不断提升商务领域政务服务水平。以"万人助万企""商贸企业服务日"等活动为抓手，进一步畅通政企沟通渠道。加强家政、老字号等商务领域信用监管和建设，拓展"消费+信用"应用场景，大力提升商务信用度。

B.45
2023~2024年周口市商务发展
回顾与展望

赵文学[*]

摘　要： 2023年，面对复杂严峻的发展环境和超预期的风险挑战，周口市商务系统坚持以习近平新时代中国特色社会主义思想为指导，深入学习贯彻党的二十大精神和习近平总书记视察河南重要讲话重要指示，认真落实中央、省、市各项决策部署，坚持稳中求进工作总基调，聚焦高质量发展首要任务，全力以赴抓招商、促消费、稳外贸、畅物流、兴电商，商务运行总体平稳向好。

关键词： 招商引资　现代物流　电子商务　周口市

一　2023年周口市商务发展指标完成情况及特点

2023年，全市商务运行持续回升向好，社会消费品零售总额1954.6亿元，增长6.4%；网络零售额174.3亿元，增长47.4%，高于全省26.4个百分点；货物贸易进出口总额109.26亿元，增长9%，连续五年超百亿元；新设外资企业15家，增长78%；引进省外资金735.2亿元，增长9.24%；跨境电商进出口总额32.7亿元，增长33.1%，增幅居全省第1位，为全市经济整体向好做出积极贡献。

---

[*] 赵文学，周口市商务局。

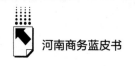
二　2023年采取的主要措施

（一）围绕产业引项目，全力推动招商引资提质增效

围绕三大战略性新兴产业和十大特色产业，开展产业链精准招商，市县联动举办招商引资推介会8场。参加2023全球豫商大会等7场投资洽谈会。高质量举办第三届周商大会，签约项目30个，总投资133.2亿元。三期"三个一批"活动签约项目100个，总投资884亿元。"五职"领导招商成果丰硕，县（市、区）党政主要领导外出招商考察198批次，"五职"领导干部新引进签约项目127个，总投资1165.32亿元，其中，已开工项目112个，总投资960.32亿元。重点产业链培育持续提速，编制周口市美妆用品产业链、酒饮品产业链招商图谱、六个清单和培育方案。招商引资规模持续提升，全市新签约项目407个，同比增长19%，完成年度目标的116.3%；总投资2683.31亿元，同比增长0.1%。益海嘉里、同福集团、千喜鹤集团、广药集团、凯旺电子、锅圈食汇等国内外知名企业投资的重大项目落户周口、开工建设。

（二）聚焦消费扩内需，多措并举撬动消费新潜能

强化政策支持引领，制定印发了《周口市2023年促消费行动计划》等11个政策文件，部署开展多领域、多层次促消费工作。促消费活动精彩纷呈，坚持"市县、政企、政社、线上线下"四个联动，实行"政策+活动"双轮驱动，市县两级共投入财政补贴资金1980万元，举办汽车、家电、家居、餐饮、电商等大型促消费活动100多场次。打造场景丰富业态，改造提升关帝老街、荷花街等示范步行街，推动全市24个标志性商圈、21个特色街区项目、4个县域商业建设示范县转型升级、提质发展。

（三）落实政策精准助企，促进外贸实现稳定发展

积极开拓国际市场，组织企业参加赴欧经贸洽谈活动、第133届和第134届广交会等9场重大展会，达成意向订单5亿元。认真落实外贸奖补政策，26家企业获得82个中小开和出口信保项目，共计173.2万元。积极兑付奖补资金，提升企业出口动力，督导落实外贸领域奖补资金9207.29万元。精准服务固强培弱，建立"重点外贸企业库""上台阶企业库""新增长点企业库""重点跨境电商企业库"，发挥30家重点外贸企业"压舱石"作用，开展政策大宣讲活动，稳住外贸基本盘。

（四）高质量推进现代物流体系和乡村商贸服务体系建设，助力农业强市建设

牵头编制出台《周口市现代物流业中长期发展规划（2023—2035年）》《周口市现代物流业发展近期行动方案（2023—2025年）》等纲领性文件。构建"市区县园乡站村点"三级物流体系，中心城区建有"一港三园七中心"；西华、沈丘等九县（区）物流园已建成投用；建成投用乡镇快递公共配送站161个、村级快递公共服务点4344个，实现乡村两级全覆盖。加快构建乡村商贸服务体系，建成运营10个县城商贸中心、161个乡镇商贸中心、4382个村级便民商店。县域商业体系示范创建取得新成效，沈丘县获批县域商业体系建设示范县，淮阳区获批全国县域商业"领跑县"，6家2022年农产品供应链体系建设项目获批。

（五）围绕电商村创建，提级赋能电子商务发展

全市共培育电商发展村474个，完成全市培育450个电商村目标，其中，培育年网络零售额100万元以上的电商示范村93个，圆满完成电商村创建任务。电商促进农村经济发展成效显现，全市农村电商网络零售额135.9亿元，居全省第3位；农产品网络零售额18.9亿元，居全省第3位。示范创建取得新突破，河南阿尔本制衣获批国家级电子商务示

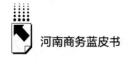

范企业，青网科技园获评省级跨境电商示范园区暨人才培育和企业孵化平台。

三　2024年商务发展思路

2024年，周口市稳步扩大制度型开放，持续提升投资贸易便利化水平，打造市场化、法治化、国际化的营商环境，培育壮大6个先进制造业集群17个重点产业链；持续打造关帝庙景区等消费新场景，通过三级物流体系建设、电商村创建、乡村商贸体系提升持续释放消费活力，为推动更高水平开放和消费持续扩大带来新机遇。

2024年，全市商务工作以习近平新时代中国特色社会主义思想为指导，全面贯彻落实党的二十大和二十届二中全会及中央经济工作会议精神，深入贯彻习近平总书记视察河南重要讲话重要指示，认真落实省委经济工作会议和全国、全省商务工作会议部署，切实落实市委经济工作会议、市两会要求，坚持稳中求进工作总基调，完整、准确、全面贯彻新发展理念，把握商务工作"三个重要"定位，锚定"两个确保"、实施"十大战略"三年行动计划，稳步推进制度型开放，推动消费持续扩大，巩固外贸外资基本盘，完善市场和流通体系，防范化解商务领域风险，巩固商务运行回升向好趋势，推动商务改革发展取得新成效，更好服务中国式现代化建设周口实践。

四　对策建议

（一）聚焦主导产业，提升招商引资规模质量

以开放招商集聚发展势能，增强发展后劲，用招商先手棋培育新质生产力，为现代化产业体系建设做贡献。一是深化"五职"招商。突出大员上阵带队招商，开展拜访研发机构、专家人才、知名企业、行业协会"四个拜访"活动，全年招商引资额增长10%以上。二是突出招大引强、招新引

精。围绕三大战略性新兴产业、十大特色优势产业和"一县一主业"定位，注重以"人、产、港"比较优势、龙头企业、乡情、平台优势等招商。三是紧抓外资招引。强化贸促会和四个外资专班招商作用，加大长三角、京津冀地区跨国公司和香港企业总部对接力度。四是实施"走出去"招商。摸清行业走向、跟进投资动向、瞄准前沿方向，利用全球豫商大会等平台，主动对接招商，每季度在外至少举办1次招商推介活动。五是强化返乡创业招商。高质量办好第四届周商大会，以节会为平台开展招商。六是夯实招商基础。积极推动临港开发区晋升国家级开发区，聚焦17个产业链，动态完善产业链图谱和招商路线图。七是实施问效管理。健全项目全生命周期管理服务机制，做好招商引资"后半篇文章"。

（二）聚焦激发潜能，加快消费市场提级扩容

坚持扩大内需，充分发挥消费的基础性作用，以"消费促进年"为主线，推动消费持续扩大。一是实施"政策+活动"双驱动。稳定和扩大传统消费，培育壮大新型消费，发展改善升级类消费。落实好汽车补贴、消费券等政策，全年举办中大型促消费活动100场以上。二是激发有潜能的消费。围绕汽车、家电、家居、餐饮"四大金刚"，全链条促进汽车消费，支持开展新能源汽车、绿色智能家电下乡，促进国货"潮品"消费。三是开展以旧换新消费。鼓励汽车、家电等传统消费品以旧换新，推动耐用消费品以旧换新，推动家装消费品换新。四是开展"放心消费行动"。优化消费环境，开展绿色商场、诚信商场、平安商场创建。培育认定一批品牌消费集聚区。积极培育"美豫名品"等新的消费增长点。办好伏羲文化节、老子文化节、桃花节、荷花节等特色消费活动。五是打造消费场景载体。每个区至少打造一个特色街区，推进万达广场、五一广场、关帝老街等商圈提质升级。每县（市、区）打造一个消费综合体，至少引进3个知名品牌店、旗舰店、体验店、首店。六是构建城乡消费体系。创建1个省级县域商业体系建设示范县或全国县域商业"领跑县"。每个县（市、区）打造1个县城商贸中心+电商园综合体，每个乡镇打造1个乡镇商贸中心+电商园综合体。

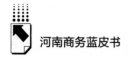

（三）聚焦优化结构，培育对外贸易业态动能

围绕新市场、新产品、新业态精准发力，加快培育外贸新动能。更大力度推动外贸进出口促稳提质。一是实施拓展市场行动。鼓励企业参加重点境外商品展、广交会等国内外展会，巩固传统市场，开拓新兴市场。二是实施外贸主体培育行动。推动外贸转型升级基地提质增效。三是大力招引外向型企业。加快重点企业发展，培育瑞茂通等有外贸潜力的企业，力争外贸企业突破 350 家。四是实施重点商品培育行动。继续扩大农产品、家具、服装等优势产品出口，启动二手车出口。五是提升跨境电商出口规模。鼓励传统外贸企业转型跨境电商，推进海外仓和海外产品展示中心建设。六是推动多元贸易发展。大力拓展中间品贸易，稳定加工贸易，扩大一般贸易，创新服务贸易。

（四）聚焦构建体系，促进现代物流降本增效

发挥好物流联结生产和消费、内贸和外贸作用，强壮物流这一实体经济的"筋络"，构建完善现代物流体系，有效降低全社会物流成本。一是加快完善"市区县园乡站村点"现代物流体系。每县（市、区）新建 1 个县级物流园，支持现有电商产业园、物流园融合转型发展。落实细化国家降低社会物流成本各项政策。二是开展物流企业引育。每个县（市、区）至少引进 1 家具有智能化云仓技术、智能物流配送体系、国内外物流配送网络和货物集疏能力的企业入驻园区，提升县域物流示范园运营水平。培育本土物流企业做大做强。三是加快智能统配建设。"县园"具备开展电商、邮政、快递、物流等企业市场化合作的条件，"乡站"具有快递包裹收寄、信息收集等便民服务功能。四是推动物流与电商协同发展。推动电商与寄递物流融合发展、农村客货邮运融合发展。五是推动物流与再生资源回收协同发展。依托三级物流体系，推动废旧家电家具大规模回收循环利用，加快"换新+回收"物流体系和新模式发展。

（五）聚焦示范创建，推动电子商务融合发展

锚定电商村创建目标，打造"电商+产业带"，深入实施数字赋能，持续推动电商村创建转段提升。一是加大电商村创建力度。每县（市、区）新增50个电商村，打造10个电商村样板，加大对电商村优势产品的包装和宣传推广，不断壮大农村电商规模。二是促进电商与实体经济更好融合。发展直播电商、即时电商等新业态新模式，建设川盛荷花等直播电商基地，推动华耀城、荷花商城等向直播电商转型。鼓励农村电商经营主体销售扶贫车间、本地特色产品和国货"潮品"。三是加强电商人才培训。发挥好市、县电商协会作用，每年举办两次以上的电商专业培训活动。评选2024年周口市十大特色电商村、十佳电商带头人、十大电商企业。四是持续开展三级示范联创工作。积极争取省级商贸类平台企业和建设商贸仓储设施奖励政策。五是培育"跨境电商+产业"。建设跨境电商示范产业园，打造跨境电商产业聚集区。

B.46
2023~2024年驻马店市商务发展回顾与展望

钟平 董盼*

摘　要： 2023年，驻马店市商务局以习近平新时代中国特色社会主义思想为指导，深刻认识到国际秩序和格局进入深度调整期，科学把握全市商务发展面临的战略机遇和风险挑战，高效统筹安全生产、防汛救灾、市场供应和商务运行，扛稳政治责任，紧盯目标任务，抓产业、破难题、促发展，迎难而上、积极作为，实现了商务工作新发展。

关键词： 商务工作　消费市场　对外贸易　驻马店市

一　2023年驻马店市商务发展指标完成情况

（一）货物进出口

2023年完成进出口总额78.6亿元，同比下降19%。

（二）实际使用外资

2023年新设外资企业22家，同比增长83.3%；实际使用外资1266.2万美元，同比下降52.7%。

（三）社会消费品零售总额

2023年全市社会消费品零售总额1198.7亿元，同比增长6.5%。

＊ 钟平、董盼，驻马店市商务局。

二　2023年主要工作开展情况

（一）对外贸易展现发展韧性

一是聚焦惠企政策落实，提升政策引领力。二是聚焦外贸运行调度，传导压力增强动力。三是聚焦重点难点问题，开展工作调研。四是聚焦国际市场开拓，积极抢抓订单。五是聚焦"助企惠企"服务，深入开展"万人助万企"活动。六是聚焦外向型产业，打造对外开放高地。七是聚焦外贸潜在增长点，深入挖掘培育。

（二）使用外资扎实推进

一是围绕外商投资法贯彻落实，做好外商投资企业信息报告。二是围绕企业服务，持续开展外企走访调研。三是围绕利用外资提质增效，加强调研督导。四是围绕外资专班作用发挥，推动利用外资实现新突破。五是围绕惠企政策直达企业，落实招商引资奖励政策。

（三）消费市场稳步回升

一是出台促消费政策措施。二是开展系列促消费活动。三是培育壮大内贸流通主体。四是电子商务发展迅速。五是强化农村商业体系建设。

（四）对外开放积极推进

一是推动制度型开放战略落实。二是强化对外开放政策支撑。三是做好河南自贸试验区驻马店开放创新联动区申建工作。四是做好服务贸易线上统计工作。五是做好会展业指导工作。六是持续做好优化营商环境工作。

（五）商务发展安全高效

一是全面加强法治政府建设。二是商务治理水平进一步提升。三是抓好行业安全生产工作。四是做好环保攻坚工作。五是做好市场保供、市场监测和商务预报工作。

三 2024年商务发展形势

一是外需走势难以预料。全球经济呈现高通胀、高利率、高债务、低增长"三高一低"态势，一些国家宏观政策在控通胀、稳增长、防风险之间艰难权衡，部分发展中国家面临货币贬值、资本外流、债务违约等严峻风险挑战，2024年稳外贸任务更加艰巨。

二是非经济因素变量增多。地缘政治因素很有可能外溢至经济贸易领域，不同程度干扰全球产业链供应链顺畅运行。全球范围内的关税和非关税贸易壁垒明显增多，全球供应链脱钩与"短链化"，也对外贸外资外经工作带来不利影响。

三是扩大消费的动能不足。全市经济仍处于初步恢复阶段，房地产、建材等大宗消费长期积累的结构性问题逐步凸显，居民增收压力较大，消费更趋理性。

四 对策建议

（一）聚焦平台建设，推进对外开放大提升

一是建好用好开放平台。持续实施制度型开放战略，持续推动中国（河南）自由贸易试验区驻马店开放创新联动区、跨境电子商务综合试验区申建工作。依托各先进制造业开发区、高新区，培育打造产业优势明显、区域特色鲜明、创新驱动突出的外贸基地，重点培育"汽车装备制造、医药化工、新能源电动车等产业集群"创建省级外贸转型升级基地。发挥户外休闲用品产业集群工作推进专班作用，系统构建驻马店市户外休闲用品产业链集群发展体系。

二是完善工作推进机制。夯实各县区主体责任，用好"通报、约谈"机制，层层传导压力，推动责任落实，将各项部署不折不扣落到实处，确保各项目标任务扎实完成。

三是高质量参加重大开放活动。积极主动高质量参加进博会、服贸会、消博会、数贸会等重大活动，确保取得好的成效。

四是推动会展业高质量发展。积极主动开展工作，指导和促进各类会展在驻马店市国际会展中心举办，实现会展业的高质量发展。

五是加快服务贸易创新发展。创新服务供给方式，推动数字技术与服务贸易深度融合，大力发展智慧物流、线上支付、在线教育、数字金融与保险等，积极支持旅游、运输、建筑等行业开展数字化改造，加快推进全市服务贸易数字化进程。

（二）围绕增量提质，推动外资外经大提升

一是拓宽使用外资渠道。以"投资中国年"系列活动为契机，利用服贸会、厦洽会、进博会等经贸活动平台，指导县区开展外商投资促进工作。充分发挥外资专班作用，与发改、招商、工信、市场监管、外汇等部门密切配合，扩大外资招引合力。积极引导重点外资企业以境内利润再投资、外资股权并购、企业境外上市等形式，抓好外资实际到位。

二是多点发力招引外资。发挥好市利用外资联席会议作用，高效发挥全市港资、台资、日韩、世界500强四个专班作用，引进外资标志性项目。组织企业参加进博会、侨商大会、跨国公司中原行、卢森堡投资贸易洽谈会等经贸洽谈活动，为企业搭建对外交流合作平台。用好"省级招商引资专项资金""跨国公司地区总部和功能性机构认定"等支持政策。

三是培育对外合作增长点。建立"走出去"企业沟通合作机制，鼓励全市企业开展海外投资并购，增强综合竞争力。组织外经企业参加境外经贸合作区与全省企业对接活动。培育外派劳务企业及有竞争力的对外投资合作主体，拓展对外劳务合作市场。拓展全市对外承包工程，推动市辖区内企业抱团出海，实现资源共享。深化与共建"一带一路"国家及RCEP成员国

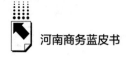

地方投资合作为重点，优化境外投资企业产业布局，提高对外投资建设水平。

（三）壮大市场主体，推动对外贸易大提升

一是进一步发挥政策效能。贯彻落实党中央、国务院稳增长政策"组合拳"，落实好省、市已出台的稳外资外贸政策。利用好现有双多边协议政策，比如 RCEP、中国—东盟自贸区协定、"一带一路"区域政策等。进一步强化政策培训，指导企业主动将 RCEP 等外经贸政策融入企业发展规划，助力企业加快发展。

二是培育壮大市场主体。稳定龙头外贸企业，全力支持泰普森、中集华骏、骏化发展、驻马店公共保税中心等重点企业做大做强，打造一批进出口规模大、国际化经营能力强的龙头、重点企业，稳住基本面。培育一批小而专、小而精、小而特的中小外贸主体。持续开展"万人助万企"活动，围绕企业关注焦点发力，解决企业遇到的困难和问题。

三是深入发掘外贸新动能。紧盯驿城区汽车装备制造、高新区生物医药、汝南县新能源电动车等产业发展，着重做好三个提升，即基地效益提升、产业结构提升、国际竞争力提升，成为全市外贸稳定发展的重要支撑。抢抓"新三样"政策红利机遇期，抓住国际市场对"新三样"产品需求旺盛的风口，大力扶持培育飞博车业、伏特新能源、鹏辉电源等企业，支持扩大产品出口规模。

（四）激活消费潜能，推动消费扩容大提升

一是激发有潜能的消费。以商务部"消费促进年"为主线，牵头组织商贸流通协会、龙头企业，开展系列促消费活动。鼓励各县区加强政银企合作，在汽车、家电、零售、餐饮、住宿等领域发放电子消费券，撬动增量消费。支持企业线上线下举办促消费活动，激发全市消费市场的活力，推动消费品市场持续升温。落实好扩大汽车消费政策措施，加快活跃二手车市场，促进汽车行业发展和扩大消费。加强与各部门之间的协调联系，定期召开社

会消费品零售总额分析调度会，及时发现解决工作中出现的问题。

二是提升消费水平。挖掘培育新的步行街，拟初选汝南梁祝步行街为载体，推进步行街改造提升，积极申报第三批省级试点步行街，促进步行街高质量发展。努力提升品牌消费能级，挖掘培育优质品牌，扩大品牌消费，提升品牌价值。继续培育和认定河南省品牌消费集聚区，打造城市品质消费圈。继续挖掘、保护和促进老字号企业发展，积极推动驻马店老字号协会组建成立，开展第二批驻马店老字号创建评审认定工作，推进老字号"三网一平台"建设，搭建数字化销售场景。

三是改善消费条件。推进农村市场体系建设工作，大力实施县域商业体系建设行动，力争再打造1个全国县域商业"领跑县"。完善县乡村三级物流配送体系，进一步便利农产品出村进城、消费品下乡进村，推动农村消费提质扩容，助力乡村振兴。继续推进电子商务进农村综合示范工作，推动农村电商与寄递物流融合发展，力争打造河南省农村电商与寄递物流融合发展示范性县域物流共配中心1个、示范性乡镇物流综合服务站20个。支持大型农产品批发市场、农贸市场、农民专业合作社、大型连锁超市以及农业产业化龙头企业等农产品流通企业实施农产品现代流通网络建设，推动农商互联完善农产品供应链，进一步提高农产品流通水平，促进农民增收。

四是推动电子商务提质发展。建设中心城区电子商务园区，推动产品展示展销、网红直播及培育孵化、物流配送服务等电商业态发展。重视培育全市龙头电商企业，积极创建电子商务示范企业（基地）。支持各县区结合本地特色产业发展，加强直播场景、视频技术、内容制造等直播基础设施建设，创建一批"驻马店市'土特产'直播电商基地和公共直播间"，打造各具特色的电商园区平台，辐射带动乡村电子商务发展。适时举办驻马店市第三届电商直播大赛。

B.47

2023~2024年济源示范区商务发展
回顾与展望

黄静静*

摘　要： 2023年，济源示范区坚持以习近平新时代中国特色社会主义思想为指导，坚决落实省、示范区决策部署，加快实施制度型开放战略，迎难而上稳外贸、强招商、促消费，商务运行稳中有进、稳中向好。2024年，济源示范区将深入学习贯彻党的二十大精神，坚持稳中求进工作总基调，坚持商务工作"三个重要"定位，以实施制度型开放战略为引领，以实施商务领域"334"专项行动为抓手，实现招商新突破，培育外贸新动能，激发消费新潜能，推动商务发展实现质的有效提升和量的合理增长，为济源高质量发展贡献商务力量。

关键词： 对外贸易　招商引资　高质量发展　济源示范区

一　2023年济源示范区商务发展指标完成
情况及特点

2023年，济源示范区商务局围绕高质量发展首要任务，精准施策、砥砺奋进，扩开放、强招商、稳外贸、振消费，商务运行总体平稳、稳中向好。

全年货物进出口总额378.1亿元，同比增长25.1%，总量稳居全省第2位；实际利用外资5078万美元，完成省定年度目标进度的148.9%，居全省

---

* 黄静静，济源示范区商务局。

第 1 位。实际到位省外资金 270.6 亿元，同比增长 9.33%；对外直接投资 6502 万美元，完成省定年度目标进度的 130%；社会消费品零售总额 207.5 亿元，同比增长 5%。

二 2023年采取的主要措施及成效

（一）高位推动，招商引资强力攻坚

坚持开放招商"一把手"工程，高规格召开开放招商提质攻坚大会，完善实施"链长制"招商、大使招商、重大招商引资项目评察落地会商、"三个一批"集中签约、督导通报等工作机制。示范区主要领导多次带队赴北京、上海、深圳、香港等地开展招商活动，拜访广州国家实验室、碳中和集团、京东集团、广晟集团、天能集团等领军企业和科研机构，促成 5G 终端精密制造、年产 12GW 光伏组件、年产 20 万吨高性能铜箔材料及铜产品绿色智造、硫酸钠资源化综合利用、工业 CCUS 等一大批高质量项目签约落地。举办济源市情暨重点产业温州招商推介、全国异地河南商会会长济源开放招商推介等 10 余次专题招商推介活动，组织参加 2023 全球豫商大会、豫粤合作交流会、第 14 届河南投洽会等 20 余次重大经贸活动，达成一批重大合作成果。2023 年，全市外出招商 300 余批次，签约项目 136 个，总投资额 723.14 亿元，其中亿元以上项目 119 个，10 亿元以上项目 21 个，先进制造业和战略性新兴产业占比达 70%以上。

（二）强化培育，外贸外经稳健增长

抓好国家、省稳外贸政策措施落实，用足用好扶持资金，为 82 家"三外"企业拨付专项资金近 1000 万元。制定出口退税、降本增效、出口信保、便利通关等 10 条措施，市财政 2022~2024 年度列支 1944 万元对边境港口双向直达班列进行补贴，累计开行专列 166 个，运送货物 45.6 万吨，较补贴前增加 25%。组织 32 家企业参加广交会、进博会、跨境电商大会、布里斯

班模具展等境内外展会，现场成交订单金额 1.1 亿元，达成意向采购订单 57.5 亿元，助力企业开拓国际市场。印发《进一步做大做强国家加工贸易产业园实施方案》，出台承接转移等配套政策，高标准打造国家加工贸易产业园。成功获批首批设立中国（河南）自由贸易试验区联动创新区。

（三）提振市场，消费动能持续增强

举办消费促进月、大型购车节、双品网购节等促消费系列活动 60 余场次，开展三期购车补贴和三期消费券活动，拉动消费 10.6 亿元，撬动比 1∶21。推动五大特色商业街区建设，开展"夜经济"活动 10 余场次，打造消费新场景、新品牌。举办首届花馍大赛、第九届全国饭店服务业技能大赛小吃专项赛、济源传统十八吃推介会，组团参加全省餐饮大赛，黄河鱼宴、土馍、花馍、鸡蛋不翻等特色小吃获得金奖，形成餐饮消费新热点。举办第二届"'中国白银城杯'电商直播大赛暨2023白银电商创新发展论坛"，全年开展电商培训 5 期 600 余人次，评选 6 家直播电商示范基地和示范企业，打造新型消费"引力场"。评选认定 7 个"济源老字号"，指导沁园街道争获首批省级城市一刻钟便民生活圈试点，大力提升"消费圈"便捷服务。

三　2024年商务发展形势

2024 年是实施"十四五"规划的关键之年，是推动高质量发展的攻坚之年，做好商务工作意义重大。国内有效需求不足，社会预期偏弱，这些因素都对商务工作提出了新的挑战。也要看到，商务发展面临新的机遇，全国经济回升向上、长期向好的基本面没有变，超大规模市场的需求优势、产业体系配套完整的供给优势、科技人才加快集聚的创新优势更加明显。全国统一大市场建设提速，消费新业态、新模式不断涌现，消费市场保持稳步回升态势。随着战略叠加效应加速释放，政策措施组合拳持续显效，商务高质量发展的战略支撑更加有力，为集聚外向型经济新动能、打造发展新优势带来新机遇。

四 对策建议

（一）强招商提能级，构建开放新高地

持续实施制度型开放战略，以招大引强为突破，着力在"勤、诚、敏、新、实"上下功夫，切实发挥开放招商"主引擎"作用。一是实施开放平台能级提升行动。强力推进中国（河南）自贸试验区济源联动创新区建设提质工作，尽快研究出台建设总体方案并抓好组织实施，全面复制推广自贸区改革经验，探索济源改革开放创新成果，形成一批"济源案例"。加快推进申创国家级经开区工作，联合高新区、经开区及相关部门，对标考核评价指标，补齐工作短板，强化"双招双引"，壮大主导产业，加强向上汇报衔接，全力争创国家级经开区。二是实施重点产业链高质量招商行动。围绕示范区千百亿产业集群培育工程和"十百千"企业培育提升行动，深化提升"十大链长高位推动、链主单位担纲负责、成员单位全力推进"的链长制招商体系，制定专项招商行动方案，聚焦京津冀、长三角、粤港澳大湾区等重点区域，紧盯国内外500强、央企和行业龙头企业，综合运用产业链招商、商协会招商、以"情"招商、节会招商、以企招商、驻地招商等多维手段，着力引进一批高端、高质、高效的产业项目，推动有色金属深加工向有色金属新材料，钢产品深加工向先进钢铁材料、关键零部件、高端智能制造，新能源向氢能燃料电池、氢燃料发动机、氢能汽车及储电等重点产业链向中高端延伸，提升产业链价值链韧性。注重科技创新催生的新技术新产业招商，培育引进生物制造、人工智能、低空经济、元宇宙等项目，大力发展新质生产力，开辟未来产业新赛道。三是实施招商引资机制保障行动。建立招商项目梯次推动机制。分类建立谋划项目库、洽谈项目库、拟签约项目库、签约项目库，每周研判推进，协调解决问题，实现招商项目"谋划—洽谈—签约—落地"的良性循环。深度落实项目推进机制。每周通报各单位招商项目对接情况，每月召开重大招商引资项目评察落地会商会议、"三个一批"项目推进会，每季度召开"链长制"招商工作推进会，以周保月、以月保

401

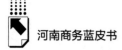

季、以季保年，推进招商引资工作提质增效。健全联动招商机制。深化四个招商联络处与十大产业链招商组，与四个外资专班，与各开发区、镇（街道），与30家重点企业的对口联系，打造高素质专业化招商队伍，强化招商人员对产业、市场、政策的研究，提振干事创业精气神，提升招商素养，锤炼过硬作风。全年重点参加省级以上高能级经贸活动20次，谋划举办济源重点产业招商推介和经贸活动10次，四个招商联络处外出招商100批次，接待客商200批次，确保谋划储备200个招商项目，滚动推进150个在谈项目，签约引进100个高质量项目，其中50亿元以上项目5个、10亿元以上项目20个。

（二）稳规模优结构，培育外贸新动能

以打造国家加工贸易标杆园区为核心，强化政策扶持，优化企业服务，力争外贸保稳提质。一是实施外贸主体培优育强行动。加大外贸主体培育力度，力争全年新增有进出口实绩企业8家以上。加大"白名单"企业服务力度，着力帮扶中小微外贸企业，重点支持10家以上企业参加广交会、高交会、加博会等境内外商会展，组织济源商品"展中展"和专题经贸推介活动，开拓国际市场，巩固外贸基本盘。二是实施外贸新业态提升行动。开展优化外贸结构、培育贸易主体等方面的专题调研，宣传解读政策，优化发展环境，促进外贸进出口稳定增长。组织参加第八届全球跨境电商大会。大力拓展中间品贸易、服务贸易、跨境电商出口，创新发展珠宝首饰、电子零配件等新兴产业，助力外贸产业链供应链畅通运转。三是实施济源国家加工贸易园标杆打造行动。用足用好支持外经贸发展专项资金，围绕有色金属、电子信息加工贸易主导产业，重点与粤港澳大湾区、长江三角洲城市群等地区加强招商引资、人才交流等合作，创新开展承接加工贸易梯度转移工作，着力做大做强国家加工贸易产业园。

（三）扩存量育增量，焕发消费新生机

贯彻落实扩大内需战略，把恢复和扩大消费摆在优先位置，强化政策协

同和工作联动，在全区开展"消费促进年"活动，进一步增强消费对经济增长的基础性作用。一是实施传统消费稳扩行动。围绕"新年新春新气象""踏青出游好时节""仲夏消费新活力""金九银十丰收季""安居乐业好生活""全年嗨购享不停"等六大促消费主题，全年举办购车节、家装节、网购节、美食节及智能家电以旧换新等各类促消费活动100场以上，稳定商超、成品油等传统消费，提振新能源车、电子产品等大宗消费。二是实施新型消费培育壮大行动。开展"新春欢乐购—济源2024网上年货节"，直播带货推销济源优质特色产品。以国潮文化园、篮球城白银城"双城"商圈、牡丹园三个"夜经济"消费集聚区为依托，打造特色活动、网红地标等消费载体，大力发展健康消费，培育智能家居、体育赛事等消费增长点。三是实施消费品牌升级行动。以沁园街道为试点，加大政策扶持，强化示范带动，全面建设城市一刻钟便民生活圈。扎实推进济源老字号挖掘认定、河南老字号培育申报工作，着力打造绿萝家政为全省家政服务业标杆龙头企业。举办第七届黄河鲤鱼美食节暨第二届花馍技能大赛，开展推广"济源传统十八吃"活动，以王屋山创建国家5A级旅游景区为契机，打造"愚公家宴"系列品牌。持续开展民营加油站"达标创星"活动，评选一批市级直播电商示范基地和示范企业，推进县域商业体系、生活必需品保供体系建设，创建商业体系建设提升型，打造济源消费载体品牌。四是实施市场主体纳统行动。科学调整批发和零售业、住宿和餐饮业高质量考核指标，强化部门联动，压实属地责任，深耕细挖零售和餐饮业，全力抓好入库纳统，争取全年批发和零售业、住宿和餐饮业入库107家，其中批发和零售业、住宿和餐饮业入库达61家以上，助推社会消费品零售指标回稳向好。

B.48
2023~2024年郑州航空港经济综合实验区商务发展回顾与展望

杨清 冯广伟 李林静*

摘 要: 2023年,郑州航空港经济综合实验区牢记习近平总书记关于建设"空中丝绸之路"的殷殷嘱托,充分发挥省委对航空港区进行体制机制重塑改革的优势,围绕省委和省政府赋予的新定位、新目标、新要求,聚焦"五大战略定位",建设"五大国际中心",重点发展十大产业集群,联动开发六大片区,以"人一之、我十之"的拼抢劲头,大胆闯、大胆试、拼命干,推动商务领域各项工作再获新突破、再上新台阶。

关键词: 招商引资 高水平开放 产业发展 郑州航空港经济综合实验区

一 2023年商务领域运行情况

(一)货物贸易

2023年,全区货物贸易进出口总额完成4143.6亿元,占全省51.1%,其中,出口2530.6亿元,进口1613.0亿元。

(二)引进资金

2023年,全区引进省外资金完成57.4亿元,同比增长10.81%;实际利用外资2018.8万美元。

---

* 杨清、冯广伟、李林静,郑州航空港经济综合实验区招商工作部。

（三）社会消费品零售总额

2023年，全区社会消费品零售总额完成176.67亿元，同比增长15.0%。

（四）跨境电商

2023年，全区跨境电商共完成申报进出口单量12327.21万单、货值166.21亿元，同比增长0.76%和14.43%，分别比全省跨境电商业务单量、货值同比增长率高出6.09个和21.1个百分点，占到郑州跨境综试区总量的66.4%和45.7%。其中跨境电商进口单量达到5674.11万单，货值96.95亿元；跨境电商出口单量完成6653.10万单，货值69.26亿元，同比分别增长17.82%和74.81%。

二 2023年开展的重要工作

（一）抢抓机遇促开放，交通区位优势显著增强

1. 巩固强化枢纽优势

以郑州—卢森堡"空中丝路"为引领，设立柬埔寨国家航空公司航空港区代表处；中国首条直飞卢森堡的客运航线"广州—郑州—卢森堡"客运航线开通运营；卢森堡货航"郑卢空中丝绸之路号"冲出中原，走向世界。2023年，郑州机场累计运营18条国际及地区客运航线，完成旅客吞吐量2535.8万人次，完成货邮吞吐量60.8万吨，保障运载超长、超重货物及活体动物223票。机场三期工程有序推进。"郑州—莫斯科"货运线路在国内率先实现跨境公路运输双向联通，"郑州—塔什干"货运线路完成河南省与中亚地区首票国际公路运输业务。全国路网客户服务数据中心落户港区。

2. 全面提升开放能级

新郑综保区在全国综保区绩效评估工作中连续四年获得A类排名，在全国138个纳入考核的海关特殊监管区域中连续三年保持第3名、居中部地区第1位；新郑综保区扩区选址通过省政府审核。自贸区空港新片区申建已

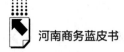
呈报国务院并批转商务部办理，自贸区航空港联动创新区获省政府批复。"航空货运电子信息化"入选国务院推广的自贸区第七批改革试点案例。在国内率先启动"区港一体化"模式，实现货物自动无感放行，通关时效提升60%，企业运输成本降低50%以上。

3.持续深化经贸合作

积极参加第五届海峡两岸暨港澳物流业大会、首届中国元宇宙产业发展高峰论坛等活动，成功举办"空中丝路·枢纽全球"创新合作交流会、"央企省企港区行"等经贸活动。与智利阿里卡州签署友好交流城市协议，设立"智利阿里卡州驻郑州经贸联络处"，与阿联酋本奥米尔控股集团签订战略合作协议。吸引28家德国"隐形冠军"企业、100名德国大学生、60名日本青少年来我区参观考察。

（二）凝心聚力抓项目，十大产业集群基本成形

1.以环省医学科学院创新生态为内核的中原医学科学城初具雏形，开局良好、势头正劲

省医学科学院、中原医科城、生物医药大健康产业统筹谋划、一体建设、融合发展。省医学科学院2023年7月15日揭牌以来，汇集全省"医教研产资"优势资源，招商引资"朋友圈"越做越大，全省第十期"三个一批"专场活动成功举行，"医"字号项目总投资超800亿元；已引进通用技术、国药、中信等大个头生物医药企业54家，与13家中国医药工业百强企业建立合作伙伴关系。"医研、医教、医疗、医工、医药"五医基地加快建设，省医学科学院8个临床研究所入驻、5个产业研究院在建，新建医疗器械领域公共平台2个，生物医药CXO一体化服务能力进一步提升。"中原纳米酶实验室"实现省级实验室零的突破。河南省人民医院南院区、中国医学科学院肿瘤医院河南医院、省红十字血液中心已开工建设，新型研究型大学、郑州大学医学院新校区已确定选址。医科城医工园一期5.8万平方米已建成投用，二期6.7万平方米已开工。国药集团生命科学谷、通用技术集团国际医疗健康园已开工。引进省药监局港区行政审批服务办公室，实现药品

和医疗器械的注册申报"区内办""就近办""马上办"。

2. 以富士康、超聚变、合晶、龙芯为头雁的电子信息产业集群发展壮大

富士康"3+3"战略稳步推进，机器人项目已选址，智能仓储（M区）项目已开工。2023年，富士康板块完成产值5173.4亿元，创历史新高，生产手机8287万台。超聚变全球备件中心、龙芯中科中原总部基地、柯力智能传感器及工业物联网等项目已投用。超聚变全年实现产值超230亿元。合晶二期12寸大硅片项目已开工。新型显示基地实现签约落地。文达产业园高可靠高密度封装项目即将投产。电子信息产业全年产值超过5300亿元。

3. 以比亚迪、吉利为龙头的新能源汽车产业集群初具规模

比亚迪产能最大、用工最多的整车生产基地在航空港区正式投产，第600万辆新能源汽车在航空港区下线。2023年，比亚迪板块完成产值334.7亿元，生产整车超20万辆，生产动力电池及储能7GWh。吉利专用车项目已签约，吉利广域铭岛工业互联网华中总部项目已开业。创维新能源汽车全球总部大楼已投用。佛吉亚座椅、延煦零部件等关键零部件项目实现当年落地、当年开工、当年投产。

4. 航空航天卫星产业开局破题，国产首台波音737-800机型D级商用飞行模拟机颁证

中豫航空集团与中航工业哈飞集团签署中国飞龙增资扩股框架协议，将持有中国飞龙51%股份，与中国商飞集团进行合作。新组建河南飞机维修工程技术有限公司，业务范围覆盖国内外航空企业150余家。法国希眉罗航空模拟机资产管理、二十一世纪空间技术中部总部基地、艾维克航材公司航材交易共享中心等8个项目已签约。航投融资租赁的波音737-800客改货飞机、中国商飞ARJ21客改货飞机已交付运营。合众思壮旗下项目获全国地理信息产业优秀工程奖等三项大奖。

5. 高端装备制造、会展商贸、现代物流、创意时尚、新一代信息技术、新能源、新材料等产业集群基础更加坚实

国际陆港中心西作业区30万平方米仓储和40万平方米停车场已投用，东作业区12月23日已开工，"现代化、国际化、世界级"内陆大港，"万

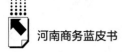
列、千万吨"目标加速实现。机场大通关项目已开工。中机四建机器人产业园、河南中邮郑州物流产业园等项目已签约。中原国际会展中心已开馆，成功举办 2023 世界机器人大赛锦标赛和郑州 ACC 动漫展。中原医科城国际交流中心、中原人力资源产业园二期、比亚迪商业配套项目百汇广场等已落地。郑州兴港新材料生产线建设项目已投用。签约金融类项目 14 个，规模超 490 亿元。落地全省首只合格境外有限合伙人（QFLP）基金试点——河南郑卢空铁双枢纽私募股权投资基金合伙企业（有限合伙），设立总规模200 亿元的首只政府性产业引导基金。

三 2024年对外开放与产业发展展望

2024 年是中华人民共和国成立 75 周年，是实施"十四五"规划目标任务的关键一年，是航空港区"黄金十年""二次创业"的突破之年。航空港区商务工作将坚持以习近平新时代中国特色社会主义思想为指导，深入贯彻落实党的二十大精神，按照省、市商务工作会议的决定部署，坚持稳中求进、以进促稳、先立后破，力争商务经济主要指标位列全省第一方阵。

（一）扩大更高水平开放，建设现代化国际化世界级物流枢纽

1. 做大做强空中丝绸之路

深入实施航空货运三年倍增行动计划，完善北货运区功能，推进"保税+空港"业务发展。拓展郑州—布达佩斯试点项目，推进郑州—柬埔寨、郑州—吉隆坡"空中丝绸之路"项目。拓展国际客运航线，织密货运航线网络，加强与全球主要航空枢纽的中转联运，争取扩大第五航权配额。推进"卡车航班"全国覆盖，引育大型物流集成商，增强机场国际货物中转能力。

2. 培育做大高铁物流

加快高铁郑州航空港站配套工程建设。与国铁集团、中铁快运合作发展高铁快件物流，打造全国快件中转集散中心、国家级高铁物流试验区。谋划建设综合交通换乘中心，打造集换乘、物流、消费、娱乐、会展等于一体的

城市综合体。

3. 发挥国际陆港集疏功能

推进郑州国际陆港铁路集装箱中心建设，协调推进郑州国际陆港关铁融合大监管区规划建设，建成功能强大、现代智慧、港产融合、服务优质的内陆口岸服务平台。以多式联运和多港协作为支撑，加快集聚以服务中欧班列为主要业务的物流企业，形成运贸产一体发展的现代化陆港典范。

4. 推进公路港提档升级

加快全国路网客户服务数据中心项目建设，搭建多式联运大数据服务平台和网络货运平台，促进人流、物流、信息流互联互通、高效配置。

5. 强化开放载体优势

持续优化口岸设施及口岸功能，加快综保区信息化系统提升工程建设，推动新郑综保区扩区申建，加快保税仓库等项目建设，力争与郑州国际陆港关铁融合大监管区同步投用。加快布局双向跨境电子商务贸易平台和海外仓，促进跨境电商与特色产业融合发展。复制借鉴自贸区创新试点经验，推进自贸区空港新片区申建，探索贸易投资自由化便利化措施，提高外资利用水平。

6. 提升对外开放能级

积极争取 144 小时过境免签政策。充分发挥 QFLP 试点作用，引进境外法人金融机构，发展离岸金融等业务。探索国际合作新模式新载体，谋划建设"中卢产业园""中德产业园""中荷飞利浦产业园"。

（二）加快构建科技创新为引领的现代化产业体系，打造中原经济区和郑州都市圈核心增长极

1. 打造世界标准、国际一流的生物医药大健康产业高地

聚焦生物医药、先进医疗器械、医学检验检测、合成生物、数字健康五大产业领域持续发力。统筹中原医科城空间规划、产业规划与省医学科学院科研规划，聚焦基因编辑、细胞治疗、免疫疗法、合成生物、再生医学等领域前瞻布局，以省医学科学院为核心，加快建设一批医学重大科技基础设施和生物医药高水平创新平台，争取在前沿领域、细分赛道抢占制高点、赢得

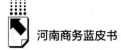

发展先机，加快构建"基础研究+临床技术攻关+成果转化+科技金融+人才支撑+产业培育"全要素医学科学创新生态。

2. 打造万亿级电子信息产业集群

强化产业链集群招商、龙头企业链式招商，推动"芯屏网端器"全产业链发展。支持富士康稳产增产，依托超聚变、龙芯建设先进计算产业基地。规划建设新进计算产业园，前瞻谋划量子信息、类脑智能、元宇宙等细分领域，建立新一代信息通信技术研发、生产制造和示范推广、应用服务体系。

3. 打造千亿级新能源汽车产业集群

坚持"整车+零部件+后市场"协同发展，引进中高端乘用车、商用车、专用车等生产企业，吸引带动车规级芯片、动力电池、驱动电机、电控系统等关键零部件配套企业落户集聚，促进智能网联、汽车软件、汽车服务、汽车金融等产业融合发展。

4. 打造百亿级航空航天卫星产业集群

航空制造方面，加强与中豫航空集团、中航工业等企业合作、协同发力，加快建设航空制造产业园。航空卫星方面，加快推进中电科27所航天枢纽港、天仪研究院华中总部等卫星产业项目落地。航空物流方面，以郑州—卢森堡"空中丝绸之路"建设为引领，拓展"双枢纽"建设成果，加快河南—柬埔寨—东盟"空中丝路"建设，加密新开通更多国际及地区货运航线。

5. 打造若干百亿级现代服务业集群

引育会展商贸、跨境电商、创意文旅、总部经济、航空金融、科技服务、人力资源等高端服务业，推进生产性服务业向专业化和价值链高端延伸。加快中原国际会展中心二期、中原人力资源产业园二期等38个项目建设。高质量办好全国第三届职业技能大赛。争取中原大宗商品现货交易中心等项目落地。建设医康养文旅融合的养老产业集聚区。

社会科学文献出版社

皮书

智库成果出版与传播平台

✦ 皮书定义 ✦

皮书是对中国与世界发展状况和热点问题进行年度监测，以专业的角度、专家的视野和实证研究方法，针对某一领域或区域现状与发展态势展开分析和预测，具备前沿性、原创性、实证性、连续性、时效性等特点的公开出版物，由一系列权威研究报告组成。

✦ 皮书作者 ✦

皮书系列报告作者以国内外一流研究机构、知名高校等重点智库的研究人员为主，多为相关领域一流专家学者，他们的观点代表了当下学界对中国与世界的现实和未来最高水平的解读与分析。

✦ 皮书荣誉 ✦

皮书作为中国社会科学院基础理论研究与应用对策研究融合发展的代表性成果，不仅是哲学社会科学工作者服务中国特色社会主义现代化建设的重要成果，更是助力中国特色新型智库建设、构建中国特色哲学社会科学"三大体系"的重要平台。皮书系列先后被列入"十二五""十三五""十四五"时期国家重点出版物出版专项规划项目；自 2013 年起，重点皮书被列入中国社会科学院国家哲学社会科学创新工程项目。

皮书网

（网址：www.pishu.cn）

发布皮书研创资讯，传播皮书精彩内容
引领皮书出版潮流，打造皮书服务平台

栏目设置

◆ **关于皮书**

何谓皮书、皮书分类、皮书大事记、
皮书荣誉、皮书出版第一人、皮书编辑部

◆ **最新资讯**

通知公告、新闻动态、媒体聚焦、
网站专题、视频直播、下载专区

◆ **皮书研创**

皮书规范、皮书出版、
皮书研究、研创团队

◆ **皮书评奖评价**

指标体系、皮书评价、皮书评奖

所获荣誉

◆ 2008 年、2011 年、2014 年，皮书网均
在全国新闻出版业网站荣誉评选中获得
"最具商业价值网站"称号；

◆ 2012 年，获得"出版业网站百强"称号。

网库合一

2014年，皮书网与皮书数据库端口合
一，实现资源共享，搭建智库成果融合创
新平台。

皮书网

"皮书说"
微信公众号

权威报告·连续出版·独家资源

皮书数据库
ANNUAL REPORT(YEARBOOK) DATABASE

分析解读当下中国发展变迁的高端智库平台

所获荣誉

- 2022年，入选技术赋能"新闻+"推荐案例
- 2020年，入选全国新闻出版深度融合发展创新案例
- 2019年，入选国家新闻出版署数字出版精品遴选推荐计划
- 2016年，入选"十三五"国家重点电子出版物出版规划骨干工程
- 2013年，荣获"中国出版政府奖·网络出版物奖"提名奖

皮书数据库

"社科数托邦"
微信公众号

成为用户

　　登录网址www.pishu.com.cn访问皮书数据库网站或下载皮书数据库APP，通过手机号码验证或邮箱验证即可成为皮书数据库用户。

用户福利

- 已注册用户购书后可免费获赠100元皮书数据库充值卡。刮开充值卡涂层获取充值密码，登录并进入"会员中心"—"在线充值"—"充值卡充值"，充值成功即可购买和查看数据库内容。
- 用户福利最终解释权归社会科学文献出版社所有。

数据库服务热线：010-59367265
数据库服务QQ：2475522410
数据库服务邮箱：database@ssap.cn
图书销售热线：010-59367070/7028
图书服务QQ：1265056568
图书服务邮箱：duzhe@ssap.cn

社会科学文献出版社 皮书系列
SOCIAL SCIENCES ACADEMIC PRESS (CHINA)

卡号：876819588542
密码：

基本子库
SUB DATABASE

中国社会发展数据库（下设12个专题子库）

　　紧扣人口、政治、外交、法律、教育、医疗卫生、资源环境等12个社会发展领域的前沿和热点，全面整合专业著作、智库报告、学术资讯、调研数据等类型资源，帮助用户追踪中国社会发展动态、研究社会发展战略与政策、了解社会热点问题、分析社会发展趋势。

中国经济发展数据库（下设12专题子库）

　　内容涵盖宏观经济、产业经济、工业经济、农业经济、财政金融、房地产经济、城市经济、商业贸易等12个重点经济领域，为把握经济运行态势、洞察经济发展规律、研判经济发展趋势、进行经济调控决策提供参考和依据。

中国行业发展数据库（下设17个专题子库）

　　以中国国民经济行业分类为依据，覆盖金融业、旅游业、交通运输业、能源矿产业、制造业等100多个行业，跟踪分析国民经济相关行业市场运行状况和政策导向，汇集行业发展前沿资讯，为投资、从业及各种经济决策提供理论支撑和实践指导。

中国区域发展数据库（下设4个专题子库）

　　对中国特定区域内的经济、社会、文化等领域现状与发展情况进行深度分析和预测，涉及省级行政区、城市群、城市、农村等不同维度，研究层级至县及县以下行政区，为学者研究地方经济社会宏观态势、经验模式、发展案例提供支撑，为地方政府决策提供参考。

中国文化传媒数据库（下设18个专题子库）

　　内容覆盖文化产业、新闻传播、电影娱乐、文学艺术、群众文化、图书情报等18个重点研究领域，聚焦文化传媒领域发展前沿、热点话题、行业实践，服务用户的教学科研、文化投资、企业规划等需要。

世界经济与国际关系数据库（下设6个专题子库）

　　整合世界经济、国际政治、世界文化与科技、全球性问题、国际组织与国际法、区域研究6大领域研究成果，对世界经济形势、国际形势进行连续性深度分析，对年度热点问题进行专题解读，为研判全球发展趋势提供事实和数据支持。

法律声明

"皮书系列"（含蓝皮书、绿皮书、黄皮书）之品牌由社会科学文献出版社最早使用并持续至今，现已被中国图书行业所熟知。"皮书系列"的相关商标已在国家商标管理部门商标局注册，包括但不限于LOGO（▉）、皮书、Pishu、经济蓝皮书、社会蓝皮书等。"皮书系列"图书的注册商标专用权及封面设计、版式设计的著作权均为社会科学文献出版社所有。未经社会科学文献出版社书面授权许可，任何使用与"皮书系列"图书注册商标、封面设计、版式设计相同或者近似的文字、图形或其组合的行为均系侵权行为。

经作者授权，本书的专有出版权及信息网络传播权等为社会科学文献出版社享有。未经社会科学文献出版社书面授权许可，任何就本书内容的复制、发行或以数字形式进行网络传播的行为均系侵权行为。

社会科学文献出版社将通过法律途径追究上述侵权行为的法律责任，维护自身合法权益。

欢迎社会各界人士对侵犯社会科学文献出版社上述权利的侵权行为进行举报。电话：010-59367121，电子邮箱：fawubu@ssap.cn。

社会科学文献出版社